동양철학과 서양철학자의 만남

동양철학과 서양철학자의 만남
지은이 / 안종수

펴낸곳 / 도서출판 소강
펴낸이 / 김병성
펴낸날 / 초판 1쇄 2018년 9월 28일
등록번호 / 카2-47
등록일 / 1995년 2월 9일
주소 / 부산광역시 서구 대영로 85번길 6 (동대신동 2가)
전화 / 051)247-9106 팩스 / 051)248-2176
값 19,000원
ISBN 978-89-86733-43-3   93160
※ 잘못된 책은 바꿔드립니다.

동양철학과 서양철학자의 만남

안종수

소강

서문

1990년 독일 콘스탄츠 대학교에서 라이프니츠와 중국철학이라는 주제로 학위논문을 쓰고 나서 지금까지 계속 비교철학에 관심을 가지고 이 분야에 관한 논문을 써 왔다.* 그동안 논문을 많이 쓰지는 못했지만 모아 보니 책 한 권 분량이 되었다. 때마침 도서출판 소강의 도움이 있어서 이번에 "동양철학과 서양철학자의 만남"이라는 제목으로 책을 출판하게 되었다. 여기서 동양철학은 주로 중국철학을 말하고, 특히 유교가 논의의 중심에 있다. 서양철학자 가운데 라이프니츠가 가장 중요한 인물이고 볼테르와 괴테 같이 문학가로 더 많이 알려진 철학자도 있다. 또 헤겔 같은 철학자는 불교와 유교를 매우 낮은 수준의 종교로 평가하였는데, 흥미롭게도 그의 철학은 불교의 비로자나불사상이나 신유학의 철학과 상당히 많이 닮았다.

---

* 마테오 리치의 리기관(理氣觀), 『철학논총』61집; 라이프니츠와 유학, 『동방학지』98집; 라이프니츠와 『역경』, 『철학논집』10집; 라이프니츠와 중국철학의 영향, 『철학연구』97집; 부베와 라이프니츠, 『철학논총』52집; 라이프니츠와 중국철학, 『철학논총』73집; 스피노자와 유학, 『철학논총』44집; 볼프와 유학, 『철학연구』77집; 볼테르와 유교, 『철학논총』56집; 케네와 중국, 『중국학연구』56집; 괴테와 중국철학, 『철학논총』69집; 헤겔과 중국철학, 『동서철학연구』73집; 헤겔과 불교, 『철학논총』82집

동양과 서양은 이미 로마시대부터 교류를 해 왔고 그 길은 우리에게 실크로드라는 이름으로 잘 알려져 있다. 근세에 와서 유럽의 여러 나라는 앞다투어 동양에 관심을 가지고 진출하였다. 그것은 대체로 식민지 건설이나 상업을 위한 것이었다. 서쪽으로는 대서양을 건너서 신대륙을 발견하여 거기에 식민지를 건설하기도 하고, 동쪽으로는 인도를 거쳐 중국과 일본에까지 유럽의 군대와 상인들이 도착하였다. 그와 함께 서양의 종교도 새로운 땅으로 진출하게 되었다.

중국에 도착한 예수회 선교사들은 기독교를 전파하기 위하여 많은 노력을 하였고 큰 성과도 거두었다. 특히 예수회 선교사 마테오 리치는 중국 문화를 긍정적인 태도로 열심히 공부하였다. 그는 중국인들도 원래는 신을 알고 있었으나 후세에 그것을 잊어버렸다고 생각하고 그들에게 기독교의 신을 가르쳐주어야 한다고 주장하였다. 그 과정에서 그는 자연스럽게 신유학에도 관심을 가지고 연구하게 된다.

리치는 신유학의 개념들 가운데 리(理)가 기독교의 신과 같지 않다는 점을 강조하였다. 신유학자들은 리를 굉장히 중요하게 생각하지만 그것이 기독교의 신과 다르다는 그의 해석은 이후 하나의 표준이 되었다. 라이프니츠도 중국에 관심을 가지고 선교사들과 교류하는 과정에서 자연스럽게 이 논쟁에 참여하게 되었다. 라이프니츠는 리치를 옹호하였지만 리에 대한 해석에 있어서는 다른 견해를 가지고 있었다.

이 책에서는 특히 라이프니츠와 중국철학의 관계에 대해 더 자세하게 다루었다. 라이프니츠가 그만큼 중국에 많은 관심을 가지고 있었기 때문이기도 하고, 필자가 전공한 분야가 바로 이 부분이어서 그렇기도 하다. 그래서 간혹 중복되는 부분이 있을 수도 있음을 미리 알려둔다. 그 부분은 전체를 다 읽지 않고 다음 주제로 넘어가더라도 전체의 맥락을 파악하는 데는 전혀 지장이 없다.

라이프니츠를 다루게 되면 우리는 자연스럽게 그가 중국철학의 영향을 받았다는 주장을 만난다. 라이프니츠가 중국철학의 영향을 받았다고 주장한 학자들은 다수 있지만 그 가운데 니담이 가장 대표적이다. 그의 주장은 중국의 유기체 철학이 라이프니츠의 철학에 영향을 주었다는 것이다. 하지만 그의 생각을 뒷받침할 만한 근거는 그렇게 충분하지 않다.

여기서는 서양 철학자들의 철학과 동양철학을 비교하였지만 영향 관계를 주장하지는 않았다. 철학자들은 다양한 경로를 통하여 흡수한 사상들을 종합하고 거기다 자신의 고유한 철학을 첨가해서 독창적인 철학체계를 구성하기 때문에 모든 철학의 영향을 받았다고 할 수도 있다. 하지만 그렇다고 구체적인 특정 철학의 영향을 받았다고 주장하기에는 여러 가지 어려움이 따른다.

서양철학과 동양철학을 비교한 목적은 영향 관계를 밝히는 데 있는 것이 아니고 상호 비교를 통해 양쪽의 철학을 더 잘 이해하는 데 있다. 동양인이 어려운 서양철학을 이해하는 일은 쉽지 않다. 그럴 때 그것을 이해하는 방법으로 더 잘 알고 있는 동양철학을 활용할 수 있다면 유용할 것이다. 마찬가지로 어려운 동양철학의 개념을 이해하는 데 더 익숙한 서양철학의 개념을 활용한다면 이해가 더 빠를 수 있다.

예컨대 주자(朱子)의 철학을 이해하는 데 서양철학의 개념인 범신론(汎神論)을 사용하면 더 분명해진다. 좀 더 정확한 표현을 쓴다면 주자의 철학은 범리론(汎理論)이라고 할 수 있다. 중국에 진출한 서양의 선교사들은 이런 주자의 철학을 무신론으로 간주할 수밖에 없었는데 그들은 기독교의 관점에서 바라보았기 때문이다. 선교사들은 중국의 신유학자들이 과거로 돌아가서 고대 중국인의 신 관념을 회복해야 한다고 주장했지만, 이것은 기독교 중심의 사유방식이라는 비판을 받을 수 있다.

선교사들은 서양의 과학이 동양보다 앞선 것을 근거로 종교에서도 서양이 동양을 능가한다고 생각하였다. 그래서 그들의 종교는 우월하고 동양의 종교는 열등하다고 확신하였다. 여기에 커다란 함정이 놓여 있다. 과학이나 기술이 앞서 있다고 다른 모든 면도 앞선다고 판단할 수는 없다. 과학이나 기술도 인간이 살아가는 데 필요한 많은 것 가운데 한 부분일 뿐이다.

중국은 현재 빠른 속도로 성장하고 있다. 강희제(康熙帝) 때의 청(淸)나라가 생각날 정도로 힘이 커졌다. 그런데 이런 중국이 공자를 띄우고 있는 점에 우리는 주목할 필요가 있다. 전 세계 곳곳에 공자학원을 세우고 2011년도에는 심지어 천안문 광장에 공자의 동상을 세우기까지 하였다. 물론 얼마 후 공자의 동상을 박물관 안으로 옮겼지만 이 일은 시사하는 바가 크다. 그동안 박대했던 공자와 유교를 복권시켜 중국 문화의 정신적인 중심으로 삼으려는 모양이다. 유학의 장점은 오늘날에도 여전히 유효하기 때문에 유교의 부활이 기대된다.

서양과 동양의 교류와 충돌에 관한 방대한 자료들에 견주면 여기에 소개된 내용은 극히 작은 부분에 불과할 뿐이다. 앞으로 이 분야에 대한 더 많은 관심과 연구를 기대하면서 벽돌 한 장을 쌓는 마음으로 이 책을 세상에 내놓는다.

2018년 8월   안종수

차 례

서문 / 5
일러두기 / 14
찾아보기 / 433
미주 / 447

1장 마테오 리치와 신유학의 리기(理氣) ················ 15
리치의 신학 / 19
리(理)에 대해 / 23
기(氣)에 대해 / 32
리치 이후의 견해들 / 39

2장 라이프니츠와 유학 ································· 47
유럽에 알려진 유학(儒學) / 51
중국에 대한 관심 / 58
『중국인의 자연신학론』 / 63
신유학(新儒學)에 대한 해석 / 67
   1) 중국인의 신 관념 / 67
   2) 제일질료와 정령들에 대해 / 75
   3) 영혼불멸에 대해 / 82

3장 라이프니츠와 『역경』(易經) ······················· 89
라이프니츠와 이진법 / 92
라이프니츠와 부베 / 97
라이프니츠와 『역경』 / 105

차례 11

4장 라이프니츠와 중국철학의 영향 ················· 115
    니담의 주장 / 119
    쳄프리너의 주장 / 127
    쿡과 로스몽의 주장 / 131

5장 부베와 라이프니츠 ······························· 143
    부베의 『중국 황제전』 / 147
    부베의 중국학 / 153
    부베와 라이프니츠의 교류 / 158
    『역경』과 이진법 / 164

6장 라이프니츠와 중국철학 ·························· 171
    힘(Kraft)과 기(氣) / 177
        1) 힘이 실체의 본질이다 / 177
        2) 기(氣)는 심신(心身)을 아우른다 / 180
    유기체 철학 / 184
        1) 우주는 생명으로 가득 차 있다 / 184
        2) 천지(天地)의 큰 덕(德)은 생산이다 / 190
    대우주와 소우주 / 193
        1) 모나드는 우주의 거울 / 193
        2) 월영만천(月映萬川) / 196

7장 스피노자와 유학 ································ 205
    스피노자와 중국철학 / 208
    바렌의 저서 『일본황국』 / 213
    스피노자의 범신론 / 220
    주희의 범신론 / 224
    두 범신론의 유사성 / 227

8장 볼프와 유학 ··· 235
유학에 대한 관심과 연구 / 238
노엘과 쿠플레의 번역서 / 241
「중국인의 실천철학에 대한 연설」/ 245
공자에 대하여 / 250
유학의 기본 원칙 / 253
두 종류의 학교 / 257
신(神)에 대한 중국인의 견해 / 260

9장 볼테르와 유교 ··· 267
『중국고아』/ 271
『풍속론』/ 279
『관용론』/ 285
『철학사전』/ 293

10장 케네와 중국 ·· 301
케네의 경제이론 / 305
『중국의 전제주의』/ 310
중국의 영향 / 319

11장 괴테와 중국철학 ·· 331
중국에 대한 관심 / 335
범신론 / 339
   1) 괴테: 신은 살아 있는 자연이다 / 339
   2) 이정(二程): 천(天)은 리(理)다 / 342
양극성(兩極性)의 원리 / 346
   1) 괴테: 양극성은 자연의 추진력이다 / 346
   2) 중국의 음양사상 / 351

부분과 전체 / 355
  1) 괴테: 하나가 전체다 / 355
  2) 정이와 주희의 리일분수설(理一分殊說) / 358

12장 헤겔과 중국철학 ·· 365
  이념(Idee)과 리(理) / 370
    1) 헤겔: 이념(Idee)은 절대자다 / 370
    2) 리(理)는 하늘이다 / 374
  유기체 철학 / 378
    1) 헤겔: 이념은 생명이다 / 378
    2) 천지(天地)의 마음은 생(生)이다 / 382
  변증법과 음양사상 / 386
    1) 헤겔: 이념은 변증법이다 / 386
    2) 음양 변증법 / 391

13장 헤겔과 불교 ·· 399
  헤겔의 불교관 / 404
  헤겔의 이념 / 412
  불교의 법신불사상 / 420

일러두기

- 『　』는 서명에 「　」는 편명에 사용하였다.
- (　)는 그 단어에 상응하는 한자나 외국어 또는 어떤 문구로 대신할 수 있는 글을 사용할 경우에 썼으며, [　]는 간단한 어귀를 한글이나 외국어, 한자로 바꿔도 될 경우에 사용하였고, <　>는 어떤 문구(보충 설명)를 삽입하여 읽어도 무방할 경우에 사용하였다.
- "　"는 어떤 문구를 직접적으로 인용할 경우에 사용하였고, '　'는 어떤 문구나 단어를 인용 강조할 때 사용하였다.
- 이 책에서는 한글 전용을 원칙으로 하여 표기하였다.
- 독자의 가독성(可讀性)을 위해 맞춤법 규정(두음법칙)과 어긋나게 "理"의 독음을 "이"로 기재하지 않고 "리"로 기재하였다. 단, 외부에서 가져온 우리말 인용문에서 "理"의 독음을 맞춤법 규정대로 "이"로 기재하였을 경우에는 그대로 두었다.
- 표지의 바탕 그림은 마테오 리치 신부에 의해 명대(明代) 북경에 건립된 천주교당인 남당(南堂)이다. 그 후 여러 이유로 몇 번이나 재건축되었다고 한다. 남당은 동서문명 교류의 상징물이라 할 수 있다.

1장
마테오 리치와 신유학의 리기(理氣)

마테오 리치와 신유학의 리기(理氣)

 예수회 선교사 마테오 리치(Matteo Ricci, 1552~1610)의 성공적인 선교 활동과 유교에 대한 포용적인 태도는 우리에게 잘 알려져 있다. 그는 중국에 도착하여 먼저 중국의 말과 글을 배우고 고전을 읽는 등 중국의 문화를 이해하기 위해 많은 노력을 하였다. 그의 탁월한 능력은 그가 직접 저술한 한문으로 된 많은 책이 잘 말해주고 있다. 그가 저술한 책 가운데 『천주실의』(天主實義)가 가장 중요하고 또 널리 알려져 있다. 이 책에서 리치는 기독교의 교리를 설명하고 중국의 고전에 나오는 상제(上帝)가 천주(天主)와 같다고 주장하였다. 하지만 신유학(新儒學)에서 중요하게 생각하는 태극(太極)이나 리(理)는 기독교의 신(神)과 같을 수 없다고 자세하게 설명하였다.

 신유학의 핵심 개념인 리에 대한 리치의 해석은 상제에 대한 주장과 함께 리치를 연구하는 데 있어 가장 중요한 문제라 해도 과언이 아니다. 그리고 리치의 리기(理氣)에 대한 견해는 정신과 물질에 대한 기독교와 유학의 관점 사이에 어떤 차이가 있는지 분명하게 보여주기 때문에 더욱 중요하다. 중국철학에 대한 리치의 해석과 주장은 이후 선교사들에게 많은 영향을 주었고, 서양

학자들이 중국을 이해하는 데 있어 하나의 중요한 기준이 되었다.

그 당시 리치는 중국인이 대체로 신(神) 관념을 가지고 있지 않았지만 고대(古代)의 중국인은 확실히 신 관념을 가지고 있었다고 믿었고, 고대의 경전 속에 나오는 상제를 그 근거로 제시하였다. 상제가 바로 기독교의 신(Deus)과 같기 때문에 고대의 중국인은 신을 알았다는 것이다.

리치는 유교의 고전과 다르게 신유학자들의 이론에서는 신 관념을 찾을 수 없었다. 신유학자들이 가장 강조하는 개념이 바로 리(理)인데, 이것은 여러 면에서 기독교의 신이 되기에는 부족하다고 생각했다. 그 이유 가운데 핵심은, 리는 실체(實體)가 아니라 속성(屬性)이라는 점이다. 리치는 리를 속성에 해당한다고 보았다. 말하자면 리는 사물에 붙어 있는 성질이고, 사물이 사라지면 함께 없어지는 존재일 뿐이다. 실제로 주희(朱熹, 1130~1200)는 리가 기와 독립하여 존재할 수 없다고 하고, 운동할 수도 없고 생각할 수도 없는 존재라고 정의(定義)하여 리치가 이러한 해석을 할 수 있는 여지를 남겼다.

그리고 리치는 기(氣)를 서양 고대 철학자들이 말한 사원소(四元素) 가운데 하나인 공기와 같다고 생각했다. 그래서 기를 물질로 간주해 그렇게 어렵게 생각하지 않았다. 단지 사람의 영혼이 기로 되어 있다는 중국인의 주장에는 반대의 입장을 분명히 했다. 영혼이 질료적인 기로 이루어져 있다는 성리학자(性理學者)들의 견해를 리치는 인정할 수 없었다.

리치의 신학

리치는 1552년 이탈리아의 마체라타(Macerata)에서 태어났다. 그는 16세에 예수회 학교를 졸업하고, 법학을 공부하기 위하여 로마로 갔다. 로마에서 3년을 보낸 리치는 자신의 삶을 하느님께 바치기로 결심하고, 수련 수사(修士)로 예수회에 가입하였다. 리치는 1571년 8월 토마의 성(聖) 안드레아 신학교에 들어갔고, 1년이 지난 다음 로마의 예수회 대학에 입학하였다. 거기서 사제(司祭)가 되기 위한 기본 교육을 받았다.

그 당시 예수회 사제들은 대학에서 2년간 라틴어와 헬라어를 먼저 배우고, 다음으로 2년간 인문학을 배워야 했다. 그러고 나서 철학과 신학(神學)을 배웠는데 구체적으로 철학을 3년, 신학을 4년 공부하였다. 당시 예수회 모든 사제는 사제로 서품(敍品)을 받기 전에 12년의 엄격한 교과 과정을 이수해야만 했다.

리치와 같은 초기 예수회 사제들이 7년 동안 집중적으로 배우는 내용은 아리스토텔레스(Aristoteles, B.C. 384~B.C. 322)의 철학과 토마스 아퀴나스의 신학이었다. 철학에서는 아리스토텔레스의 논리학, 자연철학, 도덕철학, 형이상학 등을 배웠다. 신학에서는 토마스 아퀴나스의 『신학대전』, 『성서』 등을 배워야 했다.

리치는 1573년부터 1575년까지 로마대학에서 수사학(Rhetoric) 인문과정을 이수하고, 계속해서 1577년까지 철학과정을 밟았다. 그리고 인도 선교사로 선발되어 5월에 리스본(Lisbon)으로 가서 배를 기다리는 동안 코임브라(Coimbra)대학에서 신학과 포르투갈어를 공부하였다.

　1578년 3월 리치는 드디어 동료들과 함께 리스본을 출발하였다. 그들이 인도의 고아(Goa)에 도착한 것은 9월 13일이었다. 그는 그곳에 있는 성 바오로 예수회 대학에서 신학을 공부하면서 현지 아이들에게 라틴어와 그리스어를 가르쳤다. 그 후 리치는 코친(Cochin)으로 가서 선교를 하다가 1580년 7월 사제서품을 받았다. 그는 1581년에 다시 고아로 가서 거기서 신학 공부를 하던 중 중국 선교 임무를 받게 되었다.

　리치가 대학에서 신학을 공부한 과정은 이처럼 순탄하지 않았지만 당시의 교육 과정을 보면 자연스럽게 토마스 아퀴나스의 신학을 자신의 신학으로 생각하게 되었던 것 같다. 신학에 대한 그의 입장은 『천주실의』에 잘 나타나 있다. 그런데 아퀴나스의 신학은 아리스토텔레스의 철학을 토대로 하고 있다. 아퀴나스는 기독교와 아리스토텔레스의 철학을 종합하여 자신의 방대한 신학 체계를 건설한 신학자다.

　플라톤(B.C. 427~B.C. 347)은 이 세계의 존재들은 이데아(Idea)의 그림자에 불과하다고 주장했다. 그러나 아리스토텔레스는 우리가 경험할 수 있는 개별적인 사물 속에 이데아가 내재한다고 보아, 개별적인 사물을 중요하게 생각하였다. 아리스토텔레스는 개별적인 사물을 실체(substance)라고 하였고, 그 안에 내재하는 이데아를 형상(form)이라 불렀다. 그는 이렇게 개별적이고 구체적인 사물을 중요하게 생각해서 이것에 제일실체(第一實體, primary substance)라는 이름을 붙였다.[1]

　아리스토텔레스는 이것을 『범주론』(範疇論)에서 "가장 진정한 의미에서 또 일차적인 그리고 가장 명확한 의미에서, 실체란 예컨대 개별적인 사람이나 개별적인 말과 같이, 주체의 속성인 것도 아니고 그 주체 안에 들어 있는 것도 아니다"2)라고 설명하였다. 따라서 제일실체란 특정한 이것이고, 진술의 궁극적인 주체고 속성의 존재 기초다. 실체는 자립성을 가지고, 따라서 독자적이고 본질적인 존재를 형성하는 존재자다. 속성은 다른 것 안에서, 그것에 알맞도록 혹은 그것에서 생겨나는 것으로서만 존재할 수 있는 존재자다.

리치는 아리스토텔레스의 실체와 속성이라는 개념을 중요하게 생각하였고, 성리학의 리가 기독교의 신이 될 수 없다는 논증에 적극 활용하였다. 리치는 실체를 자립자(自立者)라 하였고, 속성을 의뢰자(依賴者)라 하였다. 실체는 개별적인 사물로서 스스로 존재할 수 있지만, 속성은 그 실체에 붙어 있는 것이기 때문에 의뢰자라 불렀다.

예를 들어 어떤 한 사람을 우리는 실체라고 할 수 있는데, 그 사람의 감정, 목소리, 용모, 얼굴 색, 윤리, 습관 등은 속성이기에 의뢰자가 된다. 그런데 리치는 리는 실체가 아니고 속성에 불과하기 때문에 개별적인 사물보다 그 실재성이 떨어지는 존재일 뿐이라고 주장하였다.

아리스토텔레스와 마찬가지로 아퀴나스는 모든 존재를 질료(matter)와 형상(form)이라는 두 가지 개념으로 설명하였다. 질료는 사물을 이루는 재료고, 형상은 사물의 모양이라고 할 수 있다. 그리고 모든 존재는 정지하고 있는 것이 아니라 항상 운동하고 변한다. 아리스토텔레스는 이러한 운동에 4가지 원인이 있다고 했다. 우리는 이것을 아리스토텔레스의 운동의 4원인(four causes)이라고 부른다. 즉 질료인(material cause), 형상인(formal cause), 동력인(efficient cause), 목적인(final cause)이 그것이다.

운동이 가능하려면 우선 재료가 있어야 하고, 그것이 목표로 하는 형상이 있어야 한다. 다음으로 필요한 것이 바로 그것을 가능하게 해주는 힘이다. 집을 지으려면 목수와 일하는 사람이 있어야 하는 것과 같다. 마지막으로 운동이나 변화의 목적이 필요하다. 집을 짓는다면 그것을 짓는 목적이 있을 것이다. 이 4가지 원인은 다시 질료인과 형상인으로 압축할 수 있다.

이 세상의 모든 존재는 정지한 것이 아니라 움직이기 때문에 형상과 질료라는 것도 사실은 상대적인 개념일 따름이다. 다시 말해 모든 존재는 더 높은 단계의 형상을 실현하기 위해 움직이게 된다. 참나무는 그것이 최종 목적지가 아니고 건물이나 가구라는 더 높은 형상을 실현하기 위해 움직여야만 한다.

이것을 아리스토텔레스는 가능태(potentiality, 可能態)와 현실태(actuality, 現實態)로 설명하였다. 가능태는 현실태로 움직일 수 있는 잠재적인 가능성을 가지고 있는 존재고, 현실태는 가능태가 가지고 있던 가능성이 완전히 실현된 존재다. 도토리가 가능태라면 참나무는 현실태다.

이러한 아리스토텔레스의 철학에서 나온 개념이 바로 순수질료(pure matter)와 순수형상(pure form)이다. 순수형상은 질료를 전혀 포함하지 않은 존재이므로 신에 해당한다. 신은 또 모든 존재의 가장 근원적인 원인이기 때문에 제일원인(第一原因)이라고 할 수 있다.

아퀴나스도 아리스토텔레스의 사상을 이어서 신의 존재를 다음과 같이 정의를 제시하였다. 첫째로 신은 아무것에 의해서도 움직여지지 않되 여타의 것을 움직이는 최초의 동인(the primal mover)이다. 둘째로 신은 세계 만물 활동의 원인 가운데 최초의 활동 원인(the primal efficient cause)이다. 셋째로 신은 여타의 존재를 위해 필연적이되 자신의 존재를 의해서는 여타의 것에 의존하지 않는 필연적 존재다. 넷째로 신은 만물의 실존적 아름다움과 같은 존재론적 완전성의 궁극적 완성이자 원인이다. 다섯째로 신은 세계 만물의 질서를 유지하고 이끌어가는 지고(至高)의 지적(知的) 존재다.

아퀴나스의 신학을 따르는 리치는 『천주실의』에서 천주를 다음과 같이 정의를 내렸다. 첫째로 천주는 천지 만물을 처음으로 창제하고 때에 맞추어 그것을 주재(主宰)한다.3) 둘째로 천주는 시작도 끝도 없고 단물의 시조요 만물의 뿌리다. 셋째로 천주는 하나이지 둘이 아니다. 넷째로 천주의 완전함과 빼어남은 다 따질 수 없다. 다섯째로 천주는 움직이지 않으면서도, 모든 운동의 최초 원인이다. 여섯째로 천주의 선(善)은 순수하여 찌꺼기가 없으니 모든 선의 귀결점이다.

리(理)에 대해

리치는 천주교를 중국에 선교하기 위해 평생을 바친 사람이다. 그가 중국의 마카오에 도착한 때는 1582년 8월이었다. 그는 천주교의 선교를 위해서는 우선 현지 문화를 아는 것이 중요하다고 판단하여 중국어를 배우고 중국의 고전을 읽었다. 그리고 중국어로 된 수많은 저서를 남기기도 하였다. 리치는 중국 고전뿐만 아니라 당시의 지식인들이 널리 공부하고 있던 신유학(新儒學)도 해박하게 알았던 모양이다. 신유학에서 기독교의 인격신(人格神)에 해당하는 개념을 찾을 수 없었던 그는 중국 고대 경전 속에서 그것을 찾으려고 노력하였고, 상제가 바로 그에 해당한다는 결론을 내렸다.

리치가 볼 때, 고대 중국인은 참다운 신 관념을 가지고 있었으나 세월이 흐르면서 결국 그것을 잃어버리게 되었다고 보았다. 이러한 그의 견해는 1603년 출간한 『천주실의』에 잘 나타나 있다. 특히 우리의 관심을 끄는 부분은 그가 신유학의 리(理)를 어떻게 이해했는가 하는 점이다. 선교 방식에 대해 리치와 의견을 달리했던 그의 후배 선교사들도 리에 대한 그의 해석에는 대체로 동의하고 있다. 그래서 리에 대한 그의 해석은 더욱 중요하다.

『천주실의』에서 먼저 중국 선비가 태극(太極)의 이론이 옳은지를 묻자 서양 선비는 대답하기를 "저는 비록 나이 들어 중국에 들어왔지만 옛 <중국의> 경서 읽기를 게을리 하지 않았습니다. 그러나 저는 고대 <중국의> 군자들이 천지의 하느님을 공경했다는 말은 들었으나 태극을 높이 받들었다는 말은 듣지 못했습니다. 만약 태극이 하느님이요, <천지>만물의 시조라면 옛 성인(聖人)들이 무엇 때문에 그런 이론을 숨겨 두<고 말하지 않았>겠습니까?"4)라고 하였다.

신유학에서는 태극을 만물의 근원으로 보고 있는데, 이것이 기독교의 천주와 같은지 그렇지 않은지를 중국 선비가 질문한 내용이다. 여기에 대해 서양 선비는 경서에 상제에 대한 이야기는 나오지만 태극에 대한 언급은 없다는 사실을 들어 태극과 상제가 같지 않다고 설명하였다.

태극이라는 말은 『주역』(周易)에 처음으로 나온다. 송대(宋代)에 와서 주돈이(周敦頤, 濂溪 1017~1073)가 『태극도설』(太極圖說)을 지어 태극에서 만물이 나오는 과정을 밝힌 다음부터 신유학에서는 만물의 근원이 태극이라고 생각하게 되었다. 리치는 이러한 신유학의 발전 과정 전체를 신뢰하지 않았기 때문에 태극도 인정하지 않았다.

사실 태극과 상제는 확실히 다른 점이 있다. 상제가 인격성을 갖는 존재인데 반해 태극은 인격성을 가지지 않는다. 태극이 만물의 근원이기는 하지만 의도적으로 만물을 창조하지도 않았고, 만물을 관리하지도 않는다. 태극은 노자(老子)의 도(道)에 더 가깝다고 할 수 있다. 이런 점 때문에 리치는 태극이 상제나 기독교의 천주와 같을 수 없다고 강하게 부정하였을 것이다.

서양 선비가 이렇게 태극의 이론이 도리에 합당하지 않다고 논박하자 중국 선비는 "태극이란 다른 것이 아니라 바로 <성리학에서 말하는> '이'(理)일 뿐입니다. 만일 완전한 '이'를 가지고 도리가 없다고 한다면 그 이상 어떤 도리를 더 말할 수 있겠습니까?"5)라고 반문한다.

여기에 대해 서양 선비는 리 또한 태극과 마찬가지로 상제나 천주가 될 수 없음을 길게 설명하였다. 이때 서양 선비는 실체와 속성이라는 두 가지 범주를 사용하여 리가 만물의 근원이 될 수 없음을 자세하게 밝혔다.

> 사물의 범주는 두 가지가 있습니다. 실체[自立者]가 있고 속성[依賴者]이 있습니다. 다른 개체에 의뢰하지 않는 사물로서, 자립적인 개체로 존립할 수 있는 것, <예를 들면> 하늘과 땅, 귀신, 사람, 새와 짐승, 초목, 쇠와 돌, 사행(四行) 등입니다. 이런 것들은 실체의 범주에 속하는 것들입니다. 스스로는 설 수 없는 사물로서 다른 물체에 의탁하여 존립하는 것, <예를 들면> 오상(五常), 오색(五色), 오음(五音), 오미(五味), 칠정(七情) 등입니다. 이런 것들은 속성의 범주에 속하는 것들입니다.6)

서양 선비가 말한 내용은 사실 아리스토텔레스의 범주론에 있다. 실체는 우리가 경험하는 여러 가지 개별적인 사물을 가리키고, 속성은 그러한 사물에 의존하는 여러 성질을 가리킨다. 서양 선비는 흰말을 예로 들어 실체와 속성을 설명하였다. 말이 실체라면 말의 흰 색깔은 속성에 해당한다. 말은 자립이 가능하지만 흰 색깔은 말이 없으면 같이 없어지는 의뢰자라고 설명하였다.
그러면 서양 선비는 무엇을 근거로 리가 실체가 못 되고 속성일 뿐이라고 주장했을까? 그는 격물론(格物論)에 나오는 리에 관한 이론을 예로 들어 리가 속성이라고 결론을 내렸다. 서양 선비는 이렇게 논증하였다.

중국의 문인들이나 학자들이 '이'를 따져서 말할 때에는 두 가지 경우: 혹은 "'이'는 마음속에 있음", 혹은 "'이'는 사물 속에 있음"을 말합니다. 사물의 실정이 마음속에 있는 '이'(理)와 합치하면, 그 사물은 비로소 참으로 실재한다고 말합니다. 사람의 마음은 <마음 밖의> 사물 속에 있는 그 '이'들을 끝까지 파고들어가 그것을 다 알아낼 수 있으면, 그것을 '사물에 나아가 인식함'[格物]이라고 합니다. <이(理)가 오직> 이 두 경우("'이'는 마음속에 있거나", 혹은 "'이'는 사물 속에 있음")에 의거한다면 '이'는 진실로 속성입니다. <그 속성이> 어떻게 사물의 근원이 되겠습니까? 두 경우, 모두 <우선> 사물[物, 실체]이 있은 뒤에 <나중에 '이'가> 있음을 말한 것인데 어떻게 나중 것이 먼저 것의 근원이 되겠습니까?[7)]

격물론에서 주희는 내 마음에 이미 들어 있는 이치와 사물에 있는 이치가 합쳐져 진정한 앎이 된다고 하였다. 인식론적으로 그는 합리론과 경험론을 종합한 이론을 제시하였다. 내 마음에 이미 모든 사물의 이치가 다 들어 있기 때문에 객관세계에 대한 경험적인 공부가 필요 없다고 주장하는 불교의 인식론에 대한 반론이기도 하다. 경험적인 공부가 반드시 필요하다고 생각해 불교의 인식론을 보완한 것이다.

그러나 격물론에 나오는 리와 만물의 근원을 말할 때의 리가 다르다는 점을 리치는 잘 알지 못했던 것 같다. 말은 똑같지만 그 뜻은 완전히 다르다. 격물론에 나오는 사물의 이치는 개별적인 리로 무수히 많지만 만물의 근원으로서 리는 일자(一者)로서 유일한 존재다. 이것이 바로 신유학의 리일분수설(理一分殊說)인데, 일자와 다자(多者)를 엄밀하게 구분하는 기독교적 세계관을 가진 리치가 납득하기에는 한계가 있었으리라.

주희는 이 이론을 하늘에 하나밖에 없는 달과 지구상의 수많은 강과 호수에 비친 달을 예로 들어 설명하였다. 하늘에 유일한 달이 일자(一者)로서 리라면 강과 호수에 무수하게 나타나는 달은 다자(多者)로서 리다. 이런 비유에 대해 실재하는 달과 달의 그림자 사이에는 분명한 차이가 있는 게 아니냐고 의문을 제기할 수 있다.

그러나 리일분수설에서 그러한 차이는 존재하지 않는다. 실재와 그림자 같은 관계가 아니라 실재와 실재의 관계다. 아니면 처음부터 실재와 그림자의 구분이 없다는 설명이 더 적절한 것 같다. 이러한 신유학의 이론을 보면 전체적으로 관념론적인 성격이 강함을 잘 알 수 있다.

이후의 논의를 보면 서양 선비는 실체와 속성이라는 두 가지 범주를 계속 적용하여 리가 만물의 근원이 될 수 없다는 점을 논증하고 있다. 중국 선비가 주돈이는 리를 만물의 근원으로 믿었다고 말하자, 서양 선비는 "자식이 없으면 아버지도 없습니다. 누가 자식이 아버지의 근원이라고 말합니까? 서로가 서로를 필요로 하는 사물의 실정은 항상 이와 같습니다. 본래 서로 유무의 관계가 됩니다. 임금이 있으면 신하가 있고, 임금이 없으면 신하도 없습니다"[8]라고 반박하였다.

리는 사물의 속성이기 때문에 먼저 사물이 있은 연후에 존재할 수 있다는 설명이다. 실체는 스스로 존재할 수 있지만 속성은 실체에 붙어 있는 성질이기 때문에 실체보다 먼저 존재할 수 없다. 실체가 존재해야만 비로소 속성도 따라서 존재할 수 있게 된다. 그러므로 리는 만물의 근원이 될 수 없다는 서양 선비의 설명이다.

다음으로 서양 선비는 리가 스스로 활동할 수 있는 능력이 없다는 점을 들어 만물의 근원이 될 수 없다고 주장한다. 리치는 주희가 리를 정의하면서 동정(動靜)이 없다고 한 사실을 잘 알고 있었다. 그래서 서양 선비는 말하기를 "<한 발 양보하여> 물어 봅시다. 반고(盤古) 이전에 일단 '이'가 있었다고 <인정>한다면, 어찌하여 <그때는> '이'가 가만히 있고 움직여 만물을 만들지 않았습니까? 그 뒤 <반고 때> 누가 그 '이'를 격동하여 움직이게 하였습니까? '이'는 본디 움직임도 고요함도 없다[無動靜]고 하는데, 하물며 '이'가 스스로 움직였다고 하겠습니까?"9)라고 하였다.

반고는 원래 삼묘족(三苗族)의 창조신이었는데, 전국(戰國) 말에 중국 문화에 통합되면서 중국 신화에도 등장하게 되었다. 리치가 볼 때 반고의 우주 창조와 리가 우주의 근원이라는 이론은 서로 맞지 않는다. 그리고 동정이 없는 리가 만물의 근원이라는 주장도 말이 되지 않는다.

주희가 리와 기에 대한 정의를 내릴 때 활동의 능력을 가진 것은 기고, 리는 활동 능력이 없다고 분명히 말했다. 여기서 우리는 동서양 사이에 존재하는 사유방식의 차이를 다시 한번 확인하게 된다. 서양에서 정신은 부피를 가지지 않지만 활동 능력은 가지는 존재로 본다. 중국 사람이 이것을 이해하기는 쉽지 않은 것 같다.

리는 서양의 정신과 다르게 기가 움직이는 일정한 길이나 틀에 더 가깝다.

길이나 틀이 움직이진 않지만 그 길이나 틀을 따라가는 기는 항상 움직인다. 그 길이나 틀이 눈에 보이는 존재는 아니지만 불변하면서 영원히 존재한다는 게 신유학 이론이다. 기는 서양의 물질과 다르게 스스로 운동할 수 있는 능력을 갖추고 있다. 그러므로 기는 자신을 움직이게 해주는 다른 원인이 있을 필요가 없다.

아리스토텔레스가 말한 질료(matter)는 스스로 운동할 수 있는 능력이 없다. 그 능력은 질료 자체에 내재하지 않기 때문에 바깥의 원인이 필요하다. 그리고 다시 그 운동의 원인을 거슬러 올라가면 모든 운동의 근본 원인을 찾을 수 있는데, 이것이 바로 '부동의 원동자'(不動의 原動者)이니10) 자신은 운동하지 않으면서 모든 것으로 하여금 움직이게 하는 근원적인 원인이다. 그리스도교의 신은 결국 이 부동의 원동자와 같다고 할 수 있다.

그런데 흥미로운 점은 아리스토텔레스가 말한 '부동의 원동자'와 신유학자들이 말한 리가 이러한 면에서 같다는 사실이다. 리치는 리가 스스로 움직일 수 없기 때문에 기독교의 신이 될 수 없다고 했지만 아리스토텔레스가 말한 신의 특성 가운데 하나가 바로 스스로는 움직이지 않는다고 한 것은 어떻게 해석해야 할까?

리치는 계속해서 리가 신과 같지 않다는 점을 열거하였는데, 그 가운데 하나가 바로 리는 의지(意志)가 없다는 점이다. 그래서 서양 선비는 "또한 '이'는 있지 않는 곳이 없으며, 그 '이'는 일단 <자율적으로 선택하는> 의지(will)도 없는 것이기에, 본성상 반드시 곧바로 나아가기만 하고 작동되는 대로 <자신을> 맡기고 스스로 멈출 수 없을 것입니다"11)라고 말하였다. 리에 의지가 있다면 기의 작용을 시작하게 하거나 멈추게 할 수 있어야 하는데 그렇지 못하다는 말이다. 그의 해석에 따르면 리는 기에 붙어 있는 부속물에 불과할 뿐이다.

리치는 또 리에는 감정이나 사려가 없다는 주희의 정의도 잘 알고 있었다. 그래서 서양 선비는 "'이'가 이성 능력도 지각(知覺) 능력도 없다면, 이성 능력도 지각 능력도 만들어낼 수 없습니다. 선비님, 이 우주 안<의 사물>을 잘 관찰해 보십시오. 오직 이성 능력이 있는 존재만이 이성 능력을 만들어내고, 지각 능력이 있는 존재만이 지각 능력을 만들어낼 뿐입니다"12)라고 말했던 것이다.

원래 아리스토텔레스는 영혼에는 세 가지 종류가 있다고 했다. 식물적인 영혼, 감각적인 영혼 그리고 정신적인 영혼이 바로 그것이다.13) 아리스토텔레스의 영혼설을 따르는 리치는 이것을 중국어로 각각 생혼(生魂), 각혼(覺魂) 그리고 영혼(靈魂)으로 번역하였다. 인용문의 이성 능력이란 바로 아리스토텔레스가 말한 영혼에 해당하고, 지각 능력이란 동물들이 가지고 있는 능력으로 각혼을 말한다. 인간의 정신적인 영혼은 이성과 오성(understanding) 같은 다른 생물들이 가지지 못한 높은 능력을 가지고 있다.

리치의 주장을 다음과 같이 요약할 수 있다. 리는 기가 있어야만 존재하기 때문에 실체가 될 수 없고 속성에 해당할 뿐이다. 그래서 리는 스스로 움직일 수 있는 능력도 없고, 감정이나 지적인 능력도 갖지 못했다. 또 의지도 없어서 기독교의 신과는 아주 다르다. 이러한 리를 최고의 철학적 원리로 믿는 당시의 중국인은 신 관념을 가지지 못했다.

기(氣)에 대해

리치는 리(理)에 대해서는 상세하게 설명했지만 기(氣)에 대해서는 그만큼 자세하게 설명하지 않았다. 그래도 『천주실의』에 나오는 몇 가지 말을 종합해 보면 기에 대한 그의 생각을 어느 정도 알 수 있다. 우선 그는 기를 공기로 이해하였을 뿐이고, 중국철학에서 그것이 얼마나 중요한 역할을 하는지 깊이 생각하지 않았던 것 같다. 다시 말해 리치는 물질의 세계가 4행(四行), 즉 물, 불, 공기, 흙으로 이루어져 있다고 믿었는데 중국의 기가 바로 공기라고 생각했다.

그가 따랐던 사원소설은 그리스 철학자 엠페도클레스(Empedokles, B.C. 490?~B.C. 430?)가 주장한 것으로 아리스토텔레스도 그대로 수용한 이론이다. 아리스토텔레스는 사원소설을 믿었는데, 이 네 원소는 무게에 따라 제자리가 서로 다르다고 보았다. 그래서 그는 가장 무거운 흙이 우주의 중심에 자리잡고 그 둘레에 물이 덮여 있고 다시 그 둘레를 공기가 싸고 있고, 불은 제일 바깥에 있다고 설명했다.14) 리치는 이러한 아리스토텔레스의 사원소설을 그대로 따랐다. 리치는 『천주실의』에서 사원소설을 다음과 같이 설명하였다.

> 세상의 모든 사물은 불, 공기, 물, 흙이라는 네 원소[四行]가 서로 결합하여 생성되지 아니하는 것이 없습니다. 그런데 불의 성질은 뜨겁고 마르게 하는 것이니 물과 배치됩니다. 물의 성질은 차고 습합니다. 공기의 성질은 습하고 뜨거워서

흙과는 배치됩니다. 흙의 성질은 마르고 차갑습니다. <물과 불, 공기와 흙은> 둘이 서로 대치되고 맞서게 되면 자연히 필연적으로 서로를 해치게 됩니다. <四行이> 일단 한 사물 속에 함께 결합되어 있으면, 그 사물이 어찌 오랫동안 평화로울 수 있겠습니까? 그 사이에 때때로 서로 다투고 싸우는 것을 면하지 못하며, 단지 한쪽으로 승(勝)하게 되면 그 사물은 필연적으로 부서져서 없어집니다. 그러므로 이 네 원소를 가진 사물은 소멸되지 아니할 수 없습니다.15)

리치에 따르면 이 세상의 모든 사물은 네 원소의 결합으로 생겨났고, 그 원소들은 서로 배치되는 성질을 가지고 있어서 결국 소멸할 수밖에 없다. 다시 말해 서로 반대되는 것들이 투쟁하게 되고, 어느 한쪽이 이기게 되면 그 사물은 파괴되고 만다. 여기서 리치가 이 세상의 모든 사물이 영원히 존재하지 못하고 유한할 수밖에 없는 이유를 설명한 것이 눈에 띈다.

이러한 세계관을 가지고 있었던 리치가 볼 때, 신유학의 기론(氣論)은 네 원소 가운데 하나를 가지고 세운 이론일 뿐이다. 그래서 리치는 "만약 <선비께서> 기(氣)가 하나의 원소<에 불과함>을 알게 된다면, 그 <공기의> 본체와 작용을 설명해드리기 어렵지 않습니다. 또한 저 '공기'[氣]는 물, 불, 흙, 세 원소와 함께 만물의 형체가 되는 것입니다."16)라고 말하였다. 리치가 볼 때 신유학의 이론으로는 만물이 소멸하는 이유를 제대로 설명할 수 없다.

하지만 리치가 기를 단순히 사원소 가운데 하나인 공기로 이해한 것은 그가 신유학을 제대로 이해하는 데 방해가 되었다. 신유학에서 말하는 기는 공기를 포함하지만 더 근원적인 존재다. 리치가 말한 물, 불, 흙도 사실은 모두 기로 이루어진 물질일 뿐이다.

나아가 신유학에서는 물질뿐만 아니라 영혼이나 정신도 모두 기로 이루어져 있다고 설명한다. 활동 능력을 가진 존재는 모두 기로 만들어진 것이다. 서양에서는 사람의 정신이나 영혼이 물질과는 근본적으로 다른 존재라고 믿었다. 그것이 물질과 다른 점은 무엇보다도 장소를 차지하지 않는다는 데 있다. 그러면서도 그것은 활동력을 가지고 있는 중요한 존재고 물질보다 더 차원이 높다. 신유학에서는 정신이나 영혼이 기이기 때문에 장소를 차지하는 존재라고 생각할 수밖에 없다.

그래서 『천주실의』에서 중국 선비는 영혼불멸설(靈魂不滅說)이 옳지 않은 이유를 제시하면서, 만약 영혼이 사라지지 않으면 이 세상에 너무 많은 귀신이 생겨나지 않겠냐고 물었던 것이다. 이 질문에 대해 서양 선비는 대답하기를 "이런 것을 의심하는 것은 우주가 아주 광활함을 인식하지 못하여 쉽게 <우주 공간이> 채워지리라 생각이 드신 것 같습니다. '정신'[神, spirit]의 성질과 양태를 이해하지 못하여 그것들도 장소를 차지한다고 여기기 때문입니다. 형체 있는 것은 장소[所, 공간] 안에 있기 때문에 공간을 채웁니다. '정신'은 형체가 없으니 어떻게 공간을 채울 수 있겠습니까? <곡식> 한 낱알의 크기에도 온갖 만신(萬神)이 깃들어 있습니다"[17]라고 하였다.

영혼이 장소를 차지한다고 생각하는 중국 선비는 귀신이 너무 많아지는 일을 걱정하였지만 영혼은 공간을 차지하지 않는다고 믿는 서양 선비는 그런 것을 걱정할 필요가 없다고 해명한다. 존재하는 데 공간이 필요하지 않기에 아무리 많은 영혼이 존재하더라도 공간 문제는 없다. 이것이 중국과 서양 사이에 보이는 영혼관의 근본적 차이라 할 수 있다.

그러나 서양에서도 장소를 차지하지 않는 존재를 생각한 것은 아니다. 신유학에서 공간을 차지하지 않으면서 영원히 존재하는 것은 바로 리다. 부피가 전혀 없다는 점에서 서양의 영혼은 신유학의 리와 같다. 그리고 서양에서 영혼불멸을 주장하듯이 리는 사라지지 않는다. 주희에 의하면 기는 생성하고 소멸하지만 리는 생성과 소멸이 없고 처음부터 영원히 존재한다.

기는 영원한 존재가 아니기에 기로 이루어진 모든 사물은 일정한 시간이 지나면 자연적으로 소멸할 수밖에 없다. 하늘의 구름이 생겨났다가 사라지듯 기로 만들어진 모든 존재는 생성과 소멸을 반복한다. 사람의 정신과 영혼 역시 기로 되어 있으니 시간이 지나면 흩어져 소멸하게 된다. 그래서 중국 선비는 이렇게 말하였다.

> 사람의 '정신'[神]이나 혼(魂)이 죽은 뒤에 흩어져 없어진다는 말은 '정신'을 기(氣)로 여기는 것일 뿐입니다. 기(氣)의 흩어짐에는 '빠른 것'[速]과 '점진적인 것'[漸]의 차이가 있습니다. 만약 사람이 명대로 죽지 못하면 그 기(氣)가 아직도 모여 있는 것이요, 오랜 기간이 지나야 점차 사라집니다. 정(鄭)나라의 책유(伯有)가 <바로> 그런 경우입니

다.18)

 백유는 정나라의 귀족이었는데 귀족들의 권력 투쟁 때문에 노(魯)나라 양공(襄公) 30년(B.C. 543)에 살해당하였다. 그런데 8년 후인 소공(昭公) 7년(B.C. 535)에 귀신으로 나타나 정나라의 귀족들을 놀라게 했다. 이 이야기는 『춘추좌전』(春秋左傳)에 나오는데 이것을 중국 선비가 요약해서 설명하였다. 여기에 대해 주희는 명대로 죽지 못하거나 원한이 있는 경우 간혹 그 기가 금방 흩어지지 않고 남아 있다가 나중에 사라지게 되는 수도 있다고 보충해서 해명했다.
 신유학에서는 사람의 몸뿐만 아니라 마음까지도 기로 이루어져 있다고 믿었다. 몸과 마음은 모두 기로 되어 있지만 그것을 이루는 기는 서로 다르다. 몸을 이루는 기가 잡박하다면 마음을 이루는 기는 아주 순수하다. 사람이 죽게 되면 육체도 점차 분해되지만 기로 이루어진 영혼도 마찬가지로 분해되어 흩어져버린다. 육체는 사라지지만 영혼은 영원히 사라지지 않는다는 영혼불멸설을 신유학에서는 받아들이지 않는다. 단지 영혼의 기가 사라지는데 어떤 경우는 빨리 또 어떤 경우는 조금 늦을 수도 있다는 것이 그들의 생각이다.
 이와 같은 신유학자들의 주장에도 약점이 없는 것은 아니다. 사람의 영혼도 기로만 이루어져 있지 않고 리도 함께 있을 터인데, 사람이 죽으면 영혼을 이루었던 리는 어떻게 되는가? 영혼을 이루었던 기는 사라지는 것이 분명하지만 리는 사라질 수 없는 존재가 아닌가? 여기에 대해 신유학자들이 충분한 대답을 한 것 같지 않다. 기와 영혼을 동일시하는 신유학자들의 견해를 리치는 사람의 영혼을 제대로 알지 못한다고 비판하였다. 그래서 서양 선비는 중국 선비에게 이렇게 설명하였다.

> 기(氣)를 귀신이나 영혼<과 똑같은 것>으로 여기는 것은 사물의 부류에 대한 실제 이름[實名]을 문란하게 하는 것입니다. <올바른> 가르침을 세우려면, 모든 '부류'의 '관념' [理, 즉 ousia]들이 각각 그 '부류'에 합당하게 본래대로 이름을 지어야 합니다. 옛날 경서(經書)에서 기(氣)를 말하고, 귀신을 말하는 글자가 같지 않았다면 그것들의 이치 <즉 관념들> 역시 다른 것입니다. 귀신들에게 제사지낸 일은 있었지만 기(氣)에게 제사지냈다는 것은 아직 듣지 못하였습니다. <이처럼 귀신과 '기'는 서로 기본 '관념'이 다르기 때문에 마땅히 그 '이름'들이 서로 달라야 하는데>, 어째서 오늘날 <중국의> 사람들은 그들의 이름을 문란하게 사용하는 것입니까?[19]

서양 선비는 신유학자들이 귀신이나 영혼이 기라고 말하는 것은 이름을 문란하게 하는 일이라고 나무란다. 실제로 경서를 살펴보아도 귀신이 바로 기라는 설명은 어디에도 보이지 않는다는 설명이다. 이는 경전에 없다는 사실을 근거로 중국 선비의 주장을 반박한 것이다.

그러나 서양 선비의 반론에는 억지가 없지 않다. 신유학에서는 귀신도 결국 기의 조화일 뿐이라는 것인데, 서양 선비는 귀신을 제사지낸 일은 있었지만 기를 제사지내지는 않았다고 논박하였다. 그렇다면 다이아몬드를 귀중하게 여기는 것이 탄소를 귀중하게 여기는 것과 같은가?

육체와 정신이 근본적으로 다르다고 생각하는 리치는 그것을 하나로 보려는 신유학자들의 이론을 이해할 수 없었다. 리치에 따르면 육체는 스스로 살아 있는 존재가 아니기 때문에 그것을 살게 하고 움직이게 하는 다른 존재가 있어야 한다. 그런 능력을 부여하는 것이 바로 정신이나 영혼이기에 그것은 육체와 같은 차원의 존재가 아니다. 그래서 다음과 같이 설명하였다.

> 만약 기(氣)를 '정신'[神]으로 보고 살아서 움직이게 하는 근본으로 생각한다면, 살아 있는 것이 무슨 연유로 죽게 되는 것입니까? 사물이 죽은 뒤에도 기(氣)는 <그 사물의> 안과 밖에 여전히 가득 차 있습니다. 어디 간들 기(氣)를 떠날 수 있겠습니까? <그렇다면> "그것들이 '기'가 없어서 죽는다"고 어째서 걱정합니까? 따라서 '기'는 <사물을> 살아서 움직이게 하는 근본이 아닙니다.[20]

리치의 생각에 따르면 사람의 죽음은 육체와 영혼의 분리다. 영혼이 육체와 분리되어 떠나는 것이 곧 죽음을 의미한다. 그리고 영혼이 육체를 떠날 수 있는 것도 그것이 육체와 근본적으로 다르기 때문이다. 그런데 기와 정신이 같은 것이라면 육체와도 같은 것이어서 분리될 수 없다는 주장이다.

리치가 이런 주장을 하게 된 이유는 중국 선비가 먼저 "기(氣)로써 만물이 만들어지나, 만물은 <그 모양으로> 부류가 달라집니다. 물고기가 물속에 있으면, 물고기 밖의 물과 뱃속에 있는 물이 동일하고, 쏘가리[鱖魚] 뱃속의 물과 잉어 뱃속의 물이 동일한 것과 같습니다"21)라고 말했기 때문이다.

하지만 리치는 신유학자들이 말하는 기를 너무 단순하게 생각하였다. 신유학자들이 모든 것은 기로 되어 있다고 주장했지만 그 기가 모두 동일하다고 말하지는 않았다. 이 세상에 동일한 사물이 둘이 존재할 수 없듯 기라고 해서 다 같지는 않다.

돌이나 흙을 이루는 기가 있는가 하면 동물을 만드는 기도 있고, 사람이 되는 기도 있을 것이다. 또한 사람의 정신이나 영혼이 되는 기도 있다. 그뿐만 아니라 사람도 모두 같지 않으니 그 사람들의 영혼도 마찬가지로 동일하지는 않다.

리치 이후의 견허들

리치의 관용적인 선교 방식과 중국인의 신 관념에 대한 견해는 그의 후계자들에 의해 많은 도전을 받았다. 그의 후계자인 롱고바르디(N. Longobardi, 1565~1655)부터 리치의 주장에 반대하였다.

롱고바르디는 이탈리아 출신으로 중국에 도착한 때는 1597년이고 소주(韶州)에서 선그를 시작하였다. 그는 리치와 생각이 달랐지만 중국철학을 이해하는 능력은 탁월했던 것 같다. 그는 이미 1600년경에 라틴어로 된 논문『공자와 그의 교의론』을 쓸 정도로 중국철학, 특히 신유학 이론을 많이 알고 있었다.

이 논문을 나중에 나바레테(Navarette)가 스페인어로 번역하여 마드리드(Madrid)에서 출판하였다. 다시 이 책을 시세(Cicé)가 프랑스어로 번역하여 1703년에 '중국 종교론'이라는 제목으로 출판하였다.

롱고바르디는 리치의 소극적인 선교 방식과 다른 적극적인 방식을 선호했던 것 같다. 그리고 중국 문화를 이해하는 데도 리치처럼 조심스럽지 않고 좀 더 용감했다. 하지만 그의 이러한 태도가 기독교에 우호적이었던 중국인을 적으로 만들었고, 전례논쟁(典禮論爭)을 불러일으키는 데도 많은 영향을 끼치게 된다.

롱고바르디는『중국 종교론』에서 리치와 다르게 중국인은 무신론자(無神論者)고 유물론자(唯物論者)라 처음부터 정신적인 실체인 신 관념을 가지고 있지 않다고 주장했다. 이 같은 견해는 중국인이 고대에는 신 관념을 가지고 있었으나 후세에 이르러 그것을 잃어버렸다는 리치의 생각과는 완전히 다르다. 리치는 중국의 유교 경전들에 나오는 상제를 기독교의 신 같은 개념으로 해석하였으나 롱고바르디는 상제를 물질적인 하늘에 가까운 존재로 보았다.

그리고 롱고바르디는 만물의 근원에 관한 문제에서는 태극이나 리의 개념을 사용하였다. 이것은 롱고바르디가 신유학자들의 이론에 더욱 충실하였음을 보여준다. 실제로 신유학자들은 상제라는 개념으로 세계의 근원을 설명하지 않고 일반적으로 태극이나 리를 사용하였다.

신유학자들이 가장 강조하는 리가 기독교의 신과 같지 않다는 점에 대해서는 그도 리치와 견해를 같이했다. 그는 리가 기독교의 신과 같지 않은 이유를 몇 가지 제시하였는데 리치가 주장한 내용과 크게 다르지 않다. 우선 리는 기와 독립해서 존재할 수 없다, 리는 생명력을 가지지 못한다, 리가 우연하게 작용한다, 모든 것은 물질일 뿐이다 등의 이유를 들었다.

중국에서 일어난 이러한 논쟁은 유럽까지 전해져 당대 최고의 철학자들까지도 이 문제에 관심을 가지게 되었다. 예컨대 프랑스의 철학자 말브랑슈(Nicolas Malebranche, 1638~1715)는 중국에서 오랫동안 선교하다가 유럽에 돌아온 파리외방선교회 소속 리온느 신부의 부탁을 받고 『신(神)의 존재와 본질에 대한 기독교 철학자와 중국 철학자의 대화』라는 책을 썼다. 여기서 그는 중국철학의 내용을 여섯 가지로 요약하였다.

첫째로 존재하는 것은 오직 두 가지, 즉 리(최고의 이성, 질서, 지혜, 정의正義)와 물질[氣]뿐이다. 둘째로 리와 물질은 영원한 존재다. 셋째로 리는 스스로 존재할 수 없고, 물질에 의존한다. 넷째로 리는 최고의 지혜고 지성이지만 지혜롭거나 영리하지는 않다. 다섯째로 리는 자유롭지 못하고, 오직 그 본성의 필연성에 따라 활동할 뿐이다. 여섯째로 리는 지성과 지혜를 주고, 물질은 지성과 지혜 및 정의(正義)를 받는 경향이 있다.[22]

이 책에서 그는 대체로 리치의 견해를 따랐고, 리가 기독교의 신과 일치할 수 없음을 상세하게 밝혔다. 예를 들면 리가 자립할 수 없고 항상 물질에 의존하기 때문에 신과는 근본적으로 다르다.

그는 또 리가 현명한 존재를 만들어내지만 스스로 현명하지 않다고 하는 점도 기독교의 신과는 분명히 다르다고 길게 설명하였다.[23]

독일의 철학자 라이프니츠(Leibniz)도 일찍부터 중국에 관심이 많았는데 만년에 말브랑슈의 추종자 르몽(Nicolas Remond)의 부탁을 받고 중국철학에 대한 한 편의 긴 논문을 썼다. 나중에 사람들은 이 논문을 「중국인의 자연신학론」(Discourse on the Natural Theology of the Chinese)이라고 불렀는데 여기서 라이프니츠는 리치의 선교 방식을 옹호하였다. 나아가 그는 신유학의 핵심 개념인 리를 기독교의 신(Deus)과 같다고 주장하였다. 이 주장은 상당히 파격적인 것으로 리치의 생각과 다르고, 롱고바르디와 말브랑슈의 해석과도 완전히 다르다.

라이프니츠는 롱고바르디의 리에 대한 견해를 다섯 가지로 나누어 하나하나 반박하였다. 첫째로 리가 기 없이는 존재할 수 없다는 롱고바르디의 주장에 대해 라이프니츠는 아마 중국인은 리가 제일질료(第一質料, prime matter)인 기를 가지고서 사물을 생산하기 때문에 스스로 활동할 수 없다고 했을 것이라고 말했다. 리의 활동이란 다른 게 아니라 기를 가지고 활동하는 것이고, 사물 안에서 활동하기 때문에 중국인이 그렇게 말했다고 해석하고 롱고바르디의 견해에 동의하지 않았다. 리는 기가 필요하다는 중국인의 말은 오히려 리는 기와 완전히 다른 존재라는 사실을 증명한다고 라이프니츠는 논박하였다.[24]

둘째로 리가 활동 능력이 없다고 한 말에 대해 라이프니츠는 "만일 고대 중국의 작가가 리 또는 제일원리가 생명과 앎과 권력을 가지지 않는다고 했다면, 그들은 틀림없이 그런 것들은 인간에게 있는 것이고 창조된 존재들에 존재하는 능력으로 이해했을 것이다. 생명이란 유기체들의 활동성을 의미하고, 앎이란 추론과 실험에 의해 얻은 지식을 의미하고, 권력이란 통치자가 그의 피지배자들을 두려움과 희망을 통해 다스리는 그런 권력을 말할 것이다"[25]라고 하였다. 리가 생명과 지성과 힘이 없다는 말의 의미는 피창조물에게 해당될 수 있는 이러한 성질을 신은 가지지 않으므로 더욱 완전하고 위대하다는 의미이니 문제가 될 게 없다는 해명이다.

셋째로 롱고바르디는 리의 활동은 우연적이고 의도와 숙고가 없다고 해석하였지만 라이프니츠는 다르게 이해하였다. 라이프니츠는 리의 활동을 필연적이라고 부르거나 자유의지가 없는 것으로 보는 견해에 반대한다. 신의 활동을 필연적이라거나 의지가 없는 것으로 생각하지 않기 때문이다. 그 대신 그는 리나 신이 몇 가지 가능성 가운데 최선의 것을 선택한다고 보았다. 그에 의하면 신은 원래부터 가능했던 무한히 많은 세계 가운데 가장 좋은 세계를 선택해 실현시켰다. 말하자면 현재의 세계가 존재할 수 있는 세계 가운데 가장 좋은 것이라는 이론이다.

넷째는 롱고바르디가 중국인이 정신적인 실체를 부정한다는 내용인데, 라이프니츠는 그 역시 잘못 이해했다고 반박하였다. 여기에 대해 라이프니츠는 "이미 말했듯이 내가 믿기로 중국인은 물질을 산출한 리 이외에 또 다른 비물질적인 실체를 인정하지 않는다. 이 점에 있어 그들이 옳다고 나는 생각한다"[26]고 말해 롱고바르디의 견해에 반대하였다.

리치는 신유학자들이 말하는 리는 신과 같지 않고 고대 경전에 나타나는 상제가 신과 같다고 했지만, 라이프니츠는 리와 상제는 결국 같고 이것들 또한 기독교의 신과 같다고 해석하였다. 중국의 고대인들은 신 관념을 가지고 있었지만 당시의 중국인은 그렇지 못하다는 리치의 견해를 라이프니츠도 따르고 있다. 이런 해석에는 라이프니츠가 리라는 개념이 이미 고대부터 존재하였다고 오해한 점이 결정적인 역할을 하였다.

지금까지 리치가 가지고 있었던 신학적인 입장과 그의 리와 기에 대한 관점 그리고 이후 선교사들과 서양 철학자들의 리기관(理氣觀)을 살펴보았다. 리치의 선교와 중국철학에 대한 해석은 서양철학과 동양철학이 처음으로 만난 역사적인 사건이라고 할 수 있다. 그뿐만 아니라 리치의 해석과 견해는 이후 서양 사람들이 중국철학을 이해하는 하나의 대표적인 모델이 되어 현재까지도 영향을 끼치고 있다.

리치에 대한 중국과 한국의 평가는 대체로 우호적인 편이었다. 그가 중국의 전례(典禮)를 인정하고 중국 종교에 대해서도 관용적인 태도를 취하여 기독교의 중국 선교에 커다란 업적을 남겼다는 점이 높은 평가를 받았다. 그리고 기독교와 유교의 가르침이 근본적으로 같다는 주장도 매우 긍정적으로 받아들여졌다.

그러나 유학의 입장에서 보면 그의 태도에 전혀 문제가 없는 것은 아니다. 실제로 리치의 중국 종교와 철학에 대한 해석에는 좀 더 자세하게 따져보아야 할 부분이 있다. 먼저 고대 중국인이 초월적인 인격신인 상제를 숭배한 것은 사실이지만 상제를 바로 기독교의 신과 같다고 말할 수 있는가 하는 점이다. 즉 기독교의 신은 조물주(造物主)의 역할이 강조되지만 상제는 조물주보다 주재자(主宰者)에 가깝다. 지상(地上)의 왕이 하는 일과 천상(天上)의 상제가 하는 일이 비슷하다는 것이 유가들의 생각이다.

이러한 인격신에 대한 믿음은 이후 인지가 발달하면서 점차 약화되고 이 자리를 대신한 것이 바로 신유학에서 말한 태극이나 리다. 말하자면 종교적인 신의 자리를 철학적인 신이 차지하게 된 것이다. 특히 주희의 세계관은 신과 세계가 떨어져 있지 않고 하나로 합쳐져 있다는 범신론(汎神論)에 가깝다. 이러한 중국의 종교적인 변화와 발전을 무시하고 다시 고대인의 종교심을 회복하라고 가르치는 기독교의 선교는 억지스러운 면이 없지 않다.

선교 과정에서 리치는 기독교를 지키기 위하여 이러한 중국 종교와 철학의 발전을 철저하게 무시하고 오히려 비판하였고, 신유학의 철학을 자신의 기준으로 평가하고 해석하였다. 이것을 보면 그의 내면에는 기독교에 대한 확고한 믿음이 자리잡고 있었고 다른 문화와 종교에 대한 불신이 깔려 있었던 것 같다. 이 점은 충분히 비판받을 만하다.

중국에서 고대부터 당시에 이르기까지 신(神) 개념에 변화와 발전이 있었다는 점을 서양의 다른 철학자들도 리치와 마찬가지로 크게 주목하지 않았다. 예컨대 라이프니츠의 경우도 당시의 중국인은 신 관념을 가지지 않았다는 리치의 주장에 동조하면서도 신유학의 리가 신과 같다고 주장했다. 라이프니츠는 리가 이미 고대부터 존재했던 개념으로 오해하였다.

2장
라이프니츠와 유학

라이프니츠와 유학

　라이프니츠(G. W. Leibniz, 1646~1716)는 20세 정도가 되면서 부터 중국에 대해 관심을 가지기 시작했고, 그것은 한평생 계속되었다. 이러한 그의 중국에 대한 관심은 그 시대의 사회적 분위기와 관련 있다. 당시 유럽인은 중국이나 인도 등 동양 세계에 이미 많이 진출하여 선교도 하고 무역도 하였다. 그리고 인도나 중국을 보고 온 상인들이나 선교사들은 그들의 경험을 유럽에 전하였다. 이러한 동양에 대한 소식들은 구두로만 전달된 것이 아니라 책으로 나와 널리 읽히기도 했다.

　이미 1585년에 멘도자(Mendoza)라는 사람이 로마에서 중국에 관한 책을 출판했는데 거기에 중국의 역사, 지리 그리고 법률 등을 다루고 있다. 이 책은 당시 7개 국어로 번역되었고 46쇄를 찍어 성공적이었다. 1615년에는 마테오 리치의 책이 출판되었는데 여기에 중국에 대한 여러 방면의 지식들과 선교의 역사를 기록하고 있다. 이 책 또한 유럽에서 대단히 많이 읽혔다. 그리고 1642년에는 세메도(Semedo)의 책이 마드리드에서 출판되었다. 여기서도 중국의 역사가 엄청나게 오래되었다는 사실을 싣고 있는데, 인류의 역사를 성서에 기록된 대로만 알고 있던 유럽인에게 이것은 하나의 커다란 충격이었다.

이러한 종류의 책들이 이후에도 유럽에서 계속 나오는데, 중요한 것은 라이프니츠가 태어나기도 전에 이미 중국이 유럽에 널리 알려졌고 또 많은 사람의 관심의 대상이 되었다는 점이다. 이러한 시대에 살았던 라이프니츠가 일찍부터 중국에 관심을 가졌던 것은 어쩌면 당연한 일인지도 모른다.

1697년에 그는 스스로 한 권의 책을 편집하였다. 이것은 『최신 중국소식』(Novissima Sinica)이라는 책인데 하노버(Hannover)에서 출판되었다. 그 내용은 중국에 나가 있던 선교사들이 유럽으로 보낸 편지와 보고서들이고 거기에 자신의 서문을 붙인 것이다. 이 서문을 통해 우리는 그가 중국을 어떻게 생각했는지 엿볼 수 있다. 그는 유럽과 중국이 동등한 문화 수준을 가지고 있는 지구상의 두 개의 문화권이라 보고, 이 두 문화가 서로 힘을 합해 공동의 노력을 해야 함을 역설하고 서로 종교와 문화를 교환해야 한다고 주장하였다.

그리고 1716년경 그는 르몽에게 『중국철학에 대한 편지』(Letter on Chinese Philosophy) 혹은 『중국인의 자연신학론』이라 불리는 중국철학에 관한 중요한 한 통의 긴 편지를 썼다. 이 편지에서 그는 중국철학, 특히 신유학의 중요한 개념들, 예컨대 태극, 리와 기 같은 개념을 해석하고 자신의 견해를 덧붙였다.

우리는 이 편지를 보고 그의 중국철학에 대한 이해의 정도를 짐작할 수 있다. 여기서 라이프니츠는 롱고바르디, 생트 마리(Antoine de

Sainte-Marie)와 다르게 중국인도 신 관념을 가지고 있고 유물론자도 아니라고 주장하였다. 그는 리치의 중국철학에 대한 해석과 선교 방식을 옹호하고 롱고바르디와 생트 마리의 견해를 반박하였다. 중국에도 정신에 해당하는 개념이 있고 영혼불멸에 대한 믿음도 존재한다고 생각하였다.

유럽에 알려진 유학(儒學)

중국의 유학이 유럽에 알려진 것은 상인들과 선교사들이 중국을 소개하면서 시작되었다. 특히 중국에 선교를 위해 진출한 기독교 선교사들은 중국의 고전에 많은 관심을 보이고 이것을 서양의 언어로 번역하기 시작했다. 이러한 번역이 처음에는 중국에서 이루어졌지만 차츰 번역물들이 유럽으로 전해지게 되었다.

중국의 고전을 최초로 번역한 사람은 중국 선교에 획기적인 성공을 거둔 마테오 리치로 알려져 있다. 어떤 자료에 의하면 그가 이미 1593년경에 사서(四書)를 라틴어로 번역했다고 하고,[27] 또 어떤 자료에 의하면 당시에 번역을 하고 있었다고 한다.[28] 그러나 그가 번역한 사서가 전해지지 않기 때문에 사실을 확인할 수는 없다.

그런데 예수회의 선교사로 중국에서 활동했던 루지에리(Michele Ruggieri, 1543~1607)가 리치보다 먼저 사서를 번역했다는 주장이 있다. 루지에리는 나폴리(Naples)에서 태어나 나폴리대학교에서 박사학위까지 받고서 1572년에 예수회에 들어갔다. 그는 1577년에 인도에 파견되었고 1579년에는 다시 중국의 마카오로 파견되었다.
　그는 마카오에 살면서 정기적으로 광동(廣東)을 방문하였는데, 1582년에는 광동성에 있는 조경(肇慶)이라는 곳에 정착할 수 있는 허가를 받게 되었다. 1583년에는 리치가 그곳으로 와서 함께 활동하게 되었다. 루지에리는 중국에서 선교 활동을 하다가 1588년에 스페인의 국왕 필립 2세와 교황에게 상황을 보고하고 도움을 청하기 위해 다시 유럽으로 가게 되는데, 유럽에서 그는 놀라(Nola)와 살레르노(Salerno)에 있는 예수회 대학에서 활동하다가 1607년에 세상을 떴다.
　루지에리가 번역했다는 사서는 당시에 출판되지 못했고, 지금까지 로마에 있는 국립도서관에 보관되어 있다고 한다. 그러나 그가 번역한 『대학』(大學)의 일부분은 1593년에 다른 책에 의해 소개되었다. 로마의 국립도서관에 보관된 사서가 실제로 루지에리가 번역한 원고인지 아니면 그 후에 번역된 것을 루지에리가 번역한 것으로 잘못 알고 그렇게 말하는지는 불확실하다.
　이 분야의 전문가인 먼젤로(D. E. Mungello)는 사서가 번역되었다는 사실에 대해 회의적인 견해를 밝혔다.[29] 이 당시 선교사들의 중국어와 한문에 대한 능력이 아직 사서를 번역할 정도가 되지 못한다고 생각하였다. 그리고 루지에리가 중국에 머문 기간도 그렇게 길지 않은데 그 사이에 사서를 번역했다는 주장이 믿을 수 없는 모양이다. 그뿐만 아니라 그가 혼자서 사서를 번역했다는 사실도 신뢰하기 힘들다고 보았다.
　우리가 생각할 수 있는 것은, 당시의 선교사들이 사서에 관심이 많았고 중국의 문화를 알기 위해서는 우선 사서를 읽지 않을 수 없으므로 사서를 읽고 번역도 부분적으로 시작했을 것이라는 사실이다. 실제로 1662년에는 중국에서 시실리 출신의 예수회 선교사 인토르체타(Prosper Intorcetta, 1625~1696)가 편집한 『중국의 지혜』(Sapientia Sinica)가 출판되었다. 이 책은 『대학』 전체와 『논어』(論語)의 앞 부분 5편을 번역한 것 그리고 공자를 소개한 것이 그 내용이다.

이 책을 편집한 사람은 인토르체타지만 실제로 번역을 한 인물은 포르투칼의 선교사 코스타(Inácio da Costa, 1603~1666)다. 코스타는 이미 1634년부터 중국에서 선교를 했기 때문에 중국의 고전을 라틴어로 번역할 수 있는 충분한 어학 실력이 있었을 것이다. 그러나 인토르체타는 1659년부터 중국에서 선교를 했으니 한문을 서양의 언어로 옮길 수 있을 정도의 실력을 쌓았다고 보기는 힘들다.

1667년에 인토르체타는 『중용』(中庸)을 번역하여 중국의 광동에서 출판하고, 1669년에는 인도의 고아에서도 출판하였다. 책의 제목은 『중국의 정치윤리학』인데, 여기에는 그가 쓴 머리말과 『중용』의 번역문 그리고 「공자전」(孔子傳)이 들어 있다. 또 이 책은 1672년 파리에서 다시 출판되었다. 파리에서 간행된 책은 유럽에 있는 사람들도 쉽게 접할 수 있었을 것이므로 읽은 사람이 다수 있었을 것이다.

더 본격적으로 유럽에 중국의 고전이 소개된 것은 아무래도 1687년에 파리에서 『중국의 철인 공자』(Confucius Sinarum Philosophus)라는 책이 출판된 후부터라고 할 수 있다. 이 책은 그때까지 예수회 선교사들의 노력이 합쳐져서 이루어진 작품이라고 말할 수 있다.

이 책을 편집한 사람은 쿠플레(Philippe Couplet)인데, 여기에는 그의 긴 서문과 「공자전」 그리고 『대학』, 『중용』, 『논어』 등의 번역이 들어 있다.

이 밖에도 이 책에는 중국의 연대기와 중국의 지도도 포함되어 있어 중국을 알고 싶어하는 유럽인에게 좋은 정보를 제공하고 있다. 쿠플레는 서문에서 중국의 도교와 불교 그리고 유학의 경서들과 『역경』(易經)에 대해서도 설명하였으니, 중국철학의 중요한 것은 모두 이 책에 들어 있다고 해도 지나친 말이 아니다.

이 책을 편집한 쿠플레는 벨기에 사람으로 1623년 메헬른(Mecheln)에서 태어나, 1654년 브뤼셀(Brussels)에서 서품식(敍品式)을 가졌다. 그리고 1656년 리스본(Lisbon)에서 중국을 향하여 출발하여 1658년 말 마침내 중국에 도착하였다. 그는 중국의 강서(江西)지역과 상하이 그리고 복주(福州) 등의 지역에서 선교 활동을 하였고, 1681년에는 유럽에 도움을 청하기 위하여 중국을 떠나 1682년에 네덜란드에 도착하였다.

1684년에 그는 로마에서 교황을 만나고, 파리에서 루이 14세를 만났다. 그는 1692년에 69세의 나이에도 불구하고 다시 중국으로 가기 위하여 리스본을 떠났으나, 1693년 인도의 고아 부근에서 폭풍을 만나 부상을 입고 안타깝게 세상을 뜨고 말았다.30)

책의 서문에 의하면 중국의 고전을 번역하는 데 주로 참고한 원본은 주희가 주석한 것이 아니라 장거정(張居正, 1525~1582)의 『사서집주』(四書集註)를 사용하였다.31) 사서의 최고 권위자인 주희의 해석을 따르지 않고 장거정의 주석본을 번역의 원본으로 했다는 사실이 조금 특이하다 하겠다.

당시의 선교사들은 주희와 다른 신유학자들이 중국 고전의 본래의 의미를 왜곡하고 있다고 생각하고, 본래의 의미를 찾으려고 노력하였다. 대체로 신유학자들은 초월적인 존재를 인정하지도 않고 영혼불멸 같은 것도 부정하므로 그러한 입장에서 해석한 고전을 선교사들이 그대로 따를 수는 없었다. 그러나 주희의 해석과 장거정의 해석이 실제로 근본적인 차이가 있는 것은 아니다. 장거정의 주석은 주희의 주석보다 문장이 간결하고 쉬운 점이 있기 때문에 더 쉽게 번역하기 위하여 이것을 선택했을 수도 있다.

그리고 서문에는 신유학의 중요한 개념인 태극과 리에 대한 설명이 있어서, 이 개념들에 대한 선교사들의 이해를 엿볼 수 있다. 가장 중요한 개념은 태극인데, 이것은 『주역』의 본문에 나오는 것이 아니라 「부록」에 나올 뿐이기 때문에 신유학이 중국 고전에 기초하고 있다고 보기는 어렵다고 주장하였다.32)

신유학자들에 의하면 태극은 불교의 공(空)이나 도교의 무(無)와는 다른 것으로 인간의 사고를 넘어서는 신비로운 것이다. 태극은 움직이고 고요해서 양과 음을 생성한다. 신유학자들은 태극을 바로 리와 동일하게 본다는 사실도 언급하고 있다. 그리고 태극은 근원적인 물질이고, 리는 이성 혹은 사물을 구성하는 형상이라고 한다.

이러한 서문의 해석은 결국 태극과 리가 근원적인 물질일 뿐이라는 결론으로 나아가게 만든다. 그래서 신유학자들은 태극과 리를 복잡하게 논의하면서 결국에는 초자연적인 근원을 배제하고 있다고 평가하였다. 선교사들은 당시의 신유학자들을 유물론자로 보았다.

1701년 파리에서 중국인의 종교 문제를 다루면서 신유학자들의 철학을 상세하게 설명한 생트 마리의 저서『중국의 선교』가 출판되었다. 생트 마리가 이 책에서 주장하고 있는 핵심은 고대 중국인이 유물론자였고 당시의 중국인도 무신론자라는 것인데, 리치가 주장한 것과는 다른 내용이다. 그러면서 그는 상제, 태극, 도, 리, 기, 귀신 등의 개념을 중국의 고전을 인용하면서 상세하게 설명하였다. 그가 주장하는 핵심은 결국 상제와 태극이 기독교의 신에 부합할 수 없다는 것이다.

생트 마리는 1602년 스페인의 발타나스(Baltanás)에서 태어나, 1618년에 프란체스코 수도회에 들어갔으며, 1628년에는 필리핀으로 가서 선교 활동을 하다가, 1633년부터 중국에 가서 활동하였다. 우여곡절 끝에 그는 1649년부터 산동(山東)지방에서 본격적으로 선교 활동을 하였으나 1665년의 박해로 말미암아 광동으로 추방되어 거기서 살다가 1669년에 세상을 떴다.33)

그는 예수회의 선교 방식에 반대하여 중국의 전례를 인정하지 않았으며, 선교를 위해서는 기독교 본래의 방식을 고수할 것을 강력히 주장한 사람이다. 그는『중국의 선교』를 이미 1668년에 스페인어로 썼으나 프랑스어로 번역된 책은 그가 세상을 떠나고 나서 한참 후에 출판되었다.

생트 마리의 저서와 유사한 책으로는 1703년에 파리에서 출판된 롱고바르디의 저서『중국인의 종교』가 있다. 이 책의 내용도 생트 마리의 책과 마찬가지로 중국인의 신 관념과 영혼불멸에 관한 것 그리고 정신에 대한 생각 등을 다루었다.

롱고바르디의 생각도 생트 마리의 견해와 동일하게 중국의 고대인들은 유물론자였고, 그 당시의 중국인은 무신론자라는 것이다. 그래서 그는 태극과 리는 근원적인 물질일 뿐이라고 해석하였다. 그는 결국 중국인은 서양의 경우와 다르게 물질과는 완전히 다른 정신적인 존재를 모르고 있다는 결론을 내렸다.

롱고바르디는 1565년 시실리에서 태어나, 1582년에 수도원에 들어갔고, 중국에는 1597년에 도착하였다. 그는 리치와 함께 선교 활동을 했고, 리치는 죽기 전에 그를 후계자로 지명하여 중국 선교의 지도적인 역할을 담당하였다. 그러나 그는 평소 리치의 선교 방식에 대해 불만을 가지고 있었다.

중국철학에 대한 견해도 리치와 상당히 다른데, 그의 책에 이것이 구체적으로 잘 나타나 있다. 롱고바르디의 저서는 이미 1676년에 마드리드에서 스페인어로 출판이 된 적이 있는데, 1703년에 다시 프랑스 외방선교회에서 프랑스어로 번역하여 출판하였다.34)

생트 마리와 롱고바르디의 책은 주로 중국인의 종교에 대해, 특히 그들의 신 관념에 대해 집중적으로 다루고 있지만 중국의 많은 경전을 언급하였고, 요순(堯舜)과 공자에 대해서도 설명하였다. 그리고 신유학의 중요한 개념인 태극, 도, 리, 기, 귀신, 혼백 등을 자세하게 다루고 있어서, 중국의 신유학을 유럽에 비교적 깊이 있게 소개하였다. 라이프니츠는 이 두 선교사의 저서를 통해 중국의 신유학을 어느 정도 이해하게 되고, 중국철학에 대한 견해를 피력하게 된다. 그러나 라이프니츠의 견해는 이 두 사람의 견해와 전혀 다르다.

라이프니츠가 참조한 책은 아니지만 당시에 사서의 완전한 번역본을 유럽에서 출판한 사람은 바로 노엘(Francisco Noël, 1651~1729)이라는 예수회 신부다. 중국에서 1684년부터 1708년까지 선교사 활동을 했던 선교사 노엘은 프라하(Prag)에서 1711년 유교에 관한 두 권의 책을 출판하였다. 『중국철학』(Philosophia Sinica)과 『중국의 여섯 고전』(Sinensis imperii libri classici sex)이 바로 그 책이다. 『중국철학』은 크게 세 부분으로 되어 있는데, 첫째 부분에서는 중국철학의 형이상학적 개념들을 설명하였고, 둘째 부분에서는 중국의 제사 같은 전례를 다루었고, 끝 부분은 중국 윤리 전반에 관해 설명하였다.

특히 우리의 관심을 끄는 책은 『중국의 여섯 고전』이라는 번역서다. 이 책에는 중국의 유학 경전 가운데 『대학』, 『소학』(小學), 『중용』, 『논어』, 『맹자』(孟子), 『효경』(孝經) 등이 번역되어 있다. 이 책은 쿠플레의 번역서에는 없었던 『맹자』, 『효경』, 『소학』 등의 경전이 추가되었다. 이것은 노엘의 개인적인 노력의 산물이 아니라 수많은 선교사가 노력한 결과가 축적되어 나타난 성과라 할 수 있다. 중국 고전을 번역하는 작업은 이미 리치부터 시작되었고, 그 결과물들이 축적되어 이와 같은 방대한 업적이 세상에 나왔다.

중국에 대한 관심

라이프니츠의 중국에 대한 관심은 특별해서 사람들의 주목을 받을 만하다. 중국에 대한 그의 관심과 연구는 거의 신앙에 가까웠던 것 같다. 관심의 폭도 넓어서 언어와 철학 그리고 의학, 나아가 장기와 바둑 같은 게임에 대해서도 알고 싶어 했다. 다행스럽게도 당시에 이미 중국에 대한 많은 자료가 있어서 그것을 통해 지식을 얻을 수 있었다. 그뿐만 아니라 그는 선교사들과 직접 서신을 통해 중국에 대한 지식을 얻기도 했다.

1669년에 이미 그는 중국의 의학이 이상하지만 그래도 우리보다 낫다고 평가하기도 하였다.35) 이때 그의 나이가 겨우 23세였으니 그가 일찍부터 중국에 대해 관심을 가졌음을 잘 보여주는 증거라 하겠다. 그리고 1674년에는 베를린에 있던 뮐러(Andreas Müller, 1630~1694)라는 사람이 중국어를 빨리 배울 수 있는 비법인 중국어 열쇠(Clavis Sinica)를 발견했다고 하자, 이것을 사려고 편지도 하였다. 뮐러가 그런 것을 만들 수 없었기 때문에 사지는 못했지만 라이프니츠가 중국어를 배우는 데 관심이 많았다는 사실을 잘 보여주는 사건이다.

중국어에 대해 당시에 유럽의 많은 학자가 관심을 가졌는데, 라이프니츠도 그런 사람 가운데 한 사람이었다. 그는 특히 이상적인 언어와 보편적인 언어를 만드는 데 관심이 많았고, 보편적인 언어가 바로 중국어라는 생각도 했다. 1697년에는 멘첼(Mentzel)이라는 사람이 또 편지를 하여 자신이 중국어 열쇠를 가지고 있다고 해서 라이프니츠는 다시 큰 관심을 가졌지만 결국 그것을 얻을 수는 없었다.

1689년 4월 라이프니츠는 로마에 가서 6개월간 머물렀다. 그때 그는 그리말디(Claudio Grimaldi, 1639~1712)라는 선교사를 만났고, 그에게서 중국에 대한 많은 정보를 얻을 수 있었다. 그리말디는 1669년에 중국에 도착하여 선교하다가 1686년에서 1691년 사이에 유럽에 다시 와 있었다. 라이프니츠는 그를 만나고 나서 그와 오랫동안 서신을 주고받으면서 중국을 공부하였다.

그가 그리말디에게 보낸 1689년 7월에 쓴 편지에는 30개 질문이 들어 있어서 그의 관심 분야를 잘 보여준다. 그 질문 가운데 몇 개를 들어보면 다음과 같다: 인공적으로 어떻게 불을 만드는가? 인삼은 정말로 효과 있는가? 유용한 식물들은 어떤 게 있는가? 쇠처럼 단단한 나무에 대해 알려주십시오. 종이 만드는 방법을 알려주십시오. 어떻게 1년에 두 번 명주실을 얻는가? 염색약에 대해 알려주십시오. 비단에 어떻게 금을 입힙니까? 어떠한 바람에도 돌아가는 풍차에 대해 알려주십시오 등 이 같은 질문이 모두 30개나 되는데, 그의 관심은 의학과 천문학 그리고 식물학 등 다양한 방면에 걸쳐 있다.36)

이렇게 열심히 자료들을 모아서 그는 1697년에 마침내 『최신 중국 소식』이라는 한 권의 책을 출판하였다. 이 책에는 먼저 그의 긴 서문이 있고, 1692년에 강희제(康熙帝, 1654~1722)가 중국에서 기독교의 선교를 인정했다는 소아레스(Soares) 신부의 보고서, 중국에서 출판한 베르비스트(Verbiest) 신부의 천문학에 관한 책에서 발췌한 내용, 그리말디 신부가 1693년 고아에서 라이프니츠에게 보낸 편지, 토마스(Thomas) 신부가 북경에서 1695년에 보낸 편지, 중국에 가는 짧은 길을 설명한 것, 러시아와 중국의 평화조약에 대한 젤비용(Gerbillon) 신부의 편지 등이 들어 있다.

라이프니츠가 『최신 중국 소식』을 편찬하고 서문을 썼다는 사실은 그가 이미 중국에 대해 많은 것을 알고 있었음을 말해준다.

그는 중국의 문화를 높이 평가했으며, 특히 윤리도덕의 가르침은 유럽보다 훌륭하여 유럽인이 오히려 중국을 배울 필요가 있다는 점을 강조하였다. 중국이 수학 같은 자연과학은 유럽보다 뒤떨어지지만 정치와 윤리도덕의 분야에서는 유럽을 앞서가고 있으므로 유럽은 그 분야를 배울 필요가 있다고 역설하였다.

그래서 그는 기독교를 전파하기 위해 선교사를 보내기만 할 것이 아니라 중국에서도 실천철학을 가르치기 위해 선교사를 유럽에 파견해야 한다고 주장하였다.37) 이러한 그의 주장을 보면 그는 상당히 객관적인 관점에서 중국을 바라보았으며, 유럽이 우월하다는 자만심 같은 것은 찾아보기 힘들다. 그가 생각한 바람직한 방향은 유럽과 중국이 협력해서 공동으로 일해야 한다는 것이다. 그것이 미래를 밝게 해준다고 확신하였다.

1697년 10월에 라이프니츠의 『최신 중국 소식』을 읽은 부베 (Joachim Bouvet: 白進, 1656~1730)가 편지를 했고, 자신이 그해 파리에서 출판한 『중국 황제전』(中國皇帝傳)을 함께 보내주었다. 이 『중국 황제전』은 부베가 당시 중국의 황제인 강희제의 초상화와 그에 관해 설명한 책인데, 루이 14세에게 바치기 위해 준비하였다. 라이프니츠는 1699년에 『최신 중국 소식』을 다시 출판하면서 이것을 추가했다. 부베는 프랑스 사람으로 예수회 신부였는데, 루이 14세가 중국에 파견한 6명의 과학자 가운데 한 사람으로 1688년 중국 북경에 도착하였다. 그는 황제의 측근에서 활동하다가 1693년 강희제의 사신으로 다시 프랑스에 갔다. 그는 1699년에 다시 중국으로 돌아왔는데, 그 후에도 1707년까지 라이프니츠와 서신 교환을 하였다.

1701년 2월 15일 라이프니츠가 부베에게 보낸 편지에서 그에게 자기가 연구하는 이진법(二進法)에 대해 설명해주었다. 부베는 그 편지를 읽고 그해 11월 4일 라이프니츠에게 다시 편지를 쓰게 되는데, 편지에서 그는 중국의 『역경』에 나오는 64괘(卦)가 이진법의 숫자일 가능성이 있다고 알려주었다. 그러면서 그는 64괘가 그려진 도표도 함께 보내주었다.38)

라이프니츠는 부베의 생각을 받아들여 『역경』의 64괘가 이진법의 숫자라고 확신하게 되었다. 라이프니츠의 놀라움은 엄청난 것이었다. 자기가 지금 연구하는 이진법을 중국에서는 이미 오래 전부터 알았고 실제로 그것을 사용했다고 믿었기 때문이다. 그는 이러한 확신을 1703년 이진법에 관한 논문을 발표하면서 언급하고 있다. 그리고 그는 고대 중국인이 이진법을 알았다는 사실에서 중국의 고대인들은 당시의 중국인보다도 더 과학에 탁월했다는 결론을 끌어내었다.

그뿐만 아니라 라이프니츠는 0과 1로써 모든 셈을 다할 수 있는 이진법은 창조의 신비를 나타내는 수의 체계이므로 고대 중국인은 신과 창조에 대해서도 알고 있었다고 믿었다. 라이프니츠는 0이 무(無)를 나타내고 1이 완전한 신(神)을 나타낸다고 믿었기 때문에 이진법은 곧 신의 창조를 표현한다고 생각했다. 그래서 그는 이진법을 가지고 강희제에게 신의 존재를 증명해 보이려는 생각을 하기도 했다.

『중국인의 자연신학론』

프랑스 철학자 말브랑슈의 추종자 르몽이 라이프니츠가 1710년에 출판한 『변신론』(辯神論)을 읽고 1713년부터 라이프니츠에게 편지를 하였다. 이후 이들의 서신 왕래가 계속되는데, 1714년 10월 12일자 편지에서 르몽은 말브랑슈의 중국철학에 대한 저서를 언급하면서 롱고바르디의 저서 『중국인의 종교』에 관해 라이프니츠의 의견을 요청하였다.39)

라이프니츠가 그들의 저서를 본 적이 없다고 하자, 르몽은 1715년 9월 편지와 함께 롱고바르디와 생트 마리 그리고 말브랑슈의 책을 보내주었다. 그해 11월 편지에서 라이프니츠는 롱고바르디와 생트 마리의 책에 대해 언급은 하지만 그것에 대한 글을 쓰고 있다는 말은 없다.

1716년 1월 17일자 편지에서 중국의 신학에 대해 글을 쓰고 있다고 말했고, 10일 뒤의 편지에서는 말브랑슈의 책 정도 분량이 되는 논문을 다 썼다고 말했다. 그해 3월의 편지에서 라이프니츠는 그 논문을 완성하려면 좀 더 작업해야 한다고 했다. 그러나 그해 11월 라이프니츠는 세상을 떴고, 그 논문은 르몽에게 전달되지 못했다.40)

사람들은 나중에 이 논문을 『중국인의 자연신학론』 또는 『중국철학에 대한 편지』라고 불렀다. 이 편지에서 라이프니츠는 중요한 중국철학의 개념들을 자세히 분석하였다. 그의 입장은 말브랑슈와 달리 리치의 해석을 옹호하고 그의 선교 방식도 옹호하는 것이었다. 리치의 해석이란 다른 게 아니라 당시의 중국인은 신(神)을 모르지만 고대 중국인은 신을 알고 있었다는 것이다.41) 이것을 증명하기 위해 라이프니츠가 논문의 마지막 부분에 『역경』과 이진법에 관한 내용을 넣은 게 독특하다.

이 편지는 크게 네 부분으로 나뉘어 있다. 첫째는 중국인의 신 관념에 대해, 둘째는 중국인의 제일원리, 물질 그리고 정신에 관한 학설에 대해, 셋째는 중국인의 영혼관에 대해 그리고 넷째는 복희(伏羲)의 문자와 이진법에 관한 내용이 들어 있다.

앞의 세 부분에서 라이프니츠는 롱고바르디와 생트 마리가 주장한 것을 조목조목 따져 그렇지 않다는 점을 보여주려 하였다. 제1장에서는 중국인도 기독교의 신에 해당하는 개념을 가지고 있고, 또 정신적인 실체에 대한 관념도 가지고 있다고 주장하였다.

롱고바르디는 신유학의 리와 태극을 서양의 제일질료(Urmaterie)로 이해하고, 기독교의 신과는 다른 물질적인 것으로 보았다. 그런데 라이프니츠는 바로 리와 태극이 서양의 신, 제일원리 또는 순수형상(純粹形相)과 같다고 이해하였다.

이 논문의 거의 절반을 차지하는 제2장에서 라이프니츠는 서양의 기독교에서 정신과 물질에 대해 생각하는 것과 유사하게 중국인도 정신과 물질에 대해 생각하고 있다고 역설하였다. 롱고바르디와 생트 마리가 중국인은 철저한 유물론자라고 주장했기 때문에 라이프니츠는 그것을 반박하기 위해 서양의 정신적인 실체에 해당하는 개념들이 중국에도 있을 뿐만 아니라 그 정신적인 존재에서 물질이 나왔다고 그들이 생각한다는 사실을 강조하였다.

라이프니츠는 신유학의 리를 정신으로 본다. 그에 의하면 태극과 리는 아리스토텔레스의 용어로 말한다면 형상이 되고, 그것은 다시 정신에 해당한다. 그렇다면 기는 당연히 질료인 물질에 해당한다. 이 두 장에서 라이프니츠는 자주 중국인의 생각은 자신의 철학과 양립할 수 있고, 자신의 철학은 또 기독교와 양립할 수 있기 때문에 중국인의 생각과 기독교는 양립할 수 있다는 식의 논리를 펼쳤다.

제3장에서 라이프니츠는 중국인이 생각하는 사람의 영혼과 그 불멸이 기독교에서 생각하는 것과 유사하다는 사실을 강조하였다. 롱고바르디는 중국인이 영혼불멸을 믿지 않는다고 주장한 데 반해 라이프니츠는 그들도 그것을 믿는다고 생각했다.

그것을 증명하기 위하여 이 장에서 그는 몇 가지 사례를 들고 있다. 그 가운데 하나가 바로 중국인이 말하는 혼(魂)과 백(魄)에 관한 내용이다. 중국인은 사람이 죽으면 혼은 하늘로 올라가고 백은 땅으로 내려간다고 하는데, 혼이 하늘로 올라간다는 것은 바로 영혼불멸을 말하는 것이라고 라이프니츠는 해석하였다. 또 하나의 사례는 바로 조상숭배로, 이것이 곧 영혼불멸을 믿는 증거가 된다고 주장하였다.

이 세 장이 논문 전체의 10분의 9를 차지하고 있고, 복희의 문자와 이진법을 다루고 있는 제4장은 불과 10분의 1에 불과하다. 그러나 이 장이 차지하는 비중은 그렇게 작지 않다. 고대인들이 이미 이진법을 사용했다는 것은 신을 알고 있었다는 사실을 보여주는 증거이기 때문이다.

라이프니츠는 『역경』의 괘들과 이진법의 숫자들을 연결시키는데, 우선 『역경』에 나오는 음효(陰爻)를 0으로 보고 양효(陽爻)를

1로 본다. 0과 1은 물론 십진법의 숫자지만 그것을 편의상 이진법의 두 개 숫자로 생각한다. 이렇게 괘의 각 효들을 이진법의 숫자로 바꾸어 생각한다면 『역경』의 모든 괘는 이진법의 숫자들이 된다는 설명이다.

라이프니츠는 이 논문을 쓰면서 주로 롱고바르디와 생트 마리의 저서를 참고하지만 결론은 전혀 다르게 내리고 있다. 롱고바르디와 생트 마리는 중국인이 옛날이나 그 당시나 한결같이 신을 모르는 무신론자라는 주장인데, 라이프니츠는 당시의 중국인은 그럴지 모르지만 고대의 중국인은 신을 알았다고 주장하였다.

리치의 해석에 반대하는 롱고바르디와 생트 마리는 중국인을 무신론자로 간주하기 때문에 선교 방식도 기독교 전통적인 방식을 고수해야 한다고 주장하였다. 라이프니츠는 다시 그들에게 반대하고 리치의 해석과 선교 방식에 찬성하였다.

이 논문에서 라이프니츠가 언급하는 중국의 책들은 모두 7종인데, 『역경』, 『서경』(書經), 『시경』(詩經), 『논어』, 『중용』, 『성리대전』(性理大全) 그리고 사마광(司馬光)의 『자치통감』(資治通鑑)이 그것이다.42) 이 책들에서 라이프니츠가 인용하는 부분은 물론 롱고바르디와 생트 마리의 인용문을 다시 옮긴 것이다. 이 가운데서 『성리대전』과 『중용』 그리고 『논어』를 가장 빈번하게 인용하고 있다. 그런데 라이프니츠는 『성리대전』을 중국 고전들의 요약으로만 알고 거기서 바로 고대 중국인의 생각을 알아내려고 하고 있어 한계를 보이고 있다.43)

원래 이 편지는 프랑스어로 쓴 것이었으나 1966년에 처음으로 독일어로 번역되었고, 1977년에는 영어로 번역되기도 했다. 그리고 1920년에 메르킬(F. R. Merkel)이라는 독일 학자가 『라이프니츠와 중국 선교』(G. W. Leibniz und China-Mission)라는 그의 저서에서 이미 이 논문을 잘 요약하였다. 1977년에 나온 먼젤로의 논문인 『라이프니츠와 유교』(Leibniz and Confucianism)에서는 더욱 상세하게 라이프니츠의 글을 분석하고 있다.

신유학(新儒學)에 대한 해석

1) 중국인의 신 관념

라이프니츠가 르몽에게 보낸 편지에서 가장 관심을 가진 문제는 중국철학에도 신과 정신에 해당하는 개념이 있는가 하는 것이었다. 그는 롱고바르디나 생트 마리와 달리 그것에 해당하는 개념들이 있다고 보았다. 먼저 리(理)라는 것이 기독교의 신과 같다는 점을 라이프니츠는 강조한다.

리는 제일원리고 이성이며, 모든 자연계의 기반이고 보편이성이며 실체다. 리보다 크고 좋은 것은 없다. 이 크고 보편적인 원인은 순수하고 운동이 없고, 희박하고 몸 또는 모양이 없고, 오성에 의해서만 이해될 수 있다. 리에서 오덕(五德)이 나온다.44)

리는 모든 것을 지도하는 법칙이고, 모든 것을 인도하는 지성이다. 그것은 법칙이고 보편적인 질서인데 하늘과 땅은 그것에 의해 형성되었다. 또 이것은 근원이고 원천이며 생성된 모든 것의 원리다. 모든 것은 처음부터 리의 힘과 덕택으로 유지된다. 리는 다른 신성(神性)이 필요하지 않을 정도로 충분하다.45)

리는 항상 하늘을 수백 년간 한결같이 움직이게 하는 유일한 원인이고, 땅에는 안정성을 주기도 한다. 그리고 모든 종(種)이 그들의 종을 재생산할 수 있는 능력을 주는 것이다. 그것은 모든 것을 소유하고 모든 것에 존재하고, 하늘과 땅의 절대주로서 모든 것을 다스리고 생산한다. 또 그것을 존재, 실체, 실재라고 부른다. 이 실체는 무한하고, 영원하며, 창조되지 않고, 부패하지 않고, 시작도 끝도 없다. 그것은 하늘과 땅 그리고 만물 등 물질적인 것의 원리일 뿐만 아니라 덕과 관습 그리고 다른 정신적인 것들의 도덕적인 원리다.

중국인은 그것을 태극 또는 태허(太虛)라고 부르기도 한다. 중국인은 리를 구(球) 혹은 원(圓)이라고도 한다. 리는 완전한 것이다. 더 완전한 것은 없다. 그래서 라이프니츠는 "결국 중국의 리가 최상의 실체로 우리가 신이라는 이름으로 숭배하는 것과 같은 것이 아닌가"46)라고 말한다.

하지만 롱고바르디는 이러한 견해와 상당히 다른 생각을 한다. 그는 리가 신이 아니라 제일질료(prime matter)라고 주장하였다. 롱고바르디는 리가 제일질료라고 주장하는 것을 라이프니츠는 반대한다. 중국인은 리를 태극 또는 상제라고 부른다. 리 또는 상제는 최상의 존재고, 혼합 없는 순수한 선(善)이고, 완전히 단순하고 선한 존재고, 하늘과 땅을 형성하는 원리다.

그것은 그 자체가 최상의 진리고 최상의 힘이지만 그 자체에 국한되지 않는다. 그래서 그 자체를 드러내기 위해 모든 사물을 창조하였다. 그것은 순수함과 덕 그리고 자비의 근원이다. 리, 태극 또는 상제는 모든 것을 보고, 모든 것을 알고, 모든 것을 할 수 있는 지적인 존재다. 그래서 "완전히 수동적이고 질서 또는 형상이 없는 제일질료에서 활동의 기원 그리고 질서와 모든 형상의 기원을 이끌어내는 것이 가능하다고 생각할 수 있는가"47)라고 라이프니츠는 반문하고 있다.

그의 생각에 의하면 리를 제일질료로 보는 것은 적절치 않다. 스콜라철학자 중에도 디낭(David de Dinant) 같은 사람은 신이 만물의 제일질료라고 생각했다. 그러나 그들이 말하는 제일질료는 완전히 수동적인 존재가 아니라 자체에 능동적인 원리를 가지고 있다. 몇몇 중국인이 그 같은 생각을 할지 모르지만 그렇다고 해서 모든 학파가 그 생각을 비난할 수는 없다. 우리 가운데도 영혼(정신)은 신의 부분, 신성한 호흡의 미립자라고 생각하는 사람이 있다.

신은 전혀 부분들이 없다. 그래서 어떤 사람이 정신이 신에게서 유출되었다고 말했을 때, 정신이 신에게서 떨어져 나왔다가, 한 방울의 물이 다시 바다로 가듯이 돌아가야만 하는 존재 같은 것으로 생각해서는 안 된다. 정신은 신의 직접적인 창조물이다. 정신은 신에 의해 무에서 창조된 것이다. 만일 어떤 중국철학자가 사물이 리에서 유출된 것이라고 했더라도, 우리는 그에게 리를 사물의 물질적인 원인으로 만들었다고 비난해서는 안 된다.

정령들(Spirits)은 단순한 공기[氣]가 아니라 공기의 힘이라고 주희가 말했다. 만일 공자가 그의 제자들에게 정령들은 공기일 뿐이라고 말했다면 살아 있는 공기를 말할 것이고, 또 제자의 지적 능력이 정신적인 실체를 이해할 수 없었기 때문에 그렇게 말했을 것이다.

옛 그리스 사람들과 로마 사람들에게 정신(Pneuma)과 영혼(Spiritus)은 공기를 의미한다. 이러한 희박하고 투과성이 있는 물질에 창조된 정신적인 실체들이 싸여 있다고 생각했다. 주희는 또 같은 책에서 정령들은 리라고 말했다. 여기서 리라는 말이 최고의 정령을 의미하기도 하고 혹은 다른 많은 정령을 의미한다는 것을 알 수 있다. 리라는 말은 어원적으로 이성과 질서를 의미하기 때문이다.

롱고바르디가 번역한 주희의 말에 의하면 정령들은 모두 같은 리에서 나왔고, 그래서 리는 모든 사물의 실체고 보편적인 본질이다. 이것은 리가 사물의 핵심이고, 생명이고, 힘이고, 제일 중요한 것이라는 말이다. 그는 여기서 분명하게 공기에 있는 리와 물질적인 공기를 구분하고 있다. 여기서 리는 최고의 정신적인 실체를 의미하는 것이 아니라 정신적인 실체 혹은 엔텔레키(Entelechy, 정신) 일반을 의미하는 것 같다. 말하자면 그것은 영혼(souls)처럼 활동성과 지각을 가지고 질서있는 활동을 할 수 있다.

그리고 주희는 사물 사이에는 더 조잡한 것과 그렇지 않은 것 그리고 더 물질적인 것과 덜 물질적인 것의 차이가 있을 뿐이라고 하였다. 그가 말하고자 하는 것은 리 혹은 정신들이 물질적 존재가 아니다. 정신에 의해 활동하는 사물들은 보다 덜 조잡하고 보다 더 힘있는 물질과 결합할수록 더 완전하다는 생각이다.

그래서 주희의 의도는 결코 리 혹은 정신들을 물질적인 존재로 만들려는 것이 아니라, 오히려 공기[氣]와 그것을 활동적인 존재로 만드는 정신들과 구별하려고 하였다. 주희는 개별적인 리는 최고의 리에서 다소간 완전한 유출이라는 사실을 말하고자 하는 것 같다.

　롱고바르디는 리가 스스로 존재할 수 없고 기가 필요하다는 신유학자들의 주장을 근거로, 리가 신이나 정신이 될 수 없음을 주장하였으나, 라이프니츠는 그렇게 해석하지 않는다. 아마 중국인이 리는 제일질료인 기를 가지고서 사물을 생산하기 때문에 스스로 활동할 수 없다고 말했을 것으로 그는 추측하였다.

　리의 활동이란 다른 게 아니라 기를 가지고 활동하는 것이고, 사물 안에서 활동하기 때문에 중국인이 그렇게 말했다고 해석하고 롱고바르디의 견해에 동의하지 않는다. 그래서 리는 기가 필요하다는 중국인의 말은 오히려 리는 기와 완전히 다른 것이라는 점을 증명한다고 라이프니츠는 주장한다.

　다음으로 다루는 문제는 리는 그 자체로 보면 활기가 없고, 생명이 없고, 의도도 없고 지능도 없다는 주장이다.48) 『서경』에 보면 "세상에서 가장 중요한 존재인 천(天)은 보지도 못하고 알지도 못하고 미워하지도 못하고 사랑하지도 못한다"49)고 하였다. 만일 리나 천이 이런 성격의 존재라면 기독교에서 말하는 신과는 완전히 다른 존재일에 틀림없다.

　그러나 라이프니츠의 해석은 또 다르다. 만일 고대 중국의 철학자가 리 또는 제일원리가 생명과 앎과 그리고 힘을 가지지 않는다고 했다면 그 말은 이런 의미일 것이다. 생명이나 앎 그리고 힘이란 단지 인간에게 있는 능력이고 피조물들에 존재하는 특성일 뿐이다.

　생명이란 유기체들의 활동성을 의미하고, 앎이란 추론과 실험에 의해 얻은 지식을 의미하고, 힘이란 통치자가 그의 피지배자들을 두려움과 희망을 통해서 다스리는 그런 힘을 말할 것이다. 하지만 중국인은 리를 가장 완전한 존재라고 했다. 그래서 그들은 리에다 단지 그림자 혹은 희미한 모방일 뿐인 피조물들의 생명과 지식, 힘보다 더욱 고귀한 특성을 부여할 것이다.

라이프니츠에 의하면 리가 생명과 지성과 힘이 없다는 말의 의미는 피조물들에게 해당할 수 있는 이러한 능력을 신은 가지지 않으므로 더욱 완전하고 위대하다는 것이니 문제가 되지 않는다고 생각하였다.

생트 마리에 의하면 리는 사물을 다스리는 법칙이고, 그것들을 인도하는 지성이고 스스로 존재하는 것이다. 그러나 그 자체는 지성이 아니다. 그러나 리의 작용은 규칙적이고 확실해서 우리는 그것을 지성이라고 말할 수 있다. 하늘과 땅은 지성이 없지만 지성과 이성 그리고 질서에 의해 지배된다. 우리가 리에다 인간의 덕에 해당하는 지성과 이성 그리고 질서를 부여할 수는 없지만 실제로 나타나는 리의 능력은 우리가 그러한 덕을 부여하기에 충분하다는 것이 라이프니츠의 생각이다.

롱고바르디와 생트 마리가 인용한 중국철학의 내용은 유학에만 한정되지 않아 노장철학에 나오는 도(道)에 대한 설명도 혼합되어 있는 듯하다. 유가(儒家)의 도나 리를 도가(道家)의 도와 그들이 구분하지 않고 혼합해서 설명하고 있음을 알 수 있다.

그리고 리가 활동할 때는 단지 우연적으로 그리고 의도와 숙고도 없이 한다는 롱고바르디의 주장을 라이프니츠는 아주 다른 관점에서 해석하고 있다. 롱고바르디에 따르면 리에서 제일의 기가 자연적으로 그리고 무의식적으로 유출되었다. 나아가 하늘과 땅의 창조도 순전히 우연하게 일어나는데, 거기에는 숙고도 의도도 없다.

　이렇게 리가 어떠한 숙고와 의도도 없다는 말의 의미를 중국인은 필연적이라는 의미로 생각했을 것이라고 라이프니츠는 해석하였다. 그리고 필연적이라는 말의 의미는 최고이성(最高理性)인 리가 가장 합리적으로 물질을 생산했음을 의미한다고 보았다. 그는 리가 결정적이고 오류가 없기 때문에 리를 필연적이라고 부를 수 있다고 보았다.

　그러나 그는 많은 유럽인과 마찬가지로 중국인이 그것을 필연적이라고 했다면 필연적이라는 말을 잘못 사용한 것이라고 지적한다. 신이 임의로 행동한다고 중국인이 생각하지 않았을 것이라고 라이프니츠는 추정하기도 한다. 중국인은 임의적이란 말을 아마 의도와 숙고를 가지고 활동한다는 의미로 보고, 이것은 이렇게 하려고 했다가 나중에 다시 저렇게 하기로 결정하는 행동이므로 신에게 그런 성질을 부여할 수는 없었을 것으로 해석하였다. 리는 결국 여러 가능성 가운데 가장 완전하게 선택했다고 말할 수 있다. 그러므로 우연적이라는 롱고바르디의 표현은 적절치 못하고 중국인이 그런 말을 한 증거도 없다고 반박하였다.50)

　중국인은 모든 것이 물질적인 존재고 진정으로 정신적인 존재는 아무것도 없다고 믿는다는 롱고바르디의 주장에 라이프니츠는 반대하였다. 라이프니츠는 물질을 생산한 리만이 명백하게 비물질적인 실체라고 주장한다. 다른 모든 정신적인 존재는 언제나 물질과 결합하고 있기 때문에 완전히 비물질적인 존재는 아니다. 심지어 사람이 죽은 후 남아 있는 영혼도 물질에서 완전히 해방될

수 없다는 그의 견해는 자신의 입장에서 중국철학을 해석한 결과라 하겠다.51)

　롱고바르디와 생트 마리는 중국철학에 자주 등장하는 만물일체(萬物一體)를 유물론적으로 이해해서, 모든 것은 동일한 물질로 이루어졌고 개별적인 사물은 단지 그것의 변형에 불과할 뿐이라고 해석하였다. 그러나 라이프니츠는 그들의 인용문을 보고 모든 것을 창조하고 다스리는 물질이 아닌 리가 더욱 중요하다고 해석하였다. 물질은 모두 리가 생산하였고, 모든 사물은 그 물질로 이루어져 있으며, 그것들은 또 리의 참여 덕택에 각자가 정령과 영혼을 가짐으로써 완전성을 갖게 된다. 그래서 모든 것은 중심이 되는 리에서 유출된 존재들이라고 할 수 있다.

　'모든 것은 하나다'라는 말은 '하나는 모든 것이다'라는 말과 같다고 라이프니츠는 보았다. 신은 모든 사물의 총집합이다. 모든 것은 신의 직접적인 결과다. 신은 그것들에 밀접하게 그리고 완전하게 참석한다. 신은 모든 것을 채우고, 신은 모든 것 안에 있고, 모든 것은 신 안에 있다. 신은 공간의 중심이면서 동시에 공간 그 자체다. 왜냐하면 신은 모든 곳이 중심인 원이기 때문이다.

　어떤 사람들은 리가 서양철학의 제일질료와 같지 않다는 사실은 인정하고 제일형상이라고 보지만, 개별적인 정신(정령)은 이 제일형상의 변형으로 생각할 수 있다. 그러나 이러한 견해도 라이프니츠는 반대한다. 개별적인 물질은 제일질료의 변형일 수 있다. 제일질료는 부분들을 가질 수 있기 때문이다. 그러나 제일형상 혹은 순수활동은 부분이 없다. 그래서 이차적인 형상은 제일형상에 의해 만들어진 것이지 단순한 변형일 수는 없다.

리는 부분이 없기 때문에 나뉘지 않으므로 개별적인 사물이 리의 변형일 수 없다고 라이프니츠는 결론을 내린다. 따라서 사람의 영혼과 수호신들이 리에서 유출되기는 하였지만 리와는 다른 것이다. 이런 점들을 볼 때 그는 고대 중국인의 생각이 기독교의 교리와 충돌하지는 않는다고 생각하였다.

2) 제일질료와 정령들에 대해

다음으로 라이프니츠가 다루는 문제는 신의 산물인 제일질료와 정신(정령)들에 관한 논의다. 리는 제일질료인 기를 만들었다. 기는 리의 도구다. 기는 원초적인 공기고 리의 산물이다. 그러나 기는 리에서 저절로 자연스럽게 나왔고, 리가 무슨 작용을 한 것은 아니다.

라이프니츠는 이 부분에 관해서도 롱고바르디와 견해가 다르다. 리가 아무런 작용을 하지 않는다는 주장에 반대한다. 만일 리가 기를 생산했다면 기 없이 리가 스스로 아무것도 할 수 없다고 말할 수 있는가라고 반문한다. 어떻게 아무것도 하지 않으면서 창조할 수 있는가라고 하면서 롱고바르디가 모순(矛盾)을 범했다고 논박한다.

롱고바르디는 기와 태극을 동일한 것으로 보고, 그것을 원초적인 공기[氣]라고 주장하였다. 나아가 그는 태극이 리와 기를 포함한다고 하기도 했다. 여기에 대해 라이프니츠는 태극이 바로 리고 기와는 다르다고 설득하였다. 태극은 기를 생산했지만 리와 마찬가지로 영원하다. 그러나 기는 사라지는 것은 아니지만 시작이 없다고 분명히 말하지는 않았다.

태극은 다른 게 아니라 리다. 리는 무한한 구(球)다. 중국인은 이것을 태극이라 하였다. 그것은 최상의 완전함과 완성됨을 가지고 있다. 롱고바르디는 기와 태극을 혼동하였다. 그래서 태극을 원시적인 공기라고 하였다. 롱고바르디는 태극이 리와 기를 포함한다고 했지만, 리와 기가 합쳐져 태극이 된다는 말이 아니라 태극은 기에 작용하는 리이므로 이미 기를 전제하고 있다는 말일 것이다.52)

라이프니츠는 천과 상제 그리고 태극은 모두 같은 것으로 리와 동일하다고 생각하였다. 모든 신과 사물을 다스리는 정령들은 리 또는 태극의 산물이다. 태극은 이 세계의 시작과 끝의 원인이다. 중국인에 의하면 리 혹은 태극보다 크고 위대한 것은 없다.53)

태극은 실체적인 진리고, 법칙이고, 모든 사물의 원리고 목적이다. 리 혹은 태극은 상제다. 하늘의 왕이고, 하늘을 다스리는 정신이다. 이것은 기독교의 신에 해당한다. 리치 신부는 이 상제를 하늘과 땅의 지배자인 기독교의 신 같은 초월자로 보고 천주(天主)라고 부르기도 하였다.

롱고바르디와 생트 마리는 상제라고 부르는 호칭에 반대하고 천주라는 이름만을 인정하였지만 사실 둘은 같은 의미다. 상제, 천, 리는 결국 같은 말이므로 상제는 기독교의 신에 해당한다. 리치는 고대의 중국인은 신을 알고 있었다고 주장하였다. 라이프니츠는 실제로 고대 중국인이 상제와 그 밑에 있는 정령들을 인정하고 숭배하였다고 보았다.

생트 마리와 롱고바르디에 따르면 중국의 철학자들은 눈에 보이는 하늘을 숭배하고, 눈에 보이는 하늘을 하늘의 왕, 상제라고 부른다.54) 여기에 대해서도 라이프니츠의 견해는 다르다.

　라이프니츠는 중국인이 숭배하는 상제는 하늘을 다스리는 리로 물질적인 하늘 자체가 아니라고 보았다. 그러나 일반 사람들은 그러한 것을 모르기 때문에 그들에게 그것을 설명하기를, 상제는 하늘의 궁전에 살면서 세상을 다스리는 임금이라고 말했다. 그리고 우리가 사람들 속에 있는 이성의 빛이라고 부르는 것을 그들은 하늘의 명령[天命]과 하늘의 법칙[天道]이라고 부르는 것을 보면 중국인의 생각은 자연신학과 서로 일치한다.

　롱고바르디는 중국철학자들이 상제가 하늘의 덕과 힘이 아니라 하늘 그 자체라고 말한다고 설명하지만 그것은 틀린 말이다. 하늘을 사람으로 생각할 때, 그의 정신은 리고, 육체는 물질적인 천체다. 그리고 롱고바르디에 따르면 상제와 천주 그리고 하늘에 있는 군주는 태극의 산물이다. 태극은 영원히 지속되지만 상제 또는 하늘의 정령(Spirit)은 하늘과 함께 없어질 수 있다고 주장하였다.

　그러나 라이프니츠는 태극이 바로 리 같은 존재라고 말한다. 보편적인 정신은 리 혹은 질서로 불리고, 창조물에 작용하는 것으로서 태극이라 불리는데, 이것은 사물의 발전과 유지의 원인이다. 하늘을 다스리는 것과 창조의 원리로서 이것은 상제, 천주, 하늘의 군주라고 불린다.

　라이프니츠에 따르면 중국인은 하늘의 신뿐만 아니라 여러 가지의 수호신과 개별적인 하위의 신들에 관해서도 말한다. 중국인은 이것들을 천신, 신, 귀신이라고 부른다. 신은 순수하고 올라가는 영혼(靈魂)이고, 귀(鬼)는 순수하지 않고 내려가는 영혼이다.

　생트 마리는 이러한 중국의 수호신들과 귀신들을 기독교의 천사와 비교하고 있는데, 일리가 있다고 라이프니츠는 생각하였다. 생트 마리는 아주 옛날 중국인 그러니까 공자 이전의 사람들은 진정한 신을 알고 있었고 그를 돕는 천상의 신들도 알고 있었다고 생각하였다. 그런데 그는 그것을 해석하는 사람들이 잘못 전달하고 있다고 주장했다.

생트 마리에 의하면 공자가 이렇게 말했다고 한다. 즉 "귀신들과 정령들은 사물과 완전히 일체가 되어 있어서 자신이 완전히 부서지지 않는 한 분리되지 않는다." 마치 질료와 형상은 그것들이 구성하고 있는 전체 단위가 파괴되지 않으면 분리될 수 없듯이 정령들은 사물과 하나가 되어 자신들이 사멸하지 않는 한 그것을 떠날 수 없다는 설명이다.[55]

그러나 여기서 라이프니츠는 생트 마리의 견해에는 찬성하지 않고, 롱고바르디가 옳게 보았다고 하였다. 아마 정령들은 그들이 다스리는 사물이 파괴되지 않으면 그것들을 떠날 수 없다고 공자가 말했을 것으로 라이프니츠는 추측하였다. 만일 그런 정령들이 동물의 영혼처럼 동물의 죽음과 함께 사라지는 것이라면 공자는 그것들을 그렇게 높이 생각하고, 완전하다고 생각했으며 또 경배하였겠는가?

계속해서 라이프니츠는 다음과 같이 설명하였다. 현대의 많은 중국인은 정신적인 실체를 인정하지 않고 물질적인 실체만 인정한다. 그러나 롱고바르디에 따르면 옛날의 경전에 기록되어 있기를 서로 다른 정령들이 있는데, 그것은 귀(鬼), 신(神) 혹은 귀신(鬼神)으로 불리고 산과 강 그리고 기타 사물을 관장한다고 하였다. 현대의 해석자들은 이것들을 자연적인 원인이나 성질로 설명하려고 한다. 그러나 제일원인 혹은 하늘의 지배자, 우주의 지배자를 무감각한 성질들의 모임과 같은 조건으로 환원하려는 생각은 옳지 않다. 왜냐하면 우리가 그것들이 무엇을 하는지도 전혀 모르는 개별자들의 우수함은 오로지 제일원리의 지혜에서 나올 수 있기 때문이다.

그래서 라이프니츠의 견해에 의하면 중국의 옛날 성인들은 지상의 사물을 통괄하는 하늘과 땅의 최고 지배자의 부하들인 수호신들을 믿었거나, 그들은 개별적인 사물의 우수성을 통해 위대한 신을 숭배하기를 원했다. 다시 말해서 이 사물들의 정령이라는 이름으로 위대한 신을 숭배하고자 했다는 견해다. 이와 같은 방식으로 그들은 '모든 것은 하나다'라고 믿었다고 그는 해석하였다.

위대하고 유일한 원리의 우수성은 개별적인 사물의 우수성을 통해 나타난다. 계절들의 정령, 산들의 정령, 강들의 정령은 하늘을 다스리는 상제와 동일하다. 살아 있지 않는 모든 피조물의 힘은 그들 자신의 지혜를 드러내는 게 아니라, 그 사물을 만든 창조자의 지혜를 드러낸다. 그리고 그들은 다만 최초의 원리가 그들에게 주입시킨 힘의 자연적인 결과물들이다.

라이프니츠는 하늘과 다른 사물의 지배를 자연적인 원인들로 환원하는 당시 중국인의 해석에도 일리는 있다고 보았다. 하지만 자연적인 원인들이 그렇게 많은 훌륭한 사물을 만들어내기 위해서는 정확한 시간에 아주 정확하게 작용해야 한다. 그런데 사람들이 리라고 부르는 최고 실체의 지혜와 힘에 의해 설비되고 만들어진 기계들이 아니라면 그것들이 실현될 수 없다.56)

라이프니츠가 말하고자 하는 요지는 당시의 중국 학자들이 말하는 자연적인 원인들이라는 게 결국 궁극적인 원인은 될 수 없다는 것이다. 그러므로 자연적인 원인을 우리가 찾아내더라도 그것이 모든 것을 설명할 수는 없기 때문에 궁극적인 원인인 리가 필요한데, 이것이 기독교의 신에 해당한다는 주장이다.

롱고바르디는 『논어』에 나오는 대화 가운데 "공자에게서 성(性)과 천도(天道)를 듣지 못했다"는 말과 "귀신에 대해서는 공경하면서도 멀리하라"는 말 그리고 "괴(怪), 력(力), 난(亂), 신(神)을 말하지 않은 점" 등을 근거로 공자가 후대 학자들이 눈에 보이는 존재만을 생각하도록 타락시켰다고 비난하였다. 다시 말하면 공자가 사람들을 무신론자로 만드는 데 큰 역할을 했다는 견해다.

여기에 대해 라이프니츠는 사람들이 숭배해야 할 것은 하늘, 계절, 산들, 다른 무생물들의 정령 가운데서 오직 최고의 정신, 상제, 태극, 리일 뿐이다. 그러나 사람들은 그것을 감각에 보이는 사물에서 따로 떼어서 생각할 줄 모르기 때문에 그것을 자세하게 말해주지 않았을 것이라는 견해를 나타냈다.[57] 그러므로 라이프니츠는 공자의 그러한 태도가 다 옳지는 않지만 롱고바르디의 해석도 옳은 것은 아니라는 점을 강조하였다.

공자는 정령들과 종교의 존재를 부정한 게 아니라 그러한 문제에 대해 논쟁을 하는 것보다 상제와 정령들의 존재와 그들이 이룩한 좋은 결과들을 인정하고, 그들을 존경하고 그들을 즐겁게 하기 위해 덕을 실천하는 것에 더 만족했다고 라이프니츠는 생각하였다. 그래서 그는 고대 중국인을 적대적으로 말하는 것은 단지 근거 없는 의심이라고 단언하였다.

롱고바르디에 의하면 주희도 정령들에 관해 말했다. "정령들은 공기[氣]로 만들어졌는가"라는 질문에 그는 그것들은 공기 자체라기보다 공기 속에 있는 힘과 활동성이라고 대답한다. 또 주희는 좋은 정령들과 그렇지 못한 정령들을 나누어 설명하기도 했다. 주희는 몇 가지 근거를 통해 정령들이 있다는 사실을 증명했다. 만일 정령들이 없다면 옛날 사람들이 단식과 금욕을 하고 나서 그들에게 기도하지 않았을 것이다. 또 황제는 하늘과 땅에 희생(犧牲)을 바치고, 제후들은 강과 산에 희생을 바치며, 귀족들은 다섯 가지 희생을 바쳤다.

라이프니츠는 주희의 이러한 말을 근거로 중국인이 귀신이 없다고 생각하지 않았음을 알 수 있다고 했다. 그러면서 주희는 정령들을 인정하고 숭배해야 되지만, 일반 사람들이 상상하는 그런 식으로 존재하는 것은 아님을 말하고자 했다고 라이프니츠는 해석하였다.

롱고바르디는 자신의 주장을 정당화하기 위하여 정이(程頤, 1033~1107)의 말도 인용하고 있다. 정이는 사람들이 비가 내리게 하는 습기를 머금은 산과 물을 소홀히 하면서 사당에 있는 나무와 흙으로 만들어진 우상에게 비가 내리게 해 달라고 간청하는 기우제는 어리석은 일이라고 말하였다. 롱고바르디는 정이의 이 말을 근거로 정이는 물과 산에는 의식이 없는 물질적인 공기[氣] 이외에는 다른 정령들이 없다고 생각했다는 결론을 내렸다.

라이프니츠는 정이의 이 말을 롱고바르디와 달리 이렇게 해석하였다. 사물 사이의 관계와 균형을 관찰하는 이성에 근거한 숭배가 있어야만 상제, 우주의 정령, 모든 것을 다스리는 최고이성인 리가 받아들일 수 있다는 의미다.

생트 마리에 의하면 중국인은 고귀한 상제와 다른 많은 정령과 귀신들이 세상을 다스린다고 생각한다. 상제는 하늘에 살면서 세계를 다스리고, 다른 정령들은 그 부하로 각자 자기가 맡은 곳을 담당하고 있다. 그러나 그에 의하면 이러한 것들은 모두 물질적인 존재다. 그래서 그는 중국인은 유물론자고 무신론자라고 판단하였다.

라이프니츠는 이러한 그의 견해를 반박한다. 라이프니츠는 중국인의 이러한 생각이 기독교의 가르침과 근본적으로 충돌하지 않는다고 보았다. 중국인이 물질적인 요소와 결합한 정령들을 믿는 신앙은 기독교에서 물질적인 요소를 가지고 있는 천사와 영혼을 믿는 것이나 다르지 않다. 라이프니츠는 정신과 물질을 완전히 구분하기보다 정도의 차이는 있지만 그 두 가지가 함께 있다고 생각하기 때문에 중국인의 상제와 정령들에 대한 생각을 관용적으로 이해하고자 하였다.

3) 영혼불멸에 대해

다음으로 라이프니츠가 다루는 문제는 인간의 영혼(靈魂)에 관해서다. 그는 롱고바르디의 보고를 참고해 인간의 정신을 혼(魂) 또는 영혼(靈魂)으로 부른다고 말했다.58) 롱고바르디의 설명에 따르면 사람의 죽음은 단지 그것을 이룬 요소들의 분리라고 할 수 있는데, 사람이 죽으면 그것들은 본래의 자리로 되돌아간다. 그래서 혼(魂)은 정신으로 하늘로 올라가고, 백(魄)은 육체로 땅으로 돌아간다.59) 그리고 『시경』에는 문왕이 죽어서 상제의 곁에 있으면서 올라가기도 하고 내려오기도 했다는 기록도 보인다. 또한 『서경』에는 요(堯)임금의 죽음에 관해 기록하고 있는데, 거기서 올라가고 내려갔다는 말이 보이고, 그것의 주석에서는 올라간다는 말은 사람이 죽으면 불과 공기의 정수(영적인 공기, 영혼)는 하늘로 올라가고, 몸은 땅으로 돌아갔음을 의미한다고 했다.

중국의 어떤 학자들은 특별히 위대한 사람은 죽어서 천사로 화신(化身)한다고 생각한다. 그리고 중국의 학자로서 기독교로 개종한 어떤 학자는 요나 순 그리고 공자 등과 같이 위대한 사람은 상제나 최고의 정령이 화신한 존재라고 주장하기도 한다.

그러나 이러한 견해를 라이프니츠는 예수 이외의 인물이 신(神)의 화신일 수는 없다고 반대하였다. 그렇지만 그가 영혼이 무상(無常)하거나 사라져버리는 존재는 아니라고 함으로써 고대 중국의 영혼관과 모순되지는 않는다고 라이프니츠는 생각했다. 그는 그러한 이론은 플라톤과 오리겐(Origen)의 생각과 일치한다고 보았다. 그래서 라이프니츠는 롱고바르디와 생트 마리가 고대 중국인도 무신론자라고 주장하는 것에 반대하였다.

생트 마리와 롱고바르디는 당시의 중국 학자들의 견해를 다음과 요약하고 있다. 첫째로 최고의 이성, 최고의 정령(정신), 상제 그리고 모든 정령은 꾸며낸 이야기일 뿐이고, 둘째로 최고의 정령(정신), 보편적인 원리는 제일질료이거나 물질적인 공기일 뿐이고, 셋째로 일반적인 사람들이 숭배하는 정령들은 공기[氣]일 뿐이고, 넷째로 모든 것은 우연히 일어나거나 그것을 인도하는 지혜나 섭리 혹은 정의(正義)도 없이 야만적인 필연성에 따라서 일어난다고 하였다. 그래서 생트 마리와 롱고바르디는 중국의 모든 종교는 익살극일 뿐이라고 하였다. 이러한 두 사람의 견해를 라이프니츠는 그들이 정확한 근거도 없이 또는 원본을 왜곡해서 만들어낸 주장으로 일축하였다.

롱고바르디는 사람의 죽음은 지상적인 물질과 천상적인 물질의 분리인데, 천상적인 물질은 공기와 불 같은 성질로 하늘로 올라간다고 했다. 그런데 그는 영혼을 어떤 순수한 물질로서 공기 혹은 에테르로 분해되는 것이라는 결론을 내렸다.

여기에 대해 라이프니츠는 그렇다면 기독교에서 말하는 천사도 불이라고 할 수밖에 없을 것이라고 반박한다. 그는 정령들이 비록 엷은 물질적인 몸으로 덮여 있지만 정신적인 실체라고 보았다. 영혼이 하늘로 올라가면, 그것은 모든 곳에 널리 퍼져 있는 하늘의 물질과 쉽게 결합할 수 있다. 그럼으로써 그것이 닮은 천사가 그렇듯이 더욱 신의 뜻에 맞을 수 있다. 그래서 라이프니츠는 고대의 중국인이 영혼이 하늘 그리고 상제와 다시 결합한다고 말한 것은 바로 그런 내용을 분명히 이해하고 있음을 의미한다고 설명하였다.60)

라이프니츠는 생트 마리와 롱고바르디가 중국철학자들이 말하는 '모든 것은 하나다'라는 문구도 잘못 사용하고 있다고 비판한다. 그들이 생각하는 의미 가운데 하나는 모든 것이 다양한 형태로 이루어진 물질이고, 상제도 물질이라는 것이다. 그리고 영혼이 상제에게 되돌아간다는 말도 공기 같은 물질로 분산되는 것을 의미하고, 그와 동시에 지상의 육체는 의식을 잃는다는 말이다.

또 다른 한 가지 가능한 해석은 신 혹은 리, 상제는 세계정신이고, 이것이 개별적인 영혼을 창조함으로써 지상의 육체가 활동할 수 있고, 그 개별적인 영혼이 사라짐으로써 육체도 사라진다는 것이다.61) 이러한 해석이 이성과 개인의 본성과 모순되기 때문에 틀렸다는 점은 말할 필요도 없고 롱고바르디가 인용한 내용과도 상충된다고 라이프니츠는 비판한다.

그것을 보면, 상제 혹은 리와 개별적인 영혼을 분명히 구분하였고, 상제는 가거나 오지 않지만 영혼은 오고 가며 올라가고 내려간다고 하였다. 이것은 곧 개별적인 영혼은 금방 조야하고 물질적인 신체와 하나가 되기도 하고 또 금방 고상하고 미세한 것과 결합하기도 한다는 말이다. 결국 영혼은 계속해서 존재하고 상제와 하나가 되어버리지 않는다는 설명이라고 라이프니츠는 해석한다.

생트 마리는 중국인의 다양한 영혼관을 소개하고 있는데, 다음과 같이 몇 가지로 나누어 볼 수 있다. 첫째로 어떤 사람들은 전혀 죽지 않는다고 믿고 있는데, 다른 동물이나 사람으로 옮겨가서 계속 사는 것으로 생각하였고, 둘째로 어떤 사람들은 지옥으로 내려가서 거기서 얼마간 머물다가 나온다고 믿었고, 셋째로 어떤 사람들은 영혼은 죽지 않고 신선이 되어 멀리 떨어진 산에서 산다고 믿었고, 넷째로 학자들과 교육을 많이 받은 사람들의 영혼은 미세한 공기의 작은 부분들이거나 불 같은 하늘의 기체고, 그것은 미세한 하늘의 물질에서 나왔다고 믿었다. 그리고 사람이 죽으면 영혼은 그 근원인 하늘로 올라가고 육체는 그 근원인 땅으로 돌아간다고 하였다.

라이프니츠는 이 마지막 견해에 대해서는 이의(異意)를 제기하고 있다. 이 견해는 현대 중국학자들의 해석이지만 신빙성이 옛날 사람들에 미치지 못한다고 하면서, 여기서 하늘이란 눈으로 볼 수 있는 하늘을 의미하는 게 아니라 하늘의 모든 천사, 즉 하늘의 군대를 의미한다고 말한다. 하늘의 모든 정령은 말하자면 하늘의 실체로 만들어졌고, 인간의 영혼도 그와 똑같은 것으로 되어 있음을 말한다고 라이프니츠는 주장하였다.

　라이프니츠에 의하면 죽은 후에 보상을 받거나 죄의 대가를 치른다는 고대 중국인의 생각은 영혼불멸을 믿고 있다는 증거다. 물론 현대의 학자들은 그것을 부정하지만 그것이 그렇게 간단한 일은 아니라고 주장한다. 왜냐하면 최고의 실체인 그가 창조한 피조물들을 다스리는 것이 지상의 왕이 다스리는 것보다 완전하지 않을 수는 없기 때문이다. 그래서 현생에서 정의가 이루어지지 않았다면 최고 실체의 통치 아래서 덕은 보상받아야 하고, 악은 처벌받아야 한다고 라이프니츠는 말한다.62)

　생트 마리는 옛날 중국의 몇몇 왕은 죽은 후에 하늘로 올라가 위대한 상제의 좌우에서 그를 도왔다고 『시경』에 기록되어 있음을 전한다. 같은 책에 또 이 왕들은 땅에서 하늘로 올라가고 다시 하늘에서 땅으로 내려와 수호자 혹은 보호자로서 그 왕조를 도울 수도 있다고 하였다.63)

　조상과 위대한 사람들에 대한 제사는 고대부터 중국인들이 지내 왔다. 그것은 살아 있는 사람들의 감사하는 마음과 하늘이 소중하게 여기고 보상을 해주는 미덕을 보여준다. 그리고 후대가 가치 있는 것으로 인정할 수 있는 일을 하도록 사람들을 고무하려는 데 목적이 있다고 하겠다. 하지만 옛날 사람들은 덕 있는 조상들이 하늘의 궁전에서 후광(後光)에 둘러싸여 있으면서 그들의 후손에게 화(禍)와 복(福)을 줄 수 있다고 말했다. 이것은 곧 그들이 사람이 죽은 후에도 영혼은 계속해서 살아 있다고 생각했음을 말해준다.

라이프니츠는 중국의 학자들이 지옥과 연옥을 말하지 않지만, 그 가운데 어떤 사람들은 아마 영혼이 산과 숲속을 이리저리 방황하는 상태가 일종의 속죄라고 믿는 것 같다고 설명한다. 이런 생각은 기독교에서 말하는 내용과 별로 다를 바 없다. 성 콘라드의 자서전을 보면 그가 라인강의 폭포에서 저주받아 새가 된 영혼들을 발견하고 기도를 통해 구해주었다는 이야기가 있다. 옛날과 당시의 몇몇 중국학자는 아마 벌을 받아야 할 영혼은 속죄가 될 때까지 문, 부엌, 아궁이를 지키는 비천한 일을 한다고 생각했을 것이라고 그는 짐작한다.

라이프니츠의 중극과 중국철학에 대한 관심은 남달랐다. 또 그는 상당히 우호적으로 중국을 바라보았고 동반자로 생각하였다. 그래서 중국의 유학을 해석하는 데도 더 긍정적인 태도를 보여주고 있다. 이것은 리치의 입장을 옹호하는 것으로 잘 나타나고 있다. 라이프니츠는 신유학의 중요한 개념들을 해석하면서 기본적으로 리치의 견해를 따르고 있다.

먼저 롱고바르디나 생트 마리와는 달리 중국인도 신을 안다는 사실을 강조하면서 그들의 주장을 강하게 반박하였다. 롱고바르디와 생트 마리에 따르면 중국인은 고대부터 당시까지 한결같이 무신론자고 유물론자다. 하지만 라이프니츠는 이들과 달리 중국인은 신을 알고 있으며 유물론자도 아니라고 생각하였다. 신유학의 태극과 리를 기독교의 신과 같은 개념으로 생각하였다.

 이러한 라이프니츠의 해석은 완전한 것은 아니지만 롱고바르디와 생트 마리의 해석보다는 더 정확하다. 하지만 태극이나 리가 바로 기독교의 신과 같다는 라이프니츠의 견해가 딱 들어맞는 것은 아니다. 왜냐하면 신유학에서는 이미 세계와 독립적으로 존재하는 초월신을 부정하고 세계와 하나를 이루고 있는 범신론을 주장하고 있기 때문이다.

 주희가 생각한 태극과 리는 만물의 근원이지만 만물을 초월하여 존재하는 절대자가 아니다. 태극은 만물의 시작이지만 그것은 만물을 창조하는 것이 아니고 스스로 만물로 발전한다. 그래서 태극이 만물이고 만물이 태극이라는 명제가 가능하게 된다. 그렇다고 롱고바르디와 생트 마리가 말한 것처럼 태극이 물질적인 존재는 분명히 아니다. 주희가 생각한 태극은 물질적인 존재가 아니라 정신적인 존재지만 이것이 물질적인 기로 발전한다.

 이러한 태극이나 리 그리고 기의 개념을 서양 철학자가 정확히 이해하는 것은 쉽지 않다. 중국이나 조선에서도 수많은 학자가 주희가 정의한 리와 기에 서로 다른 해석을 내놓았다. 주희가 생각한 리를 이해하기 위해서는 불교를 먼저 알아야 할 것 같다. 그는 불교에서 출발하여 유학을 새로운 철학으로 체계화했기 때문이다. 특히 우리는 화엄종(華嚴宗)의 법신불(法身佛)사상을 참고할 필요가 있다.

3장
라이프니츠와 『역경』(易經)

라이프니츠와 『역경』(易經)

라이프니츠는 젊은 시절부터 세상을 떠날 때까지 중국에 관심을 가졌고, 여러 분야에 대해 많은 연구를 했다. 그는 『역경』에도 관심을 가지게 되는데, 그것은 라이프니츠가 발견한 이진법과 복희의 64괘가 유사하다고 부베 신부가 특별히 알려주었기 때문이다. 라이프니츠는 자신의 이진법이 창조의 비밀을 보여주는 수의 체계라고 믿었다. 그는 그것을 중국 선교에 활용하려고 생각하고 있었는데 중국에도 그와 똑같은 것이 있다는 사실을 알고 놀라지 않을 수 없었다.

부베는 중국에서 선교하면서 당시의 중국인은 무신론자지만 아주 고대로 거슬러 올라가면 그들이 신을 알고 있었다는 사실을 보여주는 증거가 많다고 확신하고 그런 종류의 연구에 몰두하였다. 그런 연구 가운데 하나가 바로 『역경』에 대한 것이었는데, 그의 연구는 조금 독특해서 기존의 주석서를 무시하고 자신만의 방법으로 접근하였다. 그는 복희가 『역경』의 64괘를 만들었다고 믿고 그 괘들의 비밀을 풀려고 노력하였다. 그의 해석은 조금

황당하다고 생각될 정도인데, 마치 잃어버린 문명을 다시 찾으려는 고고학자 같은 태도를 보여주고 있다.

이렇게 부베가 64괘에서 비밀을 찾으려고 열심히 노력하고 있을 때 라이프니츠가 보낸 이진법의 설명은 그에게 특별한 영감을 주었음이 분명하다. 거기에다 라이프니츠가 자신의 이진법에 특별한 의미를 부여하고 있었기 때문에 더욱 확신하였을 것이다.『역경』에 대한 이 두 사람의 연구와 주장은 분명히 이 방면의 연구에 신선한 충격을 줄 수 있다.

라이프니츠와 이진법

일반적으로 이진법은 라이프니츠가 발견한 것으로 알려져 있고, 스스로도 자신이 발견했다고 말했으나 그보다 먼저 이진법을 말한 사람들이 이미 있었다. 해리엇(Thomas Hariot, 1560~1621)은 이진법과 그것의 사산법(四算法)에 대한 글들을 남겼다. 그러나 그 원고들에는 작성한 날짜가 기록되어 있지 않아 정확한 연대는 알 수 없다.[64] 사실 해리엇 이전에도 이미 이진법을 말한 사람이 있었는데, 스코트랜드 귀족 네피어(John Napier, 1550~1617)가 바로 그 사람이다. 그는 네피어봉이라 불리는 곱셈용 계산 도구를 만들기도 하여 이 분야의 개척자라고 할 수 있다.

그리고 라이프니츠보다 먼저 베이컨(Francis Bacon, 1561~1626)도 1605년에 출판된『학문의 진보』에서 a와 b만을 사용하는 이진법적인 알파벳 체계를 소개하였다. 라이프니츠는 이것을 이미 잘 알고

3장 라이프니츠와 『역경』(易經)   93

있었고 1666년과 1667년에 자신의 글에도 사용하였다. 캐러무엘(Joh. Caramuel, 1606~1682)도 1670년 출판된 『쌍두의 수학』(Mathesis biceps)에서 12진법과 이진법 등 다양한 수의 체계를 소개하였다. 예나(Jena)대학의 교수였던 바이겔(Erhard Weigel, 1625~1699)도 1672년에 『4진법』(Tetractys)을 출판하였고, 라이프니츠가 이진법을 연구하는 데 영향을 주었을 것으로 짐작된다.

라이프니츠는 1698년 5월 슐렌버그(Joh. Christ. Schulenburg)에게 보낸 편지와 1703년 4월 부베에게 보낸 편지에서 자신이 이진법을 발견한 지 20년도 더 되었다고 하였다. 그렇다면 그가 이진법을 발견한 시기는 대략 1673년 이후가 된다. 호프만(Hofman)은 라이프니츠가 1672년에서 1676년까지 파리에 머물고 있을 때 갑자기 생각하게 된 것이라고 주장하였다.

라이프니츠 자신이 말한 내용과 호프만이 주장하는 내용은 어느 정도 일치하는 점이 있어 대체로 그 시기를 전후하여 이진법을 발견했다고 추정할 수 있다. 그러나 라이프니츠가 이진법에 관해 쓴 글 가운데 가장 오래된 것은 1679년에 쓴 글이 남아 있을 뿐이다. 이 글에서 보면 그의 이진법이 이미 완성된 내용이라 최초로 그것을 발견한 시기는 더 이전이었을 것으로 짐작할 수 있다.

라이프니츠의 메달 도안

1697년 1월 2일 라이프니츠는 루돌프 아우구스트(Rudolph August, 1627~1704) 대공에게 편지를 썼는데,65) 거기서 그는 기념주화 혹은 메달을 위한 도안을 그려 메달을 주조할 것을 제안하였다. 이 메달 도안의 내용이 바로 이진법이라는 사실이 흥미롭다. 여기서 라이프니츠는 이진법을 설명하면서 이진법이 신의 창조를 표현한다는 주장을 자세하게 보여주고 있다. 이진법의 숫자 0은 무(無)를 나타내고 1은 완전한 신(神)을 나타내므로 이진법은 결국 신의 창조를 표현하는 수의 체계라는 것이다. 이것을 라이프니츠는 다음과 같이 설명하였다.

왜냐하면 기독교 신앙의 핵심 가운데 하나지만 철학자들은 거의 이해할 수 없고, 또 이교도들에게 가르쳐주기도 어려운 내용이 바로 신의 전능(全能)을 통한 무(無)로부터 만물

창조입니다. 이러한 상황에서 여기에 소개한 바와 같이 오로지 1과 0 또는 무라는 표현을 통해 수의 기원을 보여주고 증명하는 것보다 더 좋은 방법은 이 세상에 없다고 말할 수 있습니다. 자연이나 철학에서도 실제로 이 비밀에 대한 더 좋은 본보기를 찾아보기 어렵습니다. 그래서 저는 제가 초안했던 메달에 다음과 같은 글을 새겨 놓았습니다. '창조의 그림'(IMAGO CREATIONIS)[66]

라이프니츠는 이진법이 기독교 교리를 잘 설명하고 있고, 또 실제로 세계의 비밀을 보여주는 것이라고 굳게 믿었다. 이진법에 대한 이러한 믿음은 그가 보편 언어나 보편 기호법을 찾으려고 노력하였다는 사실과 무관하지 않다. 가장 간단한 두 개의 숫자로 모든 수를 다 나타낼 수 있는 이진법은 그가 구상하였던 보편 문자에 가장 가까운 것이라 할 수 있다.

또 라이프니츠는 자신이 발견한 이진법이 중국 선교에 도움을 줄 것이라 믿고 있었음을 이 편지는 잘 보여주고 있다. 그는 선교사들을 통해 중국 황제가 수학을 좋아한다는 소식을 듣고 보편적인 진리인 수학을 통해 황제를 설득할 수 있다고 생각하게 된다. 루돌프 아우구스트 대공에게 보낸 편지에서 그는 이렇게 말했다.

그래서 저는 지금 토마에서 알게 된, 예수회의 일원이자 흠천감(欽天監)으로 중국에 머물고 있는 그리말디 신부에게 서신을 쓰고 있는 중입니다. 그리말디 신부는 고아에서 중국으로 가는 도중 저에게 서신을 보내왔습니다. 저는 이 계산법에 대한 소개를 그에게 알려주는 게 좋겠다고 생각합니다. 그는 저에게 이 막강한 나라의 군주는 산수를 아주 좋아하고, 그리말디 신부의 선임자인 베르비스트 (Ferdinand Verbiest, 1623~1688) 신부에게 유럽의 계산법을 배웠다고 합니다. 창조의 비밀에 관한 이 본보기가 이 군주에게 기독교의 훌륭함을 분명하게 보여주는 데 도움을 주었으면 좋겠습니다.67)

라이프니츠는 1689년 4월 로마에 가서 6개월간 머물렀다. 그때 그는 그리말디 신부를 만났고, 그에게서 중국에 대한 많은 정보를 얻을 수 있었다. 그리말디는 1669년에 중국에 도착하여 선교하다가 1686년에서 1691년 사이 유럽에 다시 가 있었다. 그를 만나고 나서 라이프니츠는 그와 오랫동안 서신을 주고받으면서 중국을 공부하였다. 그가 그리말디에게 보낸 1689년 7월 편지에는 30개 질문이 들어 있어서 그의 관심이 어떠하였나를 잘 보여준다. 그의 관심은 의학과 천문학 그리고 식물학 등 다양한 방면에 걸쳐 있다.68)

라이프니츠는 그리말디 신부에게서 당시 중국의 황제 강희제에 대해 많은 이야기를 들었던 것 같다. 그래서 그가 출판한 『최신 중국 소식』에서 강희제를 극찬하기도 하였다. 강희제는 선교사들에게 서양의 수학을 배웠는데, 총명해서 선교사들이 감탄했던 모양이다. 라이프니츠는 강희제가 수학에 관심이 많다는 사실을 알았기 때문에 자신의 이진법을 소개하고 나아가 기독교의 진리를 알리고자 했을 것이다.

라이프니츠와 부베

라이프니츠는 1697년에 『최신 중국 소식』이라는 책을 출판하였다. 이 책의 서문에서 그는 먼저 "내가 믿는 바와 같이, 유일무이한 운명의 결정을 통해 대륙의 양쪽 끝에 있는 유럽과 중국에 인류가 이룩한 최상의 문화와 기술적 문명이 오늘날 거의 같을 정도로 축적되어 있다. 말하자면 중국은 유럽과 마찬가지로 지구의 반대편을 장식하고 있다"69)고 말함으로써 중국의 중요성과 훌륭함에 대해 칭찬을 아끼지 않았다.

유럽과 중국은 멀리 떨어져 있지만 비슷한 수준의 문명국을 이루고 있으나 다른 많은 곳은 그렇지 못하다. 라이프니츠는 이 두 개의 앞선 문화를 가진 민족이 힘을 합쳐 세계의 모든 나라를 개화하기 위해 노력해야 한다고 역설했다. 또 그는 거대한 국토를 소유하고 있는 러시아가 유럽을 추격하고 있다는 사실에 대해서도 경계하였다.

라이프니츠에 의하면 중국은 크기로는 문명화된 지역인 유럽과 비슷하고 인구는 유럽을 능가한다. 그리고 일상생활에서 필요로 하는 숙련된 기술에서는 중국이 앞선다. 그러나 자연에 대한 실험적인 분석의 영역에서는 유럽이 앞선다고 할 수 있다. 그리고 사유의 철저함과 이론적 훈련에서도 유럽이 우수하다. 라이프니츠는 이렇게 앞선 분야의 기술을 상호 교환하고 협력할 필요가 있다고 주장하였다.

1697년 10월에 『최신 중국 소식』을 읽은 부베가 편지를 했고, 자신이 그해 파리에서 출판한 『중국 황제전』(Portrait historique de l'Empereur de la Chine)을 함께 보내주었다.70) 이 『중국 황제전』은 부베가 당시 중국의 황제인 강희제의 초상화와 그에 관해 설명한 것인데, 루이 14세에게 바치기 위해 준비한 것이다. 라이프니츠는 1699년에 『최신 중국 소식』을 다시 출판하면서 이것을 추가했다.

부베는 프랑스 사람으로 예수회 신부인데, 루이 14세가 중국에 파견한 6명의 과학자 가운데 한 사람으로 1688년에 중국 북경에 도착하였다. 그는 황제의 측근에서 활동하다가 1693년 강희제의 사신으로 다시 프랑스에 가 있었다. 그는 1699년에 다시 중국으로 돌아갔는데, 그 후에도 1707년까지 라이프니츠와 서신 교환을 하였다. 그러나 부베는 1702년 11월에 라이프니츠에게 편지를 쓰고서 더는 편지를 보내지 않았다. 라이프니츠는 그 후에도 5번이나 더 편지를 썼고, 부베가 답장을 보내지 않은 것에 대해 매우 실망하기도 하였다.

1700년 11월 8일에 부베가 라이프니츠에게 쓴 편지의 내용에는 그의 관심 분야와 생각이 잘 나타나 있다. 그는 먼저 『역경』을 중국뿐 아니라 세계에서 가장 오래된 책이라고 말하면서 중국의 모든 과학과 철학의 근원이라고 칭찬하였다. 그러나 그는 『역경』에 대한 모든 해설서는 잘못되었으며 점치는 방법을 다루는 부분은 완전히 미신이라고 비판하였다.

부베는 또 4,000년 전 고대 중국 복희의 지식과 서양 고대 성인들의 지식 사이에 일치점이 있음을 발견하였다. 그래서 그도 다른 사람들이 주장했듯이 복희가 중국인이 아니고 전 인류에게 동일한 가르침을 베푼 인물로 생각하기에 이르렀다. 세계의 각 지역에서는 그를 다른 이름으로 부르지만 결국 같은 사람이라고 주장하였다. 예를 들면 이집트와 그리스에서는 헤르메스 트리메기투스(Hermes Trismegistus)라 부르고, 히브리 사람들은 에녹(Enoch)이라 부르고, 페르시아 사람들은 조로아스터(Zoroaster)라고 부른다.

그리스 신화에 나오는 헤르메스는 피리를 만들어 아폴론(Apollon)에게 주고, 조약돌로 점쳤고, 음악, 문자, 숫자, 천문, 체육, 올리브 재배법, 도량형 등을 만들었다고 한다. 부베는 그리스의 헤르메스가 중국에서는 복희로 불렸다고 생각하였다. 그리고 모든 학문과 과학의 원리가 『역경』의 64괘에 들어 있다고 믿게 된다.

그런데 후세의 중국인은 그러한 『역경』의 의미를 모두 잊어버려 아는 바가 없다는 것이다. 결국 당시의 중국인은 종교뿐만 아니라 과학적인 방면에서도 고대의 중국인을 따라 갈 수 없다는 결론에 도달하게 된다. 부베는 당시의 중국인에게 『역경』의 참다운 의미를 가르쳐줌으로써 그들에게 기독교도 전파할 수 있다고 생각하였다.

부베는 모든 선교사가 함께 고대 중국의 고전을 연구하고 옛것을 존중하는 중국의 전통을 사용하여 잘못된 당시의 해석을 극복하고 복희의 참된 철학을 회복하자고 제안하였다. 이 과정에서 이성의 빛을 사용해야 한다고 말했다. 그는 당시의 고전 해석을 거부하고 그가 본래의 의미라고 생각하는 것을 제시하였다. 여기서 부베는

100

고전의 참된 의미로 돌아가야 된다는 유학의 전통적인 방법을 따르고 있다. 고전의 참된 의미를 찾겠다는 주장은 실제로 사람들의 거부감을 감소시킬 수 있는 방법이다.

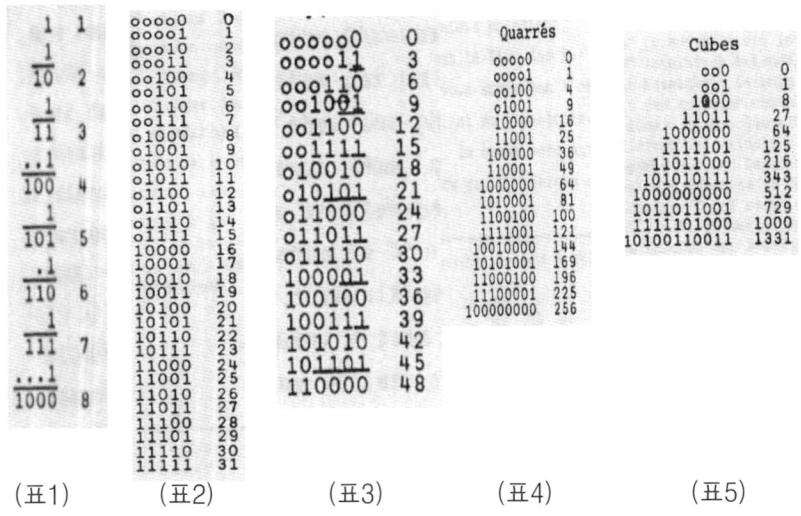

(표1)   (표2)   (표3)   (표4)   (표5)

1701년 2월 라이프니츠는 부베에게 보낸 편지에서 자신의 이진법을 상세히 설명하였다. 특히 이 편지에는 이진법의 수와 십진법의 수를 함께 나란히 정리한 표를 5개나 싣고 있어서 『역경』을 조금이라도 공부한 사람이라면 쉽게 이진법과 연결시킬 수 있도록 하였다. 제일 처음에 있는 표에서는 십진법의 수 8까지와 이진법의 수를 비교하였다. 여기서 왜 라이프니츠가 8까지만 보여주었는지 궁금하다. 라이프니츠가 『역경』의 팔괘를 생각하고 8까지의 수를 이진법의 수와 비교한 것은 분명 아닐 것이다.

두 번째의 표는 십진법의 수 0에서 31까지를 이진법의 수와 비교한 것이다. 이것도 우연인지 모르지만 64괘의 절반에 해당하는 32개의 숫자를 비교했다. 세 번째 표에서는 3의 배수들을 비교한 것이고, 네 번째 표는 제곱수를, 다섯 번째는 세제곱수를 비교한 것이다.

여기서 가장 대표적인 것은 역시 십진법의 수 1에서 31까지를 이진법의 수와 비교한 표다. 『역경』에 어느 정도 관심이 있는 사람이 라이프니츠의 이 표를 보면 금방 64괘를 생각할 수 있다. 이 편지를 읽은 부베는 라이프니츠의 이진법이 『역경』의 64괘와 너무 닮은 것에 놀랐다.

그래서 1701년 11월에 부베는 라이프니츠에게 이 사실을 알리는 편지를 쓰게 된다. 그리고 64괘방원도(六四卦方圓圖)도 함께 보내주었다. 부베와 라이프니츠 모두 이러한 배열의 64괘를 복희가 만들었다고 생각했지만 사실은 송나라 때 소옹(邵雍, 1011~1077)이 만들었다. 부베가 생각한 것은 64괘에 있는 음효(⚋)를 0으로 보고, 양효(⚊)를 1로 보면 괘들이 수를 나타낸다는 것이다.

부베가 이것을 곧바로 생각하게 된 것은 라이프니츠가 그의 이진법을 설명하면서 두 가지 기호를 표시할 때 일(1)을 "완전한 것"으로 표현하고, 영(0)을 "불완전한 것"으로 표현했기 때문이리라. 부베는 『역경』을 연구하면서 양효(⚊)를 "완전한 것"으로 표현하고, 음효(⚋)를 "불완전한 것"으로 표현하는 것에 익숙해 있어서 라이프니츠가 설명한 기호를 바로 『역경』의 기호로 바꾸어 생각할 수 있었을 것이다.71)

또 십진법 수 0에서 31까지를 이진법의 수와 나란히 나열해 놓은 표가 좋은 힌트가 될 수 있다. 이 편지에서 부베는 라이프니츠에게 자신이 보내준 64괘를 이진법의 수와 비교해 볼 것을 부탁하였다. 부베의 말대로 음효를 0으로 양효를 1로 생각해서 팔괘를 이진법의 수로 바꾸어 보면 다음과 같이 된다.

☷ = 000(0), ☳ = 001(1), ☵ = 010(3), ☱ = 011(4),

☶ = 100(5), ☲ = 101(6), ☴ = 110(7), ☰ = 111(8)

부베는 라이프니츠가 계획한 보편 문자에 대해서도 호의적으로 언급하고, 그것은 복희의 기호와도 통한다고 생각하였다. 이것은 또 라이프니츠의 이진법과도 일치한다고 보았다. 부베에 의하면 가장 간단한 기호는 점(·)이고, 이것은 바로 제1원리다. 다음에 나오는 것은 완전한 것과 불완전한 것인데, 이것은 각각 (··), (···)로 나타낼 수 있다. (··), (···)는 다시 (··)와 (···)로 각각 나타낼 수 있다. 이와 같은 부베의 생각은 태극에서 음양(陰陽)이 나온다는 『역경』의 설명을 그대로 따르고 있다.

다음으로 부베는 색채에 이 이론을 적용하고 있는데, 말하자면 모든 색채는 밝은 것과 어두운 것으로 환원할 수 있다는 것이다. 그러면 밝은 것은 양(━)이 될 것이고 어두운 것은 음(╍)이 된다. 부베는 팔괘를 4가지 색채로 분류하여서 ☰(乾), ☱(兌)는 흰색, ☲(離), ☳(震)은 노랑색, ☴(巽), ☵(坎)은 푸른색, ☶(艮), ☷(坤)은 검은색에 배당하였다. 부베는 복희가 팔괘를 만들었고, 이것이 모든 과학의 기초가 된다고 소개하였다. 부베는 팔괘와 64괘를 색채에 적용하여 64가지의 색채를 8가지로 분류할 수 있고, 그것들은 다시 8가지 등급으로 분해될 수 있다고 하였다.

이 편지에서도 부베는 복희가 그리스의 헤르메스 같은 사람이라고 주장하고 그것을 증명하려고 노력하였다. 그는 伏羲(복희)라는 이름을 분석하여 그가 헤르메스 같은 인물임을 밝히려 하였다. 伏 자는 사람(人)과 개(犬)가 결합한 형태를 하고 있는데, 부베는 헤르메스를 머리는 개고 사람의 몸을 가진 모습으로 표현한다고 주장하였다. 羲 자는 희생을 의미하는 것이니 복희는 희생을 바치는 사람이라고 해석하였다. 말하자면 복희는 정치적으로 군주이면서 종교적으로는 제사장이라는 것이 부베의 견해다.

부베는 4,600년 전에 살았던 복희가 창조에 대해 알았고, 그것이 복희의 기호에 나타나 있다고 생각했다. 64괘의 효가 6개로 구성된 것은 6일 동안 창조했기 때문이고, 제7효가 없는 것은 안식일에 해당하고, 하늘과 땅이 가장 먼저 생겼는데, 이것은 양효와 음효가 제일 먼저 생겨난 것과 같다고 하였다.

그는 고대 중국인 또한 신이 창조자이며 만물의 원리라는 것을 알았을 뿐만 아니라 삼위일체(三位一體)의 비밀도 알고 있었다고 말했다. 고대 경전들을 보면 거기에는 죄에 대한 지식이 있고, 악을 징벌하는 것, 천사들, 태초의 사람, 죄로 인한 인간 본성의 타락, 홍수, 강생(降生), 예수님의 인간 구원 등에 대한 많은 구절이 나온다고 주장하였다.72)

그는 중국의 문자에서도 고대 중국인이 신을 알고 있었음을 증명하기 위하여 노력했다. 예를 들면 한자 가운데 가장 간단한 글자인 주(丶)자는 발음이 주(主)와 같아서 고대에는 그 의미를 주인이라고 해석하였다. 또 하나의 가장 간단한 글자는 일(一)인데, 이것은 하나를 의미하고 신의 유일함을 뜻하고 있다고 해석하였다. 그리고 주(主) 자는 주(丶)와 왕(王)으로 이루어진 글자이니 신을 의미한다고 풀이하였다.

부베는 또 중국 문자를 만든 사람은 중국인이 아니고 인류의 조상들이라고 보았다. 이것을 뒷받침하기 위하여 그는 고대 중국 문자와 이집트어 사이에 음과 뜻의 유사성이 있었을 것이라 가정하였다. 그는 언어의 많은 변화에도 불구하고 여전히 그러한 유사성이 존재한다고 믿었다.

라이프니츠가 부탁한 중국어의 정보에 대해 부베는 비스델루(Fr. Claude de Visdelou, 1656~1737) 신부가 중국어 사전을 유럽어로 번역하고 있는데 아직 시작 단계라고 대답하면서, 자기도 중국어를 분석하는 글을 쓰고 싶은데 일이 많아 실행하지 못하고 있다고 덧붙였다. 그가 중국어 사전을 만주어로 번역하는 대로 곧바로 선교사들이 라틴어나 불어로 번역할 것이라고 썼다.

부베는 그들의 발견을 강희제에게 소개하기 위한 가장 좋은 기회를 잡기 위해서는 좀 기다릴 필요가 있다고 강조했다. 당시에 부베는 전에 황제가 서양의 과학에 많은 관심을 보일 때만큼 그를 만나기가 쉽지 않았다. 부베는 라이프니츠에게 황제가 요구했을 때 완전하게 증명할 수 있는 충분한 지식을 가질 수 있도록 좀 더 정보를 달라고 주문하였다.

부베의 다음 편지는 1702년 11월에 쓴 것으로 앞의 편지보다 간단하고 내용도 중복된다. 부베는 중국의 고전에서 기독교적인 내용을 찾는 데 노력하고 있다고 했다. 그는 중국의 고전에서 참된 종교의 거의 완전한 체계가 발견될 것이라고 믿었고, 그 체계에는 예언적인 방식으로 말씀의 육화(肉化)에 대한 신비, 구세주의 삶과 죽음, 신성한 성직자의 주요한 작용 등이 들어 있다고 믿었다. 부베에 따르면 중국인들은 고전의 지혜와 이 문자들의 상형문자적인 의미를 잃어버렸기 때문에 거의 2,000년 동안 진정한 신에 대한 지식이 없었다. 결국 교리의 피상적인 부분만 남아 있을 뿐이었다. 잃어버린 지식의 핵심은 보편적이고 중국인들을 앞서는 것이다. 그래도 중국인들은 이 핵심을 다른 이교도들보다 더 성실하게 보존하고 있다.

  부베는 다시 중국 고전에 대한 새로운 주석서들과 사전을 편찬하려는 기획을 간단하게 설명했다. 이것들이 모두 한때 종교의 자연법(自然法)과 동의어였던 고대 중국의 보편과학을 재건하려는 자신의 이론들을 입증할 것이라고 생각했다. 이것을 위해 여러 선교사의 도움이 필요하니, 베르주(Frs. Verjus)와 셰즈(La Chaise)에게 영향력을 행사하여 이 계획을 위한 자금을 프랑스 왕실에서 얻을 수 있도록 도와달라고 라이프니츠에게 부탁하였다.73)

라이프니츠와 『역경』

  부베가 1701년 11월에 쓴 편지는 1703년 4월 1일에 베를린에 있던 라이프니츠에게 전달되었다. 이 편지는 거의 18개월이나 걸려 라이프니츠에게 전달되었는데, 편지가 영국과 프랑스를 거치는 바람에 늦어졌다. 편지를 읽은 라이프니츠의 놀라움은 컸던 모양이다. 그는 4월 2일이나 3일경에 11장이나 되는 답장을 썼고, 예수회 신부 보타(Carlo Mauritio Vota)에게도 4월 4일 이 사실을 알리는 편지는 썼으며, 4월 7일에는 비뇽(Abbé Jean Bignon)에게도 편지를 보내고, 파리학술원에 보내는 논문도 함께 그에게 보냈다.74) 부베에게 보낸 답장에서 라이프니츠는 발견의 의미를 이렇게 말하였다.

> 사람들은 복희를 고대 중국의 군주로 보고 있으며, 세계에 알려진 철학자로 그리고 중국제국과 동양 과학의 창립자로 믿고 있습니다. 이 『역경』의 그림은 오늘날 세계에서 찾아낸 과학에 관한 최고의 기념물입니다. 더구나 이 과학은 내가 보는 견지에서는 4,000년 이상 고대의 것으로 수천 년 동안 그 의미가 이해되지 않았습니다. 그것이 나의 새로운 산술법과 완전히 일치하는 것과 꼭 필요할 때, 즉 귀하가 이 괘들을 해독하려고 노력하고 있을 때, 내가 산술법에 대해 귀하에게 편지를 써야만 했던 것은 상당히 놀라운 일입니다. 나는 귀하에게 고백하는 것이지만 만일에 내가 이 이진법 산술을 발명하지 않았다면 이 64괘 체계 즉 복희의 괘상도의 목적을 통찰하지 못하고 막연하게 장시간 바라보았을 것입니다.75)

이 인용문에 대해서는 사실 조금 설명이 필요하다. 이 번역문은 김용정(金鎔貞)의 「라이프니츠의 普遍記號法思想과 易의 論理」(라이프니츠의 보편기호법사상과 역의 논리)라는 논문에 나오는 내용을 인용하였지만 다른 부분이 있다. 특히 문제가 되는 부분은 "그것이 나의 새로운 산술법과 완전히 일치하는 것과 꼭 필요할 때, 즉 귀하가 이 괘들을 해독하려고 노력하고 있을 때, 내가 산술법에 대해 귀하에게 편지를 써야만 했던 것은 상당히 놀라운 일입니다"라는 문장기다. 원래 논문에는 이 부분이 "그것이 나의 新算術과 완전히 일치하고 貴下가 이 기호를 이해하려고 노력하였을 때, 때마침 貴書翰에 의해 이것을 적당한 시기에 해답을 얻었다고 하는 것은 불가사의한 일이라고 하지 않으면 안 됩니다"라고 씌여 있다. 이 글의 내용을 보면 64괘와 이진법이 같다는 것을 라이프니츠 자신이 발견한 것처럼 되어 있다.

그러나 원래 편지의 내용은 그렇지 않다. 실제로 라이프니츠가 그것을 발견한 것이 아니기 때문에 그가 자신이 마치 발견한 것처럼 말할 수는 없다. 아마 김용정의 논문에 나오는 라이프니츠의 편지 내용은 그 출처가 일본 학자 고라이 긴조(五來欣造)의 저서 『유교가 독일정치사상에 끼친 영향』(儒敎の獨逸政治思想に及ぼせる影響)일 것이다.76) 그리고 이 부분이 문제가 있다는 것을 지적한 사람은 에이튼(E. J. Aiton)과 에이코 시마오(Eikoh Shimao) 두 사람이다. 이들은 공동으로 1981년에 발표한 논문 「라이프니츠와 역경 64괘에 대한 고라이 긴조의 연구」(Gorai Kinzō's Study of Leibniz and I ching Hexagrams)에서 이 부분을 거론하였다. 이 두 사람은 고라이 긴조가 라이프니츠와 부베 사이에 오고간 편지를 다 보지 못해서 라이프니츠가 64괘와 이진법의 유사성을 발견한 것으로 오해했다고 주장하였다.

고라이 긴조는 동경대학교에서 프랑스 법학을 전공하고 1900년에 졸업하였고, 1904년에 유럽으로 유학을 떠났다. 그는 프랑스에서 7년, 독일에서 2년 공부하였다. 그는 1907년 하노버도서관에서 부베가 라이프니츠에게 보내준 64괘방원도를 보았다. 고라이 긴조는 일본으로 돌아와 1919년 와세다대학교 교수가 되었고, 1929

년에 출판한 『유교가 독일정치사상에 끼친 영향』이라는 책으로 1930년에 정치학 박사학위를 받았다. 이 책에는 부베와 라이프니츠의 편지 내용이 상당히 많이 실려 있어서 이 분야의 연구에 많은 도움을 주었다.77)

  1703년 4월에 보낸 답장에서 라이프니츠는 대체로 부베가 복희에 대해 그에게 설명한 것을 그대로 수용하고 있고, 복희가 64괘를 그렸으며, 부베가 보내준 64괘방원도도 복희가 그렸다고 믿었다. 부베가 이미 설명하였듯이 복희가 그린 64괘의 참된 의미를 후세의 중국인은 잃어버렸는데, 이제야 부베와 자신이 그것의 참된 의미를 찾았다고 믿었다. 라이프니츠는 4,000년 전에 복희가 이진법을 만들었다는 사실에서 복희가 신의 창조를 이미 알고 있었다고 생각했기 때문에 더욱 놀라고 반가웠을 것이다.

  라이프니츠는 이 편지에서도 0과 1만을 사용하는 이진법이 창조를 표현하는 것으로써 종교를 설명할 수 있는 좋은 도구가 될 수 있다고 보았고, 그것을 황제에게 설명할 만한 가치가 있다고 믿었다. 라이프니츠는 팔괘도 창세기의 설화와 연결시켜 해석하였다. 그 설명은 이렇다.

> 팔괘, 즉 중국인이 근본적으로 생각하고 있는 8개의 선도(線圖)는 복희 스스로 창조의 눈을 갖고 있었다는 것을 믿게 합니다. 즉 모든 것이 1과 0에서 오는 것으로서 이 관계는 창세기의 설화와 결부됩니다. 0은 하늘과 땅의 창조에 앞서는 것으로 공허를 상징하기 때문입니다. 다음에 7일 동안

각각의 날에 있어서 이미 존재한 것, 창조된 것을 표시하고 있습니다. 첫날의 시작에는 1, 즉 신이 존재했습니다. 둘째 날의 처음에는 하늘과 땅이 창조되었습니다. 끝으로 일곱째 날의 처음에는 모든 것이 이미 존재했습니다. 그래서 마지막 날은 가장 완전한 안식일입니다. 왜냐하면 모든 것이 창조되고 완전하기 때문입니다. 그래서 7은 0이 없이 111로 씁니다. 그리고 0과 1로 이와 같이 썼을 때만 우리는 성스러움으로 간주되는 일곱 번째의 완전함을 볼 수 있습니다. 여기서 또 그것의 글자가 삼위일체와 관련이 있다는 것이 주목할 만합니다.78)

실제로 팔괘를 십진법의 수로 나타낸다면 0에서 7까지로 나타낼 수 있는데, 이것을 창세기의 내용을 가지고 해석한 것이다. 물론 여기서 0은 무를 나타내고 1은 신을 나타낸다. 여기서 일곱째 날은 완전한 날인데 이것을 이진법의 수로 나타내면 111이 되니 신이 셋이 있게 된다. 여기서 라이프니츠는 삼위일체가 7이라는 숫자에 들어 있다고 생각하였다. 이런 생각은 부베가 그의 편지에서 중국인과 히브리인디 모두 7을 신성하게 여긴다고 한 것과 복희가 7을 신성하게 생각했다는 말에서 나왔을 것이다.

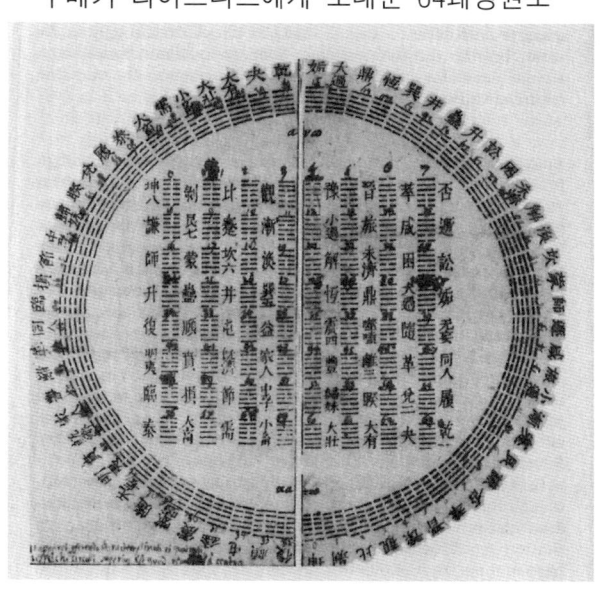

부베가 라이프니츠에게 보내준 64괘방원도

부베는 라이프니츠에게 목판본의 64괘방원도를 보내주었는데, 라이프니츠는 그것을 자신의 이진법으로 읽는 방법을 부베에게 자세하게 설명하고 있다. 이것은 64괘를 원형으로 나열한 그림과 그 원형 안에 네모나게 배열한 그림 두 개로 이루어져 있다. 원형으로 배열된 도형에서 제일 아래에 있는 괘는 곤괘(坤卦, ䷁)다. 라이프니츠는 이것을 000000으로 보고 바로 오른쪽에 있는 박괘(剝卦, ䷖)를 000001로 읽었다. 오른쪽 위로 계속 올라가면 제일 위에 구괘(姤卦, ䷫)가 있는데, 이것을 이진법의 수로 나타내면 011111이 되고 십진법의 수로 나타내면 31이 된다.

그 다음 괘는 다시 원형의 밑으로 내려와서 복괘(復卦, ䷗)가 되는데, 이괘는 이진법으로는 100000이 되고 십진법으로는 32가

된다. 여기서부터는 시계 방향으로 올라가는데 제일 위에 가면 건괘(乾卦, ☰)가 나온다. 건괘는 이진법으로 111111이 되고 십진법으로는 63이 된다. 원형도의 가운데는 좌우 각각 8개의 괘로 이루어진 정사각형이 있는데, 여기서는 제일 윗줄의 왼쪽에 곤괘가 있고, 다음에 박괘가 있다. 제일 오른쪽 끝에 이르면 다음 줄로 내려가서 다시 가장 왼쪽에서 출발해서 오른쪽으로 진행한다. 제일 아랫줄의 오른쪽 끝에 건괘가 있다.

부베는 라이프니츠에게 64괘방원도를 보내면서 거기에 그리스어로 ἄνω(위)와 κάτω(아래)라고 써넣어 보기 좋도록 했다. 라이프니츠는 그 그림에다 아라비아 숫자를 모두 붙였다. 그 숫자를 보면 가운데 있는 64괘에는 정상적으로 숫자를 썼지만 원형으로 된 64괘는 한자로 된 괘들의 이름과 반대 방향으로 되어 있다. 그렇다면 라이프니츠가 원형으로 된 괘들의 위와 아래를 혹시 혼동하였는가? 라이프니츠의 설명을 보면 그는 분명하게 원형의 안쪽에 있는 효가 가장 밑에 온다는 것을 정확하게 말하고 있다. 그러나 그는 이상하게도 설명에서는 곤괘(☷) 다음에 박괘(䷖)를 그리지 않고 복괘(䷗)를 그려놓고서 이진법으로 000001로 읽었다. 아마 이것은 원형으로 된 64괘는 안쪽이 괘의 아래가 된다는 것을 알았기 때문에 그것을 그대로 옮겨놓았다고 보아야 한다.79)

라이프니츠는 1703년 4월 7일에 비뇽에게 편지를 쓰면서, 파리 학술원에 보내는 논문도 썼다. 이 글에서도 라이프니츠는 복희가 4,000년 전에 만들었던 팔괘가 이진법의 수와 정확하게 일치한다는 점을 설명하면서, 부베와 자기가 그것을 발견했다고 말했다. 그리고 수천 년 동안 중국인은 복희가 만든 64괘의 의미를 모르고 있었는데, 그것을 자신들이 발견했다고 자랑한다.

  라이프니츠는 유럽에 십진법을 도입한 사람이 실베스테르 2세 (999~1003)라는 사실도 설명한다. 또 라이프니츠는 복희가 중국 문자의 창시자로 알려져 있는데, 그것이 수와 어떤 관계가 있는지가 중요하고 그것을 지금 부베 신부가 연구하고 있다고 전한다. 라이프니츠가 중국 문자에 관심이 있었던 것은 보편 문자의 연구와 관련이 있는데, 중국 문자에서 그것의 가능성을 찾았다.

  라이프니츠는 1716년 세상을 뜨기 전까지 쓴 『중국인의 자연신학론』에서도 복희의 64괘와 이진법을 설명하였다. 여기서도 다른 곳과 마찬가지로 부베와 자신이 복희 64괘의 진정한 의미를 발견했다고 강조하고, 이진법을 자세하게 설명하고 있다. 중국인은 그 본래의 의미를 모두 잊어버리고 있었는데, 자신들이 그것을 알게 되었다고 자랑한다. 결국 당시의 중국인은 고대인들보다 종교뿐만 아니라 과학에서도 뒤떨어져 있다고 주장한다. 라이프니츠는 다른 선교사들과 같이 당시의 중국인이 무신론자고 유물론자라 생각했지만 고대의 중국인은 그렇지 않다고 믿었다. 그것을 증명하는 것이 바로 복희의 64괘이기 때문에 라이프니츠는 기뻤을 것이다.

  여기서 라이프니츠는 또 뮐러에 대해 말하면서 아랍인 압달라 바이다베우스(Abdalla Beidavaeus)가 중국에 대해 쓴 글에 뮐러가 주석을 달아 발간하였다고 하였다. 이 아랍인 저자는 자신의 책에서 복희가 특이한 방식의 글쓰기, 산술, 축약, 계산을 발견했다고 주장했다. 라이프니츠는 그 책을 통해 고대 철인왕의 문자가 수로 환원된다는 자신의 설명을 확증해주고 있다고 믿었다.

이상에서 보았듯이 라이프니츠의 『역경』에 대한 관심과 연구는 주로 그의 이진법과 관련된 부분에 한정되어 있다. 그는 부베에게서 복희의 64괘가 이진법과 유사하다는 연락을 받고 나서 세상을 떠날 때까지 많은 글에서 이 문제를 언급하였다. 아직 라이프니츠의 편지와 그와 관련된 인물들의 글이 완전하게 공개되고 연구되지 못했기 때문에 앞으로 많은 사람의 연구가 이루어져야 한다.

이진법이 신의 창조를 표현하고 있다는 라이프니츠의 신념은 현대에 와서 우리가 직접 경험하고 있는 현실로 나타났다. 현대는 디지털의 시대라고 해도 과언이 아닐 정도로 모든 것이 컴퓨터에 의해 이루어지고 있기 때문이다. 라이프니츠의 이진법은 이제 컴퓨터로 나타나 세상을 바꾸어 놓았다.

라이프니츠는 이진법이 창조의 비밀을 나타낸다고 했지만 오늘날 같은 시대가 오리라고는 짐작도 못했을 것이다. 기독교 전파의 도구로 사용하려 했던 이진법이 이제 종교보다 더 강한 힘을 가진 컴퓨터로 나타나 종교보다 더 널리 전파되고 있다. 중국에 기독교를 전파하는 것은 성공하지 못했지만 컴퓨터는 중국에서 성공적으로 전파되고 있다.

가장 간단한 두 개의 기호로 모든 것을 다 나타낼 수 있을 것이라는 가능성은 이미 『역경』의 64괘에 잘 나타나고 있다. 부베와 라이프니츠는 당시에 이미 그런 문제를 가지고 씨름하고 있었기에 그것을 정확하게 읽을 수 있었다. 당시에 중국인은 아직 그런 문제에 관심을 가진 사람들이 없었다. 물론 중국인도 고전의 참된 의미를 찾으려는 노력은 꾸준히 해 왔으나 『역경』을 라이프니츠와 같이 해석한 사람은 없다.

『역경』을 전문적으로 연구하는 사람들은 라이프니츠의 생각에 대해 부정적이지만 음효와 양효 두 가지 기호만으로 64괘를 만들어낸 것은 사실이다. 그것은 곧 모든 것을 두 가지 기호만으로 다 나타낼 수 있음을 말하는 것이기도 하다. 그것은 사람이 하나하나를 기억하고 계산하는 시대에는 전혀 효율적이지 못하지만 엄청난 속도로 기억하고 계산하는 컴퓨터에게는 아주 효율적인 방법이 된다. 어쩌면 『역경』은 컴퓨터 시대가 올 것을 미리 예언한 책이었는지도 모른다.

4장
라이프니츠와 중국철학의 영향

라이프니츠와 중국철학의 영향

　라이프니츠의 중국에 대한 관심은 특별해서 젊을 때부터 세상을 떠날 때까지 지속되었다. 관심의 폭도 상당히 넓어 중국의 역사, 문자, 의학, 천문학, 식물학 등 다양한 방면에 걸쳐 있었다. 나아가 라이프니츠는 중국의 종교와 철학에 대해서도 많은 관심을 보였다. 그가 세상을 떠나기 얼마 전 르몽에게 쓴 편지에서 신유학의 중요한 개념들을 자세히 설명하고 있다. 이 편지를 보면 우리는 라이프니츠가 중국 유학을 어느 정도 깊이 이해하였는지 잘 알 수 있다.

　라이프니츠가 유학을 공부했다는 사실은 서양철학과 동양철학의 교류사를 연구하는 학자들의 중요한 주제고 이미 많은 연구도 이루어졌다. 중국에 우호적인 학자들은 라이프니츠가 중국 유학의 영향을 받았다는 주장을 하기에 이르렀다. 라이프니츠가 상당히 일찍부터 중국에 관심을 가졌다는 사실과 그의 철학이 여러 면에서 신유학의 철학과 유사하다는 사실이 학자들로 하여금 그러한 결론에 이르게 하였다.

이미 1923년에 라이히바인(Reichwein)이라는 독일의 학자가 그의 저서 『중국과 유럽』에서 라이프니츠의 모나드(Monad)론과 중국사상의 유사성, 예정조화설(豫定調和說)과 도(道)와의 유사성 등을 언급하고 있다.80) 1943년에는 휴즈(Hughes)라는 영국 학자가 자신의 저서 『대학과 중용』에서 라이프니츠가 중국철학의 영향을 받았다고 주장하였다.81)

우리에게 잘 알려진 중국학 전문가 니담(Joseph Needham)도 그의 저서 『중국의 과학과 문명』(Science and Civilisation in China)(II)에서 라이프니츠의 철학이 신유학의 영향을 받았다고 주장하였다. 그는 이 책에서 라이프니츠의 철학과 신유학을 비교하고, 둘 사이에 존재하는 유사성들을 지적하였다. 니담이 지적하는 유사성 가운데 가장 중요한 것은 그 둘이 모두 유기체 철학이라는 점이다. 그는 라이프니츠의 유기체 철학의 근원이 바로 중국의 신유학이라고 확신하였다.

체코의 학자 쳄프리너(Artur Zempliner)도 중국의 고대 철학과 송대의 신유학이 라이프니츠의 철학에 영향을 끼쳤다고 주장하였다. 그는 1970년과 1971년에 두 편의 논문을 썼는데, 거기서 그는 라이프니츠의 변증법(辨證法)적 철학의 근원이 중국철학이라고 밝혔다. 라이프니츠는 『중국인의 자연신학론』에서 신유학의 핵심 개념들을 상세하게 분석하고 있는데, 쳄프리너는 그것을 근거로 그가 중국의 신유학에서 영향을 받았다고 주장하였다.

그러나 라이프니츠가 중국철학의 영향을 받았다는 주장만 있는 것은 아니다. 쿡(Daniel J. Cook)과 로스몽(Henry Rosemont Jr.) 두 학자는 미국 사람으로 라이프니츠의 철학이 중국철학의 영향을 받지 않았다고 주장해서 관심을 끈다. 이 학자들은 그들의 논문에서 라이프니츠의 철학이 중국철학의 영향을 받았다는 니담의 주장을 조목조목 반박하였다.

니담의 주장

앞에서 이미 언급하였듯이 영국의 니담은 라이프니츠의 철학과 중국의 신유학은 모두 유기체 철학이라는 공통점을 가지고 있는데, 라이프니츠의 철학이 중국철학의 영향을 받았다고 주장하였다.[82] 그의 주장은 상당한 영향력을 가지고 있어서 많은 사람이 사실로 믿고 있다.

유기체(Organism)란 살아 있는 생명체를 말한다. 그래서 유기체 철학이란 이 세계를 살아 있는 생명체로 생각하는 철학을 말한다. 생명체와 생명이 없는 단순한 물체 사이에는 여러 가지의 차이점이 존재한다. 그런데 이 세계를 이러한 생명체로 본다는 것은 이 세계 자체를 생명체가 지니는 여러 특성을 지닌 존재로 파악한다는 말이다.

니담에 의하면 서양의 현대철학에서 유기체 철학의 대표자는 화이트헤드(Whitehead)라 할 수 있고, 서양철학사에서 그러한 경향의 철학을 체계화한 사람으로는 헤겔(Hegel), 로체(Lotze), 쉘링(Schelling), 헤르더(Herder) 등을 꼽을 수 있다. 그런데 이 철학의 근원을 거슬러 올라가 보면 거기에 라이프니츠가 있고, 그 이전에는 더 이상 그러한 철학이 없다.[83] 니담은 라이프니츠의 유기체 철학을 이렇게 평가하고 있다.

> 세계를 거대한 기계로 보는 데카르트의 세계관에 반대하여, 라이프니츠는 대안으로 세계를 유기체들로 이루어진 살아있는 거대한 유기체라는 견해를 제시하였다. 이것이 그의 사후에 출판된 짧지만 훌륭한 논문『모나드론』에 마침내 소개된 그림이다. 세계를 구성하는 이 모나드(Monad)들은 더 이상 분해되지 않는 유기체들로 더 높은 유기체의 부분으로 참여한다. 서로 다른 단계의 모나드들이 존재한다. 라이프니츠의 모나드는 서양철학의 무대에 최초로 나타난 유기체의 출현이라 해도 될 것 같다.[84]

니담에 따르면 라이프니츠는 데카르트(Descartes, 1596~1650)와 달리 세계를 거대한 유기체로 파악하였고, 세계의 부분들은 다시 유기체들로 구성되어 있다고 생각하였다. 이러한 라이프니츠의 생각이 바로 그의『모나드론』에 잘 나타나 있다는 설명이다. 또 니담은 라이프니츠의 모나드론이 서양철학에 나타난 최초의 유기체론이라고 주장하였다. 나아가 그 유기체 철학이 바로 중국철학에서 왔을 가능성이 높다고 보았다.

니담의 이러한 주장은 라이프니츠의 철학과 중국의 신유학 사이에 존재하는 외면적인 유사성과 라이프니츠가 실제로 중국철학을 연구했다는 두 가지에 근거하고 있다. 그러나 이 두 가지 근거만으로 라이프니츠가 신유학의 영향을 받았다는 주장을 충분하게 정당화할 수 없다. 먼저 라이프니츠의 철학 이전에는 유럽에 유기체 철학이 없었다는 그의 주장을 검토할 필요가 있다.

세계를 하나의 거대한 생명체로 보려는 생각을 우리는 이미 플라톤의 대화록『티마이오스』(Timaios)에서도 찾을 수 있다. 이 대화록에서 티마이오스는 "우리가 살고 있는 이 세계는 그 단일성으로 말하자면 완전하고 살아 있는 존재와 유사해야 한다. 이것은 세계의 창조자가 두 개나 혹은 무수한 세계를 만들지 않았고, 생성된 후 영원히 존재하는 단지 하나의 세계만 있을 뿐이기 때문이다"85)라고 말하고 있다.

대부분의 스토아학자는 플라톤의 이러한 생각을 이어받아서 세계를 하나의 정신적이고 이성적인 존재로 간주하였다. 특히 플라톤의 생각은 제논(Zenon)의 철학에서 뚜렷하게 나타난다. 그는 이 우주를 하나의 유기체로 간주하였다. 스토아학파의 이러한 유기체적 세계관에 대해 라이프니츠도 이미 알고 있었다. 그는 중국철학을 설명하면서 유기체 철학을 다음과 같이 정의하였다.

> 이것은 말하자면 이 세계를 하나의 생명체, 보편적으로 살아 있는 것, 가장 높은 정신, 극도로 큰 사람으로 간주하는 것이다. 스토아학파 역시 이러한 종류의 세계를 말했다. 우리가 아주 작은 생명체들이 합쳐 더 큰 신체를 만든다고 생각하듯, 이 크고 무한한 생명체의 부분들 또한 개별적인 생명체가 있다.86)

라이프니츠가 스토아학파의 이러한 세계관에 관해 언급하고 있다는 사실은 니담의 주장과 다르게 라이프니츠 이전에도 유럽에 유기체 철학이 있었음을 분명히 보여준다. 그렇다면 라이프니츠가 중국철학에서 유기체 철학을 이어받았다는 주장은 설득력이 약해진다.

더욱 중요한 것은 라이프니츠가 스토아학파의 이러한 세계관에 반대하고 있다는 사실이다. 그래서 그는 "그러나 이러한 견해로 볼 때 신이 물질과 함께 하나의 실체를 만든다는 것은 가능하지 않다. 이것은 이 세계가 영혼이 있는 사람이 될 수 없음을 말한다. 더욱이 신은 이성이 있는 초월자다. 그리고 물질은 그의 작용이기 때문에 그와 동등할 수 없다"[87]고 단언하였다.

라이프니츠는 기독교 전통을 이어서 물질과 정신을 엄밀히 나누고, 정신적인 신이 물질을 창조하였기 때문에 물질과 정신은 동등할 수 없다고 생각하였다. 그가 세계를 유기체로 보는 세계관에 반대했다는 사실은 니담의 주장이 근본적으로 잘못되었음을 보여주는 확실한 증거가 된다.

그래서 우리는 라이프니츠의 철학을 유기체 철학으로 규정한 몇몇 철학자의 주장이 무엇을 의미하는지 다시 한번 살펴보지 않을 수 없다. 만일 그들이 주장하는 내용이 니담과 마찬가지로 라이프니츠가 이 세계를 유기체로 보았다고 생각했다면 완전히 잘못된 이해에 근거하고 있다. 실제로 그는 이 세계를 하나의 신으로 간주하는 스피노자(Baruch Spinoza)의 범신론을 비판하였고, 마찬가지로 신을 이 세계의 정신으로 생각하는 이론에도 반대하였다.

니담의 주장에 대한 또 하나의 중요한 반증은 라이프니츠가 생각하는 유기체다. 라이프니츠가 생각하는 유기체는 니담이 말하는 유기체와는 전혀 다르다. 라이프니츠가 생각하는 유기체는 데카르트가 말한 유기체와 같아서 신이 만든 정밀한 기계일 뿐이다. 그래서 그는 『모나드론』에서 이렇게 말했다.

> 그러므로 생물의 유기체적인 신체는 모두 신적인 기계 또는 일종의 자연적인 자동 기계고, 모든 인공적인 자동 기계보다 무한히 낫다. 왜냐하면 인간의 기술에 의해 만들어진 기계들은, 그 부분들까지도 기계인 것은 아니다. 예를 들어 놋쇠로 만든 톱니바퀴의 부분 또는 조각들에 있는 톱니는 우리가 볼 때 이미 인공적인 것이 아니며, 톱니바퀴 본래의 용도라는 점에서 보더라도 더 이상 기계가 아니다. 그러나 자연의 기계 곧 생물의 신체는 그것을 무한히 분할하여 아무리 작은 부분으로 만들어도 여전히 기계다. 이것이 자연과 인공 곧 신의 기술과 우리의 그것과의 차이점이다.[88]

여기서 라이프니츠가 말하고자 하는 바는 이 세계의 생명체들이란 모두 신이 만든 아주 정교한 기계라는 사실이다. 물론 신이 만든 기계와 인간이 만든 기계 사이에는 정교함에 있어 차이가 없을 수 없지만, 그것이 기계라는 점에는 동일하다. 생명체를 기계로 본 사람은 데카르트였다. 이러한 데카르트의 전통을 이어받은 라이프니츠도 생명체를 일종의 기계로 본 점은 동일하다.

그런데 라이프니츠를 잘못 이해하여 그가 이 세계를 거대한 생명체로 보는 유기체 철학의 시조라고 한 니담의 주장은 오류가 분명하다.

니담에 의하면 라이프니츠의 모나드론과 주희의 리기론 사이에는 또 다른 유사성이 있다. 이것을 근거로 라이프니츠가 신유학의 영향을 받았다고 그는 주장하였다. 그것은 다른 게 아니라 모나드와 리 그리고 『화엄경』(華嚴經)에 나오는 인드라망의 보석 사이에 보이는 유사성이다.

라이프니츠에 의하면 이 세계는 무한히 많은 모나드로 이루어졌고, 각각의 모나드는 우주의 거울로 모든 모나드를 반영하는 살아 있는 정신이다. 그러나 실체인 모나드는 다른 모나드의 영향을 전혀 받지 않는다. 주희가 말한 리도 개별자들을 이루고 있는 원리지만 이 원리 또한 우주의 원리와 내용이 같다. 그는 이것을 하늘에 달은 하나지만 지상의 수많은 강이나 호수에 동시에 달이 비친다는 비유로 설명하였다.

주희의 이 비유는 불교에서 가져왔다. 그리고 『화엄경』에는 이런 비유도 나온다. "하늘 위 높은 곳 인드라 신의 궁전 지붕에 작은 수정 모양의 보석 형상을 띤 무수한 장식이 달려 있다. 그것은 아주 복잡한 그물 모양을 이루면서 여러 형태로 섞여 짜여 있다. 빛의 반사 때문에 이 일체의 보석은 밑으로는 인간계의 대륙과 대양을 포함해 전(全) 우주를 반사한다. 그뿐만 아니라 동시에 그것들은 일체의 보석마다 반사되는 모든 상을 빠짐없이 담고 서로 반사해낸다."[89]

실제로 여기에 거론한 세 가지 세계관은 거의 일치한다. 주희가 불교의 영향을 받은 것은 사실이기 때문에 불교와 주희의 철학 사이에 보이는 유사성은 그 이유가 분명하다. 그런데 문제는 라이프니츠의 모나드론과 주희의 리기론 사이에 보이는 유사성이다. 여기에 대해 니담은 "그의 철학에서 중국사상의 메아리를 발견하는 것은 어렵지 않다. 라이프니츠가 '물질의 각 부분은 마치 식물로 가득 찬 정원 혹은 물고기로 가득 찬 연못으로 생각할 수 있다. 그러나 그 식물의 모든 줄기, 그 물고기의 모든 부분 그리고 그 물고기의 피나 체액의 방울은 다시 또 그런 정원 혹은 그런 연못이다'고 했을 때 우리는 여기에 신유학의 안경을 통해서 본 불교적인 이론이 있음을 느끼게 된다"고 말했다.90)

니담이 인용한 라이프니츠의 말은 그의 『모나드론』에 나오는데, 실제로 『화엄경』에 나오는 내용과 상당히 닮았다. 더 놀라운 것은 이 구절 앞에 나오는 구절의 내용이다. "자연의 창조자는 신적이고 무한히 놀라운 기술을 사용할 수 있었다. 고대인들이 이미 알았듯이 물질의 모든 조각은 무한히 분할 가능할 뿐만 아니라, 또 실제로 모든 부분은 다시 부분들로 무한히 분할되어 있고, 그것들은 자신들의 운동을 가지고 있기 때문이다. 그렇지 않다면 물질의 모든 부분이 전체 우주를 표현하는 것은 불가능하다."91)

여기서 라이프니츠는 모나드가 우주의 거울이듯이 물질의 모든 부분이 전체 우주를 표현한다고 분명하게 말하고 있다. 이러한 이론은 사실 주희의 철학이나 화엄사상과 그 내용이 같다고 할 수 있다. 그러나 이러한 두 철학 사이에 보이는 외형적인 유사성을 보고 라이프니츠의 철학이 중국철학의 영향을 받았다고 바로 결론을 내릴 수는 없다. 라이프니츠가 중국에 관심이 많았던 것은 사실이지만 전체적으로 보았을 때 중국철학의 영향을 받을 정도로 중국철학을 상세하게 알지는 못했다. 그리고 나중에 어느 정도 중국철학을 깊게 연구하였을 때는 이미 그의 철학이 완성되어 영향을 받을 수도 없었다.

그런데 서양에 라이프니츠가 한 말과 유사한 내용을 이미 언급한 철학자가 있다. 그는 이탈리아 철학자 죠다노 브루노(Giordano Bruno, 1548~1600)인데, 라이프니츠 이전에 모나드란 용어도 사용했기 때문에 그의 영향이 상당히 컸을 것으로 짐작된다. 브루노는 세계정신을 이렇게 비유를 들어 설명하였다.

> 만일 태양과 나란히 거울이 놓여 있다면, 우리는 거울 속에서 태양을 볼 수 있다. 그런데 이제 거울이 깨어져 무수한 조각이 되어버렸다고 한다면, 그래도 모든 부분은 전체를 비추게 되고, 우리는 갈라지지 않은 태양의 전체 모습도 각각의 조각에서 보게 될 것이다. 그러나 그 조각들은 너무 작고, 무질서하고 또 뒤섞여 있기 때문에 이 조각들 속에는 거의 전체 모습이 나타나지 않을 것이다. 그러나 전체 모습은 조각들 안에 완전히 전개되지 않은 숨겨진 상태로 들어 있다.[92]

여기서 브루노는 전체와 부분의 관계를 잘 설명하고 있는데, 라이프니츠와 주희의 철학이나 『화엄경』에 들어 있는 생각과 일치한다. 라이프니츠의 모나드는 여기서 깨진 유리 조각이라 할 수 있고, 태양은 우주 전체라 할 수 있다. 주희의 철학에서 태양은 태극이나 리가 될 수 있다. 동서양 철학자들이 어떻게 이와 같이 똑같은 생각을 할 수 있었는지 신기할 뿐이다. 브루노의 사상을 보면 라이프니츠가 신유학의 영향을 받았다고 주장할 수 없음을 또다시 깨닫게 된다. 만일 그런 논리라면 브루노가 불교나 주희의 영향을 받았다고 주장할 수도 있기 때문이다.

쳄프리너의 주장

쳄프리너는 1970년과 1971년에 쓴 두 편의 논문에서 중국의 고대 철학과 송대의 신유학이 라이프니츠의 철학에 영향을 끼쳤다고 주장하였다. 특히 라이프니츠의 철학을 변증법적 철학으로 보고, 그러한 변증법적 요소가 바로 중국철학에서 왔다고 생각하였다.

쳄프리너에 의하면 라이프니츠가 뉴턴(Newton, 1642~1727)과 달리 힘과 물질의 변증법적 일치를 주장하였는데, 이것은 근대의 새로운 세계관이다.[93] 라이프니츠가 생각한 실체는 그 안에 대립하는 요소를 가지고 있다. 다시 말해 그는 실체를 힘으로 파악했지만 그 힘은 다시 능동적 힘과 수동적 힘으로 나눌 수 있다. 능동적 힘은 자발성(Spontaneität)이라 할 수 있고, 수동적 힘은 수용능력(Aufnahmevermögen)이라 할 수 있다.

쳄프리너는 이러한 라이프니츠의 실체에 대한 생각이 바로 중국철학에서 왔을 가능성이 많다고 보고 있다. 그래서 그는 "중국철학은 고대부터 이미 두 가지 대립하는 원리인 음과 양의 대립성을 기초로 하고 있다. 양은 남성적이며 활동적이고, 음은 여성적이고 소극적인 원리로 어떤 것을 받아들이는 능력이다. 어떠한 철학에서도 이 내적인 대립의 원리가, 이것을 운동과 발전의 원인으로 본 중국철학만큼 일관되게 영향력을 가지지는 못했다. 변증법은 음양론과 결합하여 신유학에 흡수되었다. 라이프니츠는 중국의 고대 철학을 공부하면서 이미 이 변증법을 알았고, 아마 이 변증법이 그에게 영향을 주었을 것이다"94)라고 말하였다. 라이프니츠는 신유학뿐만 아니라 중국의 고대 철학도 공부했고, 거기서 이미 변증법을 어느 정도 알고 있었다는 게 쳄프리너의 견해다. 이것은 아마 라이프니츠가 『역경』에 관심이 많았던 사실을 가지고 하는 말이리라.

  그러나 라이프니츠가 『역경』의 변증법적 세계관을 어느 정도 알고 있었는지 검토해 보면 쳄프리너의 주장은 문제가 많음을 알 수 있다. 사실 라이프니츠는 음양이라는 개념보다 『역경』에 나오는 음양의 기호에 더 관심이 많았다. 그리고 그 기호들을 자신이 당시에 관심을 가지고 있던 이진법의 숫자로 보고 고대 중국인이 이미 이진법을 사용했다고 확신하였다.

  라이프니츠는 『역경』에 나오는 음(▪ ▪)을 0으로 보고, 양(▬)을 1로 보고서 64괘를 모두 숫자로 생각하였다.95) 예를 들어 『역경』의 팔괘를 이진법의 숫자로 나타낸다면 다음과 같을 것이다. 건(☰) = 111, 태(☱) = 110, 리(☲) = 101, 진(☳) = 100, 손(☴) = 011, 감(☵) = 010, 간(☶) = 001, 곤(☷) = 000. 이 이진법의 숫자를 십진법의 숫자로 바꾸면 다음과 같다. 111 = 7, 110 =

6, 101 = 5, 100 = 4, 011 = 3, 010 = 2, 001 = 1, 000 = 0.

그리고 라이프니츠에게 『역경』의 음(- -)과 양(—) 그리고 64괘가 이진법의 숫자일 가능성이 있다고 알려준 선교사 부베도 음양의 철학적인 의미보다 중국인의 신 관념에 더 관심이 많았기 때문에 주로 그런 측면에서 중국 고전을 연구하였다. 그리고 부베가 말하기 전에도 서양에 소개된 『역경』의 음과 양은 이미 왜곡되어 있었다.

예를 들면 1687년에 파리에서 『중국의 철학자 공자』를 출판한 쿠플레는 그의 책에서 음을 불완전함(Imperfectum)으로 양을 완전함(Perfectum)으로 번역하였다.96) 이것을 이어받아 부베 역시 음을 불완전함으로 양을 완전함으로 번역하였다. 그런데 음과 양을 이런 식으로 해석해서는 도저히 음양사상(陰陽思想)의 본질을 제대로 이해할 수 없다.

그래서 라이프니츠가 중국철학을 가장 심도 있게 설명하고 있는 『중국인의 자연신학론』에서도 음양을 직접 언급한 적은 한번도 없다. 단지 음과 양의 기호에 관해서만 이진법과 연관하여 말하고 있을 뿐이다. 그렇기 때문에 라이프니츠가 『역경』의 변증법적 사상의 영향을 받았다는 쳄프리너의 주장은 근거가 부족하다.

『역경』에 대한 라이프니츠의 관심은 주로 64괘와 이진법이 같다는 점에 한정되어 있고, 이것은 중국인 또한 고대부터 신을 알고 있었다는 사실을 보여준다고 그는 믿었다. 그의 이러한 관심 때문에 『역경』에 나타나는 변증법적 사상을 깊이 연구했다는 어떠한 흔적도 없다.

또 쳄프리너는 라이프니츠의 철학에 나타나는 변증법적 요소

가운데 중요한 연속성의 법칙을 설명하였다. 라이프니츠는 이 법칙을 "자연에는 비약이 없다"는 말로 잘 표현하고 있고, 이것을 정신과 육체의 관계에도 적용해 육체를 완전히 벗어난 정신이 없다고 하였다. 말하자면 데카르트와는 다르게 동물들도 어느 정도의 정신을 소유하고 있다고 보았다.

마찬가지로 완전한 죽음도 존재하지 않고 완전히 새롭게 탄생하는 생명도 없다. 죽음과 삶의 관계에도 연속성의 법칙이 적용된다. 점차 죽음으로 가는 과정이 있고, 점차 삶으로 가는 과정이 있을 뿐이다.97) 쳄프리너는 이러한 연속의 법칙이 중국철학에 이미 있었다고 주장하였다. 그는 또 유교가 불교의 윤회설(輪廻說)을 반대하는 사실을 근거로 제시하였다. 실제로 라이프니츠도 윤회설을 연속성의 법칙에 입각하여 반대하고 있다. 윤회설이 인정되려면 육체와 정신이 완전히 분리되는 것이 전제되어야 하기 때문이다.

하지만 라이프니츠가 중국철학에 있는 연속성의 법칙을 공부하거나 그것을 알고 있었다는 사실을 보여주는 어떤 근거도 없다. 중국철학에 연속성의 법칙 같은 이론이 있다고 해서 라이프니츠가 그것의 영향을 받았다고 주장할 수는 없다. 그런데 쳄프리너는 라이프니츠가 중국의 고대 철학과 신유학을 잘 알고 있었다고 믿었기 때문에 라이프니츠가 영향을 받았다고 생각한 것 같다. 쳄프리너가 증거로 제시한 것은 『중국인의 자연신학론』에 나오는 내용인데, 이 글은 라이프니츠의 철학이 이미 완성된 후에 쓴 글이기 때문에 그의 주장은 한계가 있다.

다음으로 쳄프리너는 라이프니츠의 예정조화설을 신유학의 이론과 비교하였다. 라이프니츠는 예정조화설을 가지고 창문이 없는 모나드들의 조화와 정신과 육체의 관계를 설명하는 데 잘 활용하였다. 정신과 육체는 상호 직접적인 관계를 주고받을 수 없지만, 그것이 마치 영향을 주고받는 것처럼 움직이는 까닭은 신의 예정조화 때문이라고 하였다. 쳄프리너는 라이프니츠의 예정조화설에 해당하는 이론으로 중국철학의 도(道)가 있다고 설명하였다. 특히 장재(張載, 1020~1077)는 도를 태화(太和)라고 표현하여 이 세계의 모든 것이 커다란 조화를 이루고 있음을 강조하였다.98)

하지만 라이프니츠가 장재의 태화를 알고 있었다는 사실을 알려주는 어떠한 증거도 없는 게 문제다. 쳄프리너는 라이프니츠가 리와 천도를 알고 있었다고 했지만, 그것은 『중국인의 자연신학론』에 나오는 내용으로 이미 라이프니츠의 철학이 완성되었을 때라 그가 중국철학의 영향을 받았다는 증거가 되지 못한다.

쿡과 로스몽의 주장

니담과 쳄플리너와는 다르게 쿡과 로스몽은 라이프니츠의 철학이 중국철학의 영향을 받지 않았다고 주장했다. 이 두 학자는 공동으로 이미 1977년에 불어로 된 라이프니츠의 『중국인의 자연신학론』을 영어로 번역하였고, 1981년에는 「라이프니츠와 중국사상 사이의 예정조화」라는 논문을 썼다. 이 논문에서 두 학자는 라이프니츠가 중국철학의 영향을 받았다는 니담의 주장을 하나하나 반박하였다.

니담의 견해를 요약하면 중국에 과학이 없다는 생각은 옳지 않고, 라이프니츠의 모나드론과 예정조화론 등은 분명히 신유학의 형이상학에서 영향을 받았다는 것이다. 여기에 대해 쿡과 로스몽은 니담의 이러한 주장이 주변적인 증거에 의존하고 있을 뿐이고, 직접적인 증거는 전혀 제시하지 못했다고 반박하였다. 이 두 학자는 구체적인 예를 들면서 라이프니츠가 중국철학에 영향을 받을 정도로 중국철학을 많이 알고 있지도 못했고 관심도 없었다고 주장하였다. 예를 들어 라이프니츠는 1670년 키르허(Athanasius Kircher, 1602~1680)에게 보낸 편지에서 간략하게 중국의 사상에 대해 언급하였지만, 이 편지는 라이프니츠가 키르허의 저서에 관심이 있었다는 사실을 보여줄 뿐이다. 이 편지에 라이프니츠가 중국사상을 좀 알고 있었다는 직접적인 흔적은 보이지 않는다.99)

키르허는 당시 로마대학 교수로 있었는데 1667년에 『중국도해』(中國圖解, China Illustrata)라는 책을 출판하였다. 이 책은 중국에 대한 백과사전이라 할 수 있는데, 여기에 중국 서안(西安)에서 1625년에 발견된 대진경교유행중국비(大秦景敎流行中國碑)의 내용이 실려 있어서 기독교가 상당히 일찍부터 중국에 전파되었음을 잘 보여주고 있다. 1697년 라이프니츠 자신이 출판한 『최신 중국 소식』에서 키르허의 책에 실린 비문을 언급하고 있다.

라이프니츠는 1672년부터 1676년 사이 파리에 머물렀다. 어떤 학자들은 이때 라이프니츠가 중국에 대한 많은 자료를 접했을 것이라고 주장하지만 쿡과 로스몽은 이 주장에 동의하지 않는다. 라이프니츠가 파리에 있을 때 중국에 대해 많은 자료를 접했다는 직접적인 증거를 제시하지 않았다고 반박하였다.100)

1679년경 라이프니츠가 중국 문자의 구조에 대한 지식이 조금 있었던 것은 분명하다. 그해 1월 그는 뮐러가 중국어를 빨리 배울 수 있는 중국어 열쇠(Clavis Sinica)를 발견했다는 소식을 듣고, 6월에 그에게 편지로 중국어에 대한 것과 중국어 열쇠에 대해 문의했다.

이때 라이프니츠는 네델란드의 골(Jacob Gohl)의 주장도 알고 있었다. 그는 중국 문자가 한꺼번에 만들어졌다고 주장하였다. 그뿐 아니라 영국인 웹(John Webb)의 저서에 대해서도 알고 있었다. 웹은 중국어가 원시 언어라고 여기고 그것을 증명하려고 노력하였다. 당시 라이프니츠가 중국어와 문자에 대해 관심을 가졌던 것은 그도 세계 보편어를 구상하고 있었기 때문이었다. 말하자면 중국어가 보편어의 모델이 될 수 있지 않을까 해서다. 그러나 그는 당시 이미 중국어가 보편어가 될 수 없다고 생각했다.101)

쿡과 로스몽은 이러한 중국어에 대한 책들은 라이프니츠에게 중국어에 대한 지식은 제공했을지 모르지만 형이상학에 대한 영감을 주었을 가능성은 없다고 단정하였다. 왜냐하면 이 책들은 중국의 신유학에 대해 말한 내용이 없기 때문이다. 오히려 그것들은 라이프니츠에게 중국 역사에 대한 잘못된 정보를 제공하기도 하였다.

1689년 라이프니츠가 로마에 가서 중국에 대한 공부를 많이 한 것은 사실이다. 그는 거기서 그리말디를 만나 중국에 관한 궁금증을 많이 해소하였을 것이다. 그리말디는 1669년 중국에 도착하여 선교하다가 1686년에서 1691년 사이 유럽에 다시 와 있었다. 그를 만나고 나서 라이프니츠는 그와 오랫동안 서신을 주고받으면서 중국을 공부하였다.

그가 그리말디에게 보낸 1689년 7월에 쓴 편지에는 30개 질문이 들어 있어 그의 관심이 어떠하였나를 잘 보여준다. 그의 관심은 의학과 천문학 그리고 식물학 등 다양한 방면에 걸쳐 있었다.[102] 그러나 쿡과 로스몽은 라이프니츠의 30개 질문에는 중국의 형이상학에 관한 내용이 하나도 없다는 사실에 주목하고, 라이프니츠는 이때까지도 중국철학에 관심이 없었다고 주장하였다.

라이프니츠는 1697년에 자신이 수집한 자료들을 정리한 『최신 중국 소식』이라는 책을 출판하였다. 그는 이 책의 서문에서 중국의 문화를 높이 평가했고, 특히 윤리도덕의 가르침은 유럽보다 훌륭하다는 사실을 강조하였다. 그래서 라이프니츠는 기독교를 전파하기 위해 선교사를 보내기만 할 것이 아니라 중국에서도 실천철학을 가르치기 위해 선교사를 유럽에 파견해야 한다고 주장하였다. 이 책은 그의 중국에 대한 관심과 견해를 잘 보여주는 가치 있는 자료이기도 하다. 하지만 쿡과 로스몽은 이 책이 결코 중국의 사상을 다룬 논문은 아니라고 평가하였다.[103] 실제로 이 책의 서문에는 중국의 신유학에 대해 언급하지 않고 있으니 그들이 정확하게 평가했다고 하겠다.

그런데 서문에는 라이프니츠가 중국철학에 대해 관심을 가지지 못한 이유가 잘 나타나 있다. 그는 여기서 "중국인은 수천 년에 걸쳐 학문에 대단한 노력을 기울여 왔고 학자들에게 막대한 지원을 하며 학문을 장려해 왔다. 그런데도 그들이 탁월한 학문에 도달하지 못한 이유를 찾자면 유럽인이 가진 하나의 눈, 즉 수학을 가지지 못했다는 것밖에 없다. 그들이 우리가 한쪽 눈만 가졌다고 여길지

라도, 우리는 아직 그들이 잘 알지 못하는 또 다른 눈인 제일철학을 가지고 있다. 우리는 이것을 통해 비물질적 사물에 대한 인식에 도달할 수 있었다. 페르비스트는 그들에게 제일철학을 가르치고자 준비했었다"104)고 말하였다.

그때까지 라이프니츠는 중국에 수학과 제일철학이 발달하지 못했다고 생각했기 때문에 당연히 그것에 관심을 가지지 않았을 것이다. 물론 이러한 사실은 라이프니츠가 중국철학의 영향을 받았다는 주장을 반박하는 결정적인 증거가 될 수 있다. 또 쿡과 로스몽은 1710년에 출판된 라이프니츠의 『변신론』에서 기독교가 아닌 다른 종교들의 교리는 언급했지만 중국사상은 언급하지 않았다는 사실을 근거로 이때까지도 라이프니츠는 중국사상에 대해 모르고 있었다고 보았다.105)

라이프니츠는 르몽의 부탁을 받고 롱고바르디의 저서 『중국인의 종교』에 관해서 자신의 입장을 밝히는 장문의 편지를 쓰게 된다. 이 편지는 라이프니츠가 세상을 떠나는 바람에 르몽에게 전달되지 못하였다. 이 편지는 나중에 『중국인의 자연신학론』 또는 『중국철학에 대한 편지』라는 제목으로 출판되었다. 이 논문에서 라이프니츠는 롱고바르디와 생트 마리 두 신부가 해석한 중국 철학에 대한 내용이 정확하지 못하다는 사실을 보여주려고 노력하였다.

이 두 신부는 중국인이 처음부터 유물론자이고 무신론자이기 때문에 신 관념도 없고 정신에 해당하는 개념도 없다고 주장하였다. 라이프니츠는 이러한 견해는 옳지 못하다는 점을 강조하였다. 중국인도 신을 알고 있었고 그것에 해당하는 개념도 분명하게 존재한다는 사실을 보여주려고 하였다. 마찬가지로 정신에 해당하는 개념도 있고 영혼불멸도 믿고 있다는 점을 강조하였다. 전체적으로 라이프니츠는 롱고바르디와 생트 마리의 해석에 반대하고 리치의 견해를 옹호하였다.

리치의 견해란 다른 게 아니라 당시의 중국인은 신을 모르지만 고대 중국인은 신을 알고 있었다는 생각이다.106) 그러나 신유학의 개념들을 해석하는 데에는 라이프니츠가 리치의 해석을 따르지 않는다. 예를 들면 라이프니츠는 신유학의 리를 기독교의 신으로 해석하여 리치와 다른 견해를 보인다.

라이프니츠는 고대 중국인이 당시의 중국인보다 현명하다는 자신의 주장을 증명하기 위해 논문 마지막 부분에 『역경』과 이진법에 관한 내용을 넣었다. 그는 『역경』의 64괘가 이진법의 숫자라고 생각하여, 이것을 만든 복희는 이미 창조의 비밀을 알고 있었다고 믿었다. 그런데 당시의 중국인은 이진법도 모르고 신도 모르기 때문에 과학뿐만 아니라 종교에 있어서도 고대 중국인에 비해 떨어진다는 게 라이프니츠의 주장이다.

쿡과 로스몽은 『중국인의 자연신학론』에서도 라이프니츠가 중국사상의 영향을 받을 수 없었다는 근거를 찾았다. 그들에 의하면 『중국인의 자연신학론』은 철학 혹은 비교철학의 논문이 아니라 리치의 선교 방식을 옹호하려는 글일 뿐이다. 라이프니츠는 신교도(新敎徒)였지만 중국의 유학에 대해서는 예수회의 입장에 호감을 가지고 있었다. 그래서 전체적으로 이 글은 예수회의 선교 방식을 옹호하는 정치적인 글이라고 평가하였다.107)

라이프니츠가 리치의 선교 방식을 옹호하고 리치의 유학 해석을 따른 것은 분명한 사실이지만 이 글을 정치적인 글이라고 말한 것은 너무 지나친 적이 있다. 라이프니츠가 신유학의 개념들을 해석한 내용을 보면 굉장히 논리적이고 깊이가 있다. 여기에는 라이프니츠의 중국철학과 종교에 대한 관심이 잘 나타나 있어 단순히 예수회를 옹호하기 위해 쓴 글이라는 두 사람의 주장은 설득력이 떨어진다.

 쿡과 로스몽은 라이프니츠가 『중국인의 자연신학론』을 쓰기 전까지 중국사상에 대해 별로 공부한 내용이 없다고 보았다. 그 근거 가운데 하나는 쿠플레가 1687년 파리에서 출판한 『중국의 철학자 공자』(Confucius Sinarum Philosophus)에 대해 라이프니츠가 한 마디도 하지 않은 사실도 들어간다. 이 책은 쿠플레 혼자서 쓴 것이 아니고, 예수회 선교사들의 노력이 합쳐져 이루어진 작품이라 말할 수 있다. 이 책에는 쿠플레가 쓴 긴 서문과 「공자전」 그리고 『대학』, 『중용』, 『논어』 등의 번역이 들어 있다.

 이러한 내용으로 볼 때 라이프니츠가 중국철학에 관심이 있었다면 분명히 이 책을 읽었을 터인데, 『중국인의 자연신학론』을 쓰면서 전혀 언급하지 않아 이상하다는 게 쿡과 르스몽의 생각이다.[108] 실제로 라이프니츠가 『중국인의 자연신학론』을 쓰면서 참고한 글은 롱고바르디의 『중국 종교론』과 생트 마리의 『중국 선교론』 두 권의 책뿐이다. 이것을 보면 라이프니츠는 그 동안 중국사상을 다룬 다른 책을 전혀 읽지 않았다는 추론이 가능하다. 이것 또한 라이프니츠의 모나드론과 예정조화설이 중국사상의 영향을 받았다는 주장을 반박하는 좋은 근거가 될 수 있다.

 그러나 『중국인의 자연신학론』에 다른 자료들을 사용하지 않았다고 해서 그런 자료들을 라이프니츠가 전혀 읽지 않았을 거라는 두 사람의 주장은 설득력이 약하다. 라이프니츠가 롱고바르디와 생트 마리의 주장을 반박하는 데 다른 자료들을 사용하지 않더라도 충분하다고 생각했다면 다른 자료들을 언급할 필요가 없다.

쿡과 로스몽은 연대기적인 증거를 통해서나 『중국인의 자연신학론』의 분석을 통해서나 라이프니츠가 중국철학의 영향을 받았다는 증거가 없다고 결론을 내렸다. 이들은 이것을 다시 다음과 같이 요약하고 있다. 첫째, 『중국인의 자연신학론』은 그리스철학과 스콜라철학의 영향을 많이 받았음을 보여준다. 둘째, 라이프니츠는 중국 역사와 사상을 잘 알지 못한다. 셋째, 라이프니츠는 중국의 역사와 사상에 대해 많은 오류를 범하고 있다. 넷째, 라이프니츠는 자제는 보이지만 여전히 기독교적이고 서양적인 편견을 가지고 있다.[109]

쿡과 로스몽에 의하면 『중국인의 자연신학론』에서 이진법과 『역경』의 유사성을 논의한 마지막 부분은 분량에서는 전체의 10분의 1밖에 안 되지만 이 부분이 전체의 핵심이다.[110] 롱고바르디와 생트 마리의 주장을 반박하고 유학과 기독교가 상호 모순되지 않는다는 것을 증명하는 역할을 마지막 부분이 하고 있기 때문이다.

라이프니츠는 부베의 생각에 동의하여 『역경』의 64괘를 이진법의 숫자라고 해석하였다. 라이프니츠는 중국의 고대인들이 이미 이진법을 알았다는 사실이 당시의 중국인보다 고대 중국인이 더 현명하다는 것을 잘 보여준다고 믿었다.

여기에 대해 쿡과 로스몽은 "마지막 부분은 고대 중국인이 당시

4장 라이프니츠와 중국철학의 영향   139

의 중국인을 능가한다는 것을 정당화하려는 것이다. 라이프니츠는 당시의 중국사상가들이 가진 종교적인 취약성을 인정하였다. 그러나 고대 경전들은 기독교와 일치하는 자연신학을 암시하고 있고 유럽인의 존경을 받을 만하다. 이러한 존경심을 확립하는 방법으로 중국의 고대 경전 작가들이 기독교와 유사한 종교적인 생각을 가지고 있었을 뿐만 아니라 유럽인 수준의 순수한 수학에 도달했다는 것을 보여주는 것보다 좋은 게 있겠는가?"111)라고 정리하였다.

쿡과 로스몽의 논문은 라이프니츠의 철학이 신유학의 영향을 받았다는 몇몇 학자의 주장이 정당화될 수 없음을 보여주려고 노력하였다. 이 두 사람이 논문의 제목을 「라이프니츠와 중국사상 사이의 예정조화」라고 한 이유도 결국 라이프니츠의 철학과 신유학 사이에 보이는 유사성은 우연이라는 것이다. 이들의 주장이 상당히 논리적이지만 그래도 흠잡을 수 없을 정도로 완전하지는 않다.

예컨대 라이프니츠가 중국사상과 역사를 잘 알지 못했고, 오류가 많다고 했지만 『중국인의 자연신학론』에서 라이프니츠가 신유학의 개념들을 해석한 내용을 보면 수준이 상당히 높아서 중국철학을 처음 대하는 사람으로서는 도저히 흉내낼 수 없을 정도다. 특히 리와 기 같은 개념은 중국과 한국의 수많은 학자가 연구하고 논쟁하였지만 명쾌하게 결론을 내리지 못한 것이다. 그런데 어떻게 라이프니츠는 선입견을 가지고 해석한 롱고바르디와 생트 마리의 책을 읽고 그렇게 높은 수준의 해석을 할 수 있었을까?

지금까지 니담, 쳄프리너 그리고 쿡과 로스몽의 주장을 살펴보고 그들의 주장이 타당한지 검토하였다. 라이프니츠가 중국철학의 영향을 받았다는 주장은 상당히 널리 알려져 있어 그것이 사실이라고 바로 믿는 사람들도 많다. 특히 동양이나 중국에 우호적인 사람들은 라이프니츠가 중국철학의 영향을 받았다고 믿는 경향이 있다. 그러나 영향을 주장하는 학자들이 제시하는 근거는 만족스럽지 못하다. 그들은 주로 외적인 유사성과 라이프니츠가 중국철학을 연구했다는 사실을 근거로 내놓지만 이것이 바로 영향 관계를 증명하는 것은 아니다.

니담의 경우 중국의 유기체 철학이 라이프니츠의 철학에 영향을 주었다고 주장하지만 라이프니츠가 생각하는 유기체 개념과 니담이 생각하는 것은 상당히 다르다. 니담은 라이프니츠의 모나드 이론이 바로 유기체적 세계관이라고 생각하지만 라이프니츠는 오히려 유기체적 세계관이 잘못되었다고 비판하고 있다. 그러므로 우리는 중국의 유기체 철학이 라이프니츠의 철학에 영향을 주었다고 주장하기에 앞서 먼저 유기체 철학이 무엇인가에 대해 연구할 필요가 있다.

쳄프리너의 경우 중국철학의 변증법이 라이프니츠의 변증법에 영향을 주었다고 하였지만 역시 근거가 약하다. 그는 그 근거를 주로 『중국인의 자연신학론』에서 찾고 있는데, 이 글은 시간적으로 이미 라이프니츠의 철학이 완성된 후에 나온 것이라 앞뒤가 맞지 않는다. 라이프니츠는 『중국인의 자연신학론』에서 신유학의 중요한 개념들을 분석하면서 자신의 철학을 사용하고 있다. 이것을 보고 쳄프리너는 라이프니츠가 중국철학을 많이 알고 있었고,

또 영향을 받았을 것으로 오해하고 있다.

　이들과는 달리 쿡과 로스몽은 라이프니츠가 중국철학의 영향을 받지 않았다는 주장을 펼쳤다. 특히 이들은 니담의 주장을 반박하고 있는데, 핵심은 니담이 직접적인 근거를 제시하지 못했다는 데 있다. 그리고 라이프니츠가 중국철학에 대해 영향을 받을 정도로 알지 못했고, 관심도 없었다고 주장하였다. 이들의 주장은 전체적으로 일리가 있지만 라이프니츠의 중국에 대한 관심을 너무 정치적이고 종교적인 부분에 한정시킴으로써 그의 중국에 대한 순수한 열정을 과소평가하고 말았다.

5장
부베와 라이프니츠

부베와 라이프니츠

　프랑스 출신의 예수회 선교사인 부베는 젊은 나이에 중국으로 가서 선교 활동을 하였다. 그뿐만 아니라 강희제의 최측근에서 서양의 과학을 소개한 인물이다. 그렇게 바쁘게 생활하면서도 그는 라이프니츠와 여러 차례 편지를 주고받았고 라이프니츠에게 많은 정보를 제공하여서 우리의 관심을 끈다. 부베는 라이프니츠가 출판한 『최신 중국 소식』이라는 책을 읽고 편지를 쓰기 시작하였다. 그들의 서신 왕래는 중도에 끊어졌지만 두 사람은 중요한 발견을 하게 된다.
　그것은 다른 게 아니라 바로 『역경』의 64괘가 이진법의 숫자라는 것이다. 이 주장의 진위(眞僞)는 판단하기 어렵지만 그러한 해석을 했다는 사실은 매우 돋보인다. 이진법은 라이프니츠가 아주 오랫동안 많은 관심을 가지고 연구한 분야다. 게다가 라이프니츠는 이진법을 단순한 기수법 이상으로 생각했는데, 신의 창조를 상징하는 기수법이라고 스스로 믿었다. 따라서 그에게 이진법은 신의 창조를 아는 사람들이 사용하는 수의 체계라고 할 수 있다.

당시 중국에서 『역경』을 새롭게 연구하고 있던 부베는 라이프니츠의 이진법을 보고 『역경』의 64괘가 바로 이진법의 숫자라고 생각했다. 부베가 라이프니츠에게 자신의 생각을 편지로 전했을 때 라이프니츠도 전적으로 동의하였다. 리치와 마찬가지로 라이프니츠는 당시의 중국인은 신 관념을 가지고 있지 않지만 고대의 중국인은 신 관념을 가지고 있었다고 믿었다. 고대의 중국인이 이진법을 이미 알고 있었다는 사실은 라이프니츠의 이러한 믿음을 증명해줄 수 있다.

이것은 부베의 경우에 있어서도 마찬가지였는데, 그는 더 나아가 『역경』의 저술자인 복희가 중국인이 아니라 인류의 조상 가운데 한 사람인 에녹이라고 주장하였다. 에녹은 아담에서부터 전해진 계시(啓示)를 전달하였을 뿐만 아니라 신에게서 스스로 계시를 받아 책으로 썼는데, 그런 책 가운데 하나가 바로 『역경』이라고 믿었다. 이러한 책에 창조의 기수법인 이진법이 들어 있는 것은 그리 신기한 일도 아니다.

이 장에서는 부베와 라이프니츠의 교류를 자세히 살펴보고 나아가 그 의미도 찾아보려고 한다. 먼저 부베가 1698년 파리에서 출판한 『중국 황제전』의 내용을 요약해서 중국 황제에 대한 그의 생각을 알아보고, 다음으로 그의 독특한 중국학을 살펴볼 것이다. 그리고 부베와 라이프니츠가 주고받은 편지들의 내용에 대해 핵심되는 부분들을 정리하고, 끝으로 『역경』과 이진법의 관계를 발견한 두 사람의 놀람과 기쁨을 다시 한번 생각해 보았다.

부베의 『중국 황제전』

부베 신부는 1656년 7월 18일 프랑스 르망에서 태어났다. 그의 초기 생애는 거의 알려져 있지 않다. 그는 루이 14세에 의해 선발된 예수회 중국 선교사 가운데 한 명이었다. 프랑스를 떠나기 전에 그와 그의 동료 5명은 과학아카데미에 들어갔고, 여러 가지 과학적인 자료를 수집하라는 임무가 부여되었다.

1685년 3월 3일 부베는 젤비용, 르 콩트(Le Comte, 1655~1728), 폰타네(Fontaney), 비스델루 등과 함께 브레스트 항구에서 중국을 향해 출발하였다. 시암(Siam)에서 얼마간 보낸 다음 그들은 1688년 2월 7일 마침내 북경에 도착하였고, 거기서 황제의 환영을 받았다. 강희제는 부베와 젤비용 신부를 궁정에 남게 하고 그의 가정교사로 임명하여 수학과 철학을 가르치게 하였다. 그들의 가르침에 기분이 좋아진 황제는 그들에게 북경에 있는 교회와 주택을 하사하였다.

1693년에 강희제는 루이 14세에게 보내는 선물과 함께 중국으로 새로운 선교사를 보내달라는 부탁을 하도록 부베를 다시 프랑스로 보냈다. 부베는 1697년 3월 브레스트에 도착하였다. 그가 다시 중국을 향해 떠난 것은 1698년 3월이었으니 그가 프랑스에 머문 기간은 대략 1년 정도다. 그는 파리에 머무는 동안 『중국 황제전』을 출판하고 루이 14세도 만나서 중국 선교에 대한 지원을 부탁하였다.

우리의 관심을 끄는 부베의 『중국 황제전』은 처음부터 루이 14세에게 바칠 목적으로 출판된 책이다. 부베는 이 책을 통해 중국 선교에 대한 루이 14세의 관심을 자극하고 유지하려고 하였다. 그의 이러한 뜻은 성공하여 실제로 부베가 프랑스를 떠날 때, 7명의 새로운 선교사와 1명의 조각가 그리고 이탈리아 화가 1명을 데리고 갈 수 있었다.112)

이 책에서 부베는 중국 청(淸)나라의 황제 강희제에 대해 자세히 설명하고, 강희제의 서양 학문과 기독교에 대한 관심을 강조하였다. 그러면서 그는 루이 14세의 자존심에 호소하기도 하였다. 그래서 부베는 말하기를 "폐하, 얼마나 다행입니까. 폐하의 통치 중에 우리의 예술과 과학이 폐하의 보호 아래 최고에 이르렀고, 그것이 중국 황제가 우리 종교를 좋아하도록 고무하였습니다"113)라고 하고, 다른 곳에서 부베는 강희제의 개종은 "교회의 가장 큰 이익일 뿐만 아니라 폐하의 통치에 있어서도 가장 큰 영광입니다. 폐하는 다른 어떤 황제보다 교회 발전에 기여할 명예를 하늘이 허락한 분입니다"114)라고 하였다.

청나라의 강희제(1654~1722)는 청조의 제4대 황제(1661~1722)로 순치제(順治帝)의 셋째 아들로 태어났다. 1661년 2월 순치제가 23세의 나이에 천연두로 갑자기 죽자, 그는 5명의 형제를 제치고 7세의 나이로 제위에 올랐다. 이후 그는 무려 61년 동안 황제로 있으면서 청나라의 발전에 지대한 공헌을 하였다.

부베의 『중국 황제전』에 나오는 강희제는 그때 나이가 44세고, 36년 동안 중국을 통치하였다. 그는 위엄 있고, 균형 잡힌 몸매, 보통보다 큰 키, 매부리 코, 천연두를 앓은 흔적이 있지만 그것이 그에게서 넘치는 매력을 전혀 감소시키지 않았다고 한다.

강희제는 즉위한 다음부터 만주족과 한족 양쪽에게 호감을 얻으려고 노력하였다. 전자를 위해 그는 만주사람이 아주 소중히 여기는 사냥과 활쏘기 등 호전적인 훈련을 완전하게 해냈고, 후자를 위해 예술과 과학을 공부했다. 활쏘기로 말하자면 양손을 사용할 수 있고, 말 위나 땅 위에서도 가능하고, 말이 서 있거나 달릴 때도 자유자재로 활을 다루었다. 또 유럽의 무기를 다루는 데도 그것에 못지 않았다. 이런 훈련에도 불구하고 음악을 좋아했는데, 특히 유럽 음악을 좋아하였으며 유럽의 악기, 중국의 악기, 만주의 악기도 연주하였다.

강희제는 뛰어난 기억력을 가졌다. 그에게 한 번 말한 어떤 일이든 혹은 지나가면서 만난 어떤 사람의 이름이든 결코 잊지 않았다. 배로 여행을 할 때 베르비스트 신부가 황제와 동행하였다. 강희제는 신부에게 어떤 새의 이름이 프랑더스 말로 무엇인지 물었다. 비록 베르비스트는 전에 여러 번 황제에게 그 새 이름을 프랑더스 말로 일러주었지만 그때는 그것을 기억하지 못했다. 그런데 강희제는 뒤에 그 이름을 프랑더스 말로 일러주었다.

다른 만주족과 달리 강희제는 동정심이 많은 사람이었다. 그의 군대가 러시아의 알바진 요새를 함락했을 때 그는 북방민족의 일반적인 관습을 따르지 않고 포로들을 죽이지 않았다. 그는 러시아로 돌아가기를 원하는 포로들에게 비용을 대주며 돌려보냈다. 남기를 원하는 사람 가운데 일부는 요동지방으로, 나머지는 북경으로 보냈다. 그들에게 각각 집, 토지, 하인을 제공하였고, 러시아 군대의 계급을 그대로 유지할 수 있도록 하였다.

강희제는 러시아 황제의 사절들을 대하는 데도 관대하였다. 러시아와 중국 간의 전쟁 다음에 이루어진 평화회담에 따라간

페레이라(Pereira) 신부와 젤비옹 신부에게 러시아 사람들이 고백하기를, 러시아 백성은 강희제에게 관대한 대우를 받았다고 하였다. 왜냐하면 강희제가 러시아 황제에게 평화를 정착시키고 중국과 러시아 사이의 국경을 정하는 회담에 대표를 보내줄 것을 설득했기 때문이다.

의심의 여지없이 전 세계에서 가장 힘있는 군주였지만, 강희제의 생활양식은 아주 단순하고 검소하였다. 아시아의 다른 황제들과 비교해도 그의 생활은 너무 검소하였다. 또 그는 건강을 유지하고 만주족에게 모범을 보이며, 중국인처럼 편안하고 사치스러운 생활에 빠지지 않도록 두세 달 동안 타타르 지방에 가서 가장 어려운 조건에서 사냥을 하였다.

황제는 위대한 사냥꾼이었을 뿐만 아니라 뛰어난 학생이었다. 그는 중국 고전을 상당히 많이 암송하였고, 중국어와 만주어 두 가지 문자를 자유롭게 사용했다. 선교사들을 통해 그는 유럽의 많은 학문, 특히 철학, 천문학 그리고 수학을 배웠다. 그는 하루에 두세 시간 동안 젤비옹 신부와 부베 신부에게 학문을 배웠다.

강희제가 서양의 과학에 관심이 있어서 열심히 공부했다는 사실은 여러 선교사를 통해 이미 유럽에 알려져 있었다. 라이프니츠도 그의 『최신 중국 소식』에서 여기에 대해 이렇게 설명하였다.

> 그리말디는 군주가 가진 놀랄 만한 지식욕은 거의 신앙에 가까울 정도라는 점을 강조했다. 제후들과 제국의 가장 위대한 사람들이 멀리서는 흠모해 마지않고 가까이서 대할

때는 존경을 금치 못하는 그 군주가 베르비스트와 함께 <궁전의> 내실에서 마치 선생을 모신 <온순한> 학생처럼 날마다 서너 시간씩 수학 도구와 책을 통해 열심히 공부했기 때문이다. 그는 유크리드의 정리를 터득하고 삼각함수를 이해했으며, 산술로 천체의 현상을 증명할 수 있을 정도로 엄청나게 발전했다. 최근에 그곳에서 돌아온 르 콩트 신부가 출간한 중국에 대한 보고서에 따르면, 그 군주는 자신의 자식들이 과학의 근본 원리와 진리에 대한 여러 가지의 지식을 스스로 터득할 수 있게끔 수학에 관한 책을 친히 집필하고자 했다고 한다. 또한 그 군주는 자신의 나라를 밝혀줄 수 있는 이 지혜가 집안 대대로 전해질 수 있도록 했다고 한다.115)

이탈리아 출신의 그리말디는 예수회 신부로 1669년에 광동에 도착하였고, 이후 곧 북경으로 진출하였다. 1676년 그는 베르비스트 신부와 함께 강희제의 명을 받아 러시아 대사와의 협상을 도왔다. 예수회 신부들은 중국어와 라틴어 실력을 발휘해 중국 대표단과 러시아 대표단 사이에서 통역을 하여 동양과 서양의 최초 조약이라 할 수 있는 네르친스크조약 체결에 많은 도움을 주었다.

그 후 그리말디는 1686년에서 1691년 사이 유럽에 가 있었는데, 이때 로마에서 라이프니츠를 만나 많은 이야기를 나누었다. 라이프니츠는 그를 만나고 나서 오랫동안 서신을 주고받으면서 중국을 공부하였다. 그가 그리말디에게 보낸 1689년 7월의 편지에는

30개 질문이 들어 있어서 그의 관심이 어떠하였나를 잘 보여준다.116)

라이프니츠는 그리말디 신부에게 당시 중국의 황제에 대해 많은 것을 들었던 것 같다. 그래서 그는 1697년에 출판한『최신 중국 소식』에서 강희제를 극찬하기도 하였다. 강희제는 선교사들에게 서양의 수학을 배웠는데, 총명해서 선교사들이 감탄했던 모양이다. 강희제에게 기하학과 수학을 가르친 선교사는 바로 베르비스트였다. 대부분의 관원은 황제의 얼굴도 보기 힘들었는데, 베르비스트는 5개월 동안 매일 아침 일찍 황궁으로 출근하여 황제를 가르치고 오후 늦게 퇴근하였다. 1688년 1월 베르비스트가 병으로 세상을 뜨자 강희제를 가르치는 일을 넘겨받은 신부는 페레이라, 젤비용, 부베, 토마스 등이었다.

부베 신부는 이렇게 황제의 측근에서 생활했기 때문에『중국황제전』을 쓸 수 있었을 것이다. 부베는 황제가 말라리아에 걸렸던 일까지 기록하고 있다. 강희제는 타타르 지방을 여행하다가 열병에 걸린 적이 있었다. 중국인 의사가 치료하는 데 실패한 다음 그는 선교사들에게 부탁했고, 폰테느와 비스델루 신부가 유럽에서 가져온 키니네로 병을 치료하였다. 부베는 이것에 대해 "이것은 황제가 그 전에 교회에 내려준 자유에 대해 하늘이 황제에게 준 보상인 것 같다. 이 치료로 우리는 아주 쉽게 황제에게 다가갈 수 있게 되었다. 그는 우리와 유럽의 과학, 풍습, 습관과 새로운 소식 등에 대해 대화하였다. 우리가 가장 많이 마음을 쓰는 대화의 주제와 강희제가 가장 열심히 듣는 주제는 역시 루이 황제의 위대한 공적에 관한 것입니다"117)라고 기록하였다.

이 밖에도 부베는 그가 궁중의 여인들에게 빠지지 않는 자제력을 지녔다는 설명, 군대를 최상의 상태로 유지하기 위해 노력한다는 내용, 대포를 몸소 만들었다는 설명, 서양의 예술에 관심이 아주 많다는 이야기 등을 이 책에서 다루고 있다. 또한 부베는 자신의 최대 희망 사항이었던 과학아카데미를 중국에 만들 수 있도록 도와달라고 부탁하는 일도 잊지 않았다. 물론 부베는 자신이 그것을 원하는 것이 아니라 중국 황제가 그것을 원하고 있다고 말했다.

부베의 중국학

서양 선교사들이 중국에서 기독교를 전파하는 데에는 여러 가지 어려움이 많았다. 무엇보다도 중국에는 유교와 불교 그리고 도교 같은 수준 높은 종교가 이미 자리잡고 있었기 때문에 그 사이를 비집고 들어가는 일이 쉽지 않았다. 그리고 이런 종교로 훈련을 받은 일반인들도 종교를 보는 안목이 상당히 높았기 때문에 기독교 교리를 전파하는 데는 한계가 있었다.

이러한 어려움을 해결하는 데 도움을 준 것이 바로 서양의 앞선 과학 지식과 기술이었다. 당시 이미 서양의 과학은 중국의 수준을 앞지르고 있었고, 중국의 지식인들도 그것을 인정하지 않을 수 없었다. 서양 선교사들은 먼저 서양의 과학이 중국을 앞서고 있다는 점을 이용하여 기독교 교리도 진리라는 논법으로 중국인들을 설득하였다. 실제로 이러한 선교 방식은 상당한 성과를 거두었다. 프랑스 선교사들이 황제의 측근에서 일할 수 있었던 것도 사실

선교사들의 과학에 대한 지식 덕택이었다.

과학으로 어느 정도 성공을 거둔 프랑스 선교사들은 중국의 역사를 성서에 기록된 역사와 종합하려 하였고, 또 유교 경전의 내용을 성서의 내용과 맞추려고 노력하였다. 예를 들면 프랑스 출신의 선교사 가운데 프레마르(Prémare, 1666~1736), 부베, 푸퀘(Foucquet), 골레(Gollet) 등이 바로 그런 사람들이었다. 현대의 학자들은 이런 선교사들을 색은주의자(索隱主義者, Figurist)라 부르고, 그들의 이론을 색은주의(Figurism)라 명명하였다. 이렇게 이름을 붙인 이유는 아마 이들이 성서를 문자 그대로 해석하기보다 비유적인 표현이라는 점을 부각시키고 그 속에 들어 있는 진정한 의미를 찾기 위해 노력하였기 때문이리라.

부베의 중국학은 바로 이러한 이론이 토대를 이루고 있다. 그는 삼황오제(三皇五帝)의 신화에 나오는 고대 중국의 지배자들을 역사적인 인물로 보지 않고, 노아(Noah)의 홍수 이전에 나오는 10명 족장의 다른 이름들이나 『구약성경』(舊約聖經)과 마찬가지로 구세주 예수를 위한 인물로 보았다. 부베는 요(堯)임금과 『성경』에 나오는 노아를 같은 인물로 생각했다. 이것을 증명하기 위해 그는 한자 船(선) 자를 파자(破字)해서 설명하였다. 이 글자는 舟(주)와 八(팔) 그리고 口(구)로 이루어져 있는데, 그는 노아의 방주에 8명의 식구가 타고 있었음을 의미한다고 풀이했다.[118]

또 그는 堯의 발음이 히브리어의 Jaω(신)와 유사함을 지적하였다. 나아가 堯에는 세 개의 十이라는 모양이 들어 있는데 이것을 부베는 삼위일체와 비교하기도 하였다. 堯와 뜻이 같은 元(원)은 二(이)와 人(인)이 합쳐진 글자인데, 부베는 이것을 두 번째의 신적인 존재로 天主(천주)를 의미한다고 해석하기도 했다.

부베의 이론에서 기원전 2953년에 정권을 잡은 신화적인 황제 복희가 특히 중요한 역할을 하였다. 부베는 복희를 아담의 7대손으로 신과 함께 동행한 『구약성경』에 나오는 족장 에녹이라고 하였다. 에녹은 아담에서부터 전해진 계시를 전달하였을 뿐만 아니라 신에게서 스스로 그런 계시를 받아 책에다 썼다. 노아는 이 책들을 대홍수 때 방주에 실어서 구했고, 중국인들도 그것을 이해하지 못했지만 일부 보유하고 있었는데, 이러한 에녹의 책 가운데 가장 중요한 것이 바로 『역경』이다.119)

부베가 볼 때 중국에 있는 선교사들의 가장 중요한 과제는 당장 중국 고전과 해설서들을 연구하고 그 내용을 기독교적인 의미와 종합하는 것이다. 이 과정에서 사람들은 신의 특성, 예수가 자신을 희생하여 이룬 구원, 삼위일체, 처녀 출산, 부활 등 여러 가지 신앙의 비밀을 발견할 수 있다고 주장하였다.

1700년 11월 8일에 부베가 라이프니츠에게 쓴 편지 내용에 그의 관심 분야와 생각이 잘 나타나 있다. 그는 먼저 『역경』을 중국뿐 아니라 세계에서 가장 오래된 책이라 말하고, 중국의 모든 과학과 철학의 근원이라고 칭찬하였다. 그러나 그는 『역경』에 대한 모든 해설서는 잘못되었고 점치는 방법을 다루는 부분은 완전히 미신이라고 비판하였다.120)

부베는 또 4,000년 전 고대 중국 복희의 지식과 서양 고대 성인들의 지식 사이에 일치하는 점이 있음을 발견하였다. 그래서 그도 다른 사람들이 주장했듯이 복희가 중국인이 아니고 전 인류에게 동일한 가르침을 베푼 인물로 생각하기에 이르렀다. 세계의 각 지역에서 그를 다른 이름으로 부르지만 결국 같은 사람이라고 주장하였다. 예를 들면 이집트와 그리스에서는 헤르메스 트리메기투스라 부르고, 히브리 사람들은 에녹이라 부르고, 페르시아 사람들은 조로아스터라고 부른다.

그리스 신화에 나오는 헤르메스는 아폴론에게 피리를 만들어주고, 조약돌로 점쳤으며, 음악, 문자, 숫자, 천문, 체육, 올리브 재배법, 도량형 등을 만들었다고 한다. 부베는 그리스의 헤르메스가 중국에서는 복희로 불렸다고 생각하였다. 그리고 모든 학문과 과학의 원리가 『역경』의 64괘에 들어 있다고 믿었다. 그런데 후세의 중국인은 그러한 『역경』의 의미를 모두 잊어버려 아는 것이 없다고 했다. 결국 지금의 중국인은 종교뿐만 아니라 과학적인 방면에서도 고대의 중국인을 따라 갈 수 없다는 결론에 도달하게 되었다. 부베는 중국인에게 『역경』의 참다운 의미를 가르쳐줌으로써 그들에게 기독교도 전파할 수 있다고 생각하였다.

부베는 모든 선교사가 함께 고대 중국 고전을 연구하고 옛것을 존중하는 중국의 전통을 이용하여 지금의 잘못된 해석을 극복하고 복희의 참된 철학을 회복하자고 제안하였다. 이 과정에서 이성의 빛을 사용해야 한다고 말했다. 그는 당시의 고전 해석을 거부하고 본래의 의미라고 생각하는 것을 제시하면서, 고전의 참된 의미로 돌아가야 된다는 유학의 전통적인 방법을 따르고 있다. 고전의 참된 의미를 찾겠다는 주장은 실제로 중국인의 거부감을 감소시킬 수 있는 방법이다.

1701년 11월에 라이프니츠에게 보낸 편지에서도 부베는 복희가 그리스의 헤르메스 같은 사람이라고 주장하고 그것을 증명하려고 노력하였다. 그는 伏羲(복희)라는 이름을 분석하여서 그가 헤르메스 같은 인물임을 밝히려 하였다. 伏 자는 사람[人]과 개[犬]가 결합한 형태를 하고 있는데, 부베는 헤르메스를 머리는 개고 사람의 몸을 가진 모습으로 표현한다고 주장하였다. 羲 자는 희생을 의미하는 것이니 복희는 희생을 바치는 사람이라고 해석하였다. 말하자면 복희는 정치적으로 군주이면서 종교적으로는 제사장이라는 것이 부베의 견해다.

  부베는 4,600년 전에 살았던 복희가 창조에 대해 알았고 그것이 복희의 기호에 나타나 있다고 생각했다. 64괘의 효들이 6개로 구성된 것은 6일 동안 창조했기 때문이고, 제7효가 없는 것은 안식일에 해당한다. 그리고 하늘과 땅이 가장 먼저 생겼는데, 이것은 양효와 음효가 제일 먼저 생겨난 것과 같다. 그리고 부베는 신이 창조자이고 만물의 원리라는 것을 고대 중국인이 알았을 뿐만 아니라 삼위일체의 비밀도 알고 있었다고 말했다. 고대 경전들을 보면 거기에는 죄에 대한 지식이 있고, 악을 징벌하는 것, 천사들, 태초의 사람, 죄로 인한 인간 본성의 타락, 홍수, 강생(降生), 예수님의 인간 구원 등에 대한 구절이 많이 나온다고 주장하였다.[121]

  그는 중국의 문자도 고대 중국인이 신을 알고 있었음을 보여준다는 가설을 증명하기 위하여 노력했다. 예를 들면 한자 가운데 가장 간단한 글자인 주(丶) 자는 발음이 주(主)와 같아서 고대에는 의미를 주인이라고 해석하였다. 또 하나의 가장 간단한 글자는 일(一)인데, 이것은 하나를 의미하고 신의 유일함을 뜻하고 있다고 주장하였다. 나아가 그는 주(主) 자는 주(丶)와 왕(王)으로 이루어진 글자이니 신을 의미한다고 풀이하였다.

부베는 한자에서 점으로 표시하는 주(丶)라는 글자와 히브리어에서 가장 간단한 알파벳인 요드(')를 비교해서 서로 같다고 말하고, 한자에서 주(主)가 가장 높은 주인을 의미하듯이 히브리어에서 요드(')는 신(神)을 의미한다고 설명하였다. 그리고 세 개의 점이 모이면 三이 되고 이것은 삼위일체를 나타내는데, 히브리어에서도 세 개의 요드(')는 세 명의 신을 뜻한다고 풀이하였다.122)

그는 이 밖에도 太一(태일)도 그런 식으로 해석하고 있다. 태일은 상제(上帝)와 같이 기독교의 신을 의미한다. 왜냐하면 大는 크다는 뜻이고, 丶(주)는 주인을 뜻하며, 一은 하나를 의미하기 때문에 이 세 가지를 종합해 보면 결국 신이 된다. 마찬가지로 천(天)도 大와 一로 나누어지는데, 크다는 의미와 하나라는 의미가 합쳐지면 물질적인 하늘을 가리키는 것이 아니라 정신적인 하늘로 기독교의 신을 가리킨다고 보았다.

부베는 결국 중국 문자를 만든 사람은 중국인이 아니고 인류의 조상들이라고 보았으며, 이것을 뒷받침하기 위하여 그는 고대 중국 문자와 이집트어 사이에 음과 뜻의 유사성이 있었을 것으로 가정하였다. 그는 언어의 많은 변화에도 불구하고 여전히 그러한 유사성이 존재한다고 믿었다.123)

부베와 라이프니츠의 교류

중국에 관심이 많았던 라이프니츠가 많은 자료를 모아 마침내

1697년 『최신 중국 소식』이라는 책을 출판하였다. 이 책에는 앞에 그의 서문이 있고, 소아레스 신부의 보고서, 베르비스트 신부의 천문학에 관한 책에서 발췌한 내용, 그리말디 신부가 라이프니츠에게 보낸 편지 등이 들어 있다.124) 이 책의 서문에는 중국에 대한 라이프니츠의 지식과 생각이 잘 나타나 있다. 그는 중국이 유럽과 대등하다고 보았고 서로 힘을 합하여 세계를 이끌어 나아가야 한다고 생각하였다. 또 그는 선교사들을 통하여 중국이 수학이나 자연과학 분야는 약하지만 실천철학의 분야인 윤리도덕은 유럽보다 중국이 앞선다는 사실도 알고 있었다. 그래서 유럽에서 기독교 선교사들을 보내는데 만족하지 말고 중국의 실천철학을 유럽이 배울 수 있도록 중국에서도 선교사를 파견해야 한다고 주장하였다.

중국에서 선교하다가 강희제의 명령을 받고 다시 유럽에 와서 여러 인사와 접촉하던 부베는 『최신 중국 소식』을 읽고 먼저 라이프니츠에게 편지를 썼고, 자신의 책 『중국 황제전』도 함께 보내주었다. 이 두 사람의 교류는 이렇게 해서 시작되었다. 서신 왕래 과정에서 부베는 라이프니츠가 연구한 이진법과 『역경』의 괘들이 일치한다는 사실을 발견하였다. 라이프니츠는 중국의 고대 황제인 복희가 이미 이진법을 알았고, 그것을 『역경』에 영원히 남겼다는 사실의 발견에 매혹되었다. 그것은 파리의 과학원에 제출한 이진법에 관한 논문이 채택되기 위한 실용성의 증거로 그에게 필요한 것이기도 하였다.125)

1697년에서 1707까지 계속된 서신 왕래에서 모두 15통의 편지가 알려져 있다. 하노버에 남아 있는 라이프니츠의 유품들 속에 있는 부베의 마지막 편지는 1702년 11월 8일자의 것이다. 라이프니츠는 그 이후에도 5통의 편지를 더 보냈지만 답장은 없었다. 서신 왕래는 부베에 의해 일방적으로 중단된 것 같다. 그것에 대해서는 다양한 이유가 제시되었다.

첫째는 부베가 황실 업무로 인해 시간을 내기가 어려웠을 가능성이다. 둘째로 전례논쟁이 첨예화되면서 예수회 선교사들이 개신교(改新敎) 신자인 라이프니츠와 교신하는 것을 적절치 못한 것으로 여겼을 가능성이다. 셋째는 1705년 4월 8일에 교황의 특사로 광동에 도착한 투르농 대주교와 강희제 사이에서 통역을 맡으면서 다른 일에 정신을 쏟을 겨를이 없었을 가능성이다.

이 세 가지 이유가 모두 사실이라 하더라도 라이프니츠와 서신 왕래가 부베에 의해 중단된 충분한 이유가 되지는 못하는 것 같다. 물론 서신 왕래가 그런 이유들 때문에 제한되기는 하였을 것이다. 그리고 스페인의 왕위계승전쟁(1701~1714)도 유럽에서의 편지 왕래를 방해하였다.

사실 1702년 이후에도 부베는 라이프니츠와 서신 왕래를 유지하기 위해 애를 썼고, 그래서 1703년부터 라이프니츠에게 긴 편지를 쓰고 있었다. 이 사실은 파리에 있는 익명의 예수회 신부에게 보낸 1704년 10월 27일자 부베의 편지가 증명하고 있다.

부베가 처음으로 라이프니츠에게 자신의 『중국 황제전』과 함께 편지를 보낸 날짜는 1697년 10월 18일이었고, 라이프니츠는 1697년 12월 2일에 답장을 썼다. 라이프니츠는 이 편지에서 중국의 언어, 역사 등을 질문하였고, 『중국 황제전』을 자신의 『최신 중국 소식』 2판에다 넣어도 좋겠냐고 동의를 구했다.

1698년 2월 28일 부베는 중국을 향해 출발하면서 라이프니츠에게 다시 편지를 썼고 거기서 『역경』에 대해 자신의 견해를 피력하였다. 부베는 64괘가 복희에 의해 만들어졌고, 그것들이 사실 최초의 문자고, 중국어의 기본적인 원소라고 믿었다. 그는 복희가 64괘로 수학, 언어, 과학의 모든 원리를 압축해 놓았다고 주장하였다. 그런데 중국인은 공자 이전에 그러한 복희의 진리를 이미 모두 잊어버렸다고 하였다.126)

1699년 9월 19일 북경에 도착한 다음 라이프니츠에게 보낸 편지에서 부베는 안드레 뮐러가 생각하고 있는 중국어 열쇠에 대해 조심스러운 입장을 표했지만, 중국 문자와 이집트 문자의 근원이 동일하다는 생각에는 입장을 같이했다.127) 그리고 그는 고대 중국의 현자들이 『성경』에 나오는 인류의 조상과 마찬가지로 신 관념을 가지고 있었음을 증명할 수 있을 것이라 하였다.

1700년 11월 8일 북경에서 부베가 보낸 편지가 프랑스 예수회 신부 르 고비앙(Charles le Gobien)을 거쳐 라이프니츠에게 전해졌다. 앞에서 언급하였듯이 부베는 이 편지에서 『역경』을 매우 상세히 설명하고 그 의미도 요약하였다. 그리고 64괘를 만든 복희에 대한 자신의 생각도 자세히 밝혔다. 그의 견해는 색은주의자들의 중국 문화에 대한 주장이 잘 반영되어 있다.

이 편지에서 부베는 1693년 파리외방선교회 중국 책임자이면서 복건성(福建省)의 주교인 메그로(Charles Maigrot)가 자기 관할 구역에 있는 사제들에게 공자와 조상에게 드리는 제사를 금하는 명령을 내리고, 천(天)이나 상제(上帝)를 기독교의 신과 동일하게 대우하는 행위를 막은 것을 심하게 비판하였다. 부베는 선교사들이 그것을 막는 데 주력할 것이 아니라 당시의 중국인이 자신들의 조상이 가지고 있었던 신 관념을 얼마나 왜곡했는지를 많이 공부해야 한다고 주장하였다.

1701년 2월 라이프니츠는 부베에게 보낸 편지에서 자신의 이진법을 상세히 설명하였다. 특히 이 편지에는 이진법의 수와 십진법의 수를 함께 나란히 정리한 표를 다섯 개나 싣고 있어서『역경』을 조금이라도 공부한 사람이라면 쉽게 이진법과 연결시킬 수 있도록 하였다.

이 편지를 읽은 부베는 라이프니츠의 이진법이『역경』의 64괘와 너무 닮은 것에 놀랐다. 그래서 1701년 11월 부베는 라이프니츠에게 이 사실을 알리는 편지를 쓰게 된다. 그리고 64괘방원도도 함께 보내주었다. 부베의 다음 편지는 1702년 11월에 쓴 것으로 앞 편지보다 간단하고 내용도 중복된다. 이때 그는 아직 라이프니츠에게서 앞 편지에 대한 답장을 받지 못한 상태였다.

부베가 1701년 11월에 쓴 편지는 1703년 4월 1일에 베를린에 있던 라이프니츠에게 전달되었다. 이 편지는 거의 18개월이나 걸려 라이프니츠에게 전달되었는데, 편지가 영국과 프랑스를 거치는 바람에 늦어졌다. 편지를 읽은 라이프니츠의 놀라움은 컸던 모양이다. 그는 4월 2일이나 3일경에 11장이나 되는 답장을 썼고, 4월 4일에는 예수회 신부 보타에게도 이 사실을 알리는 편지를 썼다. 그리고 4월 7일에는 비뇽에게도 편지를 보내고, 파리학술원에 보내는 논문도 함께 보냈다. 이 편지에서 라이프니츠는 이렇게 말하였다.

사람들은 복희를 고대 중국의 군주로 보고 있고, 세계에 알려진 철학자로 그리고 중국제국과 동양 과학의 창립자로 믿고 있습니다. 이 『역경』의 그림은 오늘날 세계에서 찾아낸 과학에 관한 최고의 기념물입니다. 더구나 이 과학은 내가 보는 견지에서 4,000년 이상 고대의 것으로 수천 년 동안 그 의미가 이해되지 않았습니다. 그것이 나의 새로운 산술법과 완전히 일치하고 꼭 필요할 때, 즉 귀하가 이 괘들을 해독하려고 노력하고 있을 때, 내가 산술법에 대해 귀하에게 편지를 써야만 했던 것은 상당히 놀라운 일입니다. 귀하에게 고백하는 것이지만, 만일 내가 이 이진법 산술을 발견하지 않았다면, 이 64괘 체계, 즉 복희 괘상도의 목적을 통찰하지 못하고 막연하게 장시간 바라보았을 것입니다.[128]

이 편지를 쓴 다음에도 라이프니츠는 여섯 번 더 편지를 하였다. 부베는 1702년 11월 8일자 편지를 끝으로 더 답장을 쓰지 않았다고 일반적으로 알려져 있으나 이미 언급했듯이 그도 편지를 쓴 것이 분명하다. 그러나 여러 사정이 있어서 라이프니츠에게 전달되지 못한 것 같다. 그래서 라이프니츠는 보세스(Bosses)에게 보낸 1710년 8월 4일자 편지와 1711년 7월 8일자 편지에서 부베의 답장이 없어 실망스럽다고 썼을 것이다.

부베와 라이프니츠의 서신 교류에서 거둔 가장 큰 수확은 역시 64괘와 이진법의 유사성을 발견한 일이라 하겠다. 이것은 두 사람의 관심사가 우연한 기회에 만나 이루어진 획기적인 발견이라

평가할 수 있다. 평소에 이진법에 관심을 가졌고, 그것에서 단순한 수학 이상의 의미를 찾았던 라이프니츠와 복희의 64괘에서 중요한 비밀을 발견하고자 노력했던 부베, 이 두 사람이 만나지 않고서는 이룰 수 없는 성과였다.

『역경』과 이진법

라이프니츠가 언제부터 이진법에 관심을 가지고 연구하기 시작했는지는 분명하지 않다. 그런데 그는 1698년 5월 슐렌버그에게 보낸 편지와 1703년 4월 부베에게 보낸 편지에서 이진법을 자신이 발견한 것이 20년도 더 되었다고 하였다. 그렇다면 그가 이진법을 발견한 시기는 대략 1673년 이후가 된다.[129]

호프만은 라이프니츠가 1672년에서 1676년까지 파리에 머물고 있을 때 갑자기 생각하게 된 것이라 주장하였다. 라이프니츠 자신이 말한 내용과 호프만이 주장하는 내용은 어느 정도 일치하는 점이 있어서 대체로 그 시기를 전후하여 이진법을 발견했다고 추측할 수 있다. 그러나 라이프니츠가 이진법에 관해 쓴 글 가운데 가장 오래된 것은 1679년에 쓴 글이 남아 있을 뿐이다. 이 글에서 이미 그의 이진법이 완성된 것이어서 최초로 그것을 발견한 시기는 더 이전이었을 것으로 짐작할 수 있다.

라이프니츠가 부베에게 자신의 이진법을 설명한 편지는 1701년 2월 15일에 보낸 것이다. 편지에서 라이프니츠는 십진법의 수와 이진법의 수를 비교하는 자세한 표를 만들어 부베가 이해하기 쉽게 하였다. 편지를 읽은 부베는 이진법이 『역경』의 64괘와 닮았다는 사실을 발견하고 1701년 11월 4일자 편지에서 라이프니츠에게 이것을 알리고 64괘방원도도 함께 보냈다.

이 편지에서 부베는 라이프니츠에게 자신이 보내준 64괘를 이진법의 수들과 비교해 볼 것을 부탁하였다. 부베의 말대로 음효를 0으로 양효를 1로 생각해서 팔괘를 이진법의 수로 바꾸어 보면 다음과 같이 된다.

☷ = 000(0), ☶ = 001(1), ☵ = 010(3), ☴ = 011(4),
☳ = 100(5), ☲ = 101(6), ☱ = 110(7), ☰ = 111(8)

부베의 편지는 1703년 4월 1일에야 베를린에 있던 라이프니츠에게 전달되었다. 이 편지를 읽은 라이프니츠의 기쁨과 놀라움은 짐작 가고도 남는다. 라이프니츠의 이진법은 사실 단순한 수학 이상의 의미를 지니고 있기 때문이다. 라이프니츠는 이진법이 창조의 신비를 담고 있다고 믿었다. 만일 64괘가 이진법을 나타내는 것이라면 그것을 만든 복희도 창조의 비밀을 발견했다는 결론이 나온다. 부베에게 보낸 답장에서 라이프니츠는 발견의 의미를 이렇게 말하였다.

> 팔괘, 즉 중국인이 근본적인 것으로 생각하고 있는 8개의 선도(線圖)는 복희 스스로 창조의 눈을 갖고 있었다는 것을 믿게 합니다. 즉 모든 것이 0과 1에서 나오는 것으로 이 관계는 창세기 설화와 결부됩니다. 0은 하늘과 땅의 창조에 앞서는 것으로 공허를 상징하기 때문입니다. 다음에 7일

동안 각각의 날에 있어서 이미 존재한 것, 창조된 것을 표시하고 있습니다. 첫날의 시작에는 1, 즉 신이 존재했습니다. 둘째 날의 처음에는 하늘과 땅이 창조되었습니다. 끝으로 일곱째 날의 처음에는 모든 것이 이미 존재했습니다. 그래서 마지막 날은 가장 완전한 안식일입니다. 왜냐하면 모든 것이 창조되고 완전하기 때문입니다. 그래서 7은 0이 없이 111로 씁니다. 그리고 0과 1로 이와 같이 썼을 때만 우리는 성스러움으로 간주되는 일곱 번째의 완전함을 볼 수 있습니다. 여기서 또 그것의 글자가 삼위일체와 관련이 있다는 것이 주목할 만합니다.130)

라이프니츠가 편지에서 말한 것처럼 부베는 중국에서 『성경』에 나오는 인류의 역사와 중국의 고전에 기록된 역사를 통합하려고 애쓰고 있었다. 그래서 부베는 복희를 에녹이라고 주장하였고, 마찬가지로 헤르메스 같은 인물이라고 보기도 하였다. 그리고 그가 남긴 『역경』의 64괘를 최초의 문자이고 모든 과학적 지식의 압축이라고 해석하였다.

부베는 또 한자들의 구성과 형태를 통해 고대 중국인이 신의 존재를 인식하고 있었다는 사실을 밝히려고 노력하였다. 여기에 복희의 64괘가 이진법의 숫자와 같다는 그의 발견이 보태진다면 그의 이론은 더욱 확고하게 된다. 라이프니츠는 이진법이 단순한 기수법이 아니라 신의 창조를 표현하는 것으로 믿고 있었기 때문이다. 다시 말해 복희가 신의 창조에 대해 이미 완전한 지식을 가졌다고 볼 수 있는 근거를 64괘가 보여준다.

　그뿐만 아니라 이것은 라이프니츠의 주장을 뒷받침해주는 증거가 되기도 한다. 라이프니츠는 리치와 마찬가지로 고대 중국인은 신 관념을 가지고 있었는데, 후대의 중국인은 신 관념을 잊어버렸다고 생각하였다. 라이프니츠는 1716년 세상을 뜨기 전까지 쓴 『중국인의 자연신학론』에서도 복희의 64괘와 이진법을 설명하였다. 여기서도 다른 곳과 마찬가지로 부베와 자신이 복희 64괘의 진정한 의미를 발견했다고 강조하고, 이진법을 자세히 설명하고 있다. 당시의 중국인은 본래의 의미를 모두 잊어버리고 있었는데, 자신들이 그것을 알게 되었다고 자랑한다. 결국 당시의 중국인이 고대 중국인보다 종교뿐만 아니라 과학에서도 뒤떨어져 있다고 주장한다.

　　복희는 조합 이론에 대한 지식을 가지고 있었던 것 같습니다. 그러나 그 산술들은 잊혀져버렸고, 중국인은 복희의 문자를 그런 산술방식으로 생각하지 않았습니다. 그리고 우리가 진정한 의미에서 빗나갔을 때 그러는 것처럼, 훌륭한 신부 키르허가 이집트 오벨리스크(obelisk) 비문에 대해 아무것도 모르면서 그랬던 것처럼 그들은 복희의 문자로 제가 알 수 없는 어떤 상징과 상형문자를 만들어냈습니다. 이 모든 것이 가장 완전한 도덕의 기초가 되는 신앙심뿐만 아니라 학문에서도 고대 중국인이 현대 중국인보다 매우 뛰어났다는 것을 보여줍니다.[131]

고대의 중국인이 신앙과 과학의 분야에서 당시의 중국인보다 더 우수하다는 라이프니츠의 주장은 리치나 부베의 생각과도 일치한다. 말하자면 고대 경전을 보면 거기에는 신에 대한 확고한 믿음이 있었음에도 당시의 중국인은 그것을 부정한다는 것이다. 당시의 중국인이 신을 부정하는 것처럼 보인 이유는 신유학 이론 때문이다. 특히 주희는 리(理)가 질료에 해당하는 기(氣)와 분리될 수 없다고 정의함으로써 전체적으로 유물론에 가깝다는 느낌을 선교사들이 받은 것 같다. 그래서 일찍이 리치는 리가 기독교의 신과 같을 수 없다고 단정하였고, 이후 대부분의 선교사는 그의 의견에 동조하였다.

그런데 라이프니츠는 리치와 달리 리가 기독교의 신과 같다는 주장을 그의 『중국인의 자연신학론』에서 자세하게 전개하였다. 라이프니츠의 이러한 견해는 조금 당황스러운 것인데, 사실 그는 리라는 개념을 신유학자들이 사용한 것인 줄 몰랐다. 라이프니츠는 리가 이미 고대부터 존재한 개념으로 오해했다. 그래서 그는 당시의 중국인이 신 관념을 가지지 못했다는 리치의 견해를 따르면서 다시 리가 바로 기독교의 신과 동일하다고 주장하는 오류를 범했다.

그러나 이 문제는 그렇게 간단하게 정리되지 않는다. 왜냐하면 라이프니치가 주장한 것처럼 실제로 리는 기독교의 신과 굉장히 유사하기 때문이다. 관점에 따라서 리는 충분히 기독교의 신이라고 볼 수 있는 여러 특징을 가지고 있다. 조선시대에도 기정진(奇正鎭, 1798~1879) 같은 유학자는 라이프니츠와 유사한 관점을 제시하기도 하였다.

중국인이 신 관념을 가지고 있는가 하는 문제는 서양의 선교사들에게 중요했다. 리치 이후 선교사들 사이에 의견의 불일치가 생겨나게 되었다. 리치는 당시의 중국인은 무신론자지만 고대 중국인은 신을 알고 있었다고 믿었다. 그러나 리치의 후계자였던 롱고바르디는 당시의 중국인은 물론이고 고대 중국인도 신 관념을 가지지 못했다고 주장하였다. 프란체스코회 신부 생트 마리도 마찬가지로 중국인은 처음부터 무신론자고 유물론자라는 입장을 취하였다.

부베와 라이프니츠는 기본적으로 리치의 견해에 찬성하는 입장이지만 구체적인 면에서 조금씩 다른 견해를 나타내었다. 가장 대표적인 것이 바로 리에 대한 리치와 라이프니츠의 해석이다. 리치는 리가 기독교의 신과 동일할 수 없다고 주장했지만 라이프니츠는 동일하다고 생각했다. 또 부베는 고대 중국인이 신을 알았다는 사실을 인정할 뿐만 아니라, 고대 중국인과 유럽인이 사실 같은 조상에서 출발했다는 성서적인 해석을 증명하려고 노력하였다.

고대 중국인이 신 관념을 가졌다는 이들의 주장은 타당하다고 평가할 수 있다. 물론 엄밀한 의미에서 기독교의 신과 동일하지는 않겠지만, 문제는 리치 당시의 중국인이 과연 무신론자면서 유물론자였는지에 대해서는 논란의 여지가 많이 남아 있다. 당시 서양에서도 이미 스피노자 같은 철학자가 나와서 전통적인 기독교의 신(神) 개념을 부정하고 범신론을 주장하고 나왔다. 어떻게 보면 중국에서 더 빨리 스피노자가 주장한 신 개념 같은 것을 생각했다고 할 수 있다. 그래서 전통적인 신 개념을 고수하였던 선교사들은 신유학자들을 무신론자라고 평가한 것이다.

그리고 『역경』에 대한 부베와 라이프니츠의 해석은 오늘날까지도 여전히 커다란 의미를 지닌다. 점치는 책이었던 『역경』이 원래부터 신비적인 요소를 가지고 있기도 하지만 아직까지도 그 의미는 완전히 밝혀지지 않았기 때문이다. 중국인이 이진법을 전혀 몰랐다고 하더라도 음과 양 두 기호로 이루어진 64괘가 분명히 이진법적인 성격을 지니고 있는 건 사실이다.

실제로 이진법은 가장 간단한 기호로 다양한 사실을 표현할 수 있다. 고대 중국인도 이것을 알았다. 이것을 밝힌 사람들이 바로 부베와 라이프니츠다. 특히 라이프니츠는 가장 완벽한 언어를 만들려고 노력했던 철학자였기에 『역경』에서 그것을 볼 수 있었다. 어떻게 보면 고대 중국인과 라이프니츠가 가졌던 꿈이 현대에 와서 컴퓨터를 통해 실현되고 있는지도 모른다.

6장
라이프니츠와 중국철학

라이프니츠와 중국철학

　라이프니츠는 평생 중국에 관심을 가졌고 우호적인 태도로 중국을 이해하려고 노력했던 철학자다. 그가 중국을 어떻게 생각했는지는 1697년에 출판한 『최신 중국 소식』의 서문에 잘 나타나 있다. 여기서 그는 "내가 보기에, 우리 대륙의 양쪽 끝에 있는 유럽과 중국에 오늘날 인류가 이룩한 최고의 문화와 기술 문명이 집중되어 있는 것은 운명의 유일무이한 결정이다"132)라고 감동적인 심정을 표현하였다.

　라이프니츠는 서양과 동양의 대화를 희망하였고 스스로 모범을 보여주었다. 그는 중국에 관한 수많은 편지를 남겼고, 『최신 중국 소식』과 『중국인의 자연신학론』 같은 책을 쓰기도 했다. 라이프니츠는 유럽과 중국이 힘을 합쳐 다른 민족도 점차 합리적인 생활 방식으로 만들어 나가는 데 노력해야 한다고 생각하였다. 그는 중국을 유럽과 대등한 동반자로 보았고, 유럽과 중국의 장점과 약점을 정확하게 파악하고 있었다. 예컨대 수학이나 천문학은 유럽이 앞서지만 실천철학은 중국이 월등하다고 평가하였다.133)

그래서 라이프니츠는 중국에 계시신학을 가르치기 위해 유럽에서 선교사를 파견한 것과 마찬가지로 나날이 타락해가는 유럽의 도덕적 타락을 방지할 수 있도록, 중국에서도 선교사를 파견해서 자연신학의 적용과 실천을 가르쳐주었으면 좋겠다는 희망을 피력하였다.134) 그에게 중국은 선교의 대상이 아니라 유럽이 배워야 할 나라였다.

라이프니츠의 중국에 대한 이러한 태도와 그의 중국철학 연구는 지금까지 많은 학자의 주목을 받았다. 일부 학자는 과감하게 라이프니츠가 중국철학의 영향을 받았다고 주장하였다. 예컨대 라이히바인은 이미 1923년에 『중국과 유럽』이라는 그의 저서에서 라이프니츠의 모나드론과 중국사상의 유사성, 예정조화설과 도(道)의 유사성 등을 언급하였다.135) 영국의 휴즈도 1943년에 자신의 저서 『대학과 중용』에서 라이프니츠가 중국철학의 영향을 받았다고 주장하였다.136)

중국의 주겸지(朱謙之)도 1940년에 출판된 『중국사상이 서구문화에 끼친 영향』이라는 책에서 "그의 학설 가운데 가장 잘 알려진 『단자론』을 예로 들면, 그의 근본 주장은 결국 『역경』의 이치와 서로 합치된다. 이른바 '예정조화'는 완전히 『역경』의 '보합대화'(保合大和)의 철리(哲理)와 같다"137)고 주장하였다. 다른 사람들과 달리 주겸지는 『역경』이 라이프니츠의 철학에 크게 영향을 주었다고 보았다.

또 방대한 저술을 남긴 영국의 과학자 니담도 1956년에 출판된 그의 저서 『중국의 과학과 문명』(Science and Civilisation in China)에서 라이프니츠의 철학이 주희의 신유학에서 영향을 받았다고 주장하였다. 그는 이 책에서 라이프니츠의 철학과 신유학을 비교하였고, 둘 사이에 존재하는 유사성들을 지적하였다. 니담은 라이프니츠의 철학과 주희 철학의 공통점이 유기체 철학이라고 보았다. 나아가 라이프니츠의 유기체 철학의 근원이 바로 중국의 신유학이라고 추정하였다.138)

이러한 학자들의 주장에도 불구하고 라이프니츠가 중국사상의 영향을 받았다고 확신할 수 있는 근거는 여전히 부족하다. 그래서 쿡과 로스몽 두 사람은 「라이프니츠와 중국사상 사이의 예정조화」라는 제목의 논문을 써서 둘 사이에 보이는 유사성은 영향의 결과가 아니라 우연의 일치일 뿐이라고 주장하기도 했다.139) 그들에 따르면 라이프니츠는 중국철학에 관심이 그렇게 많지 않았고 잘 알지도 못했다. 실제로 라이프니츠가 중국철학의 영향을 받을 정도로 일찍부터 중국철학에 관심이 많았음을 보여주는 자료들은 없다.

이 장에서는 지금까지 나온 논의를 바탕으로 라이프니츠의 철학과 중국철학 사이에 보이는 유사성을 더 구체적으로 살펴보려고 한다. 이미 여러 학자가 피상적인 유사성을 말하기는 하였으나 더 자세한 비교와 분석은 하지 않았다. 그래서 두 철학 사이에 구체적으로 어떤 유사성이 있는지를 살펴보는 일은 확인이 쉽지 않은 영향 관계를 따지는 일보다 시급한 것 같다.

라이프니츠의 철학과 중국철학 사이에 보이는 유사점은 여러 가지가 거론되었지만 중요하다고 생각되는 점을 크게 세 가지로 압축할 수 있다. 먼저 라이프니츠는 힘(Kraft)이라는 개념으로 물질과 정신을 모두 설명하였는데, 이것은 중국의 기(氣)와 상당히 가까운 것 같다. 고대부터 중국 사람들은 기가 정신과 물질의 본질이라고 생각했는데, 이것은 현대적인 관점에서 보면 에너지나 힘과 비슷한 개념이다. 서양 학자로는 먼젤로가 라이프니츠의 힘(vis viva)과 중국의 기가 비슷하다고 주장하였고,140) 이후 국내 학자들도 이것을 지적하였다.141)

그리고 니담에 따르면 유기체 철학은 라이프니츠의 철학과 중국 사상 양쪽에서 중요한 특징으로 자리잡고 있다. 니담은 중국의 유기체 철학이 라이프니츠의 철학에 영향을 주었다고 주장하였지만 그가 생각한 유기체 철학이 무엇이고, 라이프니츠의 철학에서 어떤 부분이 유기체 철학인가에 대한 문제는 더 자세한 설명이 필요하다. 실제로 이 부분은 학자들의 견해가 서로 다르다.

또 라이프니츠의 철학과 중국의 신유학에는 대우주와 소우주 혹은 전체와 부분의 관계에 관한 동일한 이론이 보인다. 라이프니츠가 모나드를 우주의 거울이라고 말했듯이 주희는 개별자가 모두 소우주라고 생각하였다. 라이프니츠의『모나드론』을 보면 중국철학과 많이 닮았다는 느낌을 받게 되는데 그 이유는 바로 이 세계관 때문이다. 세계에 대한 이러한 관점은 불교에서도 찾을 수 있는데, 사실 이것을 정이와 주희 같은 신유학자들이 리일분수설(理一分殊說)로 체계화하였다. 이 이론은 현대에 주목받는 프랙탈(fractal) 이론(전체를 이루는 작은 조각이 전체와 비슷하거나 같은 기하학적 형태를 프랙탈이라고 한다. 이 이론은 불규칙한 자연현상 속에도 규칙성이 있다는 사실을 보여주려고 한다)과 일맥상통하는 점이 있어 여전히 관심을 끈다.

힘(Kraft)과 기(氣)

1) 힘이 실체의 본질이다

라이프니츠는 실체에 대해 데카르트의 견해를 어느 정도 받아들였지만 물체의 속성을 연장(延長, Extention)(부피를 가진다는 의미)이라고 한 점에 대해서는 찬성하지 않았다. 연장은 본질적인 성질인 속성이 아니라 다른 어떤 실체의 양태일 뿐이다. 다시 말해 연장은 색채, 냄새, 맛 같은 성질과 마찬가지로 상대적이고 주관적일 수 있다. 또 연장을 가진 존재는 분할이 가능하기 때문에 자기동일성을 가지지 못한다. 자기동일성을 가지지 못한 존재는 실체가 아니다.142)

그러면 라이프니츠는 물체의 본질이 무엇이라 생각하였나? 그는 물체의 본질을 힘(Kraft)이라고 주장하였다. 여기에 대해 그가 1694년에 쓴 논문「제일철학의 개선 및 실체의 개념에 대해」에서 "이에 대한 맛보기로 나는 우선 <독일인들은 Kraft, 프랑스인들은 la force라 부르면>. 그에 대한 설명을 특별히 동역학(dynamica)이란 학문으로 규정하려는 힘 또는 능력의 개념이 실체의 참된 개념을 인식하는 데 아주 많은 빛을 가져다 줄 것이라는 점만 말하고자 한다"143)고 설명하였다.

라이프니츠는 1695년에 쓴『동역학 시범』(動力學示範, Specimen Dynamicum)에서 힘에 대해 자세하게 설명하였다. 그는 "우리는 다른 곳에서, 물체적 사물 안에는 단순히 연장 외에, 심지어는 연장에 앞서 어떤 것이 존재한다는 것, 즉 창조주에 의해 곳곳에

심어진 자연의 힘이 존재한다는 것을 주목한 적이 있다. 이 힘은 스콜라철학이 만족해 왔던 저 단순한 능력이 아니라 그것을 넘어선다. 즉 만일 반대되는 경향에 의해서 저지되지 않는다면 온전한 효과를 갖게 될 경향(conatus) 또는 충동(nisus)을 가진 힘이다"144)라고 말하였다.

데카르트가 생각한 물체는 철저하게 수동적인 존재라 스스로 활동할 수 없다. 물체는 자기 내부에 활동의 원인을 가지지 못하기 때문에 그것의 활동은 외부의 힘에 의해서만 가능하다. 정지한 물체는 외부에서 힘이 가해져야 움직일 수 있고, 움직이는 물체는 바깥에서 힘이 가해져야 멈출 수 있다. 이것이 뉴턴의 제1법칙이고 관성(慣性)의 법칙으로도 불린다.

라이프니츠는 이제 뉴턴과 데카르트가 생각한 수동적인 물질관을 반대하고 물질 자체가 가지고 있는 힘에 주목하고 있다. 그 힘을 라이프니츠는 물체의 본질이라고 주장하기에 이르렀다. 데카르트의 연장을 라이프니츠는 힘으로 바꾸어 놓았다. 그 힘은 신이 부여한 것이고 그것을 저지하는 방해물이 없어지면 언제든지 드러날 수 있는 억제된 힘으로 존재한다고 보았다. 라이프니츠는 이것을 당겨진 활의 예를 들어 설명하기도 하였다.145)

당겨진 활은 외부의 힘이 작용하지 않아도 바로 움직일 수 있는 자체의 동력을 가지고 있다. 이것은 하나의 비유일 뿐이고 라이프니츠가 말하고자 하는 바는 물체의 능동성이다. 물체는 스스로 힘을 가지고 있어서 외부에서 힘을 가하지 않아도 활동할 수 있다는 것이다. 물질은 바로 활동력과 다르지 않다는 생각이다. 이러한 견해는 데카르트의 물질관과 상당히 다르다. 이러한 물질관은 실체를 활동이 가능한 존재라고146) 정의한 라이프니츠의 실체에 대한 견해와 잘 맞는다.

라이프니츠는 데카르트가 말한 정신과 물질의 본질을 힘이라는 개념으로 통합하였다. 그의 생각은 『동역학 시범』에 분명하게 나와 있다. 먼저 그는 힘을 본래적인 힘과 파생적인 힘으로 나누고 이것을 다시 능동적인 힘과 수동적인 힘으로 나누었다. 그래서 힘은 본래적이면서 능동적인 것과 본래적이면서 수동적인 것 그리고 파생적이면서 능동적인 것과 파생적이면서 수동적인 것 네 가지로 나뉜다.147)

여기서 본래적이면서 능동적인 힘은 전통적인 철학에서 영혼이나 실체적 형상에 해당한다고 라이프니츠는 설명한다.148) 나중에 그는 이것을 아리스토텔레스의 용어를 사용하여 엔텔레키라고 부르기도 하고 모나드라고도 하였다. 본래적이면서 수동적인 힘은 스콜라철학에서 흔히 제일질료라고 불리는 것을 의미한다.149) 이 힘을 통하여 한 물체는 다른 물체에 의해 침투당하지 않게 되고, 억제력이 있어서 그것을 움직이게 하기 위해서는 그것에 작용하는 물체의 힘이 어느 정도 약화될 수밖에 없다.

본래적인 힘이 형이상학적 힘이라면 파생적인 힘은 자연철학적 힘이라고 할 수 있다.150) 파생적이면서 능동적인 힘은 다시 두 종류가 있다. 살아 있는 힘과 죽어 있는 힘이 그것인데 운동에너지와 위치에너지가 바로 그것이다. 파생적이면서 수동적인 힘은 물체의 저항을 의미하는데, 이것은 다시 다른 물체의 침투불가능성과 관성으로 구분된다.151) 다시 말해 어떤 물체가 단단하다는 것은 그것을 침투하기가 어렵다는 것을 의미한다. 그리고 외부의 힘에 강하게 저항하는 물체는 그만큼 더 무겁다.

데카르트의 정신과 물질 이원론을 극복하려고 한 라이프니츠는 『동역학 시범』에서 물체의 본성을 연장이 아니라 힘이라고 주장하였는데, 이러한 견해는 『모나드론』에서 실체를 모나드라고 정의함으로써 완성되었다고 볼 수 있다. 모나드는 장소를 차지하지 않는 정신적인 존재지만 본질은 바로 활동력에 있다. 이 활동력은 외부에서 주어지는 힘이 아니라 내부에서 생겨나는 힘이다. 라이프니츠는 모나드의 활동을 욕구(apetitus)라고 불렀다.

이 욕구는 모나드가 가지고 있는 지각을 변화시키는 힘이라 할 수 있다. 여기에 대해 라이프니츠는 『모나드론』에서 "변화 혹은 한 지각에서 다른 지각으로 이행을 일으키는 내부 원리의 활동을 욕구라 부를 수 있다. 물론 욕구는 얻고자 생각한 지각에 늘 완전하게 도달할 수 있는 것은 아니고 항상 부분적으로 성취된다. 그래서 새로운 지각에 이르게 된다"[152]고 설명하였다.

라이프니츠에 따르면 단순한 실체 안에는 지각들과 그들의 변화 외에는 어떠한 것도 발견될 수 없다.[153] 그래서 단순한 실체의 내적 활동은 단지 이들 안에만 존재할 수 있다. 그는 이것을 영혼이라고 불러도 좋다고 하였지만 라이프니츠는 영혼과 모나드를 구분하여 설명하였다. 단순히 지각만을 가진 것을 모나드나 엔텔레키라고 부르고, 지각이 판명하고 기억에 의해 동반되는 모나드를 영혼이라고 하였다.[154]

2) 기(氣)는 심신(心身)을 아우른다

중국에서는 이미 고대부터 만물이 기(氣)로 이루어져 있다고 믿었다. 기가 모이면 만물이 형성되고 기가 흩어지면 만물이 소멸하는 것으로 생각하였다. 그러나 기는 데모크리토스가 말한 원자(原子)처럼 물질적인 입자(粒子)로 되어 있지 않다. 중국인은 원자 같은 만물의 근원적인 요소를 생각하지 않고, 현대적인 용어로 에너지(energy)에 가까운 기가 만물의 구성요소라고 생각하였다.155)

후한(後漢)의 허신(許愼)이 쓴 자서(字書)『설문해자』(說文解字)에는 기(氣)와 기(气)를 각기 다르게 설명하고 있다. 기(氣)를 손님에게 드리는 음식물이라 했고, 기(气)를 운기(雲氣)라 하였다. 구름을 수증기의 덩어리로 보지 않고 기가 뭉친 덩어리로 생각한 것이다. 이것은 자연현상과 기가 밀접하게 연관되어 있다고 믿은 고대 중국인의 세계관을 잘 보여준다. 그리고 기(氣)를 음식물로 해석한 것은 사람이 음식물을 먹어야 생명을 유지할 수 있고 활동할 수 있다는 사실과 관련이 있을 것이다.

같은 시대에 활동한 왕충(王充)은 원기(元氣)를 만물의 근원이라고 주장하는 철학 체계를 세웠다. 왕충에 의하면 하늘의 해와 달, 땅의 산천과 만물은 모두 원기로 만들어졌고, 사람의 육체와 정신도 모두 원기로 만들어진다. 원기는 스스로 존재하는 것이어서 원기보다 앞선 것은 없다. 그리고 원기를 지배하거나 통제할 수 있는 존재도 없다.156) 원기의 활동은 스스로 일어나는 것이지 다른 초월자의 명령이나 영향에 의해 일어나는 게 아니다.

여기서 눈에 띄는 부분은 원기가 물질뿐만 아니라 인간의 정신을 구성하기도 한다는 주장이다. 중국사상에서는 정신과 물질을 분명하게 갈라서 보지 않고 근본적으로 다를 바가 없다고 보았다.

기 중에서 아주 맑은 것을 왕충은 정기(精氣)라고 불렀는데,157) 이것이 바로 하늘이나 인간 그리고 정신을 구성한다고 하였다. 맑은 기가 인간이나 정신을 구성한다면 탁한 기는 동물이나 식물 그리고 물질을 구성할 것이다.

또 왕충은 원기의 운동은 자발적이고 외부의 영향에 의한 것이 아니라고 주장했다. 물질의 변화와 운동을 이런 방식으로 설명하는 것도 중국사상의 커다란 특징 중의 하나다. 즉 운동의 원인을 외부에서 구하지 않고 내부에 있다고 보았다. 그것을 자연(自然)이라고 표현하였다. 스스로 그렇게 되는 것이지 누가 시켜서 그렇게 되지 않는다는 생각이다. 이런 생각은 노자를 대표로 하는 도가들의 사상이다.

송대(宋代)의 장재도 왕충과 비슷한 사상을 내놓았다. 장재는 기일원론(氣一元論)을 가지고 노자의 사상과 불교의 교리를 비판하면서 새로운 대안으로 제시하였다. 먼저 유(有)가 무(無)에서 발생한다는 노자의 이론을 비판하면서 처음부터 무(無)가 아니라 기(氣)의 본체(本體)인 태허(太虛)가 있었다고 주장하였다. 그래서 "태허에서 기가 모이고 흩어지는 것은 마치 물에서 얼음이 얼고 녹는 것과 같다. 태허가 바로 기임을 알면 무(無)가 없음을 알 것이다"158)라고 말했다. 태초부터 기는 존재하였기 때문에 무에서 유가 발생한다는 노자의 주장은 잘못되었다고 반박하였다.

또 장재는 불교에 대해서는 관념론을 비판하고 기가 처음부터 실재한다는 소박한 실재론을 내세웠다. 현실세계를 관념의 산물이라고 생각하는 불교와 달리 그는 기의 실재를 주장함으로써 유교적인 본체론을 확립하였다. 그리고 화엄종에서 말하는 사사무애(事

事無碍)와는 달리 기의 차이로 말미암아 현실세계에는 사물이 각기 다르게 된다고 설명하였다.

나아가 장재는 기는 영원히 사라지지 않는다고 하였다. 기는 모였다가 흩어지기는 하지만 완전히 사라지지는 않고 형태만 변한다고 보았다. 태허 상태에 있던 기들이 모이게 되면 사물이 형성되고 그런 사물을 이루었던 기가 흩어지면 사물은 사라지지만 기는 다시 태허로 돌아가게 된다.

기는 스스로 운동 능력을 가지고 있고 외부에 운동의 원인을 갖지 않는다. 기가 스스로 운동할 수 있는 것은 음양이 있기 때문이다.159) 음양은 서로 대립하는 기의 성질을 의미하는데 이런 대립은 상호 작용을 일으키게 된다. 대립과 상호 작용이 결국 운동의 원인이 되는 셈이다. 예컨대 차가운 공기가 있으면 따뜻한 공기도 있게 마련인데, 이 두 가지 공기는 서로 다른 성질로 말미암아 대류나 바람을 일으키게 된다. 기에 대한 장재의 이러한 이론은 성리학의 발전에 크게 공헌하였다.

주희의 철학은 장재의 기에 대한 이론을 적극적으로 수용하지만 정호(程顥, 1032~1085)와 정이가 제시한 리(理)를 더욱 강조하였다. 주희에 의하면 기는 영원히 존재하는 것이 아니고 끊임없이 생성되고 소멸한다. 영원히 존재하고 변하지 않는 것은 리(理)다. 예컨대 사람의 리는 영원하지만 사람을 구성하는 기는 계속해서 변화하고 생성과 소멸을 반복한다. 그래서 데카르트의 개념을 사용한다면 리는 실체지만 기는 실체가 될 수 없다.

그런데 주희는 리와 기의 개념을 정의하면서 기는 운동 능력이 있으나 리는 운동 능력이 없다고 말함으로써 이후 철학사에서 여러 가지 해석이 나오게 되었다. 기가 스스로 운동할 수 있는 능력이 있다는 점에는 주희도 전통적인 견해를 그대로 수용한 것이다. 하지만 리를 말함으로써 기의 운동은 내재하는 원인인 리로 말미암는다는 새로운 이론을 제시하였다.

언뜻 보면 이것은 장재의 이론과 상당히 다른 것 같지만 실제로 그렇게 다르지도 않다. 왜냐하면 주희의 철학에서 리와 기가 완전히 다른 두 개의 존재가 아니기 때문이다. 리와 기는 모양만 다르지 결국은 같은 존재라 볼 수 있다. 리와 기의 관계를 다르게 표현하면 체용(體用)의 관계라 말할 수 있다.160) 본체와 작용은 한 가지의 다른 두 모습일 뿐이다. 장재가 운동 원인을 분명하게 밝히지 않았다면 주희는 더 상세하게 운동의 원인을 밝혔다는 점에서 발전이라고 하겠다.

주희가 리와 기를 나누어 말했지만 몸과 마음이 모두 기로 이루어져 있다고 말함으로써 그 둘의 본질을 하나로 생각한 심신일원론(心身一元論)의 전통을 수용하였다. 마음은 더 정미한 기로 만들어지고 몸은 약간 탁한 기로 만들어진다. 몸과 마음을 구분하는 본질적인 차이는 존재하지 않는다. 마찬가지로 만물의 차이도 기의 청탁(淸濁)이나 순박(純駁)으로 말미암을 뿐이다.

유기체 철학

1) 우주는 생명으로 가득 차 있다

영국의 과학사회학자 니담은 『중국의 과학과 문명』 제2권에서 주희와 라이프니츠의 철학이 모두 유기체 철학이라고 하였다. 니담은 라이프니츠가 우주를 거대한 기계로 본 데카르트의 세계관에 대항하여 세계를 유기체로 보는 견해를 제시하였다고 주장하였다.161) 그러면서 그는 라이프니츠의 철학이 주희의 신유학에서 영향을 받았을 개연성이 있다고 추정하였다.

라이프니츠의 완성된 철학은 1714년에 쓴 『모나드론』에 잘 나타나 있다. 라이프니츠는 실체를 모나드라고 불렀는데, 이것은 더 이상 분해되지 않는 힘을 본질로 하는 단일체이다. 이것은 신에 의해 창조되었고 또한 신에 의해서만 소멸될 수 있다. 그리고 모나드는 창이 없어서 외부의 직접적인 영향을 받지 않는다. 모나드의 변화와 운동은 내적인 원리에서 발생할 수밖에 없다. 같은 해에 쓴 『자연과 은총의 이성적 원리』에서 그는 모나드를 이렇게 설명하였다.

> 실체는 활동이 가능한 존재다. 그것은 단순하거나 복합적이다. 단순한 실체는 부분이 없다. 복합적인 실체는 단순한 실체 또는 모나드들의 집적이다. 모나드는 단일성 또는 하나를 의미하는 그리스어다. 복합적인 사물 또는 물체들은 다수로 이루어져 있고, 단순한 실체, 생명체, 영혼, 정신은 단일하다. 그런데 단순한 것 없이는 복합적인 것이 있을 수 없기 때문에 도처에 단순한 실체들이 존재해야 한다. 따라서 전(全) 자연은 생명으로 가득 차 있다.162)

모나드는 활동이 가능한 존재로 영혼이나 생명체와 같다. 그렇기 때문에 라이프니츠는 전 자연이 생명체로 가득 차 있다고 말할 수 있었다. 그리고 니담은 이러한 설명을 보고 모나드를 유기체라 말하고, 라이프니츠의 철학을 유기체 철학으로 규정했을 것이다. 이와 관련하여 니담은 "그가 세계를 구성하고 있다고 생각한 모나드들은 분해할 수 없는 유기체들로서 더 높은 유기체들의 부분으로 참여하고 있다. 모나드들은 다양한 수준이 있다. 모나드는 서양철학의 무대에 처음으로 나타난 유기체였다고 말할 수 있을 것 같다"163)고 설명하였다.

니담의 해석에 따르면 모나드는 최소 단위의 유기체고 그것은 더 높은 단계의 유기체를 구성하는 부분으로 참여한다. 그리고 그 유기체는 다시 더 높은 단계의 유기체를 구성하는 부분을 이루게 된다. 이러한 관계를 계속 따라가면 결국 이 세계가 하나의 거대한 유기체가 된다는 설명이다.

실제로 라이프니츠는 모나드가 유기체라고 하지는 않았지만 살아 있다는 말은 하였다. 예컨대 그는 『모나드론』에서 "각각의 단순한 실체는 다른 모든 실체를 표현하는 관계를 가지고, 그 결과 그것은 살아 있고 영속하는 우주의 거울이 된다"164)고 모나드를 설명하고 있다.

그러나 살아 있는 것과 유기체가 같은 것은 아니다. 왜냐하면 단일체를 유기체라고 말할 수는 없기 때문이다. 최근에 학자들은 라이프니츠의 유기체를 영혼과 프랙탈 구조로 되어 있는 육체의 결합체라고 설명하기도 한다.165) 프랙탈 구조란 부분이 전체와 동일한 구조로 되어 있는 것을 말한다. 라이프니츠에 따르면 유기체를 형성하는 육체는 단일체가 아닌 복합체로서 다시 영혼과 육체로 이루어진 여러 개의 부분으로 구성되어 있다.

과학자인 니담이 유기체가 무엇인지 모를 리 없는데 단일체인 모나드를 유기체라고 말한 의도는 분명하지 않다. 쉽게 생각하면 살아 있는 존재라는 의미로 유기체라는 개념을 사용한 것 같다. 이에 비해 라이프니츠는 유기체에 관해 더 자세하게 설명하였다. 그에 의하면 유기체는 단일체가 아니라 복합체고, 또 복합체에는 영혼의 역할을 담당하는 모나드가 있어야 한다. 이것을 라이프니츠는 『모나드론』에서 "그의 엔텔레키 또는 영혼인 하나의 모나드에 속하는 육체는 엔텔레키와 결합하여 우리가 생명체라고 부르는 것을 이루고, 영혼과 결합하여 동물을 형성한다. 그런데 생명체 또는 동물의 육체는 항상 유기적이다"166)라고 설명하였다.

엔텔레키나 영혼은 모나드 가운데 우월한 모나드를 가리키는 말이다. 육체를 구성하는 모나드들은 더 열등한 모나드들일 것이다. 그런데 '생명체 또는 동물의 육체는 항상 유기적이다'라는 라이프니츠의 설명에 주목할 필요가 있다. 라이프니츠는 생명체를 이루는 육체도 그 나름의 우월한 모나드인 영혼과 육체의 결합체들로 구성되어 있다고 보았다. 마찬가지로 하위의 생명체를 구성하는 육체 역시 다시 영혼과 육체로 이루어져 있다. 이러한 관계는 계속되어 생명체의 최소 단위까지 이르게 될 것이다. 이것을 라이프니츠는 이렇게 설명하였다.

그래서 생명체의 모든 유기적 육체는 일종의 신적인 기계 또는 모든 인공적 자동 기계를 무한히 능가하는 자연적인 자동 기계다. 왜냐하면 사람의 기술로 만들어진 기계는 그 부분들 각각이 기계이지는 않기 때문이다. 예컨대 놋쇠 바퀴의 톱니는, 우리에게 더 이상 인공적이지 않고 그 바퀴가 속하는 기계의 사용에 대해서도 전혀 알지 못하는 부분들 혹은 조각들을 가지고 있다. 그러나 자연의 기계 또는 살아 있는 육체는 그의 가장 작은 부분에서조차도 무한에 이르기까지 기계다. 바로 이것이 자연과 인공 사이, 즉 신적인 기술과 우리의 기술 사이의 차이를 만든다.167)

라이프니츠는 여기서 육체를 자연적인 기계라고 말했지만 사람들이 만든 기계와는 완전히 다른 의미의 기계다. 그 기계의 부분들 또한 완전한 기계로 구성되어 있고, 또 부분을 이루는 기계의 부분들도 마찬가지로 완전한 기계들이기 때문이다. 이러한 구조를 현대적인 용어로 프랙탈 구조라고 부를 수 있다.168) 라이프니츠는 사람들이 알아듣기 쉽게 기계라는 비유를 사용하여 설명했지만 생명체의 육체가 실제로는 그런 구조로 이루어져 있다는 것이다.

세계가 이러한 생명체들로 가득 차 있기 때문에 실제로는 죽은 것이나 황폐한 것이 전혀 없다. 라이프니츠가 기계를 예로 든 이유는 기계가 움직이는 모습을 보면 마치 살아 있는 생명체 같지만 그것을 구성하는 부분들은 죽은 물질일 뿐이다. 그러나 신이 만든 자연의 생명체는 그것의 부분들까지도 완벽한 구조를 가지고 있는 생명체이기 때문이다. 이것을 라이프니츠는 이렇게 설명하고 있다.

> 그래서 겉모습을 제외한다면 우주 안에는 불모, 불임, 죽음, 혼돈, 혼란이 전혀 존재하지 않는다. 이것은 우리가 약간 멀리 떨어져 연못을 바라보면 연못 안에 있는 물고기들 하나하나는 식별하지 못하고 물고기들의 혼돈된 운동이나 우글거림만 보게 되는 것과 같다.169)

라이프니츠가 생각한 세계는 생명으로 가득 차 있고 활발하게 움직이고 질서가 있다. 얼른 보면 무질서하고 죽은 것 같은 사물도 실제로는 생명을 가졌기 때문에 세계는 살아 있다고 볼 수 있다. 이러한 라이프니츠의 철학을 범유기체론(panorganism)이라고 불러도 좋다.170)

하지만 니담의 주장처럼 라이프니츠는 세계를 하나의 거대한 생명체로 보지 않았다. 라이프니츠도 이미 그러한 세계관을 알고 있었지만 오히려 그것을 비판하였다. 서양에서 세계를 하나의 거대한 생명체로 생각하는 세계관을 우리는 스토아철학에서 찾을 수 있다. 스토아학파의 이러한 유기체적인 세계관을 이미 라이프니츠도 잘 알고 있었다.

라이프니츠는 스토아학파의 이러한 세계관을 단호하게 반대하였다. 이와 관련하여 그는 "그러나 이러한 견해로 볼 때 신이 물질과 함께 하나의 실체를 만든다는 것은 가능하지 않다. 이것은 이 세계가 영혼이 있는 사람이 될 수는 없음을 말한다. 더욱이 신은 이성이 있는 초월자다. 그리고 물질은 그의 작용이기 때문에 그와 동등할 수 없다"171)고 단언하였다. 라이프니츠가 볼 때 세계는 어디까지나 신의 피조물일 뿐이다. 신이 물질과 함께 하나의 인격체를 구성한다는 것은 있을 수 없는 일이라고 보았다.

2) 천지(天地)의 큰 덕(德)은 생산이다

중국에서는 이미 고대부터 세계를 거대한 생명체로 보았던 것 같다. 이 거대한 생명체는 단순한 생명체가 아니라 인간과 같이 마음도 가진 존재다. 예컨대『주역』에는 천지지심(天地之心)이라는 말이 나온다. 복괘의「단전」(彖傳)에 "복(復)에 천지(天地)의 마음을 볼 것인져"172)라는 문구가 있다. 복괘에는 하늘과 땅의 마음이 나타나 있다는 말이다. 여기서 말하는 천지의 마음이란 무엇인가?

복괘는 11월의 괘고 절기(節氣)로는 해가 가장 짧은 동지(冬至)에 해당한다. 그러나 복괘의 모양을 보면 여섯 효(爻) 가운데 다섯 효는 음(陰)이고 가장 아래에 양(陽)이 있다. 이것은 해가 가장 짧은 절기가 동지지만 이때 이미 양기가 생기고 있으니 머잖아 만물이 소생하는 봄이 온다는 것을 의미한다. 이 괘에서 천지의 마음을 보라는 말은 만물의 소생이 바로 천지의 마음이라는 의미다. 옛날 사람들은 자연이 만물을 생산하려는 마음을 가지고 있다고 믿었다.「괘사전」(卦辭傳)에 나오는 "천지의 큰 덕(德)을 일러 생(生)이라고 한다"173)는 말과 "낳고 낳는 것을 역(易)이라고 한다"174)는 말도 같은 의미다. 물론『주역』은 자연의 본성이 만물을 계속해서 생산하는 것임을 비유를 들어 설명하고 있지만 세계 전체를 거대한 인체와 동일시했다고 봐도 틀리지 않는다.

한대(漢代)의 유학자 동중서(董仲舒, B.C. 170?~B.C. 120?)는 더 자세하게 인간과 우주가 같은 부류라는 자연관을 밝혔다. 그는 이것을 천인동류(天人同類)라고 말했는데, 결국 인간은 소우주고 우주는 큰 인간이라는 생각이다. 다시 말해 인간은 우주의 축소판으로 볼 수 있고, 우주는 인간의 확대판으로 볼 수 있다. 이것을 동종서는 이렇게 설명하였다.

> 하늘은 한 해를 다치는 수로 사람의 몸을 만들었기 때문에 작은 뼈마디 366개는 한 해의 날수에, 큰 뼈대 12개는 달수에, 몸 안의 오장은 오행의 수에, 밖의 사지는 사계절의 수에 부응한 것이다. 눈을 뜨고 보다가 눈을 감고 자는 것은 낮과 밤에 부응하고, 강함과 부드러움은 겨울과 여름에 부응하고, 슬픔과 즐거움은 음과 양에 부응한다.175)

인간은 우주의 모습을 닮았을 뿐만 아니라 마음도 닮았다. 동중서는 인간의 도덕적인 행동은 모두 그 근원이 하늘에 있다고 주장하였다. 그에 따르면 가장 아름다운 사랑은 하늘에 있다. 하늘은 사랑이기도 하다. 그래서 하늘은 만물을 감싸서 길러준다. 하늘은 또 만물을 낳고 길러주고 완성해주기도 한다. 사람은 이러한 하늘의 사랑을 본받아서 부자와 형제간에 사랑이 있다.176) 이러한 동중서의 이론을 보면 우주 혹은 자연은 인격적인 존재고 인간의 모범이기도 하다.

이러한 중국의 전통적인 세계관은 송대의 신유학에서도 큰 변화 없이 유지되었다. 주희는 세계 밖에서 세계를 주재하는 초월적인 존재를 부정하고, 세계가 스스로 활동하고 변화한다는 범신론을 주장하였다. 그의 세계관에 따르면 세계 전체가 살아 있는 거대한 생명체 혹은 유기체라고 할 수 있다. 이 생명체는 단순한 생명체가 아니라 신과 다르지 않은 존재이기도 하다.

주희는 이러한 그의 철학을 리(理)와 기(氣)라는 개념을 사용하여 체계화하였다. 기는 질료고 리는 질료의 운동법칙이나 그 원리와 같다. 언뜻 보면 기가 중심이고 리는 기의 속성 정도라고 생각할 수도 있다. 하지만 주희의 철학에서 기보다 리가 더 중요하다. 리는 불변하는 존재로 실체에 해당하지만 기는 끊임없이 생성되고 소멸하는 무상한 존재다. 말하자면 리는 본체(本體)고 기는 현상(現象)에 해당한다. 그러나 본체와 현상은 분리되지 않는다.

주희의 철학에서 리가 중심이라는 사실은 그가 상제(上帝)와 천(天)을 리와 동일시하는 데서도 확인할 수 있다. 주희는 이정(二程)의 견해를 수용하여 천을 리로 해석하였다. 그는 『논어』에 있는 "하늘에 죄를 지으면 빌 곳도 없게 된다"[177]는 문장의 주(註)에서 "하늘은 곧 리다"라고 분명하게 말했다. 리는 세계에 내재하는 상제 혹은 천이기 때문에 질료에 해당하는 기와 동등할 수는 없다. 기는 스스로 운동하는 능력을 가지고 있지만 그 운동의 원인은 기에 내재하는 리라고 할 수 있다. 그래서 리의 뜻은 기의 활동을 통해서 실현된다.

이러한 주희의 사상은 기의 활동성을 인정한 중국의 전통적인 세계관을 계승하고 있음을 보여준다. 세계는 스스로 운동과 변화를 계속한다는 생각이 중국에서는 일반화되어 있었다. 생명력과 활동성이 이 세계가 가지고 있는 기본적인 특성이라 하겠다. 이러한 세계의 특성은 곧 기의 특성이기도 하다. 주희에 따르면 기의 운동과 변화로 말미암아 만물이 생겨나고 성장하게 되는데, 이것은 잠시도 멈추지 않는다.178)

기는 단순한 물질 덩어리가 아니고 생명력을 가진 존재이기에 주희가 생각한 자연은 생명체다. 그래서 자연은 끊임없이 새로운 생명체를 생산할 수 있다. 자연은 생명체를 생산할 수 있기 때문에 기계가 아니라 유기체다. 주희는 쉬지 않고 새로운 생명체를 생산하려는 마음을 자연은 가지고 있다고 생각했다. 이것은 이미 『주역』에도 나오는 중국의 전통적인 사상이기도 하다.

주희는 이것을 "하늘과 땅은 만물을 생산하는 것을 마음으로 삼았다. 그래서 생겨난 만물은 각기 하늘과 땅이 만물을 생산하는 마음을 얻어서 마음으로 삼으니, 사람이 도두 남의 불행을 참지 못하는 마음을 가지고 있다"179)고 『맹자』의 주에서 밝혔다. 하늘과 땅이 만물을 생산하려는 마음을 가지고 있는데, 그것은 다른 게 아니라 바로 인(仁)이다. 사람이 어진 마음을 가진 근원도 하늘과 땅이 가진 어진 마음이라 할 수 있다.

대우주와 소우주

1) 모나드는 우주의 거울

라이프니츠의 모나드는 단일체고 정신적인 존재로서 실체다.

모나드는 다른 어떤 것들에 의해서도 영향을 받지 않는다. 그래서 그는 모나드에는 들어오고 나갈 창문이 없다고 하였다.[180] 모나드들은 단일체지만 고유한 성질을 가지고 있고 또 그래서 모든 모나드는 서로 다르다. 엄밀하게 동일한 것이 이 세상에 존재하지 않듯이 동일한 모나드는 존재하지 않는다.[181]

모나드가 서로 다른 것은 그것들이 가지고 있는 지각(Perzeption)의 차이 때문이라고 할 수 있다.[182] 라이프니츠의 모나드론에서 지각이라는 개념은 중요한 위치를 차지하고 있다. 데카르트는 정신의 본질을 사유라고 했지만 라이프니츠는 지각이라는 개념을 사용하였다. 지각은 모나드가 가지고 있는 관념이기도 하다.

그런데 라이프니츠는 이 지각이 의식하는 관념들과는 다르다고 하였다. 이 문제에 있어서 라이프니츠는 데카르트를 비판하였다. 데카르트는 정신의 속성을 사유로 보았고 또 사유하는 것은 모두 의식할 수 있다고 주장하였다. 그래서 데카르트에 의하면 우리 정신 속의 모든 관념은 의식이 될 수 있다.

그러나 라이프니츠는 우리가 모든 관념 혹은 생각을 뚜렷하게 의식하는 것은 아니고 또 우리의 정신이 늘 생각하고 있는 상태도 아니라고 반박하였다. 생각하고 있지 않는 정신의 상태도 충분히 있을 수 있다는 것이다. 그래서 그가 말하는 지각은 의식하는 관념과 의식하지 못하는, 즉 무의식의 관념도 포함하는 개념이다.[183] 다시 말해 가능태로서의 관념을 포괄하는 것이 바로 지각이라는 개념이다.

모든 모나드의 본질을 이루는 것이 지각이지만, 그것들은 명료함과 뚜렷함에 차이가 있다. 명료하고 뚜렷한 관념도 있고 혼란스럽고 희미한 관념도 있다. 그래서 우리는 관념의 밝고 어두운 정도를 가지고 모나드의 계층을 구분할 수 있다. 예컨대 우리가 보통 물질이라고 말하는 것은 아주 혼란스럽고 희미한 관념만을 가진 존재고, 우리가 정신이라고 말하는 것은 더 명료하고 뚜렷한 관념을 가진 존재다. 같은 정신이라 하더라도 동물이 가지고 있는 소위 영혼과 인간만이 가지는 이성적인 정신에도 그와 같은 차이가 있다.

그리고 활동하는 힘을 가지고 있는 모나드는 가만히 있지 않고 끊임없이 서서히 변화하고 있는데, 그 변화는 다른 게 아니라 하나의 관념에서 다른 관념으로 바뀌는 것을 말한다. 그러한 변화는 이미 말한 것처럼 외부의 영향에 의해 그런 것이 아니라 모나드가 가지고 있는 내부의 원리에 의한 것이다. 어떤 관념에서 다른 관념에 도달하려고 노력하는 내적 원리를 라이프니츠는 욕구(appetitus)라고 불렀다.[184] 모나드의 욕구는 관념과 함께 모나드를 이루는 본질적 요소라 하겠다. 그래서 모나드는 단순한 실체지만 그 자체 내에는 다수성을 포함하는 존재고 또 그래서 변화가 가능하다.

모나드는 신에 의해 창조되었지만 신의 완전성을 어느 정도 그대로 가지고 있는 그런 존재라 하겠다. 신은 전지전능하고 무한해서 모든 것을 자기 안에 포괄하고 있는데, 그런 신을 닮은 모나드는 모든 것을 처음부터 관념으로 가지고 있다. 이러한 모나드가 처음부터 가지고 있는 관념이 다름 아닌 지각이다. 따라서 모나드는 관념으로 이루어진 작은 우주인 셈이다. 라이프니츠는 이것을 모나드는 영원히 살아 있는 우주의 거울이라고 표현하였다.[185]

그리고 실재하는 우주는 결국 모나드들로 구성되어 있으므로 각각의 모나드는 다른 모든 모나드를 반영하게 된다. 그러나 각각의 모나드는 동일한 우주를 반영하지만 서로 조금씩 다른 관념을 가진다. 왜냐하면 각각의 모나드는 우주를 다른 장소에서 그리고 다른 각도로 반영하기 때문이다. 그래서 라이프니츠는 같은 도시를 다른 곳에서 또 다른 원근에서 바라보는 것과 모나드가 우주를 반영하는 것이 비슷하다고 하였다.186)

각각의 모나드가 다른 모든 모나드를 반영한다는 그의 주장은 우주를 이루는 부분들의 밀접한 상호 연관성을 강조하는 것이다. 특정한 우주의 부분은 다른 모든 부분에 반영되고 또 다른 모든 부분을 반영하기 때문에 모든 것은 서로 연결되어 하나를 이룬다. 그래서 특정한 부분의 변화는 다른 모든 부분으로 파급되고 또 역으로 다른 모든 변화는 특정한 부분에 영향을 미치게 된다.

문제가 있다면 라이프니츠가 처음부터 모나드들은 서로 영향을 주고받을 수 없다고 말한 점이다. 하지만 모나드는 자체 안에 이미 세계의 관념을 가진 작은 우주이기 때문에 상호 영향을 말하지 않더라도 결과적으로 영향을 주고받는 것이나 마찬가지다. 그래서 모나드는 신이 무한한 관념을 가지고 있듯이 세계의 무한한 관념을 가진 작은 우주라고 할 수 있다.

2) 월영만천(月映萬川)

주희는 세계와 인간을 리(理)와 기(氣)라는 두 개념으로 설명하고자 했다. 기는 질료에 해당하고 그것이 따르는 법칙이나 원리를 리라고 보았다. 하지만 앞에서 이미 보았듯이 리를 단순히 기의 운동법칙으로만 생각해서는 안 된다. 리는 상제 혹은 천 같은 존재라는 사실을 염두에 둘 필요가 있다. 중국의 상제나 천이 서양철학에서 말하는 신과 상당히 다르지만 주희의 철학을 이해하는 데는 서양의 신 개념이 더 도움이 된다.

서양철학의 신 개념에 따르면 신은 무한하고 전지전능한 존재로 이 세계와 만물을 창조하였다. 신이 세계와 만물을 창조했기 때문에 신의 마음에는 이 세계와 만물의 과거와 현재 그리고 미래 상황까지도 이미 다 들어 있다. 달리 말하면 이 세계와 만물은 신이 마음속에 가지고 있는 생각대로 움직이고 변화한다고 할 수 있다.

주희가 생각한 리도 이러한 서양철학의 신과 상당히 닮았다. 특히 그가 태극이라는 개념을 사용하여 보편적인 원리와 개별적인 원리를 설명할 때 그런 점이 드러난다. 일찍이 주돈이가 『태극도설』에서, 태극에서 만물이 생겨나는 순서를 그림으로 그리고 거기에 설명을 첨부하였다. 그의 이론에 의하면 태극이 만물의 근원이고 여기서 음양이 발생하고 다시 오행(五行)이 된 다음 그것들의 조화로 만물이 발성한다.

주돈이가 생각한 태극은 다분히 질료적인 성질을 가졌지만 주희는 태극을 리라고 말함으로써 비질료적인 존재로 정의하였다. 결과적으로 주희의 철학에서는 비질료적인 태극이 만물의 근원이 되었다. 이것은 서양철학에서 정신적인 신을 만물의 근원으로 생각하는 것과 다르지 않다.

그런데 주희의 철학은 여기서 끝나지 않고 만물의 근원인 태극이 만물 각각에도 그대로 들어 있다고 주장하였다. 서양철학적으로 말하면 개별자들 하나하나에 신이 들어 있다는 말과 같다. 이러한 생각은 불교의 영향으로 나타났다고 볼 수 있다. 예컨대 『화엄경』에서는 우주와 개별자들의 관계를 다음과 같이 비유로써 설명하였다.

> 하늘 위 높은 곳 인드라 신의 궁전 지붕에 작은 수정 모양의 보석 형상을 띤 무수한 장식이 달려 있다. 그것은 아주 복잡한 그물 모양을 이루면서 여러 형태로 섞여 짜여 있다. 빛의 반사로 인해 이 일체의 보석들은 밑으로는 인간계의 대륙과 대양을 포함하여 전 우주를 반사할 뿐만 아니라, 동시에 그것들은 일체의 보석마다 반사되는 모든 상들을 빠짐없이 담고 서로를 반사해낸다.187)

인드라 궁전의 보석들은 하나하나가 우주의 모든 것을 반사할 뿐만 아니라 다른 보석들에 들어 있는 우주의 모습까지도 동시에 반영한다. 그리고 다른 보석들도 마찬가지로 나머지 보석들에 들어 있는 모습을 다시 반영한다. 화엄종에서는 이것을 중중무진(重重無盡)이라고 표현하였다. 세계의 모습이 이러하기에 한 개의 티끌 속에 세계 전체가 반영되어 있고, 찰나(刹那) 속에 영원이 포함되어 있다는 이론이다. 다시 말해 하나를 보면 거기에 전 우주가 들어 있고, 만물 전체가 개개의 사물 안에 반영되어 있다는 세계관이다.

당나라의 고승 법장(法藏, 643~712)은 화엄종의 사사무애법계(事事無礙法界)의 특징을 열 가지로 설명한 십현문(十玄門)을 지었는데 일곱 번째에 바로 이 내용이 나온다. 십현문은 원래 법장의 스승인 지엄(智儼, 602~668)이 지은 것으로 법장이 이어서 발전시켰다. 이 내용을 법장은 금사자(金獅子)의 비유를 들어 다시 설명하기도 하였다. 『송고승전』(宋高僧傳)에 따르면 법장이 『신화엄경』(新華嚴經)을 측천무후(則天武后)에게 강설하는데 화엄의 이론을 잘 이해하지 못하자 궁전 앞에 있던 금사자를 가리키며 비유를 들어 설명하였더니 마침내 무후가 이해했다고 전한다. 이것이 법장의 『금사자장』(金獅子章)인데 인드라망경계문을 설명한 부분은 다음과 같다.

> 금사자의 눈, 귀, 사지와 관절 그리고 하나하나의 털마다 각각 금사자가 있다. 이 하나하나의 털 속의 금사자는 동시에 다시 하나의 털 속에 들어간다. 하나하나의 털 속에는 모두 무한히 많은 금사자가 들어 있고 또 하나하나의 털은 무한히 많은 금사자를 포함하고 다시 하나의 털 속으로 들어간다. 이처럼 인드라 신의 보석 그물처럼 끊임없이 겹치고 또 겹치는 것이 인드라망경계문(因陀羅網境界門)이다.188)

한 마리의 금사자를 우주에 비유한다면 그 금사자의 부분 부분은 다시 하나의 똑같은 우주가 되고, 또 그 금사자의 부분 부분 역시 같은 우주가 되는데, 그렇게 그것은 무한히 반복될 것이다. 한 가닥 털끝에 금사자가 들어 있다는 법장의 비유는 금사자의 부분 부분이 전체의 사자를 관념적으로 가지고 있다는 것으로 우리는 이해해야 한다.

　화엄종의 이러한 사상은 주희에게 영향을 끼쳤다. 그래서 그는 만물의 근원인 태극을 말하고 만물 각각에도 마찬가지로 태극이 들어 있다고 주장하였다. 이때 태극은 만물의 근원이라는 의미보다 만물의 보편적인 원리에 가깝다. 그래서 이것은 만물의 관념을 통째로 가지고 있는 신과 같다고 할 수 있다. 주희의 이러한 이론은 그의 철학이 관념론과 가깝다는 사실을 보여주기도 한다. 장소를 차지하지 않는 관념들은 무한하게 모일 수도 있고, 중첩되어도 상관이 없기 때문이다. 이것을 주희는 이렇게 설명하였다.

> 본래 하나의 태극이 있을 뿐이다. 그러나 만물은 제각기 그것을 받아들여서 각자 하나의 태극을 온전히 갖추고 있을 뿐이다. 그것은 마치 달이 하늘에 하나뿐이지만 달빛이 강과 호수에 흩어지면 장소에 따라서 보이나 달이 분리되었다고 말할 수 없는 것과 같다.[189]

　이 비유 역시 불교에서 쓰고 있는 것인데, 주희는 보편의 리와 개별적인 리의 관계를 이 비유로써 설명한다. 보편의 태극을 하늘에 하나밖에 없는 달이라 보고 개별적인 태극을 호수와 강에 비친 달에 비유한 것이다. 개별적인 사물이 보편의 리와 똑같은 리를 가지고 있다는 설명은 개별적인 사물은 각각 하나의 소우주로서 대우주와 동일한 원리나 법칙을 가지고 있음을 의미한다.

　주희의 이론은 화엄종의 이론과 약간 다른 것 같지만 결과적으로 같다. 개별자들이 우주의 보편적인 원리인 태극을 가지고 있다면 그 개별자들의 부분들도 마찬가지로 역시 태극을 가지고 있을 것이다. 다시 그 부분의 부분들도 각각 태극을 가지고 있을 것이고, 이것은 무한히 계속되어야 한다. 그렇게 되면 법장이 『금사자장』에서 설명한 세계의 모습과 결국 같게 된다. 이때 태극은 금사자에 해당하는데 금사자의 하나하나의 털 속에도 금사자가 고스란히 들어 있듯이 세계에 있는 모든 개별적인 사물에도 마찬가지로 태극이 들어 있다는 것이다.

   이상에서 라이프니츠의 철학과 중국철학 사이에 보이는 세 가지 유사점을 살펴보았다. 라이프니츠가 물질의 본질을 힘이라고 생각한 것은 물질을 수동적인 존재로만 본 데카르트의 물질관과는 상당히 다르다. 힘이라는 개념은 수동적인 물질과 운동의 원인이 되는 정신을 하나로 합친 결과로 볼 수 있다. 다시 말해 물질은 이제 외부의 원인 없이도 스스로 운동할 수 있는 존재가 되었다. 라이프니츠는 스피노자를 비판했지만 이런 물질관은 스피노자의 물질관과 통하는 면이 있다.
   눈으로 볼 수는 없지만 작용하는 힘으로 정신과 물질을 모두 설명하는 방식은 중국의 기라는 개념이 더 분명하다. 또 기는 외부의 원인 없이도 스스로 운동할 수 있는 존재다. 특히 주희는 운동의 원인인 리가 기와 하나로 통합되어 있음을 강조함으로써 운동의 원인이 물질이 내재한다는 사실을 분명하게 밝혔다. 라이프니츠의 힘은 중국의 기와 여러 면에서 닮았다는 생각이 든다.

정신과 물질을 통합함으로써 물질을 항상 수동적인 존재로 보고 외부에서 운동의 원인을 찾아야 하는 전통적인 이원론에서 벗어나는 길을 제시하였다.

니담은 라이프니츠가 세계를 거대한 기계로 본 데카르트에 반대하고 세계를 거대한 유기체로 보는 세계관을 제시하였다고 주장하였다.190) 또 니담에 따르면 라이프니츠의 모나드는 세계를 구성하는 최소 단위의 유기체다. 실제로 라이프니츠는 『모나드론』에서 "모든 물질의 조각은 식물로 가득 찬 정원 그리고 물고기로 가득 찬 연못으로 이해될 수 있다. 그러나 이 식물들의 모든 가지, 동물의 모든 사지, 그 체액의 모든 방울은 다시 그와 같은 정원 또는 연못이다"191)라고 말했다.

그래서 언뜻 보면 라이프니츠가 이 세계를 거대한 생명체로 보았다고 오해할 수 있다. 그러나 그가 만년에 쓴 『중국인의 자연신학론』에는 스토아학파에서 그런 주장을 한 적이 있다고 말하면서 잘못된 생각이라고 비판하였다.192) 라이프니츠가 스토아학파의 주장을 반대한 것은 그것이 스피노자의 주장처럼 범신론으로 빠지기 때문이다. 그는 신과 세계를 하나로 묶어서 보는 세계관에 반대하였다. 라이프니츠는 다르게 보았지만 실제로 주희의 세계관은 스피노자의 범신론과 상당히 유사한 점이 있다. 주희는 세계와 떨어져 있는 초월자는 존재하지 않고 내재하는 초월자 혹은 세계와 한 몸을 이룬 초월자만 인정하였기 때문이다.

그렇다면 라이프니츠의 철학에서 모나드는 유기체의 최소 단위고, 이것을 시작으로 이 세계에는 다양한 유기체가 존재하고 이것들이 세계를 가득 채우고 있다. 하지만 그것들이 모여 하나의 거대한 유기체를 형성하지는 않는다고 볼 수 있다. 그래서 모나드가 유기체라는 주장은 옳지만 이 세계를 거대한 유기체로 생각했다는 니담의 해석은 정확하지 않다.

대우주와 소우주에 대한 라이프니츠의 생각과 주희의 생각은 상당히 닮은 부분이 많다. 모나드가 우주의 거울이라는 표현은 불교에서 말한 인드라망의 비유나 주희의 월영만천과 내용이 거의 같다. 그리고 앞에서 인용한 "모든 물질 조각은 식물로 가득 찬 정원 그리고 물고기로 가득 찬 연못으로 이해될 수 있다"고 한 라이프니츠의 말은 "금사자의 눈, 귀, 관절 그리고 각 털마다 금사자가 들어 있다"는 법장의 말과 닮았다.

7장
스피노자와 유학

스피노자와 유학

라이프니츠와 중국철학의 관계에 대한 연구는 이미 상당히 많이 이루어져 그 문제를 다루는 주제들은 우리에게 그렇게 생소하지 않다. 그러나 스피노자(Baruch Spinoza, 1632~1677)와 중국철학 혹은 스피노자와 유학이라는 주제는 조금 엉뚱하다는 생각이 들 수 있다. 우선 이 분야에 대한 연구가 그렇게 많지 않고, 스피노자가 남긴 자료들도 거의 없기 때문이다. 우리는 이 주제의 실마리를 1939년에 매버릭(L. A. Maverick)이 발표한 논문(「A possible Chinese source of Spinoza's doctrine」)에서 찾을 수 있다. 매버릭도 자신의 논문에서 가능성을 말하였지만 스피노자가 확실하게 중국철학의 영향을 받았다고 단정하지는 않았다. 그는 우리에게 계속 연구해볼 수 있는 좋은 문제를 제기한 것 같다.

매버릭은 자신의 가설을 뒷받침하기 위하여 바렌(Bernhard Varen, 1622~1650)의 저서에 나오는 중국 종교에 대한 설명을 그대로 자신의 논문에 실었다. 이 내용을 자세히 읽어보면 여러 면에서 스피노자의 철학과 중국 종교, 특히 신유학 사이에 유사성이 보인다. 물론 이 유사성이 스피노자가 직접적으로 중국 유학의 영향을 받았다는 증거가 될 수는 없다. 그렇지만 이 논문이 두 철학 사이에 보이는 유사성에 대한 호기심을 자극하기에 충분하다.

이 장에서는 지금까지 이루어진 연구를 바탕으로 매버릭과 영향 관계를 주장하는 학자들의 주장을 살펴보고, 나아가 실제로 어떠한 유사성이 있는지를 살펴보려고 한다. 스피노자의 철학이 실제로 중국철학의 영향을 받았는지를 밝히는 일도 중요하지만 두 철학 사이에 보이는 유사성을 조사하는 일도 큰 의미가 있을 것으로 생각된다. 두 철학을 비교하는 과정에서 우리는 서양철학과 동양철학 사이에 더 많은 대화가 이루어져야 한다는 필요성도 느끼게 될 것이다.

스피노자와 중국철학

스피노자의 철학과 중국철학 사이에 유사성이 있다는 것을 처음으로 말한 사람은 바로 프랑스의 철학자 벨(Pierre Bayle, 1647~1706)이다. 그가 1697년에 출판한 책 『역사와 비판 사전』(Dictionnaire historique et critique)에서 스피노자를 무신론자라 비판하였다. 그리고 그와 같은 이론을 주장한 사람들은 고대와 당시의 유럽과 동양에 다수가 있었다고 하면서 특별히 일본과 중국의 불교도와 중국의 유가를 예로 들었다. 스피노자의 철학이 중국철학의 영향을 받았다고 벨이 직접적으로 말하지는 않았으나 중국철학을 상당히 상세하게 설명하는 것으로 보아 그러한 가능성도 생각했던 것 같다.

벨은 중국 종교에 대한 주석 B에서 불교와 도교 그리고 유교를 비교적 자세하게 설명하였다. 이 주석을 보면 그는 파리에서 1687년 출판된 쿠플레의 책 『중국의 철인 공자』에 있는 내용을 인용하고 있다. 벨은 여기서 교종(敎宗)과 선종(禪宗)을 구분하여 설명하고 있는데, 선종을 설명하는 부분이 특히 관심을 끈다.

> 그들은 우리의 최초 선조가 공허(vacuum)에서 나왔고 죽은 후에는 다시 그곳으로 되돌아간다고 말한다. 이것은 모든 사람에게 똑같아서 죽으면 본래의 원리(공허)로 돌아간다. 우리와 모든 요소 그리고 모든 생물은 공허의 일부를 이루고 있다. 그래서 다만 하나의 동일한 실체만 존재하고 개별적인 존재는 오직 모양과 성질 혹은 내부의 배열들에 있어서만 다를 뿐이다. 물이 언제나 본질적으로는 물이지만 눈의 형태를 가지기도 하고, 우박이나 비 혹은 얼음이 되기도 하는 것과 같다.[93)]

여기까지는 벨이 인용한 부분이고 다음에는 그의 생각이 나온다. "어떤 사람이 식물, 동물, 사람이 실제로 동일하다고 주장하고, 또 그 이론이 모든 개별적인 존재는 그것들의 원리인 공허와 다르지 않다는 주장에 근거하고 있다면 우리는 황당할 것이다. 더욱이 이 원리가 생각이 없고, 힘도 없고, 덕도 없다고 주장한다면 더 황당할 것이다. 그렇지만 선사(禪師)들은 이렇게 주장한다. 그들은 활동이 없는 완전히 정지한 그 원리를 가장 완전한 것으로 만들었다."194)

여기서 원리(principle)는 신 같은 만물의 근원을 가리키는 말이다. 벨의 말을 가만히 들어보면 그는 불교의 선종을 설명한다면서 실제로는 신유학의 본체론을 설명하고 있다. 단지 공허(vacuum)라고 한 것이 불교에서 말하는 공(空)과 유사할 뿐이다. 전체적으로 보면 그의 설명은 신유학자 장재의 기일원론과 동일하다.

장재는 만물의 근원을 태허(太虛)라 이름하고 그것에서 모든 사물이 생겨났다고 주장하였다. 그리고 모든 것은 소멸하여 다시 태허로 돌아가고 거기서 다시 만물이 발생한다고 하였다. 사물은 모두 태허에서 나왔기 때문에 근본적인 면에서는 동일하지만 기의 차이로 말미암아 개별적인 차이가 있게 된다. 태허는 그 이름은 다르지만 사실 기(氣)의 한 형태일 따름이다. 그러므로 이 세계의 모든 사물은 하나의 기에서 나왔고 결국 하나의 기로 되돌아갈 수밖에 없다.

세계의 모든 것은 기의 변형된 형태일 뿐이니 근본적인 차이는 존재하지 않는다. 사람이나 동물이나 심지어 나무나 바위까지도 사실 같은 기의 다른 모습일 뿐이다. 그런데 벨은 이 공허가 생각도 없고, 힘도 없고, 덕도 없다고 설명하고 있는데, 이것은 사실 주희가 리(理)를 설명하면서 한 말과 비슷하다. 이 부분에 대해 벨은 스피노자의 신은 이와 다르다는 점을 분명히 설명하고 있다.

벨의 이러한 생각을 이어받아 스피노자가 중국철학의 영향을 받았다고 용감하게 주장한 사람은 바로 뷔리니(Jean Lévesque de Burigny)다. 그는 1724년 헤이그에서 출판한 저서 『이교도

철학의 역사』(Histoire de la philosophie payenne)에서 스피노자가 자신의 이론을 중국철학에서 빌려왔을 가능성이 있다고 주장하였다.195) 뷔리니는 우리가 신의 일부라는 어리석은 믿음은 스피노자의 발견이 아니라고 하면서, 이집트인, 페르시안인, 캐벌리스트(유대교 신비주의자), 스토아학파, 그리고 동양인 가운데 이미 그런 이론을 믿었던 사람들이 있다고 하였다.

그는 인도 사람 가운데 세계는 거대한 정신이고 사람과 동물의 정신은 그것의 부분이라고 믿는 사람들이 있다는 것을 철학자이면서 여행가인 베르니에(Bernier)의 책에서 인용하였고, 트리고(Trigault)의 책에서도 인용하였다. 그는 "트리고 신부는 중국의 유가들은 신을 세계의 정신으로 믿는다"196)고 하였다. 뷔리니는 트리고 신부의 이 말을 1615년에 출판한 『기독교의 중국 선교』(De Christiana expeditione apud Sinas)에서 직접 인용한 것이 아니고 1649년 바렌이 출판한 『일본왕국』에서 가져왔다.

바렌은 하노버에서 태어난 사람으로 유럽에서 지리학 연구를 부활시킨 사람이다. 그의 학구적인 일반 지리학은 한 세기가 넘는 동안 지리학 연구의 표준으로 받아들여졌다. 1649년에 출판된 『일본왕국』에는 일본에 관한 서술뿐 아니라 시암(태국)에 관한 보고서, 아프리카 종교에 관한 기록 등이 포함되어 있다. 중국의 종교에 대한 설명은 이 책의 제2부에 나온다. 이 부분은 사실 자신이 직접 쓴 것이 아니라 트리고의 책에 나오는 내용을 그대로 인용한 것이다.

매버릭은 1939년에 발표한 그의 논문에서 스피노자가 중국철학의 영향을 받았을 가능성이 있다고 주장하였다. 매버릭은 스피노자가 바렌의 저서를 읽었을 가능성이 매우 높다고 생각한다. 바렌의 책이 나왔을 때 스피노자의 나이는 16세로 한창 감수성이 예민할 때고, 호기심이 강한 때였기 때문에 그 책을 읽었을 가능성이 있다는 것이다.

그리고 매버릭에 의하면 이때 스피노자가 유대교를 떠날 것을 심각하게 고려하기도 했는데, 바렌의 저서와 관계가 있는 것이 아닐까 추측하기도 했다. 실제로 스피노자의 생애를 연구한 학자들에 의하면 그가 15세를 전후하여 이미 자신이 부딪힌 문제들을 유대교 안에서는 풀 수 없다고 생각하였다.197) 그렇다면 스피노자는 당시 무언가 새로운 돌파구가 필요했을 때라고 볼 수 있다.

매버릭은 스피노자가 직접 바렌의 책을 읽었을 가능성 외에 다른 가능성에 대해서도 언급하였다. 스피노자가 영향을 받은 기독교도 가운데 반 덴 엔데(Van den Ende)라는 사람이 있는데, 한때 예수회 회원이었던 그는 정력적인 고전학자였을 뿐 아니라 시인·희곡 작가 기질도 다분히 갖추고 있었다. 그는 1645년부터 암스테르담에서 살게 되었는데 얼마 동안 책 장사도 하였고 1652년부터 라틴어 학교도 운영하였다.

매버릭은 스피노자가 1652년부터 이 학교에서 라틴어를 배웠다고 하였다.198) 그러나 이 연대에 대해서는 여러 주장이 많다. 예를 들어 내들러(Nadler)는 스피노자가 유대교에서 파문당하기 전인 1654년이나 1655년부터 라틴어 학교에서 라틴어를 배웠을 수도 있고, 파문당한 후인 1657년이 될 수도 있다고 주장하였다.199) 스피노자는 1656년 7월 24세의 나이에 유대교에서 파문을 당했다.

매버릭은 당시 중국 선교가 유럽의 중요한 문제이기도 했기 때문에 엔데도 상당히 관심을 가졌을 것이라고 추측하였다. 또 엔데는 자유사상가로서 다른 사람들과 마찬가지로 중국철학에서 영감을 얻으려고 그것에 관심을 가졌을 거라 보았다. 이러한 엔데의 중국에 대한 관심은 그의 제자인 스피노자에게도 영향을 끼쳤을 가능성이 충분하다. 매버릭에 의하면 엔데는 책장사를 한 적이 있어서 바렌의 책이 가지고 있는 장점을 알았을 것이고, 그 내용도 알았을 것이다. 그리고 그 내용들이 관심 분야에 속하는 것이라 그의 제자들도 열심히 읽었을 가능성이 높다. 이러한 분위기로 봤을 때 젊은 스피노자도 바렌이나 트리고의 책에서 영향을 받았을 수도 있다는 가능성이 보인다.

바렌의 저서 『일본왕국』

바렌의 저서 『일본왕국』에서 매버릭이 주목한 부분은 바로 중국의 종교를 설명한 곳이다. 바렌은 이 내용을 트리고의 책에서 인용하였음을 분명히 밝혔다. 『기독교의 중국 선교』는 원래 마테오 리치가 이탈리아어로 쓴 것을 트리고가 라틴어로 번역하여 1615년에 아우크스부르크에서 출판한 책이다.

트리고는 1577년 두에이(Douai)에서 태어났고, 1594년 17세의 나이에 예수회에 들어가 교육을 받았다. 1610년 중국 선교를 위해 마카오에 도착하였고, 남경, 항주, 북경 등에서 활동하였다. 중국에서 2년 반 동안 선교 활동을 하다가 당시의 선교 책임자였던 롱고바르디의 부탁을 받고 다시 유럽으로 떠났고, 1614년 10월에 로마에 도착하였다. 유럽에서 3년 반을 머문 뒤 다시 1620년 중국으로 돌아갔다.

트리고의 책에는 중국의 문화와 과학 그리고 지리 등에 대한 설명, 선교사들의 활동과 리치 자신의 선교 활동에 대한 것이 상세하게 기록되어 있다. 또 중국의 종교들에 대해서도 상당히 자세하게 설명하고 있다. 바렌이 그대로 인용하고 있는 부분이 바로 이것이다. 그리고 그 설명 가운데 스피노자의 철학과 관련이 있을 것 같은 내용도 있다. 바로 이런 내용 때문에 매버릭은 스피노자가 실제로 중국철학의 영향을 받았을 가능성이 있다고 추정하기도 하였다. 바렌의 책은 중국 종교에 대한 설명을 이렇게 시작하고 있다.

> 중국에서 20년을 산 예수회 니콜라스 트리고 신부는 그의 책 제1권 제10장에서 중국 종교를 이렇게 설명했다. 우리가 유럽에서 알고 있는 이교도 가운데 중국인이 아주 고대부터 가장 적은 오류를 범했다. 그들의 책에 의하면 그들은 처음부터 천제(天帝) 혹은 천지(天地)라고 부르는 한 분의 최고신을 섬겼다. 천지라는 이름으로 볼 때, 아마 고대 중국인은 하늘과 땅을 생명체로 생각하였고, 그 거대한 생명체의 정신을 최고의 신으로 섬긴 것 같다. 그들은 또 이 신 아래에 있는 산과 강 그리고 대지의 사방을 수호하는 갖가지 신을 섬겼다.[200]

이 설명에서 눈에 띄는 부분은 역시 중국인이 이 세계를 하나의 살아 있는 생명체로 보았다는 것과 그것의 정신을 최고신으로 섬겼다는 내용이다. 이것은 리치가 이해한 중국인의 세계관이고 신관(神觀)이다. 1603년 리치가 중국에서 출판한 『천주실의』를 보면 그가 이해한 중국인의 신관이 잘 나타나 있다.

그가 중국인의 신관을 이해하는 데는 아마 어려움도 많았을 것이다. 중국인이 천(天)과 상제(上帝) 그리고 천지(天地) 같은 말들을 다양한 의미로 사용하는 것도 이해하기 어려운 부분이다. 예를 들어 중국인은 천을 어떤 때는 물리적인 하늘이라는 의미로 사용하기도 하고, 또 어떤 때는 인격적인 존재의 의미로 사용하기도 한다. 또한 중국인은 하늘에 제사지내고 천지에도 제사지내며, 산과 강 그리고 사방(四方)에도 제사지낸다. 리치는 이런 것들을 이해하는 데 어려움이 있었을 것이다.

사실 중국인이 하늘에 제사지내거나 산이나 강에 제사지내는 것은 그것을 담당하는 신들에게 지내는 것이지 하늘, 산, 강에다 지내는 것은 아니다. 이것은 조상의 산소에다 제사지내는 경우도 마찬가지다. 얼른 보면 산소에다 제사지내는 것 같지만 그것이 아니라 조상의 영혼에 제사지내는 것이다.

이것을 보고 리치는 중국인이 이 세계를 거대한 생명체로 여긴다고 믿었고, 그 생명체의 정신을 절대자로 생각한다고 판단하였던 것 같다. 이러한 리치의 판단은 중국인이 자주 말하는 물아일체(物我一體)나 만물일체(萬物一體)와도 관련이 있다. 자연과 인간을 서로 분리된 것으로 생각하기보다 그것이 하나라고 강조하는 것이 중국의 일반적인 사상이기 때문이다.

그렇다면 우리 몸의 주인이 우리의 정신이듯이 이 세계에도 그런 존재가 있을 것이니 그것이 바로 신이라고 생각할 수 있다. 중국인이 믿는 신을 이렇게 이해하여 리치는 중국인이 다른 이교도들에 비해 오류를 가장 적게 범했다고 말한 것이다. 물론 이러한 신에 대한 이해는 기독교의 신과 여전히 거리가 멀지만 그래도 다른 이교도들의 믿음에 비하면 기독교의 신과 가깝다고 보았다.

그러나 우리의 정신이 몸을 떠나서 홀로 존재하는 것이 불가능하듯이 중국인이 믿는 신도 물질적인 세계를 떠나서 홀로 존재하는 것이 불가능하다면 역시 기독교의 신과 거리가 있다. 리치는 중국인이 물질적인 하늘과 신적인 존재로서 하늘을 분명하게 구분하지 않는 것에 대해 상당히 불만이 많았다. 그러면서도 중국인의 그러한 전통을 이해하려고 노력하였음을 위의 인용문이 잘 보여주고 있다.

리치는 당시의 지식인인 신유학자들이 세계를 다스리는 인격적인 존재를 믿지 않는다는 사실을 잘 알고 있었다. 그러나 고대의 중국인은 인격적인 신에 대한 믿음이 있었다고 확신하였다. 이것은 실제로 고대 경전에 잘 나타나고 있다. 경전에는 고대인들이 인격적인 천과 상제를 섬기고 있었다는 내용이 많다. 리치의 입장에서 보면 고대 중국인은 옳고 당시의 중국인은 잘못된 길을 가고 있는 것이다. 그는 선교사들이 이것을 바로잡는 것이 그들의 임무라고 굳게 믿었다. 그는 신유학의 세계관을 이렇게 정리하고 있다.

내가 생각할 때 지금 널리 알려진 견해는 5세기 전 우상을 숭배하는 교파들에 의해 소개된 것 같다. 유학자들은 주장하기를, 전체 우주는 같은 실체(substance)로 구성되어 있고, 그것의 창조자는 하늘과 땅, 사람과 동물, 나무와 풀 그리고 사원소와 함께 하나의 연속체를 구성하고 있고, 창조자의 거대한 몸은 개별적인 사물로 구성되어 있다고 하였다. 이 실체의 단일성을 가지고 그들은 피조물들이 서로 사랑하고 단결해야 한다고 가르친다. 또 그들은 상제와 하나라는 사실에서 인간이 신과 유사하게 될 수 있다고 가르친다. 우리는 이러한 어리석은 생각들을 도리에 의해서 뿐만 아니라, 아주 다르게 가르치는 중국 고대의 성인들의 증언을 통해 반박하려고 노력하고 있다.201)

여기서 리치가 설명하고 있는 내용은 신유학자들의 세계관이다. 신유학자들은 이 세계가 동일한 기(氣)로 구성되어 있다고 가르친다. 그리고 리치가 이해한 바에 의하면 신유학자들은 창조자와 창조물 사이에 본질적인 차이를 인정하지 않고 있다. 이러한 리치의 신유학에 대한 이해는 다분히 기일원론쪽에 가까운 것 같다. 그래서 그는 신유학의 리(理)를 아주 낮게 평가하고 있다.

리치는 『천주실의』에서 "리는 곧 속성으로서, 제 스스로 자립할 수 없는데 어떻게 이성 능력과 지각 능력을 가질 수 있고 자립하는 실체가 될 수 있습니까? 리는 사람보다 비천합니다. 리가 사물을 위한 것이지 사물이 리를 위한 것이 아닙니다"202)라고 단언하였다.

그는 천주(天主)와 리를 분명하게 구분하고 기독교의 신에 해당하는 것은 바로 천주라고 강조하였다. 리에 대한 이러한 이해로 말미암아 리치는 중국인이 하나의 실체만을 인정한다고 믿었던 것이고, 리를 기독교의 신과 동일하게 볼 수 없었다.

신유학에서 기독교의 신에 해당하는 개념을 찾을 수 없었던 리치는 결국 고대 경전에서 그것을 찾으려 하였고, 그가 찾은 것이 바로 상제였다. 그럼 상제는 기독교의 신과 완전히 일치할 수 있는가? 그는 당시 신유학자들을 반박하기 위해 고전에 나오는 상제를 들고 나왔지만 고대 중국인의 종교가 기독교와 똑같다고 믿지는 않은 것 같다. 그것은 앞에서 인용한 리치의 첫번째 설명에 잘 나타나 있다.

기독교의 신은 피조물과는 완전히 다른 차원의 존재다. 그런데 리치가 볼 때 중국인은 모든 것이 하나라는 생각을 하고 있기 때문에 인간이나 신은 결국 같다고 생각한다. 그는 이것이 잘못된 생각이라고 보고 그것을 깨우쳐주려고 노력하였다.

리치는 천인합일(天人合一) 같은 사상을 알았고, 그것을 기독교적인 관점에서 해석한 것이리라. 창조주와 피조물이 구분이 안 되는 것을 기독교에서는 용납할 수 없다. 리치는 유학을 또 이렇게 설명하고 있다.

우리가 말했듯이 유학자들은 한 분의 최고신을 인정하지만 그들은 그 신을 위한 신전을 세우지 않고, 신을 섬기기 위한 어떤 장소를 지정하지도 않는다. 그래서 사제나 종교적인 관리(官吏)도 없고 모든 사람이 지켜야 하는 엄숙한 의식도 없다. 그뿐만 아니라 위반해서는 안 되는 특별한 계율도 없다. 그리고 신성한 의식을 설명하고 교회법을 발표하며 그것들을 위반하는 죄를 짓는 사람들을 처벌하는 지도자도 없다. 사적으로나 공개적으로 신의 이름으로 암송하거나 노래하지도 않는다. 반대로 그들은 천제에게 희생을 바치고 신을 섬기는 의무는 오로지 황제에게만 있다고 주장한다.203)

하늘에 제사지낼 수 있는 사람은 오직 황제뿐이다. 이것도 리치가 이해할 수 없었던 일이었을 것이다. 하늘이 최고의 신이고 기독교의 신 같은 존재라면 모든 사람이 제사지내고 섬겨야 할 것인데 어째서 황제만 그렇게 하는가? 리치가 설명한 내용을 보면 유교에서 최고신을 섬기는 방식이 기독교의 방식과 아주 다르다.

중국에서 황제만 하늘에 제사지낼 수 있는데 사실 그것은 황제가 천자(天子)이기 때문이다. 하늘의 아들이 황제고, 아들의 자격으로 하늘에 제사지낼 수 있는 것이다. 그리고 일반인들은 자신의 부모에게만 제사지낼 수 있다. 실제로 일반인들은 자신의 조부모에게도 제사지낼 수 없다. 이것이 왜곡되어 많은 사람이 자신의 먼 조상에게까지 제사지내고 있는데 사실 이것은 유교의 원래 가르침이 아니다.

스피노자의 범신론

스피노자의 『윤리학』 제1부는 "신에 관하여"라는 제목으로 되어 있고, 8개의 정의로 시작하고 있다. 그 가운데 가장 중요한 것은 실체(substance)에 대한 정의다. 그는 실체를 이렇게 정의하였다. "나는 실체(實體)란 자신 안에 있으며 자신에 의해 생각되는 것이라고 이해한다. 즉 그것의 개념을 형성하기 위하여 다른 것의 개념을 필요로 하지 않는 것이다."204)

어디에도 의존하지 않는 실체는 무한하기(제1부, 정리 8) 때문에 오직 하나만(제1부, 정리 14) 존재할 수밖에 없다. 실체가 무한하지 않다면 다른 존재가 또 있게 되어 실체는 제한을 받을 수밖에 없다. 그래서 실체는 둘이 존재할 수 없다. 두 가지의 실체가 존재한다면 이미 무한한 것이 아니다. 그리고 이 실체는 무한한 속성을 소유하고 있다. 이것을 스피노자는 정의 6에서 이렇게 설명하였다. "나는 신을 절대적으로 무한한 존재, 즉 모든 것이 각각 영원하고 무한한 본질을 표현하는 무한한 속성으로 이루어진 실체로 이해한다."205)

데카르트가 말한 사유와 연장(延長)은 실체의 무한한 속성 가운데 인간이 인식할 수 있는 두 가지 속성일 뿐이다. 그래서 스피노자에게는 정신과 물질이 서로 다른 실체가 아니라 결국은 같은 실체의 두 가지 측면에 불과하다. 실제로 존재하는 모든 것은 두 가지 측면으로 이해할 수 있다. 그리고 처음부터 사유와 연장은 두 가지가 아니었다. 신의 말씀(관념)에서 모든 물질적인 것이 창조되었기 때문이다. 여기서 정신과 물질을 엄격히 구분하는 데카르트적인 이원론은 부정된다. 존재하는 모든 것은 정신적이면서 동시에 물질적이기도 하다.

이 무한한 실체는 신이라고 할 수 있지만 기독교에서 말하는 신과는 상당히 다르다. 기독교의 신은 만물을 창조한 창조주이기에 피조물과는 완전히 다른 존재지만 스피노자의 신은 피조물과 구별되는 그런 존재가 아니다. 신과 피조물이 분리된다면 신의 무한성은 피조물에 의해 제한될 수밖에 없다. 그래서 신은 피조물과 분리되는 존재가 되어서는 안 된다. 무한한 존재이면서 피조물과 분리되지 않는 존재가 있다면 그런 것은 자연밖에 없다. 그래서 스피노자는 신이 바로 자연이라고 분명하게 말하고 있다. 전통적인 기독교의 신은 스피노자의 철학에서는 이미 설 자리가 없다.

또한 스피노자가 생각한 신은 기독교에서 말하는 신 같은 인격적인 존재도 아니다. "신의 본성에는 지성도 의지도 없다"206)는 그의 주장이 이것을 잘 말해주고 있다. 인간의 행동을 감시하고 인간의 기도를 들어주는 그런 존재가 아니다. 인간과 같이 생각하고 느끼는 그런 존재가 아니기 때문에 인간의 선악에 대해 상을 주거나 벌을 내리지도 않는다.

그래서 그는 "원래 신은 아무도 사랑하지 않으며 아무도 미워하지 않는다. 왜냐하면 신은 <제5부, 정리 17에 의하여> 기쁨이나 슬픔의 정서 어느 것에 의해서도 작용받지 않는다. 따라서 신은 <정서의 정의 6과 7에 의하여> 아무도 사랑하지 않고 미워하지 않는다"207)고 단언하였다. 자연의 모든 일은 필연적인 법칙에 따라서 일어날 뿐이다. 이러한 필연적인 일을 바꿀 수 있는 방법은 없다.

　자연으로서 신은 과거의 모든 개별적인 사물을 포괄할 뿐만 아니라 미래의 모든 개별적인 사물도 포괄한다. 순간 순간 변화하는 자연의 모든 것이 신의 모습이라는 것이다. 여기서 스피노자는 능산적 자연(natura naturans)과 소산적 자연(natura naturata)을 구분하였다. 이것을 그는 이렇게 설명하였다.

　　더 논의를 전개하기에 앞서 나는, 여기서 능산적 자연과 소산적 자연을 우리가 어떻게 이해할 것인지, 혹은 이 점에 대해 더 주의해야 할 점을 설명하겠다. 왜냐하면 내가 믿기로는 지금까지의 사실에 이미 다음이 밝혀질 것이기 때문이다. 즉 우리는 능산적 자연을 그 자체 안에 존재하며 그 자신에 의하여 파악되는 것, 아니면 영원하고 무한한 본질을 표현하는 실체의 속성, 곧 <정리 14의 보충 1과 정리 17의 보충 2에 의하여> 자유로운 원인으로 고찰되는 신으로 이해하지 않으면 안 된다. 그러나 나는 소산적 자연을 신의 본성이나 신의 각 속성의 필연성에서 생기는 모든 것, 즉 신 안에 존재하며 신 없이는 존재할 수도 없고 파악될 수도 없는 그러한 것으로 고찰되는 신의 속성의 모든 양태로 이해한다.208)

　스피노자의 능산적 자연과 소산적 자연을 이해하는 것은 쉽지 않다. 스피노자는 분명히 능산적 자연을 신이라고 정의하였다.

그렇다면 이때 스피노자가 말하는 신이란 어떤 존재인가? 이 신이 바로 전통적으로 사람들이 정의했던 성격의 신이라고 할 수 있다. 이 세상에서 유일하고 무한하며, 또한 무한한 속성을 가진 존재로 모든 것의 원인이고 자신의 원인이기도 한 그런 존재다. 이 신은 영원하기에 사라지지 않을 것이고 또 변화하지도 않을 것이다.

소산적 자연은 매 순간 드러나는 자연의 모습으로, 항상 변하고 생성과 소멸을 반복하는 그런 자연의 총체를 말한다. 매 순간 자연의 모습은 신의 양태라고 할 수 있다. 드러나는 자연은 신의 일부를 보여줄 뿐이다. 신은 무한하고 영원하기 때문에 그 모습이 완전히 다 드러날 수 없다. 그러나 능산적 자연과 소산적 자연이 분리되는 것은 아니고 언제나 하나로 합쳐져 있다. 능산적 자연은 소산적 자연의 원인이며 가능태라 할 수 있고, 소산적 자연은 결과로서 현실태라 볼 수 있다.

이제 자연은 신의 피조물이 아니라 신과 일체로서 자신의 안에 모든 것의 원인을 가지고 있는 존재다. 기독교에서 자연은 자신의 내부에 원인을 가진 것이 아니라 신 안에 그 원인을 가진 존재다. 스피노자는 이와 같이 기독교적인 세계관을 거부하고 일원론적인 세계관을 확립하였다. 스피노자가 생각한 자연은 물질 덩어리가 아니라 신이 드러난 모습이니 신성한 존재가 아닐 수 없다. 그러나 전통적인 기독교의 신은 사라지고, 남아 있는 것은 우리가 눈으로 보고 만질 수 있는 자연만 남게 되었다.

주희의 범신론

주희(朱熹, 1130~1200)가 인격적인 초월자를 생각했는가 혹은 그렇지 않은가의 문제는 신유학의 종교적인 성격을 규명하는 데 결정적인 역할을 한다. 그런데 이 문제는 그의 리기론(理氣論)과 결합되어 더욱 복잡해졌기 때문에 사람들이 명확하게 판단할 수 없게 되었다. 그래서 어떤 사람들은 주희가 인격적인 초월자를 인정했다고 주장하기도 하고, 또 어떤 사람들은 그렇지 않다고 주장하기도 한다. 이 문제를 우리가 더 명확하게 파악하기 위해서는 천(天)에 대한 주희의 견해와 리(理)에 대한 그의 생각을 면밀히 살펴볼 필요가 있다.

풍우란(馮友蘭)은 『중국철학사』에서 천의 의미를 다섯 가지로 나누어 설명하고,[209] 『시경』, 『서경』, 『좌전』(左傳), 『국어』(國語) 등의 경전에 나오는 천은 물질적인 천을 제외한다면 모두 주재(主宰)의 의미를 지닌 천인 것 같다고 말했다. 그뿐만 아니라 『논어』에 나오는 천도 모두 주재의 의미로 사용되었다고 단정하고 있다. 그의 이러한 주장은 결국 고대의 중국인에게 인격적인 초월자에 대한 믿음이 매우 일반화되어 있었음을 말한다.

송대의 성리학자들은 이러한 고대의 천관(天觀)을 그대로 계승하지 않고 더 합리적인 해석을 하려고 시도하였다. 우리는 우선 대표적인 예를 정이의 천관에서 볼 수 있다. 그는 천을 리라고 분명하게 밝혔다.[210] 리는 인격적인 초월자가 아니라 자연에 내재하는 법칙이나 원리에 가깝다. 그래서 서원화(徐遠和)는 이정의

이론을 범신론으로 분류하였다.211)

주희도 이러한 정이의 견해를 수용하여 천을 리로 해석하였다. 그는 『논어』에 나오는 "하늘에 죄를 지으면 빌 곳도 없게 된다"212)는 문구의 주(註)에서 "하늘은 곧 리다"라고 분명하게 말했다. 또한 『맹자』에는 "큰 나라로서 작은 나라를 섬기는 사람은 하늘을 즐거워하는 자요, 작은 나라로서 큰 나라를 섬기는 사람은 하늘을 두려워하는 사람이다. 그러므로 하늘을 즐거워하는 사람은 천하를 보전하고, 하늘을 두려워하는 사람은 그 나라를 보전할 수 있습니다"213)라는 글이 있는데, 주희는 주에서 "하늘은 리일 뿐이다"라고 하였다.

하늘을 리라고 주장한 것이 어떤 의미를 갖는지 이해하기 위해서는 리와 기의 관계를 살펴볼 필요가 있다. 주희는 리와 기라는 개념을 가지고 세계와 인간을 모두 설명하려고 하였다. 리는 비질료적인 것이고, 기는 질료적인 것이다. 리는 정신적이고 기는 물질적이지만 이 둘은 근본적으로 다르지 않다. 이것은 결국 같은 것의 두 가지 다른 모습일 뿐이기 때문에 데카르트의 정신과 물질 이원론과는 아주 다르다. 데카르트는 정신과 물질은 서로 다른 실체이기 때문에 서로 영향을 미칠 수도 없을 정도로 다른 것이라고 하였다. 그러나 주희는 리와 기는 서로 딱 붙어 있어서 서로 분리할 수 없다고 말했다.

주희는 어떤 때는 리와 기는 확연히 다른 것이라 말하기도 하고, 또 어떤 때는 리와 기는 나뉠 수 없는 것이라고 말하기도 하여 많은 사람이 그것을 해석하는 데 어려움을 겪기도 했다. 이 말을 해석할 때 역시 우리는 주희가 천을 리로 보았다는 사실을 고려할 필요가 있다.

　말하자면 주희는 세계 밖에 있던 초월자를 세계 안으로 불러들인 것이다. 그것이 바로 리라고 할 수 있다. 그렇기 때문에 서양의 선교사들이 중국에 와서 신유학자들을 무신론자라 하고, 리는 결코 서양의 신이 될 수 없다고 단정하였다. 중국의 전통을 상당히 존중하면서 선교했던 리치도 신유학의 리를 기독교의 신으로 보는 것에는 반대하였다. 만일 주희의 리를 서원화가 주장하듯 절대정신으로 이해했다면214) 리치도 그것을 신으로 보았을 것이다.

　기는 질료적이기에 우리가 눈으로 보는 세계는 기로 이루어져 있다고 할 수 있다. 이 물질적인 세계를 움직이는 법칙은 리로서 이 세계 안에 있고, 이 세계 밖에는 존재하지 않는다. 이것이 바로 주희의 생각이다. 그리고 이 세계에 존재하는 사물은 자신 안에 존재하는 법칙에 따라 변화하고 발전한다는 것이다.

　또 주희는 주돈이가 만물의 근원이라고 한 태극을 리로 정의하였다. 이것을 보면 주희는 비질료적인 리가 만물의 근원이라고 생각했음을 알 수 있다. 그리고 그는 태극을 만물의 리를 종합한 것이라고 말하기도 했다. 이러한 주희의 설명을 들으면 태극은 서양철학에서 말하는 신(神)과 같다는 것을 금방 알 수 있다.

　신이 관념으로 만물을 이미 자신 안에 가지고 있듯이 태극은 만물의 이치를 이미 처음부터 다 가지고 있는 것이다. 그러나 태극은 만물 밖에 초월적인 존재로 있는 것이 아니라 만물 안에 들어와 있다는 것이 전통적인 기독교의 신과 다른 점이다.

　주희는 개별적인 사물 하나하나도 태극을 가진다고 해서 정이의 리일분수설을 이어받았다. 리는 하나지만 동시에 다양한 사물에 두루 나타날 수 있다는 것이다. 이것을 주희는 "천지에 있어서 말한다면 태극은 천지의 가운데 있고, 만물에 있어서 말한다면 만물 가운데 각각 태극이 있다"215)고 설명하였다. 또 다른 곳에서는 "대개 합해서 말하면 만물 전체가 하나의 태극이고, 나누어 말하면 하나의 사물이 각기 하나의 태극을 갖추고 있다"216)고 말하기도 하였다.

하지만 주희가 여기서 두 종류의 태극이 있다는 것을 말하려고 하는 것이 아니다. 다시 말해 하나의 전체적인 태극과 개별적인 각각의 사물에 들어 있는 태극, 두 가지가 있다고 생각해서는 안 된다. 실제로 존재하는 것은 하나의 태극일 뿐이라는 것이 그의 생각이다. 그러나 이 하나의 태극은 동시에 다양한 만물 속에 각각 존재할 수 있다.

그래서 그는 "태극이 별도로 하나의 사물이 되는 것은 아니다. 음양에 나아가서는 음양에 있고, 오행에 나아가서는 오행에 있고, 만물에 나아가서는 만물에도 있다. 다만 하나의 리일 뿐이지만, 그 지극한 것으로 말미암아 태극이라고 이름했을 뿐이다"217)라고 말하기도 하고, 또 "천지만물을 총괄하여 말하면 다만 하나의 리가 있을 뿐이고, 사람 또한 각기 하나의 리를 가진다"218)고 말하기도 하였다.

두 범신론의 유사성

스피노자의 일원론은 몇 가지 점에서 주희의 일원론과 유사하다.

첫째는 세계가 하나의 실체로 이루어져 있다고 본 점이다. 스피노자는 그 실체를 신 혹은 자연이라 불렀다. 스피노자가 말하는 신은 사실 자연으로 그 모습을 드러낸다. 이때 사유와 연장은 동일한 실체의 두 가지 속성이고, 정신과 물체는 양태일 따름이다. 주희의 일원론에서 실체로 볼 수 있는 것은 태극 혹은 리뿐이다.

어떤 학자들은 주희의 철학을 리기이원론(理氣二元論)이라 부르는데 이것은 잘못되었다. 왜냐하면 리는 영원하고 불변하는 것이지만 기는 끊임없이 생겨나고 사라지는 가변적인 존재이기 때문이다. 그래서 기는 실체가 될 수 없다. 결국 주희의 세계관에 의하면 실체인 리가 있고, 그것에 근거를 둔 기(氣), 이 두 가지가 이 세계를 이루고 있다. 이 세계는 리가 자신의 모습을 드러낸 것이라고 해석할 수 있다. 또 주희에 의하면 정신과 물질은 근본적으로 다른 것이 아니다. 정신이나 물질이나 모두 리와 기로 이루어진 존재이기 때문이다.

둘째로 이 두 철학에서 같은 점은 신에 해당하는 것이 이 세계 밖에 존재하는 것이 아니고 세계 안에 들어와 있다는 것이다.[219] 창조자와 피조물이 하나로 합쳐진 것이 다른 세계관과 크게 다른 점이다. 거대한 창조자는 스스로 모습을 드러내었고, 자신의 모습을 무한하게 변화시키고 있다. 이것이 바로 스피노자가 말한 신이 곧 자연이라는 명제다.

용어는 좀 다르지만 주희가 생각한 신과 자연의 모습도 결국 같다. 만물의 근원이면서 만물의 이치를 모두 갖추고 있는 태극은 이 세계를 초월해서 존재하는 것이 아니라 이 세계 안에 존재하고 모든 사물 안에 있다. 어떤 학자들은 태극이나 리가 만물을 초월하여 존재하는 것으로 해석하는데, 이러한 해석은 주희의 생각을 제대로 반영하지 못한 것이다.

셋째로 스피노자의 능산적 자연과 소산적 자연의 구분은 주희의 철학에서 리와 기의 구분과 유사하다. 스피노자의 능산적 자연은 신 같은 것이라 하였으니, 능산적 자연은 영원하고 불변하며 모든 것을 자신 안에 포함하고 있어야 한다. 주희가 말한 리가 바로 그런 존재고, 또 모든 현실세계의 원인이기도 하다. 소산적 자연은 존재하는 모든 현실세계이고 신의 양태로서 영원히 움직이고 변화하는 모습이다.

주희가 말하는 기는 현실을 이루는 질료로 가만히 있지 않고 순간순간 새로운 세계의 모습을 만들어간다. 이때 기로 만들어진 세계는 스피노자가 말한 소산적 자연과 같다고 하겠다. 그렇지만 기가 만들어내는 세계의 모습은 이미 리 안에 가능태로서 예정되어 있다. 어떤 학자들은 리와 기가 스피노자가 말한 사유와 연장과 같다고 하는데,220) 이것보다는 능산적 자연과 소산적 자연의 관계로 보는 것이 더 좋을 것 같다.

넷째로 "신의 본성에는 지성도 의지도 없다"221)는 스피노자의 주장과 주희의 "리는 도리어 정의(情意)도 없고, 계탁(計度)도 없고, 조작(造作)도 없다"222)는 정의가 일치한다. 스피노자는 신의 속성 가운데 사유가 있다고 했지만 그가 생각한 신은 기독교적인 인격신이 아니다. 기독교의 신은 인간이 생각하고 느끼는 것처럼 생각할 수 있고 느낄 수 있다.

그러나 스피노자가 생각한 신은 이미 그런 신이 아니다. 신은 인간의 생각을 헤아려주지도 않고 인간의 말을 들어주지도 않는다. 스피노자의 신은 정열도, 쾌락도, 고통도 경험할 수 없다. 신은 선한 사람과 악한 사람을 구분해 사랑하거나 미워하지도 않는다. 인과의 법칙에 따라 정확하게 움직이는 것이 바로 자연이고, 그것이 바로 신의 모습이다. "신의 본성에는 지성도 의지도 없다"는 말이 뜻하는 바가 바로 이것이다.

주희의 "리는 도리어 정의도 없고, 계탁도 없고, 조작도 없다"는 정의는 후대에 수많은 논쟁거리를 제공하였다. 이 세계를 주재하는 초월자가 있다고 생각하는 사람들은 이 세계를 초월자가 마음먹은 대로 조작할 수 있다고 믿는다. 그러나 주희는 그러한 사람들의 생각을 부정하고 있다.

이 세계는 내재하는 보편적인 원리에 따라 한결같이 움직이는 것이지 임의로 혹은 우연히 일어나는 일은 없다. 말하자면 인간과 같이 생각하는 초월자는 이 세계에 없다는 것을 이런 식으로 표현했다고 볼 수 있다. 엄밀한 법칙만이 존재할 뿐이고 그것은 초월적인 존재도 아니고 인격적인 존재도 아니다. 여기에 이르면 왜 스피노자가 무신론자로 비난 받았는지 알 수 있다. 그에 비해 주희는 사람들에게 비난을 받지 않고 오히려 후대의 존경을 한 몸에 받았다. 원래 유교에서는 초월자에 대한 믿음이 약했기 때문에 그런 것 같다.

다섯째로 스피노자와 주희가 생각한 세계는 기계적인 존재가 아니라 살아 있는 그리고 신령스러운 존재다. 데카르트에 의하면 자연은 순수한 기계일 뿐이다. 그런데 스피노자가 생각하는 자연은 그런 존재가 아니라 영혼을 가지고 있는 능동적인 존재다. 말하자면 살아 있는 유기체 같은 존재로 더 이상 수동적인 기계가 아니다.223) 자연은 모든 활동의 원인을 자기 안에 포함하고 있는 완전한 존재로 그것은 신이다. 주희도 전통적인 중국의 자연관을 이어받아 자연을 거대한 생명체로 생각하였다. 그가 말한 기는 물질적이면서 생명력을 가지고 있다. 이러한 기로 이루어진 자연은 당연히 살아 있는 존재가 아닐 수 없다. 이렇듯 살아 있는 존재의 마음을 주희는 리라고 보았다.

끝으로 스피노자의 범신론과 주희의 범신론에는 유사성도 있지만 역시 다른 점들도 있다. 스피노자는 자연 전체가 하나의 신이고 그것은 분할되지 않는 실체다.(제1부, 정리 13) 그렇다면 이 세상에 존재하는 모든 개별적인 사물은 실체의 일부를 구성할 수 있을 뿐이고 그 자체로서는 독립된 존재가 될 수 없다.

그러나 주희는 전체를 말하면서 동시에 개별자도 인정하고 있다. 주희는 전체가 부분이고, 부분이 전체라고 가르친다. 주희에게 전체와 부분의 관계는 환원론자들이 말하는 그런 관계가 아니다. 환원론자들은 전체가 부분으로 이루어져 있고 부분들을 다시 다 합하면 전체가 된다고 생각한다.

그런데 주희는 부분은 전체의 일부가 아니라 전체를 그대로 가지고 있는 온전한 하나가 된다고 하였다. 물론 이때 부분이 전체를 온전히 가지고 있다는 말은 리에만 해당된다. 리로 말하자면 전체와 부분은 차이가 없다는 것이 주희의 주장이다.

지금까지 스피노자의 철학이 중국철학의 영향을 받았다고 주장하는 학자들의 견해를 살펴보고, 스피노자의 범신론과 주희의 범신론을 서로 비교하여 유사성을 알아보았다. 중국철학의 영향 관계를 주장하는 학자들이 주희의 철학을 구체적으로 거론한 것은 아니지만 주희의 철학이 스피노자의 철학과 가장 가까운 것 같아서 주희의 이론을 대표로 제시하였다.

신에 대한 스피노자의 견해는 확실히 유대교나 기독교의 전통과 거리가 있다. 그의 이론은 오히려 중국철학, 특히 신유학의 신에 대한 견해와 상당히 가까운 것 같다. 이러한 유사성 때문에 매버릭은 중국철학의 영향을 생각하였을 것이다. 그러나 이 유사성이 바로 영향 관계를 말해주는 것은 아니다.

그래서 매버릭은 스피노자 당시에 암스테르담에서 출판된 바렌의 저서에 담긴 중국 종교에 대한 설명을 증거로 제시하였다. 거기에는 중국인이 이 세계를 거대한 생명체로 보고 그것의 정신을 신으로 여긴다는 내용이 들어 있다. 이 내용은 간단하지만 사실 기독교의 신관과는 상당히 다른 신관에 대한 설명이 압축되어 있다. 유대교에 만족을 하지 못했던 젊은 스피노자가 이 내용을 보았다면 새로운 영감을 얻었을 가능성은 충분히 있다.

특히 유대교나 기독교의 신관은 창조자와 피조물을 엄격하게 구분하는데, 이러한 이론은 예리한 스피노자를 만족시킬 수 없었을 것이다. 당장 무한하다는 신의 정의(定義)만 보아도 창조자와 피조물이 분리되어서는 안 된다. 그렇다면 무한한 우주 곧 무한한 자연이야말로 신에 가장 가깝다고 생각할 수 있다. 스피노자의 철학은 당연히 유럽의 여러 가지 철학을 이어받았겠지만 거기에 중국철학도 어느 정도 도움이 되었을 가능성은 있다.

이 문제에 대해서는 매버릭 이후에도 여러 학자가 다양한 견해를 제시하였다.224) 그러나 하나의 확실한 답이 나올 수 있는 그런 문제는 아닌 것 같다. 매버릭은 후대의 학자들이 연구할 좋은 주제를 제공하였다. 스피노자와 중국철학이 실제로 아무런 연관이 없을 수 있지만 이런 주제를 가지고 양쪽을 연구하게 되면 동서양 모두 상대에 대해 더 많은 것을 이해할 수 있다. 나아가 이런 연구는 각각 자신들의 철학을 더 잘 이해하는 데도 도움을 줄 것이다. 예를 들어 스피노자의 능산적 자연과 소산적 자연의 관계를 주희의 리와 기의 관계에다 적용하면 더 분명하게 리와 기 개념을 이해할 수 있다.

8장
볼프와 유학

볼프와 유학

　라이프니츠가 중국철학에 관심을 가지고 연구했다는 것은 우리에게 어느 정도 알려져 있으나 그의 제자라고 할 수 있는 볼프(Christian Wolff, 1679~1754)가 유학을 연구했다는 사실은 그리 잘 알려져 있지 않다. 라이프니츠는 중국의 유학을 연구하여 중국인이 일찍부터 신(神)을 알고 있었다는 것을 밝히기 위해 노력하였지만 볼프는 그와 대조적으로 중국인은 신을 알지 못했다고 주장하였다. 그리고 라이프니츠는 주로 신유학의 형이상학에 관심을 가지고 있었으나, 볼프는 선진유학(先秦儒學)의 윤리학에 관심을 가지고 있었다.
　라이프니츠는 중국 유학의 내용을 검토하여 거기에도 서양철학에 있는 개념들이 모두 고루 갖추어져 있다는 것을 강조하는 데에 그쳤다. 하지만 볼프는 중국인이 신을 몰랐지만 도덕적인 생활을 하였고, 훌륭한 윤리학 체계를 가지고 있다는 점을 부각시켰다. 그러므로 중국인이 신을 몰랐다는 볼프의 해석은 결론이 아니라 또 다른 해석을 위한 시작일 뿐이다.
　공자와 유학에 대한 볼프의 관심은 "신을 알지 못하면서 어떻게 인간이 윤리적일 수 있고 어떠한 윤리학의 체계가 가능한가?"라는 의문을 해결하기 위한 것이었다. 당시 기독교에서는 신을 모르는 사람은 도덕적인 행동을 할 수 없다고 생각하고 있었기 때문에 신을 모르는 중국인이 도덕적인 행동을 할 수 있다는 그의 주장은 비판의 대상이 될 수 있었다. 실제로 볼프는 이러한 주장으로 말미암아 대학교에서 추방되는 수모를 당하였다.

이러한 볼프의 유학에 대한 관심과 연구가 지금까지 연구된 결과는 그리 많지 않다. 대표적인 연구로는 1953년에 발표한 미국인 학자 라흐(Donald F. Lach)의 논문이 있고,225) 1962년에는 챔프리너가 「중국철학과 볼프」라는 논문을226) 발표한 것이 있을 뿐이다. 그러나 다행스럽게도 1985년에 독일의 학자 알브레흐트(Michael Albrecht)가 중국철학에 대한 볼프의 라틴어 연설문을 번역하고 또 서문에서 볼프와 유학의 관계를 자세하게 설명하고 있어 이 방면의 연구에 크게 기여하였다.227)

유학에 대한 관심과 연구

볼프는 프로이센의 브레슬라우(Breslau)에서 태어나, 예나대학에서 신학, 수학, 철학을 공부하였고, 1703년 라이프치히(Leipzig)대학에서 교수자격시험에 합격하였다. 그 후 라이프니츠의 철학에 관심이 있어 그와 편지를 주고받으면서 서로 알게 되었고, 그의 추천으로 1707년부터 할레(Halle)대학에서 교수 생활을 시작하게 된다. 처음에는 그 대학에서 수학과 물리학을 가르쳤으나 1709

년 이후에는 철학을 가르쳤다. 그 시기를 전후해서 볼프 또한 중국의 유학에 관심을 가지게 된다.

볼프는 이미 1711년에 『학안』(學案: Acta Eruditorium)이라는 라이프니츠가 창간한 학술지에다가 노엘의 1710년의 저서 『중국과 인도의 수학과 물리학』(Observationes Mathematicae et Physicae in India et China)에 대한 서평을 쓸 정도로 중국에 대해 관심을 가지고 있었다. 그리고 그는 1712년에 다시 『학안』에 노엘의 책 『중국의 여섯 고전』에 대해 서평을 썼다. 노엘의 이 책은 볼프에게 많은 영향을 주었고, 그의 인생을 바꾸어 놓았다.

볼프는 1721년에 그의 일생에서 가장 커다란 사건의 계기가 되는 연설을 하게 된다. 이 연설은 그가 할레대학의 부총장직을 후임자인 랑에(Joachim Lange)에게 넘겨주면서 하게 되는데, 연설의 제목이 바로 「중국인의 실천철학에 대한 연설」(Oratio de Sinarum philosophia practica)이었다. 연설의 중요한 내용은 중국의 유학을 찬양하면서 바로 자신의 철학도 그와 같다고 하였다. 거기서 그는 중국인이 어떻게 신을 모르면서도 도덕적인 행동을 할 수 있었고, 윤리학의 체계를 세울 수 있었는지 자세히 설명하고 있다.

그의 연설은 당시 경건주의(Pietismus) 교수가 많이 있던 할레대학에 커다란 파문을 일으키는 결과를 가져왔다. 평소에 볼프의 명성과 그의 철학적인 방향에 시기와 회의를 품었던 교수들은 이제 그 연설을 계기로 공개적으로 비난하기 시작했다. 그들은 그전부터 볼프가 철학 강의를 하는 것이 못마땅했고 또 그의 철학이 숙명론적이고 무신론적이라고 생각하였다.

그런데 이제 그가 경건주의의 본산인 할레대학 내에서 공공연하게 자신의 철학이 공자의 철학과 같다고 주장하고 신을 몰라도 도덕적인 행동을 할 수 있다고 주장했으니 경건주의 교수들이 가만히 있을 리 없었다. 할레대학 신학부에서는 자기들의 허락 없이 그의 연설문을 출판할 수 없다고 주장하였다.

경건주의 교수들은 그의 사상을 공격하는 글들을 발표하기 시작했다. 중국인은 종교가 없다면서 어떻게 볼프의 철학이 그것과 같다고 할 수 있느냐는 것이다. 그렇다면 볼프는 무신론자가 아니냐는 것으로 그들의 비판이 요약된다. 그는 적극적으로 그렇지 않다는 해명을 했다.

이러한 논쟁 끝에 할레대학의 경건주의 교수들은 그에게 제재를 가하기 위해 당시 프로이센의 왕 프리드리히 빌헬름 1세(1688~1740)에게 진정서를 냈다. 왕은 왕실에 볼프사상검토위원회를 구성하게 하고 그의 철학을 검토한 다음 1723년 11월 8일 마침내 칙령을 내렸다. 그 칙령은 볼프가 할레대학에서 떠나고, 나아가 프로이센 땅에서도 48시간 내에 떠나라는 엄한 내용이었다.[228]

볼프는 바로 할레대학을 떠나 조금 더 자유스러운 분위기에 있던 마르부르크(Marburg)대학에 자리를 얻어 거기서 계속 학생들을 가르치게 되었다. 그 후 오랫동안 유럽의 학계에서는 그를 옹호하는 편과 반대하는 편의 치열한 논쟁이 계속되었다.[229] 그러나 시대의 흐름은 막을 수 없어서, 경건주의자들의 노력에도 불구하고 볼프철학의 영향력은 줄어들지 않았다.

왕실의 분위기도 시간이 흐름에 따라 바뀌었고, 유럽 여러 곳에서 그의 추방에 대한 반대 여론 때문에 프리드리히 빌헬름 1세는

1735년 다시 왕실어 볼프철학에 대한 재심사를 위한 위원회를 구성토록 하였다. 이 심사위원회에서 얻어낸 결론은 그의 철학에는 경건주의자들이 말한 것 같은 위험한 내용들이 없다는 것이다. 그리하여 1736년 그는 복권이 되었고 그의 철학은 더욱 큰 인기를 얻어 심지어 왕 자신도 그의 철학서를 읽을 정도였다.230)

1739년 왕은 마르부르크에 있던 볼프에게 이제 프로이센 땅으로 돌아올 것을 청하였으나, 그는 돌아가지 않다가 결국 프리드리히 2세(1712~1786)가 왕위에 오르자 돌아가기로 결심한다. 1740년 그는 마침내 오랜 타향살이를 청산하고 다시 할레대학으로 돌아간다. 거기서 그는 1754년에 세상을 떠나기까지 강의하였다. 유학에 대한 그의 관심과 연구가 그를 이렇게 어렵게 만들었지만 그는 끝까지 자신의 주장을 굽히지 않았다.

노엘과 쿠플레의 번역서

볼프가 유학에 관심을 가지고 연구하면서 주로 의존했던 자료는 노엘이 번역한 유학의 경전들이었다. 그러므로 유학에 대한 노엘의 견해와 해석은 직접적으로 볼프에게 영향을 끼쳤다. 노엘은 1684년부터 1708년 사이 중국에서 직접 예수회 선교사로 활동을 하다가 다시 유럽어 돌아가 당시 프라하(Prag)에서 살았는데, 그는 1710년부터 1717년 사이에 몇 권의 책을 썼다. 그의 저서 가운데 중요하고 당시에 널리 알려진 것이 『중국철학』(Philosophia Sinica)과 『중국의 여섯 고전』이다. 이 두 권의 책은 모두 1711년 프라하에서 출판되었다.

『중국의 여섯 고전』이란 중국의 유학 경전 가운데 『대학』, 『소학』, 『중용』, 『논어』, 『맹자』, 『효경』을 번역한 책이다. 이것은 노엘의 개인적인 노력의 산물이 아니라 수많은 선교사의 노력한 결과가 축적되어 나타난 성과라고 보아야 한다. 중국 고전을 번역하는 작업은 이미 마테오 리치부터 시작되었고, 그 결과물들이 점차 출판되어 세상에 나타났다. 노엘은 쿠플레(Philippe Couplet, 1623~1693)가 이미 번역한 『대학』, 『중용』, 『논어』를 당연히 참고하였을 것이다. 『중국철학』이라는 책은 크게 세 부분으로 되어 있는데, 첫째 부분에서는 중국철학의 형이상학적 개념들을 다루었고, 둘째 부분에서는 중국의 제사 같은 전례를 다루었고, 끝에는 중국 윤리 전반에 관해 쓰고 있다.[231]

1721년의 연설문에서 볼프는 노엘을 매우 칭찬하고 있고 그의 번역서도 높이 평가하였다. 그는 말하기를 "예수회 소속의 존경해 마지않는 노엘 신부님은 다방면으로 박식하고 굉장히 성실한 분인데, 20년 이상 엄청나게 열심히 중국 고전을 연구하셔서 마침내 라틴어로 번역하고 약 10년 전에 프라하에서 출판하셨다"[232]고 하였다.

그리고 볼프는 노엘의 번역서를 프랑스 파리에서 나온 쿠플레의 번역서보다 더 신뢰했다. 그래서 그는 1726년 연설문에 단 주에서 "내가 이 글을 쓸 당시 이 책 가운데 몇 가지가 이미 라틴어로 번역되었다는 것을 알지 못했다. 나는 파리에서 출판된 이른바 『중국의 철학자 공자』를 보지도 못했다. 하지만 노엘의 번역서는 새롭고 부피도 작다. 파리에서 출판된 것과 아주 다르다. 그래서 나는 노엘의 책을 다른 책보다 더욱 신뢰한다"233)고 말하고 있다.

볼프의 이 말로 미루어 본다면 1721년에 그가 강연할 때까지 쿠플레의 책을 읽어보지 못한 것이 분명하다. 그러나 1726년에 출판된 연설문의 주에서는 쿠플레의 책에서 많은 것을 인용하고 있다. 볼프는 연설문의 출판을 준비하는 과정에서 이 책을 보았던 것이다.

쿠플레가 편집한 책 『중국의 철인 공자』는 1687년에 출판되었다. 이 책은 중국에 있던 여러 예수회 선교사의 노력이 합쳐져 이루어진 작품이라고 할 수 있다. 이 책을 편집한 사람이 바로 쿠플레인데, 여기에는 그의 긴 서문과 「공자전」 그리고 『대학』, 『중용』, 『논어』 등의 번역문이 들어 있다. 이 밖에 중국의 연대기와 지도도 포함되어 있어 중국을 알고 싶어하는 유럽인에게 좋은 정보를 제공하고 있다. 그는 서문에서 중국의 도교와 불교 그리고 유학의 경전들과 『역경』에 대해서도 설명하였으니, 중국철학의 중요한 내용은 모두 이 책에 들어 있다 해도 지나친 말이 아니다.

쿠플레는 벨기에 사람으로 1658년부터 중국의 강서지역과 상하이 그리고 복주 등의 지역에서 선교 활동을 하였고, 1682년에는 유럽에 도움을 청하기 위해 네델란드로 돌아갔다. 그는 1684년에 로마에서 교황을 만나고, 파리에서 루이 14세를 만나기도 했다. 쿠플레는 1692년 70세의 나이에도 다시 중국으로 가기 위해 리스본을 떠났으나, 1693년 인도의 고아 부근에서 폭풍을 만나 부상을 입고 세상을 뜨고 말았다.234)

책의 서문에 의하면 중국의 고전을 번역하는 데 주로 참고한 원본은 주희가 주석한 것이 아니라 장거정의 『사서집주』(四書集

註)를 사용했다. 그러나 주희의 해석과 장거정의 해석이 실제로 근본적인 차이가 있는 것은 아니다. 장거정의 주석본은 주희의 주석본보다 문장이 간결하고 쉽기 때문에 더 쉬운 번역을 위하여 이것을 선택했던 것 같다.

그리고 서문에는 신유학의 중요한 개념들인 태극과 리에 대한 설명이 있어서, 이 개념들에 대한 선교사들의 이해를 엿볼 수 있다. 가장 중요한 개념은 태극인데, 이것은 『주역』의 본문에 나오는 것이 아니라 「부록」에 나올 뿐이기 때문에 신유학이 중국의 고전에 기초하고 있다고 보기는 어렵다고 주장하였다.

신유학자들에 의하면 태극은 불교의 공(空)이나 도교의 무(無)와 다른 것으로 인간의 사고를 넘어서는 신비로운 것이다. 태극은 움직이고 고요해서 양과 음을 생성한다. 신유학자들은 태극이 바로 리와 동일하다고 본다는 사실도 언급하고 있다. 그리고 태극은 근원적인 물질이라고 보았다. 이러한 서문의 해석은 결국 태극과 리가 근원적인 물질일 뿐이라는 결론으로 나아가게 만든다. 그래서 신유학자들은 태극과 리를 복잡하게 논의하면서 결국에는 초자연적인 근원을 배제하고 있다고 평가하였다. 선교사들은 당시의 신유학자들을 유물론자로 보았다.[235]

이러한 쿠플레의 책과 달리 노엘은 경전에 대한 주희의 해석에 근거하여 번역하였다. 그리고 쿠플레의 번역에서는 경전에 나오는 천을 자주 신으로 번역하였으나 노엘은 천을 모두 하늘로 번역하였다. 이것은 약 25년 사이에 예수회의 입장이 그만큼 변했음을 말해준다. 볼프는 쿠플레의 해석을 따르지 않고 노엘의 해석을 따랐기 때문에 경전에서 중국인이 신에 대해 알고 있었다는 흔적을 발견할 수 없었다고 주장했다.

「중국인의 실천철학에 대한 연설」

볼프는 1721년 할레대학 부총장직에서 물러나면서 중국인의 실천철학에 대해 연설하였는데, 이 연설 때문에 그는 할레대학에서 쫓겨나 오랫동안 마르부르크대학에서 교수 생활을 하게 된다. 그가 이 연설을 하자마자 할레대학의 경건주의 교수들은 맹렬히 그를 공격하기 시작했다. 먼저 할레대학 신학부에서는 이 연설문을 자기들의 허락 없이 출판하지 못한다고 주장하였다.

실제로 볼프는 이 연설문을 출판하지 않았으나 볼프의 입장을 옹호하는 예수회는 1722년에 이 연설문을 로마에서 출판하였다. 예수회가 볼프의 허락도 받지 않고 이 연설문을 출판해서 상황을 더욱 난처하게 만들자 그는 그들과 절교하였다. 1725년에는 예수회가 다시 이 연설문에다 주(註)를 붙여 뜨레보(Trévoux)에서 출판하였다. 마침내 볼프는 1726년에 자신의 연설문에다 아주 상세한 주를 달아 프랑크푸르트(Frankfurt)에서 출판하였다.

중국인의 실천철학에 대한 그의 연설은 중국에 대한 당시 일반인들의 생각을 부정하는 것에서 시작하고 있다. 그것은 다른 게 아니라 공자가 중국의 지혜를 처음으로 만들어낸 사람이 아니라는 지적이다.236) 중국어는 공자 이전에 이미 뛰어난 성인들이 있었는데, 공자의 지혜는 결국 이들에게서 내려온 것이기 때문에 그는 연설의 제목을 공자의 실천철학이라 하지 않고 중국인의 실천철학이라고 하였다.

여기서 볼프는 공자 이전부터 있었던 그리고 공자가 다시 이은 중국의 실천철학의 신비를 밝혀보겠다는 자신의 뜻을 이야기한다. 그가 살펴보고자 하는 대상은 공자 이전부터 존재하였던 중국인의 지혜 곧 실천철학이다. 그는 공자와 같이 고대의 중국은 이상적인 국가였고 이상적인 정치가 이루어졌으며 군주와 국민도 도덕적인 생활을 한 시대였다고 보고 그 당시의 실천철학을 밝혀보고자 하였다.

볼프가 중국의 실천철학을 분석하면서 먼저 한 작업은 이것이 진정한 가치를 가지고 있는가 하는 점이었다. 여기서 그가 시금석으로 제시한 방법은 다른 게 아니라 바로 중국인의 지혜가 인간 정신의 본성과 맞는지 그렇지 않은지를 물어보는 것이다. 중국인의 지혜는 이 시험을 무난히 통과할 수 있다. 왜냐하면 중국인 자신이 바로 이 시금석을 그들의 생각에 적용하고 있기 때문이다.237) 결국 인간 정신의 본성에 잘 맞는 이론이 훌륭한 이론인데 중국의 지혜가 바로 그런 거라는 주장이다.

볼프는 인간 정신의 본성을 말하고 나서 바로 본성의 힘(Kräfte der Natur)을 말한다. 중국의 실천철학을 분석하는 데 있어 볼프가 가장 중요하게 생각한 것이 바로 이 개념이다. 본성의 힘이란 우리의 정신이 가지고 있는 본래의 힘을 말하는데 대표적인 것이 이성(Vernunft)이라고 할 수 있다.

그가 본성의 힘을 중요하게 생각하는 것은 이것에 근거해서도 윤리적인 행동을 할 수 있다고 보기 때문이다. 그래서 그는 중국인은 자연종교도 가지지 않았고 계시종교도 가지지 않았지만 본성의 힘에 의지해서 윤리적인 행동을 할 수 있었다고 주장했다.

여기서 볼프는 본성의 힘을 자세히 설명하고 있다. 우리의 정신은 어떠한 능력을 가지고 있는가? 인간의 정신은 좋은 행동을 하고자 하고 거기에 대립되는 좋지 못한 행동을 피하려고 하는 힘을 소유하고 있다.238) 곧 정신의 본성은 좋은 것을 좋아하고 나쁜 것을 싫어하기 때문이다.239) 또한 선을 좋아하고 악을 싫어하는 것은, 선은 즐거움과 관계가 있고 악은 고통과 관계가 있어서 그러하다.

여기에 대해 그는 "선한 것은 우리의 상태를 불안하게 하지 않고 고요하고 평화롭게 하지만, 악한 것은 모든 것을 혼란시켜 최상을 최하로 바꾸며 지속적인 무질서를 불러일으킨다. 그래서 정신은 이성의 판단이 가능한 동안 두 가지를 미리 보고 선한 행동은 즐겁게 하려고 하고 나쁜 행동은 피하려고 한다"240)고 설명하였다. 정신의 이러한 능력으로 말미암아 사람은 설령 신에 대해 아는 것이 없다하더라도 윤리적인 행동을 할 수 있다는 견해다.

중국인이 얼마나 현명한지를 보여주는 대표적인 사례로 볼프는 중국의 교육제도를 제시하고 있다. 그는 노엘의 번역서 가운데 『소학』과 『대학』을 특히 중요하게 생각하였다. 이 번역서들을 보고 볼프는 중국의 교육제도를 높이 평가하게 되었다. 그는 중국에서 소학(小學)과 대학(大學)을 구분하여 교육하는 방법이 아주 적절하고 의미가 있다고 보았다. 실제로 노엘이 번역한 『소학』과 『대학』은 중국의 경전이지만 그것은 단순히 책 이름에 그치지 않고 중국에서 일찍부터 존재했던 교육기관을 의미하기도 한다.

볼프는 이렇게 소학과 대학으로 나누어 교육을 시켜야 하는 이유를 자기 나름대로 다시 정리하고 있다. 그에 의하면 인간의 정신은 낮은 단계와 높은 단계가 있는데, 일반적으로 사람은 어릴 때에는 낮은 단계의 정신에 종속되지만 점차 성장하면서 높은 단계의 정신으로 나아간다. 그런데 중국의 교육제도는 이러한 인간 정신의 발달에 잘 맞게 만들어져 있다는 것이다.

볼프에 의하면 공자는 옛것을 새로이 하였기 때문에, 그가 쓴 어른들을 위한 책 『대학』에서 우리는 중국의 지혜 가운데 진정한 원칙들을 발견할 수 있다. 중국인은 무엇보다 먼저 이성을 올바르게 기르려고 한다. 왜냐하면 사람들이 군주에 대한 두려움과 그의 보수에 대한 희망이 없이도 덕을 행하기 위해서는 선과 악에 대한 명백한 인식에 이르러야만 하기 때문이다.

또 중국인은 자신이 나쁜 길로 빠지지 않고 덕의 길로 가기 위해 최선의 노력을 다할 뿐만 아니라, 남들 역시 자기와 같은 길을 가도록 해야만 한다고 생각한다. 곧 그들은 다른 사람들도 선과 악을 자신의 통찰력을 통해 인식하도록 하고, 자기와 마찬가지로 선에 대해, 즐거움을 악에 대해 불쾌감을 가지게 하여 선을 추구하고 악을 피하도록 노력하게 가르친다.

이것은 중국의 예를 들어 볼프 자신의 이론을 주장하는 것이라 하겠다. 그에 의하면 선이란 자신을 완전하게 하는 것일 뿐만 아니라 남들도 완전하게 하는 것인데, 자신의 그런 이론이 실제로 실현된 곳이 중국이라고 보았다.

중국인에 있어 '지선'(至善), 즉 '완전함'은 도달될 수 있는 곳이 아니고 언제나 그것을 향해 꾸준히 노력해야만 하는 그런 대상이다.241) 꾸준히 완전함을 향해 노력하는 것이 일상생활에 있어 모든 행동의 기준이 된다. 그러나 볼프에 의하면 자신의 실천철학에 나오는 '완전함'이란 개념을 중국인은 분명하게 가지고 있지 않고 희미하게 가지고 있다.

그렇기 때문에 서양의 번역가 노엘이 그렇게 오랜 시간 동안 노력했지만 중국철학자의 말들을 제대로 알지 못했다고 주장했다. 거기에 비해 볼프 자신은 바로 자기 철학으로 중국인의 실천철학을 이해하고자 했기 때문에 더 깊이 알 수 있었다고 말한다.

연설의 끝에서 그는 중국인의 태교(胎敎)에 대해서도 말하고 있다. 중국에서는 임신부가 추악한 것을 못 보게 하고, 좋지 못한 말들을 못 듣게 하고, 밤에는 장님인 음악가가 노래를 불러주고 도덕적인 이야기들도 들려준다. 이것이 바로 뛰어난 아이를 낳기 위한 방법이고, 사실 그렇게 된다는 것이 중국에서는 증명되었다고 한다.

그는 이러한 중국인의 태교가 아주 좋고 옳다고 생각했다. 왜냐하면 임신부와 태아는 육체적 정신적으로 서로 연결되어 있기 때문이다. 태교에 대한 가르침은 『소학』의 첫 부분에 나오는 내용인데, 볼프는 이것에 대해 상당히 공감하고 자신의 철학적인 생각을 바탕으로 길게 설명하고 있다. 중국인의 지혜가 뛰어났음을 증명하기 위해 제시한 또 다른 증거라 할 수 있다.

공자에 대하여

볼프는 「중국인의 실천철학에 대한 연설」에서 먼저 공자를 설명하고 있다. 그런데 그는 "공자는 우리에게 그렇게 중요한 지혜의 창시자로 찬양받고 있지만 그렇게 판단하고 있는 사람은 중국에 대한 전문적인 지식이 별로 없는 사람이다"242)라고 말해서 사람들의 주의를 환기시킨다. 공자는 다만 이미 옛날부터 있던 중국의 지혜를 사람들에게 전해준 사람일 뿐이라는 게 그의 설명이다.

중국에는 공자 이전에 이미 뛰어난 성인들이 있었는데, 그들은 철인인 동시에 군주였다. 볼프는 특히 복희를 높이 평가하고 요(堯)와 순(舜)도 성인인 군주라고 했다. 그 철인군주들이 훌륭하게 정치를 했고 국민도 도덕적으로 생활했기 때문에 당시 중국은 태평성대를 이루었다.

이 철인군주들에 대해 그는 "그들 가운데 첫번째로 복희를 들 수 있는데, 중국인은 그를 학문의 창시자와 국가의 설립자로 존경한다. 다음으로 신농(神農), 황제(黃帝), 요 그리고 순 등이 있는데, 이들은 복희가 처음으로 소개한 것을 더 완전한 것으로 만들었다"243)고 설명하였다.

복희에 관해 그는 1726년에 단 주에서 매우 자세하게 소개하고 있다. 이 주에서 그는 "복희는 기원전 2952년에 나라를 세웠다. 사람들이 그를 중국의 모든 학문의 기초를 세운 사람으로 생각하기 때문에 나는 이 철인군주의 정신을 인식할 수 있는 몇 가지를 말하는 것이 적절하다고 생각한다. 그는 나라 전체를 하나의 유일한 가족으로 생각하였다. 그래서 정부와 국민 사이의 관계가 부모와 자식 사이처럼 되도록 하려고 하였다"244)고 말하고, 복희의 천문학에 대해서도 설명하였다. 볼프는 1726년에 출판된 연설문에서는 복희뿐만 아니라 신농, 황제, 요 그리고 순에 관해 주에서 더 자세하게 소개하였다.

당시 철인군주들이 나라를 이상적으로 다스릴 수 있었던 이유에 대해 그는 "당시 중국인의 마음속에는 통치자면서 철학자들이기도 한 그들의 확립된 가르침이 뿌리내리고 있었다. 그 가르침은 왕들의 본보기가 백성에게 행동의 표준이 되었고, 또 그 왕들은 다른 사람들에게 본보기가 되는 것을 그들의 생활과 정부의 표준으로 선택했으므로 나라 안에서 친절함과 예의 바름뿐만 아니라 탁월한 현명함 때문에 모든 사람에게 칭송을 받았다"245)고 설명하고 있다. 철인군주들은 모든 사람의 모범이 되었으므로 백성이 그들을 존경하였고 백성도 그렇게 살기를 원했다는 것이다. 이것이 철인군주들이 다스리던 때가 바로 이상적인 정치가 이루어진 이유라고 그는 생각했다.

1721년의 연설문에서 다음으로 설명하는 것은 중국의 쇠퇴다. 공자가 나올 당시 중국이 아주 어지러웠던 춘추전국시대였다는 것을 볼프는 이미 잘 알고 있었다. 그렇게 어려운 상황이었을 때 마침 신의 섭리에 의해 중국을 다시 일으키도록 공자가 나왔다고 그는 설명하고 있다. 공자에 대한 주에서 그는 쿠플레의 책에 나오는 내용을 인용하고 있는데, 우리가 지금 알고 있는 내용과 크게 다른 것이 없다. 주에서는 공자를 이렇게 소개하고 있다.

공자는 기원전 551년에 산동성(山東省)에서 태어났다. 그의 아버지는 숙량흘인데 이미 70세가 된 사람으로 추읍(鄒邑)을 다스리는 지위에 있었는데, 공자가 세 살 때 세상을 떴다. 공자는 여섯 살 정도가 되면서 어린이들이 하는 놀이를 하지 않았고, 15세가 되면서 독서와 사색에 몰두하였다. 그는 예(禮)를 배운 다음 19세 혹은 20세가 되어서 결혼을 하였고, 다음 해 아들을 낳았는데 그 아들은 공자보다 먼저 죽었다. 그는 여러 지역에서 관리로서 칭송을 받았다. 그의 인생에서 여러 차례 모함을 당하고 크게 가난함을 겪으면서도 그는 자신의 학설을 전파하기 위해 지치지 않고 노력하였다. 다음과 같은 그의 덕(德)들이 칭송을 받는다. 성실, 극기, 신의, 침착, 대단히 온순함, 부(富)와 명성에 대한 경시, 지칠 줄 모르고 자신의 학설을 전파하려는 노력, 겸손함, 자신의 잘못을 고치려는 세심함. 그는 73세가 되어서 7일 동안 수면상태에 빠졌다가 세상을 떠났다. 그의 체구는 크고 날씬했으며, 얼굴은 넓었고, 눈은 컸다. 그의 목소리는 천둥이 울리는 듯 깊었다.[246]

공자는 좋은 덕과 뛰어난 학식으로 무너진 나라의 기강을 바로잡으려고 노력하였다. 우선 그는 지나간 성인들의 지혜를 자세히 공부하여 그들의 가르침을 모든 것의 근거로 삼았다.

여기에 대해 볼프는 "그래서 공자는 옛날 왕들의 연대기를 아주 세심하게 공부하였다. 거기서 공자는 그들이 처방하고 그들의 모범으로 확고하게 된, 어떻게 살고 또 다스려야 하는지에 대한 표준을 찾아내었다. 그렇게 열심히 찾아낸 것을 그는 여러 차례 숙고하여 마침내 충분히 완전하게 만들고, 확증이 되면 제자들에게 알렸고, 그리하여 그것들을 후세에 전하였다"[247)고 설명하였다. 그러므로 공자의 가르침은 이미 그 전부터 있었던 중국인의 지혜였다.

그의 노력에도 불구하고 그의 가르침은 당시 사회에 잘 적용되지 못했다. 당시의 중국인은 공자 이전의 좋은 가르침과 공자의 가르침을 받아들이지 않고 계속 좋지 못한 길로 나아갔기 때문이다. 그들은 위대한 선지자의 말을 받아들이지 않았다. 그러나 그는 자신의 가르침을 제자들에게 가르쳐 후세에 길이 전하게 하였다. 그는 유대민족의 모세 같고 터키민족의 모하메드 같으며 기독교인들의 예수 같은 존재다.

유학의 기본 원칙

볼프는 고대 중국의 성인들이 생각하고 실천했으며 공자가 이어 받은 가르침의 내용에 주목한다. 그리고 결론적으로 그 내용과 자신의 생각이 같다고 주장하였다. 연설에서 그는 그것을 중국인의 지혜라고도 하고 실천철학이라고 부르기도 하는데 결국 유학의 핵심 내용이라 할 수 있다. 여기서 우리는 그가 분석한 유학의 내용을 만날 수 있다. 그는 스스로 고대 중국 성인들이 전한 지혜의 비밀을 알았다고 기뻐했고, 또 자신의 학설이 옳다는 것을 잘 보여주는 증거로 삼고자 하였다.

  그에 의하면 지혜, 즉 실천철학이라고 하는 것은 다른 게 아니라 행복의 학문이다. 행복이란 가장 좋은 국가에서 좋은 도덕을 가진 자들이 향유할 수 있는 것이다. 그리고 이러한 실천철학의 기본 원칙은 인간 정신의 본성과 일치해야만 한다. 그래서 인간 정신의 본성과 일치하지 않는 것은 진정한 것이 아닌 것으로 취급해야만 한다.

  그의 이러한 기본 생각은 다음과 같은 그의 이론에 근거하고 있다. 즉 어떤 사물에 내재하거나 거기에 기인하는 모든 것의 원인이라고 하는 것은 바로 그 사물의 본질이나 본성에서 나온다. 이렇듯 우리 정신에 종속하는 모든 것의 원인은 바로 우리 정신의 본성에서 나온다. 이것은 그의 연역 논리적인 생각에 바탕을 둔 주장이라 하겠다.

  중국의 실천철학의 원칙이라고 하는 것이 그의 이러한 실천철학의 원칙과 일치한다. 중국인은 인간의 행동과 덕과 윤리의 실행과 관련하여 인간 정신의 본성과 일치하지 않는 것은 전혀 내세우지 않는다. 그는 다시 세 가지 종류의 덕을 구분하여 이것을 더욱 명확히 하고자 한다.

  첫째는 순전히 인간 본성의 힘에 근거하고, 둘째는 자연종교, 즉 이성의 힘으로 신의 성질들과 섭리를 아는 종교의 힘에 근거하고, 셋째는 신의 계시의 힘에 근거한다. 그런데 중국인은 전혀 계시를 알지 못하고 또 한번도 자연종교를 가진 적이 없다. 그러므로 중국인의 덕이란 바로 인간 본성의 힘에 근거하는 것이다.

  여기에 대해 볼프는 "왜냐하면 우리가 여기서 말하는 고대 중국인은 세계의 창조자를 몰랐으므로 자연신학을 가지고 있지 않았다. 그뿐만 아니라 그들은 신의 계시에 대한 증언을 알지도 못했다. 그래서 그들은 덕의 실행을 촉진시키기 위하여 단지 모든 종교에서 자유로운 본성의 힘을 사용할 수 있었다"[248]고 하였다.

그러면 신의 계시를 모르는 사람도 인간의 부족함을 깨닫고 인간의 악에서 벗어나려고 노력할 수 있는 능력이 있는가? 그는 여기에 대해 그럴 수 있다고 주장한다. 그는 인간의 정신에 대하여 "내가 생각하기에 인간의 정신이 좋은 행동은 하려고 하고 그렇지 못한 나쁜 행동은 중지하려고 하는 얼마간의 능력을 가지고 있다는 것은 누구도 부정할 수 없다"[249]고 확신하고 있다.

그리고 정신에는 악과 선을 구분할 수 있고, 감각이 만든 정신의 장막을 부술 수 있는 능력이 있다고 보았다. 그래서 그는 결론적으로 "이 본성의 힘만을 사용할 수 있었던 중국인이 덕과 현명함으로 명성을 떨쳤기 때문에 그들은 그들의 모범을 통해 이 힘을 사용하는 것이 효과 없는 것이 아님을 충분히 보여주었다"[250]고 말하고 있다. 여기서 볼프가 말한 중국인은 고대 철인들로서 동시에 왕이기도 하였던 사람들을 가리킨다. 그리고 그들이 사용한 것은 다른 게 아니라 인간 본성이었다.

그에 의하면 덕은 비록 덕스러운 행동으로 육체에서 끝나지만 육체에 있는 것이 아니라 정신에 있다. 밖으로 드러나는 행동은 정신의 경향과 일치해야만 하고, 그 경향들은 운동의 원인에서 나온다. 이 경우 운동의 원인은 선과 악에 대한 명확한 인식에 있다. 선과 악은 우리의 상태를 완전하게 하거나 불완전하게 함으로써 구분된다. 완전함을 지각하면 즐거움이 생기고, 불완전함을 지각하면 불쾌함이 생긴다. 그래서 선을 통해 즐거움을 느낀 사람은 선을 사랑하게 되고, 악을 통해 불쾌함을 느낀 사람은 악을 미워하게 된다.

그에 의하면 이러한 이유 때문에 사람은 누구나 선을 좋아하고 악을 싫어한다. 그리고 사람은 누구나 완전함을 위하여 노력하는 존재다. 그는 유가들이 수양을 통해 꾸준히 자신을 완성시키려는 정신을 끊임없이 완전함을 향해 나아가는 노력이라고 본다. 그래서 『대학』에 나오는 '지어지선'(止於至善)에서 '지선'(至善)을 노엘의 번역과 같이 완전함(Vollkommenheit)으로 이해한다. 그가 언제나 강조하는 것은 '완전함'이기 때문에, 그는 특히 『대학』의 이 부분에 많은 관심을 보인다.

사람은 자신의 완전함을 위해 노력할 뿐만 아니라 다른 사람들의 완전함을 위해서도 노력하는 존재다. 그는 중국인을 예로써 소개하고 있다. 여기에 대해 그는 "중국인에게는 자신이 덕의 길을 가고 악의 과오를 범하지 않으려고 부지런히 노력하는 것으로 충분하지 않다. 그들은 다른 사람들도 동일한 길을 가고 동일한 사도(邪道)를 피하도록 모든 것을 다해야 한다고 생각한다"251)고 설명하였다.

그의 이러한 설명에서 우리는 그의 철학을 만나게 된다. 그에 따르면 윤리의 목적은 '인간을 완전하게 하는 것'이다. 그렇기 때문에 자신과 남들의 내적인 상태와 외적인 상태를 더 완전하게 하는 것은 선이고, 그것을 불완전하게 하는 것은 악이다.252) 그래서 자유로운 행동의 보편적인 준칙은 '너를 그리고 너와 다른 사람의 상태를 더 완전하게 하는 것을 행하고 불완전하게 만드는 것을 하지 말라'253)가 된다. 인간의 본성은 원래 자신을 완전하게 하고자 하는 성향을 가지고 있기 때문에, 선을 행하고 악을 피하는 것은 곧 본성을 따르는 것일 뿐이다.

도덕률은 바로 이러한 인간의 자연적인 본성에 근거하고, 우리의 이성은 그것들을 알 수 있다. 그렇기 때문에 신을 믿지 않더라도 또 신을 모른다 해도 인간은 높은 수준의 윤리를 가질 수 있다는 것이다. 곧 사람은 이성의 힘에만 의존하여도 그를 스스로 완전하게 만들어 갈 수 있으며 선을 행할 수도 있다. 여기서 볼프는 자기의 생각과 공자의 생각이 일치하고 있음을 보게 된다. 종교 없는 도덕은 이론적으로 가능할 뿐만 아니라 바로 실제로도 가능한 것이다.

두 종류의 학교

볼프가 중국의 교육제도에 관심을 가졌던 것은 큰 의미가 있다. 그가 중국의 교육제도에 관심을 갖게 된 것은 역시 노엘이 번역한 책 가운데 『소학』과 『대학』이 들어 있기 때문에 가능했을 것이다. 『소학』이라는 책은 주희의 문인(門人) 유청지(劉淸之)가 쓴 것을 다시 주희가 고치고 주를 붙였다. 이 책은 크게 내편과 외편으로 나뉘는데 내편에는 다시 입교(立敎), 명륜(明倫), 경신(敬身), 계고(稽古) 4편이 들어 있고, 외편에는 가언(嘉言)과 선행(善行) 2편이 들어 있다.

『소학』은 물론 주희가 편찬한 책이름이지만 이것은 중국의 교육제도와 밀접하게 연관되어 있다. 소학은 어린이들의 교육을 의미하는 것으로 중국에서는 이미 고대부터 이 제도가 있었다는 기록이 전해지고 있다. 경전에 의하면 순(舜)임금 때는 대학을 상상(上庠)이라 하였고 소학을 하상(下庠)이라 하였으며, 하(夏)나라 때는 대학을 동서(東序)라 하였고 소학을 서서(西序)라고 하였다. 그리고 은(殷)나라 때는 대학을 우학(右學)이라 하였고, 소학을 좌학(左學)이라 하였다. 이러한 교육제도는 계속 이어져서 주(周)나라에서는 대학을 동교(東膠)라 하였고, 소학을 우상(虞庠)이라 하였다.254)

주희는 『대학』의 서문에 "그런 뒤에 임금의 궁실과 도읍 그리고 여항(閭巷)에 이르기까지 학교가 있게 되어, 사람이 나서 여덟 살이 되면 곧 왕공에서 서인의 자제에 이르기까지 다 소학에 들어가게 하여"255)라고 써서 어린이들의 교육이 상당히 일반화되어 있었음을 말해주고 있다.

볼프는 이러한 고대 중국의 교육제도를 매우 자세하게 알고 있었다. 그래서 그는 "중국이 내가 앞에서 말한 성왕(聖王)의 통치로 번성하였을 때, 중국 모든 곳에 두 종류의 학교가 있었다. 그 가운데 하나는 소학으로 불리는 것으로 정신의 낮은 단계에 근거하고 있다. 그리고 다른 하나는 대학으로 불리는 것으로 높은 단계의 정신과 관련이 있다"256)고 설명하였다. 인간의 정신은 낮은 단계의 것이 있고 높은 단계의 것이 있다. 낮은 단계의 것은 감성, 상상력, 정서 등이고, 이것들은 감각적인 것에 종속되고 매우 혼란한 것이다. 거기에 반해 높은 단계의 정신은 오성, 이성 그리고 자유의지 같은 것이다.

중국의 교육제도가 이러한 인간의 정신을 잘 반영하고 있다는 것이 그의 설명이다. 볼프는 1726년에 단 주에서 노엘이 자세하게 중국의 교육제도를 소개한 데 비해 쿠플레가 여기에 대해 전혀 언급하고 있지 않은 점이 이상하다고 하였다. 그만큼 볼프에게 있어 중국의 교육제도는 커다란 의미가 있다는 것이다.

8세에서 15세까지의 어린이들이 소학에 다녀야 하는 이유는 아직 이성을 사용할 수 없고 감각에 인도되고 지배되기 때문이다. 대학은 15세가 되고 이성의 사용을 익혀 더 높은 단계로 나아가고자 노력하는 사람들에게 입학이 허용된다. 그래서 황제의 자녀와 왕의 자녀 그리고 귀족의 자녀들뿐만 아니라 하층 서민들의 자녀들까지도 소학에 보내지만, 대학에 입학할 수 있는 사람은 황제와 왕 그리고 귀족의 자녀들이 다닐 수 있다. 그리고 일반 서민들의 자녀 가운데 독창력과 판단력 그리고 근면성이 다른 사람보다 뛰어난 사람만이 대학에 들어갈 수 있다.

소학에서 어린이는 좋은 습관을 익힘으로써 선에 익숙해지지만 주인에 대한 두려움이 없이는 그것을 제대로 유지할 수 없다. 그렇기 때문에 소학에서 배운 것은 언젠가 나라를 다스려야 하거나 그들이 순종해야 하는 의지를 가진 주인이 필요 없는 사람들에게는 전혀 충분하지 못하다. 이들은 다른 사람의 명령에 의하기보다 자신의 성향에 따라 자제하려고 한다.

여기서 볼프가 사용하고 있는 주인이라는 용어가 특이하다. 기독교적인 생각에서 나온 용어로 결국 신을 가리키고 있음을 알 수 있다. 그는 주에서 중국의 황제나 왕은 사물의 창조자와 지배자를 알지 못했기 때문에 그들이 두려워 하는 주인이 없다고 말하고 있다. 볼프는 윤리적인 행동은 보상이나 두려움 때문에 선을 실천하는 것이 아니라 스스로 자신의 생각에 따라 선을 행하는 것이라는 점을 강조하고 있다.

그는 바로 중국인이 그것을 실천하고 있다고 믿었다. 여기에 대해 그는 주에서 "중국인은, 특히 다른 사람의 명령에 따르기보다 자신의 성향을 따르려고 한다. 왜냐하면 그들은 공자가 강조하였듯이 보상과 두려움을 통해 주인에 의해 강요된 것은 덕이 아니라는 확고한 생각을 가지고 있기 때문이다. 그래서 황제도 처벌에 대한 두려움보다 스스로 모범으로써 백성을 다스리려고 하였다"257)고 설명하고 있다.

그래서 소학과 대학에서 가르치는 내용도 차이가 있을 수밖에 없다. 여기에 대해 그는 "그래서 소학에서는 부모와 어른 그리고 주인에 대한 경외심을 가르치고, 미숙한 정신이 겸손과 순종의 예법에 익숙해지도록 한다. 그러나 대학에서는 사물의 원인을 밝히고, 자신뿐만 아니라 다른 사람도 다스릴 수 있는 유익한 규칙들을 알려준다"258)고 요약하였다.

신(神)에 대한 중국인의 견해

중국인이 신을 아는가에 대한 논의는 중국에 기독교의 선교가 시작되면서부터 매우 중요한 문제로 등장하였다. 예를 들어 마테오 리치는 고대의 중국인은 신을 알고 있었지만259) 그가 선교를 하던 당시의 중국인은 신을 잘 모른다고 주장하였다.

리치와 달리 많은 선교사는 원래부터 중국인은 무신론자고 유물론자라는 주장을 하기도 하였다. 리치의 후임자로 중국에서 선교활동을 하였던 롱고바르디가 그와 같은 생각을 한 대표적인 사람이다. 여기에 대한 논쟁은 결국 전례논쟁으로 발전하게 되었고 중국선교에 커다란 영향을 끼치기도 하였다.

라이프니츠는 리치의 견해를 옹호하였을 뿐만 아니라 더 나아가 신유학의 태극이나 리를 바로 기독교의 신과 같은 것으로 해석하였다. 이러한 해석은 중국인은 무신론자도 아니고 유물론자도 아니라는 결론으로 나아가게 된다. 그와는 아주 다르게 볼프는 중국인은 고대나 그 당시나 모두 신을 몰랐다고 주장하였다.

1721년의 연설문에서 볼프는 여기에 대해 "왜냐하면 여기서 말하고 있는 중국의 고대인들은 세계의 창조자를 알지 못하였고, 자연종교도 가지지 않았으며 신의 계시를 알았다는 어떠한 증거도 그들에게는 없다"[260]고 단정하고 있다. 물론 여기서 그가 말하고자 했던 것은 고대의 중국인은 신을 몰랐기 때문에 오로지 본성의 힘에 의존해서 도덕적인 행동을 하려고 노력했다는 것이다.

신의 문제에 대해 볼프는 1726년에 아주 자세한 주를 붙였다. 이 주에 의하면 그는 노엘의 책만 보았기 때문에 고대 중국인이 신을 알지 못했다고 생각했던 것 같다. 나중에 그는 쿠플레의 책을 보고 중국인이 신을 알지 못했다는 자신의 주장이 그렇게 단순한 문제가 아님을 알고 아주 자세한 설명을 더하였다.

그러나 결론은 타협적인 것으로 중국인이 무신론자는 아니었고, 다만 신에 대한 명확한 관념을 가지지 못했을 뿐이라고 하였다. 쿠플레의 책을 통해 그는 중국에 나가 있던 선교사들 사이에 중국인의 신 관념이 중요한 문제였음을 깨달은 것 같다.

이 문제에 대해 볼프는 "고대 중국인이 무신론자인가 아니면 신에 대한 어떤 앎을 가지고 있었는가에 대해서는 예수회와 도미니카회의 선교사들 사이에 커다란 싸움이 있었다. 예수회 회원들이 고대 중국인이 무신론자라는 낙인을 제거하였다. 쿠플레는 그의 서문에서 중국인은 처음부터 진정한 신을 알고 숭배했고 아마도 몇 백년 동안 그러했다고 힘써 설명하였다"261)고 말했다. 여기서 우리는 볼프가 중국과 유럽에서 벌어졌던 전례논쟁에 대해 자세하게 공부하였고, 자기 나름의 견해가 있었음을 알 수 있다.

마테오 리치는 중국 고전에서 기독교의 신에 해당하는 말을 찾고자 노력하였고, 특히 상제를 기독교의 신과 같은 것으로 보았다. 그리고 중국의 기독교 신도들이 죽은 조상에게 제사지내는 것도 인정하였다. 이러한 관용적인 선교 방법은 중국에서 기독교를 전파하는 데 많은 도움이 되었다. 그리고 그의 훌륭한 인격은 중국인을 감동시켰고 그를 따르게 만들었다. 리치가 마련한 발판을 근거로 예수회는 중국에서 계속 기독교를 전파하였고 커다란 성과가 있었다.

그러나 1632년경에 이르게 되면 예수회의 뒤를 이어 프란체스코회·아우구스티누스회·도미니크회 등도 중국 선교 활동을 하게 된다. 이러한 여러 교파가 중국에서 경쟁적으로 선교 활동을 하면서 선교 방법을 놓고 논쟁을 하게 되는데, 전례논쟁이 바로 그것이다.

이 논쟁은 1643년 중국에서 박해를 받고 추방된 도미니크회의 주교 모랄레스(Juan Morales)가 교황청에 「중국 천주교 포교에 관한 17조의 질문」이라는 질의서를 제출하면서 시작되어 1742년 7월 11일 교황 비네딕토(Benedict) 14세가 칙서 「그 특별한」(Ex quo singuli)을 발표하기까지 100년 동안 계속되었다. 결론은 물론 예수회에서 허용했던 중국의 전례들을 인정하지 않는다는 것이다. 그리고 기독교의 신에 해당하는 중국의 말은 오직 천주(天主)만이 인정되고 천이나 상제는 사용할 수 없고 경천(敬天)이라는 현판도 걸지 말라는 것이다.

쿠플레는 리치의 중국 경전에 대한 해석을 그대로 따랐다. 볼프는 쿠플레의 이러한 견해를 상세하게 소거하고 있지만 그것을 받아들이지는 않았다. 신의 문제에 대해 볼프는 "그는 하늘을 의미하는 중국의 말 '천'이 물질적인 하늘을 의미하는 것이 아니라 하늘에 있는 창조자인 신을 의미한다고 주장하였다."262) 그러나 볼프는 자신이 1721년에 연설문을 쓸 당시 아직 쿠플레의 책을 읽지 않았다고 밝히고 자신이 읽은 노엘의 책에서는 '천'을 신으로 번역하지 않고 하늘로 번역했기 때문에 그렇게 알고 있었다고 하였다.

이 사실에 대해 그는 "이들 책에는 신과 신의 속성들이 언급되지 않았고, 또 공자와 다른 주석가들도 신에 대한 의무, 예를 들면 사랑·경외심·신용 등을 분명하게 강조하지 않았기 때문에 나는 고대 중국인 역시 세계의 창조자를 알지 못했다고 추론하였다"263)고 설명하고 있다. 그리고 그는 고전을 번역한 주석가들이 신이라는 단어를 사용하지 않은 것에서 중국인이 하늘을 신으로 생각하지 않았음을 알 수 있다고 결론을 내리고 있다.

나아가 그는 중국인은 자연종교도 가지고 있지 않다고 주장했다.

자연종교라는 것은 진정한 신에 대한 숭배를 말하는데, 이 숭배는 이성의 빛으로 인식되는 신의 속성과 활동에서 나온다. 신의 인식에 대한 증거가 없는 곳과 신에 대한 사랑·경외심·존경과 간청 그리고 그에 대한 믿음이 강요되지 않는 곳에는 자연종교가 없다. 중국의 고전들을 살펴보아도 이러한 것들이 보이지 않기 때문에 중국에는 자연종교도 없다는 것이다.

그러나 그는 중국인과 공자가 무신론자라고 보지는 않았다. 이 문제에 대해 그는 "하지만 나는 고대 중국인과 공자가 무신론자는 아니었다고 인정한다. 무신론자는 신이 있다는 것을 부정하는 사람이다. 그러나 사람들이 무엇이 신인지를 명확하게 이해하지 못할 때는 신을 부정하지 않는다. 신을 전혀 명확하게 이해하지 못하는 사람은 단지 신에 대해 무지할 뿐이다"264)라고 말하고 있다. 공자와 고대 중국인은 신에 대한 명확한 인식이 없었지만 신이 없다고 생각하지는 않았다는 것이 그의 주장이다.

이상에서 우리는 볼프와 유학의 관계를 그의 「중국인의 실천철학에 대한 연설」을 중심으로 살펴보았다. 당시 유럽인이 관심을 가지고 있었던 것은 주로 기독교의 중국 선교와 관련이 있는 문제였다. 중국의 전례 문제와 신 관념에 대한 유럽인의 논의가 바로 그러한 문제의 핵심이라 할 수 있다. 그런데 특이하게도 라이프니츠는 중국인이 신을 안다고 주장했지만 기독교의 중국 선교를 그렇게 강조하지는 않았다.

오히려 중국인이 유럽인보다 더 윤리적이라고 말하면서 중국에서도 유럽에 선교사를 보내야 한다고 하였다. 그는 비교적 객관적인 입장에서 유럽 민족의 우월성이나 문화의 우월성을 내세우지 않았다. 이러한 태도는 볼프에 있어서도 마찬가지라고 할 수 있는데, 그는 당시 유럽인이 가지고 있던 기독교 중심의 사고방식에서 상당히 자유로웠다. 그래서 그는 기독교의 중국 선교에 대해 말하지 않았고 오직 학문적으로 자신의 주장을 검증하는 데 최선을 다했다.

그래서 그는 중국인이 자연종교와 계시종교를 가지고 있지 않기 때문에 신을 모른다고 했지만, 중국인을 비난하지는 않았다. 그는 중국인이 신을 몰랐지만 도덕적이었고 윤리이론을 갖추고 있다는 사실을 강조하고 있다. 사실 이것은 윤리학을 신학에서 분리시키려고 했던 자신의 노력과도 관련이 있다.

그는 자신의 주장을 정당화하기 위하여 우선 노엘의 번역이 쿠플레의 번역보다 우수하다는 것을 말하고, 그가 번역한 중국의 경전 어디를 보아도 자연종교와 계시종교의 흔적이 보이지 않는다고 주장하였다. 그리고 중국의 지혜는 공자의 창조물이 아니라 이미 이전부터 존재하였던 여러 철인이 물려준 것이어서 공자라는 개인의 철학이 아니라 중국인 전체의 철학임을 말하기도 하였다.

유학을 분석하는 과정에서 볼프가 가장 강조하는 것은 정신의 힘 또는 본성의 힘이다. 유학은 철저히 인간 정신의 힘이나 본성의 힘에 근거를 둔 윤리학의 체계를 갖고 있고, 인간은 이 힘에 의지해서도 충분히 스스로 도덕적인 행동을 할 수 있다는 것을 유학에서 잘 보여주고 있다고 생각하였다. 그는 중국인의 지혜가 인간의 본성에 잘 맞는다는 사실을 증명하기 위해 중국의 교육제도와 태교를 예로 들기도 하였다. 기독교적인 편견을 가지지 않고 유학을 더 객관적으로 해석한 볼프의 학문적인 태도를 우리는 높이 평가해야 한다.

9장
볼테르와 유교

볼테르와 유교

볼테르(Voltaire, 1694~1778)는 프랑스 계몽주의를 대표하는 철학자이면서 저술가다. 서양의 유명한 철학자 가운데 기독교를 비판하면서 중국의 유교를 옹호한 사람은 프랑스의 볼테르가 유일한 것 같다. 그는 기독교에 대해 엄청난 비난을 퍼부었지만 중국의 공자와 유교에 대해서는 항상 우호적인 태도를 보여주어 우리의 관심을 끈다.

이렇게 볼테르가 유교에 대해 긍정적인 평가를 한 이유는 유교가 가지고 있는 합리성과 다른 종교에 대한 관용적인 태도 때문이다. 볼테르에 따르면 명(明)나라와 청나라 시절에 기독교의 선교를 허용한 것이 바로 중국인의 종교적인 관용을 보여주는 좋은 예가 된다. 반면에 선교 과정에서 다른 교파들조차 이해하지 못하고 서로 싸운 기독교 선교사들의 모습에서 기독교의 불관용을 잘 볼 수 있다.

볼테르는 중국에서 독단과 성직자가 없는 관대한 이신론(理神論)을 발견하였다. 볼테르는 이신론자인데 이신론에서는 세계를 창조한 초월적인 신을 인정하지만 그 신은 인격적인 존재도 아니고 세계의 일에 간섭하지도 않는다고 본다. 중국에는 비합리적인 미신 같은 것들이 없다고 그는 항상 강조하였다. 즉 중국인의 종교는 처음부터 하늘의 지배에 대한 단순한 숭배고, 지혜와 존엄을 지니고 모든 미신과 야만에서 벗어나 자유롭다고 하였다.

볼테르에 따르면 중국인의 종교는 성직자의 권한에 대한 언쟁으로 혼란스럽지 않으며 독단적이고 부조리한 형식에 집착하지 않는다. 중국 지식인들의 종교는 비록 비물질적인 신 관념은 없지만 많은 유럽인이 비난하는 무신론은 아니다.

또 공자는 혁신가도 아니고 새로운 교설의 주창자도 아니었다. 마찬가지로 신탁을 받은 사람도 아니었고, 예언자도 아니었다. 공자는 신성의 근원이나 초자연적인 영감을 주장하지도 않은 현인일 뿐이다. 그는 고대의 법을 가르치고, 다스리기보다는 가르치기를 좋아한 한 사람의 스승이었다.

유교에 대한 볼테르의 지나칠 정도의 칭찬은 아마도 기독교에 대한 반감 때문이었을 것이다. 그는 독단적인 기독교와 억압적인 프랑스의 전제정치에 대항하였고 합리적인 이성을 내세웠다. 중국과 유교는 볼테르가 가톨릭교회와 기존 정치체제를 공격하기 위한 무기 같은 역할을 하였다. 그의 이러한 비판과 투쟁은 결국 낡은 시대를 무너뜨리고 새로운 시대를 열었고, 기독교를 더 합리적인 종교로 만드는 데도 크게 공헌하였다.

『중국고아』

볼테르는 1734년에 출판된 『철학서간』에서 천연두 예방접종에 관해 설명하면서 중국을 '이 세상에서 가장 현명하고 가장 질서있는 나라'라고 평가하였다. 그는 당시 이미 여러 통로를 통하여 중국에 대한 많은 정보를 가지고 있었고 또 호의적이었다.

그는 평생 동안 기독교를 비판하였지만 중국의 종교에 대해서는 의외로 관대한 태도를 보였다. 볼테르는 기독교의 불관용에 대해 특별히 증오심을 가지고 있었던 것 같다. 종교라는 가면을 쓰고 저지르는 사악한 인간의 행동에 대해 비판을 자제하지 않았던 사람이 바로 볼테르였다.

이러한 기독교를 바로잡기 위해 그가 내세운 본보기가 바로 중국의 공자와 그 가르침인 유교였다. 그의 유교에 대한 애정과 지식의 수준을 알려주는 첫번째 작품이 바로 『중국고아』(中國孤兒)라는 희곡이다. 볼테르는 중국의 희곡 『조씨고아』(趙氏孤兒)에 감동을 받아 그것을 각색한 『중국고아』를 1755년에 발표하였다.

볼테르의 『중국고아』는 1755년 8월 파리에 있는 프랑세즈 극장에서 상연되었고, 12월에는 빈에서, 1757년에는 제네바에서 각각 무대에 올려졌다. 그리고 프랑스 극단은 1767년 2월 코펜하겐에 있는 덴마크 왕실극장에서 이 작품을 공연하기도 하였다.

『조씨고아』는 원나라 때 기군상(紀君祥)의 작품으로 원대의 대표적인 희곡이다. 이 희곡은 『사기』(史記)에 나오는 춘추시대진(晉)나라의 장군 도안가(屠岸賈)에 관한 고사(故事)를 극화한 것이다. 진의 영공(靈公)에게는 그의 신임을 받는 두 명의 대신이 있었다. 문신으로는 조순(趙盾)이 있었고, 무신으로는 도안가가 있었다.

음험하고 시기심이 많은 도안가는 충직한 조순을 미워하였다. 게다가 조순의 아들 조삭(趙朔)이 진의 공주와 결혼해서 도안가에게는 더욱 위협적인 존재가 되었다. 도안가는 모든 방법을 동원하여 조순을 제거하려고 하였다. 자객을 보내서 암살을 시도하기도 했고, 사나운 개를 훈련하여 조순을 죽이는 방법으로 써보기도 했다. 이러한 계획들이 실패로 돌아가자 도안가는 영공에게 조순을 모함하는 온갖 거짓말을 해서 결국 구족(九族)을 몰살하는 악행을 저질렀다.

도안가의 만행은 여기서 그치지 않고 조삭과 그의 부인인 공주가 임신한 아이까지 죽이려고 기회를 노렸다. 도안가는 거짓 왕명을 내려 조삭을 자살하게 하고 공주가 아이를 낳기를 기다렸다가 그 아이마저 살해하려고 준비하고 있었다. 공주는 사내아이를 낳고서 남편의 유언대로 아기 이름을 조씨고아라 지었다. 도안가는 한 달 후에 아이를 죽이기로 계획하고 있었다.

공주는 아기를 살리기 위해 조씨 집안의 문객이었던 의원 정영(程嬰)에게 아기를 부탁한 후 자결하였다. 평소 조순의 은혜를 입은 정영이 아기를 약상자 속에 숨겨서 나오는데, 도안가의 무도한 행각을 미워하는 장군 한궐(韓厥)은 이것을 눈감아주고 자살한다.

정영은 자기 아들을 공손저구(公孫杵臼)에게 맡긴 다음 조씨의

9장 볼테르와 유교   273

고아라 속이고 도안가로 하여금 죽이게 하여 전국의 영아들을 살육에서 구한다. 그뒤 고아는 도안가의 양자가 되고 성장한 뒤 정영에게서 사건의 진상을 그린 그림 두루마리를 받고 일족의 원수 도안가를 척결한다.

이 작품을 당시 프랑스 출신 예수회의 프레마르 신부가 명나라 만력(萬曆) 때 장진숙(臧晉叔)이 편찬한 『원곡선』(元曲選)에서 찾아내어 프랑스어로 번역하여 뒤 알드(Jean-Baptiste Du Halde, 1674~1743)가 1735년에 간행한 『중화제국전지』(中華帝國全志)에 게재하여 유럽에 소개하자 중국의 희곡문학으로서 호평을 받았다.

볼테르는 희곡 『조씨고아』에 크게 감동받아 『조씨고아』가 중국 여행기 이상으로 중국인의 정신을 잘 소개해준다고 극찬하였다. 그리고 그 내용을 각색한 『중국고아』를 직접 발표하였다. 그는 이 희곡의 헌사(獻辭)에서 작품을 쓰게 된 동기와 중국 문화에 대한 자신의 견해를 잘 밝히고 있다. 그리고 작품에서 전하고자 하는 교훈도 분명하게 설명하였다.

> 제가 이 작품을 구상하게 된 것은 프레마르 신부가 번역한 『조씨고아』를 읽고 나서입니다. 이 작품은 14세기 징기스칸 왕조 때 만들어졌습니다. 그래서 이 작품은 몽고의 정복자들이 정복한 나라의 풍습을 바꾸지 않았다는 증거가 됩니다. 오히려 그들은 중국에서 이루어진 예술을 장려하였고 법률을 채용했습니다. 이것은 이성과 정신의 우월성이 맹목적인

힘과 야만을 이긴다는 특별한 사례라고 할 수 있습니다. 두 번이나 타타르족들은 이렇게 했습니다. 지난 세기 초에 그들이 다시 이 거대한 나라를 정복했을 때 그들은 두 번째로 피정복자들의 지혜에 굴복했습니다. 그리고 두 나라는 이 세계에서 가장 오래된 법률의 지배를 받는 하나의 국민이 되었습니다. 아주 특이한 이 일을 설명하려는 것이 바로 이 작품의 주된 목적입니다.265)

볼테르가 가장 관심을 가졌던 점은 중국을 정복한 야만 민족들이 결국은 중국 문화의 힘에 흡수되고 마는 역사적인 사실이었다. 대표적으로 원나라를 세운 몽고족이 그랬고, 청나라를 세운 만주족도 그랬다. 그는 『중국고아』에서 다루는 내용도 바로 거기에 초점을 맞추고 있다고 밝혔다.

『중국고아』는 16세기부터 형성되기 시작한 유럽 고전주의 희곡의 예술 원칙인 삼일치법칙(三一致法則)에 맞게 만들어졌다. 다시 말해 극작가가 시간, 장소, 줄거리의 일치를 지켜야 한다는 원칙에 맞게 각색되었다.

먼저 시간에 있어서 『조씨고아』의 내용은 20년에 걸쳐서 일어난 일을 다루지만 『중국고아』에서는 하루 동안 일어난 일을 다루고 있다. 다음으로 장소를 보면, 『조씨고아』에는 다양한 장소에서 사건이 전개되지만 『중국고아』에서는 주요 장면이 모두 연경(燕京)의 황궁에서 일어난다. 그리고 줄거리에 있어서도 『조씨고아』는 상당히 복잡하지만 『중국고아』는 몽고군의 침입으로 통일되어 있다.

볼테르는 『조씨고아』의 내용 가운데 핵심적인 부분만 살리고 나머지는 대폭적으로 바꾸어 『중국고아』라는 희곡을 만들었다. 우선 시대적인 배경에서 춘추전국의 진나라를 송나라로 바꾸었다. 그리고 줄거리에 있어서도 간신이 충신 집안의 대를 끊으려다 오히려 고아에게 보복을 당한다는 이야기를, 몽고의 징기스칸이 송나라를 침략하여 황족을 몰살하고 남아 있는 고아까지도 찾아서 죽이려다 자기가 사랑했던 여인을 만나 감화를 받고 결국 고아를 살려준다는 내용으로 고쳤다.

이 희곡은 모두 5막으로 이루어져 있는데, 제1막은 8장, 제2막은 7장 그리고 제3막에서 제5막까지는 그 내용이 6장으로 이루어졌다. 전체적인 내용은 대체로 다음과 같다.266)

제1막: 제1장에서 여자 주인공 이다메(Idame)와 시녀 아셀리(Asseli)가 나와 몽고군이 침략했다는 사실과 황궁도 이미 점령되었다는 내용의 대화를 나눈다. 그리고 점령군의 우두머리가 바로 이다메에게 청혼했다가 거절당한 징기스칸이라는 것도 말한다. 이다메의 남편인 송나라 대부(大夫) 잠티(Zamti)는 황태자를 데리고 도망가는데, 징기스칸의 부하 옥타르(Octar)가 쫓아와 아이를 달라고 요구한다. 잠티는 송나라의 고아를 구하기 위해 자신의 아들과 바꾸기로 결심한다.

제2막: 잠티는 하인 에탄(Etan)에게 황태자는 잘 있느냐고 묻자 황태자는 조상 무덤들이 있는 곳에 잘 숨어 있다고 대답한다. 이다메는 남편에게 애원했지만 남편은 나라를 위해서 자식을 희생시키자고 부인을 설득한다. 결국 잠티의 아들은 송나라의 고아를 대신해 잡혀가고 만다. 이다메는 아들을 구하기 위하여 옥타르를 찾아가 그들이 잡아간 고아는 자신의 아들이라고 실토한다. 징기스칸이 드디어 등장하고 옥타르와 오스만(Osman)은 이다메에 관한 보고를 한다.

제3막: 징기스칸은 이다메를 만나자 놀란다. 징기스칸은 이다메에게 자초지종을 이야기하라고 독촉한다. 이다메는 남편 잠티가 황태자를 구하기 위해 자신의 아들을 희생시키려 한 계획을 이야기한다. 그러나 자신은 어머니로서 그냥 있을 수 없어서 찾아왔다고 말하면서 잠티와 아들 그리고 송나라의 고아 대신에 자신이 죽겠다고 애원한다. 잠티와 이다메가 끌려 나가자 징기스칸은 그녀에 대한 연모의 감정을 옥타르에게 털어놓는다.

제4막: 이다메를 잊지 못하는 징기스칸은 다시 이다메를 데려오게 한다. 징기스칸은 이다메에게 남편과 헤어지고 자신에게 오면 모두 사면하겠다고 제안하지만 이다메는 남편을 사랑한다고 말하고 그럴 수 없다고 단호하게 거절한다. 시녀 아셀리는 이다메에게 모두 구할 수 있는 방법은 오직 징기스칸의 청혼을 받아들이는 것이라고 설득한다. 잠티가 잠시 이다메에게 와서 자신은 죽어도 좋지만 황태자만은 살려야 한다고 부탁한다.

제5막: 아셀리는 징기스칸에게 잠티와 아들을 살려줄 것을 부탁하라고 이다메에게 독촉한다. 옥타르가 이다메를 다시 징기스칸에게 데리고 간다. 이다메는 그에게 자신만을 처벌하라고 호소한다. 징기스칸은 이다메에게 모든 사람의 목숨을 살려줄 것이니 자신과 결혼하자고 말한다. 이다메는 단호하게 징기스칸의 청을 거절하고 만다. 그리고 징기스칸에게 잠티를 좀 만나게 해 달라고 부탁한다.

잠티가 나타나자 이다메는 남편에게 단검을 주면서 자신을 먼저 죽여 달라고 애원한다. 잠티가 망설이고 있을 때 징기스칸이 나타나 호위병들에게 단검을 빼앗게 한다. 징기스칸은 잠티 부부의 충의와 애정, 불굴의 기개와 위대한 헌신 정신에 감동한다. 징기스칸은 그들을 모두 석방하고 잠티에게 송나라의 훌륭한 법률에 대해 자문해주고 국민에게 정의를 가르치며 국속(國俗)을 정화시켜줄 것을 요청한다.

『중국고아』에는 "공자지도오막극(孔子之道五幕劇)"이라는 부제가 달려 있다. 볼테르는 이 연극에서 공자의 정신을 보여주려고 했음을 이 부제를 통해서 분명하게 알 수 있다. 무엇보다 먼저 대부 잠티의 국가에 대한 충성심이 돋보인다. 국가를 위해 자신의 자식까지도 버릴 각오가 되어 있는 잠티의 충성심은 징기스칸도 꺾을 수 없는 중국인의 정신이다.

볼테르는 『조씨고아』에서 진나라의 의원 정영이 자신의 자식을 희생시켜 조삭의 아들을 구하는 희생적인 행동에서 공자의 가르침을 보았다. 그래서 그는 『조씨고아』를 『중국고아』로 각색하면서 자식을 희생하여 국가를 위한다는 내용은 고스란히 다 살렸다. 볼테르는 4,000년의 역사를 이어온 중국인의 저력이 바로 이러한 희생정신과 충성심이라고 판단하였다.

희생정신은 한 사회나 국가의 흥망을 결정하는 가장 중요한 요소다. 국가를 위해 희생하려는 사람이 많은 나라는 희망이 있고, 그런 사람이 줄어들던 쇠퇴하게 된다. 각자가 자신의 이익을 위해 움직이는 나라의 미래는 밝지 못하다. 그런 나라는 어려운 일을 만나게 되면 금방 무너지고 만다.

다음으로 보이는 공자의 정신은 바로 자식에 대한 사랑이다. 볼테르는 잠티를 통해 국가를 위해서는 자식도 희생하겠다는 충성심을 보여주고, 그의 부인 이다메를 통해서 자식에 대한 무한한 사랑을 보여주었다. 볼테르는 『중국고아』에서 이 두 가지 마음이 서로 갈등을 일으키도록 설정하였다.

유학은 주로 효를 강조한다고 말하지만 그 안에 들어가 보면 역시 자식에 대한 사랑이 우선한다. 자식에 대한 사랑이 전제되지 않으면 효도를 이야기하는 것은 무의미하다. 공자의 인(仁)은 사실 가족 간의 사랑을 말한다. 남을 사랑하는 마음도 그 출발점은 자신과 가까운 사람들에 대한 사랑이라고 생각하였다.

그리고 볼테르는 『중국고아』에서 『조씨고아』에는 보이지 않았던 남편에 대한 정절(貞節)을 강조하였다. 징기스칸은 이다메에게 남편 잠티를 버리고 자신에게 오면 모든 부탁을 다 들어주겠다고 제안했지만 그녀는 단호하게 거절하고 죽음을 택한다.

이다메는 정복자의 아내가 되어 호화스러운 생활을 할 수 있는 길이 있었지만, 그것을 거절하고 국가와 남편을 위해 기꺼이 목숨을 버리겠다고 의연하게 말한다. 징기스칸은 여기서 한편으로 감동받고 또 한편으로 좌절하고 만다. 세계를 정복한 영웅이 연약한 한 여자의 뜻을 꺾을 수 없었기 때문이다.

우리는 여기서 대문호 볼테르의 문학적인 재능과 중국정신에 대한 정확한 이해에 놀라게 된다. 볼테르는 이 작품에서 중국문화의 위대함을 강조하고 징기스칸의 폭력이 결코 중국정신의 힘을 이기지 못함을 보여주려고 하였다. 그 중국 문화의 중심에는 바로 공자의 사상이 자리하고 있다는 것이 볼테르의 생각이다.

『풍속론』

볼테르가 20여 년 동안 준비해서 1756년에 완성한 『풍속론』은 세계문명사 관련 저서다. 이 책에서 그는 세계의 역사와 문화를 종합적으로 서술하였다. 볼테르는 다른 학자들과 달리 유럽 중심의 역사가 아닌 명실상부한 세계의 역사를 썼다. 그는 유럽이 아닌 다른 나라들에 대해서도 객관적으로 서술하여 진정한 역사가의 면모를 보여주었다.

볼테르는 이 책의 서론 부분에서 중국에 대한 전체적인 설명을 하였고, 제1장에서 고대의 중국이라는 주제로 중국의 군사력, 법률, 풍속과 과학 등을 다루었다. 제2장에서는 중국의 종교라는 주제로 주로 종교 문제를 다루었다. 여기서 볼테르는 7세기에 중국으로 들어간 경교(景敎)를 설명하고 자신의 생각을 밝혔다. 그는 대진경교유행비(大秦景敎流行碑)가 조작된 것이라고 주장하였다. 명나라 이전에 중국에 기독교가 전해졌다는 견해를 강하게 부정하였다.267)

다음으로 중국에 대한 내용이 나오는 부분은 제155장으로 포르투갈 사람들이 아시아로 진출할 당시의 중국 상황을 설명하고 있다. 하지만 여기서는 주로 원나라 때의 일을 설명하였다. 그 가운데 하나가 바로 원나라 때 크게 유행한 연극에 관한 것이다. 볼테르는 원대의 『조씨고아』를 잘 알고 있었기 때문에 거기에 관해 언급하였고, 중국 민족이 윤리 분야에서는 뛰어나지만 과학 분야에서는 서양에 뒤진다는 사실을 지적하였다.

마지막으로 이 책의 제195장에서는 17세기와 18세기 초의 중국이라는 주제로 중국의 역사와 문화를 다루었다. 중국은 몽고족이 전체를 통일하여 원나라를 세웠고, 한족에 의해 다시 명나라가 들어섰으나, 1644년에는 만주족이 청나라를 세우는 변화를 겪게 된다. 이러한 중국의 역사를 볼테르는 자신의 관점으로 해석하였다.

이 장에서 볼테르는 서양 선교사의 선교 활동에 대한 자신의 생각을 밝히고 있다. 그는 중국인이 무신론자라고 생각하는 서양 선교사의 견해에 찬성하지 않았다. 그뿐만 아니라 선교사들의 태도에 대해서도 오히려 중국인의 관점에서 이해하려고 하였다. 볼테르는 『예수회 선교사의 중국에 관한 기이한 편지』에 실린 옹정제(雍正帝)의 다음과 같은 말을 인용하면서 중국의 입장을 고려해야 한다는 생각을 강조하였다.

> 만일 짐이 그대의 나라에 승려와 라마승을 보냈다면 그대들은 무엇이라 하겠는가? 그리고 그들을 어떻게 대우하겠는가? 그대들은 선황이던 부친을 기만했소. 짐까지 속일 수 있으리라고는 기대하지 마시오. 그대들은 중국인이 그대들의 종교를 수용해야 한다고 생각하오. 짐은 그대의 신앙이 다른 사람들의 신앙을 용납하지 않는다는 걸 알고 있소. 그렇다면 우리는 어떻게 되겠는가? 우리는 그대 군왕의 신하가 될 것이오.268)

볼테르는 이와 같은 옹정제의 말에 전적으로 공감하여 이를 인용하여 기독교 선교의 문제점을 지적한 것이다. 여기서 그는 기독교의 배타성을 날카롭게 지적하였고, 중국인의 입장에서 선교의 문제를 생각할 수 있는 객관적인 태도를 잘 보여주었다. 기독교는 신을 내세워 다른 종교들을 탄압하였고 살상을 저질렀는데, 볼테르는 정확하게 그 문제점을 알고 있었다.

이미 중국에도 여러 종교가 활동하고 있는데, 늦게 들어간 기독교가 중국인의 전통까지 무시한다면 중국이 그냥 있지 않을 것이다. 이것은 불 보듯 뻔한 일인데 기독교에서는 그것을 무시했으니 결과가 이미 예상되었다. 이러한 선교의 문제점을 볼테르는 정확하게 지적하였다.

볼테르는 『풍속론』에서, 특히 공자의 가르침을 상세하게 설명하여 유교에 대한 관심을 보였다. 예를 들면 중국을 전체적으로 소개한 서론 부분에서 공자를 설명하였고, 중국인은 무신론자가 아니라는 점을 강조하였다.

> 그들의 공자는 새로운 학설을 만들지도 않았고, 새로운 예(禮)를 만들지도 않았다. 그는 신의 계시를 받지도 않았고, 예언을 말하지도 않았다. 그는 고대의 법률을 전수한 현명한 관리였다. 우리가 그의 학설을 유교라고 부르는 것은 때때로 적절하지 못하다. 실제로 그는 결코 자신의 종교를 가지고 있지 않았다. 그의 종교는 황제와 대신들이 가지고 있던 종교였고 선현들의 종교였다. 공자는 단지 도덕으로써 사람

들을 간절하게 타일렀고 어떤 신비한 교리도 말하지 않았
다.269)

볼테르의 공자에 대한 이러한 설명을 보면 그가 얼마나 유학의 합리적인 면에 호감을 가졌는지 잘 이해할 수 있다. 공자는 종교를 만든 교주가 아니라는 주장이 이 설명의 핵심이다. 볼테르는 기독교와 유학을 비교해 말함으로써 유학의 합리적인 점을 강조하고 싶었던 것이다.

계속해서 볼테르는 『논어』를 전체적으로 소개하였다. 『논어』의 제1부에는 정치를 하는 방법에 대해, 제2부에는 상제가 사람들 마음에 도덕률을 심어주었기 때문에 악은 후천적인 잘못에 기인한다는 내용이 들어 있다. 제3부는 순수한 격언집인데 어떤 비속한 말도 들어 있지 않을 뿐만 아니라 가소로운 비유도 들어 있지 않다고 했다.270)

그리고 볼테르는 중국에서 일어난 전례논쟁에 대해서도 많이 알고 있었다. 이 문제는 상당히 복잡하지만 결국 중국에서 예수회와 다른 교파들 간에 일어난 싸움 때문에 문제가 확대된 것이라 할 수 있다. 그래서 볼테르는 "유럽에서는 일찍부터 자기들이 싫어하는 예수회가 무신론자인 중국인에게 아첨을 한다고 비난하는 사람들이 있었다"271)고 분명하게 지적하였다. 그는 교황청에서 복건성의 대리 주교로 임명한 매그로(Maigrot)에 관해서도 알고 있었다.

매그로 이 사람은 한문도 제대로 모르면서 공자를 무신론자로 간주했는데, 그 근거가 바로 이 위대한 인물이 말한 "하늘이 나에게 덕(德)을 부여했으니 환퇴(桓魋)가 나에게 어떻게 하겠는가"라는 두 구절이었다. 우리의 가장 위대한 성도들도 이보다 더 정밀한 격언을 말하지 못했다. 만일 공자가 무신론자라면 로마의 감찰관 카토(Marcus Porcius Cato, B.C. 234~B.C. 149)와 프랑스의 대법관 로피탈(Michel de L'Hospital, 1507~1573) 역시 무신론자여야 한다.272)

1681년에 중국에 와서 1687년에 복건성의 대리 주교가 된 파리 외방선교회 소속의 신부 매그로는 관할 지역의 기독교인들에게, 천(天)과 상제라는 용어의 사용을 금지하고 천주(天主)라는 말만 허용하였고, 경천이라는 말도 못하게 명령을 내린 사람으로 유명하다. 그뿐만 아니라 기독교인은 공자와 조상을 위한 제사에도 참석하지 못하게 하였다.

강희제가 전례 문제에 대해 교황 측과 예수회 측의 입장을 듣기 위해 어전으로 양측의 대표를 초청했을 때 매그로도 교황 측의 입장을 대변하는 사람으로 참석하였다. 강희제는 매그로에게 경서 중의 한 구절을 외워보라고 했으나 외우지 못했다. 그러자 강희제는 스스로 경서의 몇 구절을 외웠다. 그리고 강희제는 벽에 걸려 있던 한문 글자들을 매그로에게 읽어보게 하였으나 그는 넉 자 가운데 겨우 한 글자만 읽었다. 그는 리치의 중국어 이름인 리마두

(利瑪竇)도 알지 못했다. 그는 며칠 후 추방되어 유럽으로 돌아갔다.

볼테르는 『풍속론』의 제2장에서도 공자를 비교적 자세하게 설명하였다. 공자의 제자는 모두 5,000명이나 되고 이 가운데 어떤 제자는 황제가 되었고, 높은 관리가 되기도 했다고 말했다. 그리고 『대학』에 있는 "대학의 도는 밝은 덕을 밝히는 데 있고, 백성을 새롭게 하는 데 있고, 지극히 착한 데 머무름에 있다"는 첫 구절을 인용하면서 그것이 유학의 목적이라고 설명하였다.273)

그는 공자의 윤리학을 스토아학파 철학자 에픽테투스(Epictetus)의 윤리학과 같이 순수하고도 엄격하고 또 사람의 감정에 잘 들어맞는다고 평가하였다. 공자는 "내가 당하기 싫은 일을 남에게 하지 말라"고 하고, "내가 서고자 하면 남을 세워주고 내가 이루려고 하면 먼저 남을 이루게 하라"고 가르쳤다.274) 공자는 옛날의 악을 마음에 두지말고, 선행과 우애 그리고 겸손을 잊지말아야 한다고 하였다.

볼테르는 "공자의 제자들은 서로 친하기를 손과 발 같았다. 세계에서 가장 행복하고 가장 존경할 수 있는 시대는 바로 공자의 율법을 받든 시대였다"275)고 말해 공자의 가르침에 대한 찬사를 아끼지 않았다.

그는 유교에서 이신론을 발견하였고 그 중심이 바로 공자라고 믿었다. 그래서 공자에게 아낌없는 찬사를 보냈다. 중국의 위대한 스승인 공자는 볼테르가 중국을 좋아하는 데 있어 중심이었다. 페르네(Ferney)에 있는 그의 서재의 벽에는 공자의 초상화만 걸려 있었다고 하니 공자에 대한 존경하는 마음을 짐작할 수

있다.276)

『관용론』

1762년 3월 9일 프랑스 남부 지방의 툴루즈 시에 사는 68세의 장 칼라스라는 상인이 아들을 살해했다는 죄목으로 거열형을 당하는 비극적인 일이 발생했다.277) 장 칼라스는 프로테스탄트로 툴루즈 시에서 40여 년 넘게 상업에 종사하면서 생활한 사람으로 가족으로는 부인과 세 아들 그리고 두 딸이 있었다. 그런 그가 어떤 사연으로 이러한 끔찍한 처형을 당하게 되었을까?

이 사건은 1761년 10월 13일 장 칼라스의 장남 마르크 앙투안이 자신의 처지를 비관하여 목을 매 자살하면서 시작되었다. 이것을 본 구경꾼들이 장 칼라스의 가족이 가톨릭으로 개종하려는 장남을 살해했다는 소문을 내기 시작하였다. 툴루즈의 시 행정관인 다비드는 떠도는 소문을 듣고 사건의 신속한 처리를 위해 규율과 칙령을 무시한 법적 절차를 통해 장 칼라스 가족을 투옥시켰다.

이 사건을 위해 13명의 판사가 매일 모여 회의를 하였다. 장 칼라스 가족의 유죄를 입증할 증거란 있지도 않았고, 있을 수도 없었다. 그러나 이 증거의 빈자리를 어긋난 신앙심이 대신 메웠다. 여섯 명의 판사가 줄기차게 고집하기를 장 칼라스와 그의 아들을 거열형에, 장 칼라스의 아내는 화형에 처하자고 하였다.

논란 끝에 판사들은 먼저 장 칼라스에 대한 판결을 내리고 다른 식구들은 나중에 결정하기로 결론을 내렸다. 그리고 장 칼라스를

8대 5의 표결로 거열형에 처하는 판결을 내렸다. 재판 과정에서 장 칼라스는 끝까지 무죄를 주장하였지만 판결에는 영향을 미치지 못했다. 사형하라는 판결을 지지한 판사들이 말한 이유도 어이없는 것이었다.

그들은 이 허약한 노인이 막상 처형의 극단적인 고통에 직면하면 자신과 공모자들의 죄를 자백할 것이라고 나머지 판사들을 설득했다. 그러나 장 칼라스는 바퀴에 묶여 죽어가면서도 신을 불러 결백함의 증인으로 삼았고, 또 잘못을 저지른 판사들을 용서해 달라고 기원했다.

장 칼라스가 결백을 주장하며 죽자 판사들은 당황할 수밖에 없었다. 그들은 결국 아들 피에르에게만 추방령을 내리고 다른 피고들은 모두 석방하였다. 피에르는 다시 돌아와 도미니크회의 수도원에 감금되었고 두 딸은 수녀원에 유폐되었다. 그리고 모든 재산은 몰수당하였다.

볼테르가 이 사건을 알게 된 때는 1762년 3월 22일이었다.[278] 그에게 장 칼라스의 사건을 알린 사람은 마르세유의 상인이었다. 볼테르는 장 칼라스의 막내 아들 도나 칼라스를 만나고 나서 장 칼라스의 결백을 확신하게 되었다. 그는 장 칼라스 가족을 돕기 위해 먼저 호소문을 그들의 이름으로 써서 세상에 널리 알렸다.

볼테르는 장 칼라스 가족을 돕기 위해 여러 가지의 일을 했고, 또 성과가 있어서 1763년 3월 7일에는 장 칼라스 사건을 위한 국왕 참사회가 소집되었다. 이 참사회는 툴루즈의 판결을 파기하고 장 칼라스 사건을 위한 특별 법정을 구성하도록 결정하였다. 그리고 1765년 3월 12일에는 특별 법정에서 장 칼라스를 복권시키

게 된다.279)

장 칼라스 사건의 희생자들을 위해 일하는 과정에서 볼테르는 『관용론』을 출판하였다. 이 책에서 그는 기독교의 배타성을 비판하고 관용의 소중함을 역설하였다. 볼테르는 이러한 종류의 저작에 관해 이미 1762년 12월의 편지에서 언급하였고, 『관용론』을 완성한 때는 1763년 4월이었다.

이 책에는 우리가 일반적으로 알고 있던 기독교의 역사와 전혀 다른 볼테르의 주장이 많이 들어 있다. 예를 들어 로마시대에 기독교인들이 엄청난 박해를 받았다고 알려져 있지만, 그는 로마인들이 종교적으로 상당히 관대했다는 주장을 하였다. 그리고 불행한 사건들은 박해의 결과가 아니고 기독교인들의 잘못으로 발생하였다고 해석하였다.

그리고 볼테르는 신교도들에 대한 가톨릭의 잔혹한 처형의 사례들을 보고하면서 불관용의 폐해를 자세하게 밝혔다. 말하자면 다른 종교에 기독교인들이 박해받은 경우보다 기독교 내의 싸움으로 인한 피해가 더 컸다는 사실을 말하고자 했다.

『관용론』에는 다양한 민족의 종교적인 관용에 대한 볼테르의 언급이 나온다. 예컨대 볼테르는 "오스만 황제의 제국에는 야고보파, 네스토리우스파, 그리스도 단의론자(單意論者)들을 비롯해 콥트교 신도, 성 요한 기독교도, 유대교도, 조로아스터교도, 바니아(Bania)들도 살고 있다. 오스만제국의 역사서에서 이들 종교 가운데 그 어떤 것도 반란을 일으켰다는 기록을 찾아볼 수 없다"280)고 말하여, 이슬람교를 국교로 한 오스만제국에서도 종교의 자유가 있었음을 강조하였다.

볼테르는 마찬가지로 중국에서도 종교적인 관용이 있었다고 역설하였다. 여기에 대해 그는 "중국의 통치자들은 우리가 알고 있는 대로 4천년보다도 더 오랜 세월 동안 유일신(唯一神)에 대한 단순한 경배를 근간으로 하는 단 하나의 종교만을 채택해 왔다. 그렇지만 중국의 통치자들은 한편으로 백성이 부처를 믿는 것도, 수많은 불교 승려도 용인했다. 승려들이란 현명한 법적 장치를 통해 줄곧 억제하지 않으면 자칫 위협적인 존재가 되었을 집단이었음에도 그러했다"281)고 말했다.

그리고 『관용론』의 제19장은 「중국에서 벌어졌던 논쟁에 대한 보고서」라는 제목으로, 여기서 다루고 있는 내용은 중국에서 선교하고 있던 예수회 신부, 덴마크 신부, 네덜란드 신부, 도미니크회 선교사가 서로 자신이 옳다며 싸우는 모습이다. 여기에 등장하는 신부들은 상대방의 의견은 철저히 무시하면서 자신의 주장만을 고집한다. 볼테르는 이러한 내용을 통해 기독교의 고지식함과 배타성 그리고 불관용을 비판하고 있다.

기독교를 선교하겠다고 중국까지 진출한 선교사들이 거기서 모범을 보이지 못해 오히려 중국인에게 가르침을 받아야 할 형편임을 보여주고 있다. 그래서 1724년에 옹정제는 금교칙서(禁敎勅書)를 발표하여 기독교의 선교를 금지하게 된다. 이러한 옹정제의 선교 금지에 대해서도 볼테르는 그 원인이 선교사들의 잘못에 있다고 주장하였다.

그는 이 사건에 대해 말하기를 "중국 역사상 가장 지혜롭고 너그러운 통치자인 옹정제가 예수회 선교사들을 추방했던 것은 사실이다. 그러나 그것은 황제가 신앙의 자유를 허락하지 않았기 때문이 아니다. 예수회 선교사들이 박해를 받은 이유는 반대로 이 선교사들이 신앙의 자유를 부정했다는 데 있다"282)며 옹정제를 옹호하였다.

옹정제에 대한 볼테르의 칭찬은 지나친 점이 있다. 그가 강희제를 그렇게 칭송했다면 이해가 가지만 옹정제를 칭찬한 것은 이해하기 힘들다. 혹 예수회의 선교사들을 추방한 일이 마음에 들어 그런 칭찬을 했다면 이해가 되기는 한다. 옹정제는 재위 초기부터 선교사들에게 우호적이지 않았다. 그것은 황위 계승을 놓고 벌어진 권력 다툼에 선교사들이 연루되었기 때문이다.

예컨대 강희제의 아홉 번째 아들 윤당(允禟)과 친하게 지냈던 포르투갈 예수회 선교사 모라우(穆敬遠, Joannes Mourao) 신부는 체포되었고 누군가에 의해 독살되었다. 그리고 윤당을 지지한 종친 가운데 소노(蘇努)라는 사람이 있었는데, 그의 자식 가운데 9명이 천주교를 믿었다. 옹정제는 즉위하자마자 소노의 재산을 몰수하고 가족 모두 멀리 쫓아버렸다.283)

1723년 복건성과 절강성(浙江省)의 총독 나만보(羅滿保)가 기독교를 비난하는 포고문을 발표하였다. 이 사건의 직접적인 원인은 도미니크회 신부들이 남자 신도와 여자 신도가 함께 모이는 집회를 연 것이었다. 총독은 기독교를 금지하고 서양인들을 북경과 마카오로 집결시키자는 상소문을 올렸다. 예부(禮部)에서는 이 상소문을 받아들이고 기독교를 금지하라고 답하였다. 1724년 7월 11일 옹정제는 예부에서 각 성에 보낸 금교(禁敎) 명령서에 서명하였다.284)

이 명령서에 따르면 천주교를 믿는 사람들은 반드시 종교를 포기해야 하고, 북경 조정에 근무하는 선교사를 제외하고 나머지 사람들은 반년 사이에 마카오로 가야 한다. 나중에 선교사들이 찾아와 간곡히 부탁하여 선교사들은 마카오로 가는 대신 광주성(廣州省)으로 가도록 하였다.

아마 볼테르가 감동을 받은 이유는 옹정제가 칙령에서, 각 성에서 활동하던 선교사들이 광주로 이동할 때 그들을 잘 보호하라는 명령을 첨부했기 때문일 것이다. 옹정제는 선교사들에게 적대적으로 대하지 않았고 격식을 갖추어 손님 대접을 한 것 같다. 이러한 옹정제의 태도를 높이 평가한 사람이 바로 볼테르였다.

그는 기독교에 대해 비판적이었기 때문에 옹정제를 옹호했겠지만 그의 주장은 객관적인 사실을 잘 보여주고 있다. 기독교는 중국에서 선교를 하면서 그곳에 이미 자리잡고 있던 불교를 무시하였고, 유교에 대해서도 자신들의 기준으로 판단하고 그들의 입장을 전혀 고려하지 않는 오만한 태도를 보였다. 말하자면 기독교는 어디까지나 손님인데 주인 행세를 하려고 했다. 손님들에게 물건을 팔면서 말을 듣지 않으면 가만히 두지 않겠다고 행패를 부린 상점의 주인 같은 모습을 보여주었다.

볼테르의 정확한 판단에 우리는 놀라지 않을 수 없다. 그는 옹정제의 입장을 다음과 같이 잘 대변하였다.

> 옹정제로서는 세계 각처에서 자국으로 파견되어온 예수회, 성 도미니크회, 성 프란체스코회 그리고 수도회에 소속되지 않은 신부들이 그들 사이에서 벌이고 있는 남부끄러운 싸움

에 질릴 지경이었다. 이 성직자들은 진리를 설파하러 와서 서로 헐뜯는 일어 열중하고 있었던 것이다. 황제가 취한 조치는 이들 외국에서 온 훼방꾼들을 되돌려 보낸 것뿐이었다. 그 추방의 방식 또한 얼마나 온화했던가? 그는 외국 선교사들이 편안히 귀국할 수 있도록 그리고 도중에 성난 백성에게 봉변당하지 않도록 자상한 배려를 아끼지 않았다. 중국의 황제가 외국 선교사들을 추방하면서 보여준 태도는 관용과 인류애의 한 본보기가 되었다.285)

어떻게 볼테르는 중국에서 일어난 일을 직접 보지 않고서도 그렇게 잘 파악할 수 있었을까? 그가 중국의 사정을 알 수 있었던 통로 역시 선교사들이었을 터인데 어디서 이런 해석이 나왔을까? 아마 볼테르는 기독교의 속성을 이미 잘 알고 있었기 때문에 여러 정보를 종합 정리하여 이러한 결론에 도달했을 것이다.
 말하자면 어떤 사람을 훤히 알고 있으면 몇 가지 소문만 들어보아도 전후 사정을 알 수 있는 것과 같다. 말썽꾸러기 아이가 밖에 나가서 다른 아이에게 맞고 왔을 때 식견이 있는 부모는 자기 아이가 무슨 잘못을 해서 맞았다는 것을 금방 알 수 있다.
 그리고 『관용론』에는 볼테르가 공자의 가르침을 누구보다도 정확히 이해하고 있었음을 보여주는 구절이 있어 우리를 놀라게 한다. 이것은 바로 "네가 타인에게 당하고 싶지 않은 일을 너 역시 타인에게 행하지 말라"는 공자의 말이다. 볼테르는 제6장 "불관용이란 과연 자연법인가?"에서 자연법을 이렇게 설명하였다.

> 자연법이란 자연이 모든 사람에게 가르쳐주는 법이다. 당신이 자녀를 길렀다면 그 아이는 당신을 아버지로서 존경해야 하고, 길러준 은혜에 대해 감사해야 한다. 당신이 직접 밭을 갈아 농사를 지었다면 당신은 그 땅에서 나는 생산물을 소유할 권리가 있다. 당신이 어떤 약속을 했거나 약속을 받았다면, 그 약속은 지켜져야 한다.
> 인간의 법은 반드시 이러한 자연의 법을 토대로 만들어져야 한다. 그리고 그 대원칙, 자연의 법에서 그렇듯이 인간의 법에서도 보편적인 원칙은 세상 어디서나 바로 다음과 같은 것이다. "네가 타인에게 당하고 싶지 않은 일을 너 역시 타인에게 행하지 말라." 그러니 이러한 원칙에 따른다면 한 사람이 다른 사람에게 "내가 믿는 것을 믿어라. 만약 믿지 못하겠다면 너를 죽이겠다"고 어떻게 말할 수 있겠는가? 하지만 이것은 포르투갈, 에스파냐, 고아에서 사람들이 외치고 있는 말이다.286)

볼테르가 자연법의 보편적인 원칙으로 내세운 명제 "네가 타인에게 당하고 싶지 않은 일을 너 역시 타인에게 행하지 말라"는 실은 『논어』 「안연」(顏淵)과 「위령공」(衛靈公)에 나오는 공자의 말이다. 「안연」에는 중궁(仲弓)이 인(仁)을 질문했을 때 공자가 대답한 말 가운데 나오고, 「위령공」에는 자공(子貢)이 평생 동안 실천해야 할 한 말씀을 부탁하자 대답한 말이 바로 이것이다.

볼테르는 "기소불욕, 물시어인"(己所不欲, 勿施於人)이라는 가르침의 중요성을 깨달은 최초의 서양 철학자인 것 같다. 그는 우선 공자의 가르침을 종교적인 갈등과 배타성을 비판하는 데 활용하고 있다. 자신의 종교를 어떻게 타인에게 강요할 수 있단 말인가? 공자의 가르침은 기독교에서 신교(新敎)와 구교(舊敎)의 갈등과 싸움을 종식시키는 데 도움을 줄 수 있을 것이다. 볼테르는 공자의 가르침을 정확히 알았고 가장 적절하게 활용하였다. 그의 이러한 사상은 서구의 근대정신을 형성하는 데 커다란 공헌을 하였다.

『철학사전』

볼테르가 1764년에 출판한 『철학사전』의 "중국" 항목에는 그가 평소 중국에 대해 가졌던 생각들이 압축되어 있다. 그래서 짧은 글이지만 중국에 대한 볼테르의 관심과 지식 그리고 애정을 잘 볼 수 있다.

그는 먼저 중국의 역사가 오래되었다는 사실을 복희를 예로 들어 설명하였다. 복희가 기원전 2,500년 전의 임금이었고, 중국에서 최초로 법률을 만든 인물이라고 하였다. 볼테르는 중국의 역사에 대해서는 공자가 말했기 때문에 의심할 여지가 없다고 확신하였다.287)

그리고 흥미로운 부분은 중국이 이집트의 식민지였다는 주장을 반박한 점이다. 볼테르는 선교사 빠라낭(Parennin) 신부의 입장에 찬성하면서 그의 설명을 인용하였다. 만일 이집트 군대가 중국까지 가서 식민지를 건설했다면 분명히 인도대륙을 경유했을 텐데 그럼 인도사람들은 가만히 있었을까? 그리고 이집트 군대는 인도에 있는 좋은 땅은 내버려 두고 왜 힘들게 중국까지 갔을까? 이러한 논리를 근거로 그는 이집트 식민지설을 부정하였다.[288]

다음으로 볼테르는 옹정제가 기독교 선교사들을 추방하고 선교활동을 금지한 일에 대해 서술하였다. 이 내용은 이미 그가 『풍속론』에서 간단하게 다루었지만 여기서는 새로운 내용이 추가되었다. 볼테르는 당시 대부분의 선교사가 마카오에서만 살아야 한다며 제한을 받았지만 그들이 박해를 받은 것은 아니라고 주장하였다.

기독교가 중국인의 풍습과 맞지 않았던 점은 조상에 대한 제사를 막은 것과, 남녀가 유별한데 교회에서 남녀가 함께 예배를 보고, 신부들 앞에서 젊은 여자들이 무릎 꿇고서 고해성사(告解聖事)를 하는 일 등이었다. 이런 것들이 중국인의 정서에 맞지 않았고 그들의 자존심을 건드렸다고 볼테르는 지적하였다.

그리고 중국인이 무신론자인가 하는 문제도 다루었다. 볼테르는 중국인이 무신론자라는 주장에 찬성하지 않았다. 중국인이 물질적인 하늘을 숭배한다는 주장에 대해 그렇다면 그것이 바로 그들의 신이라고 반박하였다. 그들은 태양을 숭배한 페르시아인과 비슷하고, 별을 숭배한 아랍인과 비슷하다. 그러나 누구도 페르시아인과 아랍인을 보고 우상 숭배자나 무신론자라고 하지 않는다.

또 볼테르는 유럽인이 중국에서 다양한 것을 가져온다는 사실을 언급하였다.[289] 대표적인 것으로 도자기, 비단, 향료 등을 예로

들 수 있다. 볼테르는 유럽인이 필요한 물품은 중국에서 가져오면서 중국인을 개종하려 한다고 비난하였다. 중국인을 개종시키기 위해서는 중국의 역사가 얼마나 오래되었는지에 대해서는 모른 체해야 하고 그들이 우상 숭배자들이라고 말해야만 한다.

볼테르는 중국의 역사에 대해 관심이 많았고, 특히 오래된 중국 역사에 대해 감탄하였다. 예수회 회원들은 중국의 고대 문명이 『구약』(舊約)에 기록된 천지 창조의 날보다 앞서기조차 한다고 주장하였다. 기독교에서는 천지 창조가 기원전 4000년경, 대홍수가 기원전 2300년경에 있었다고 믿고 있었다. 볼테르가 중국 역사의 고대성 문제에 집착하고 거대한 인구를 강조한 사실은 기독교의 독단을 공격하려는 그의 의도와 잘 맞았다고 할 수 있다.

다음으로 볼테르가 다루는 문제는 바로 볼프의 중국에 대한 관심과 연구에 대한 찬사다. 그는 볼프가 중국철학과 공자를 찬양하다가 프로이센에서 추방된 일을 아주 상세히 잘 알고 있었다.290)

볼프는 1721년 할레대학의 부총장직을 후임자인 랑에에게 넘겨주면서 「중국인의 실천철학에 대한 연설」을 하였다. 이 연설에서 볼프는 중국의 유학을 높이 평가하고 자신의 철학도 그와 같다고 주장하였다, 이것 때문에 그는 무신론자라는 모함을 받고 프로이센에서 추방되어 마르부르크대학에서 교수 생활을 하였다.

그리고 볼테르는 중국 역사의 고대성 문제를 논하면서 재미있는 비유를 들기도 하였다. 중국의 복희 이전에도 14명의 황제가 있었는지, 복희가 기원전 3000년에 살았는지 등의 문제에 대해 유럽에서 격렬하게 싸울 것이 아니라 그것을 중국 황실에 물어보라고 충고하였다.

그런 문제에 관해 유럽에서 싸우는 것은 볼테르 자신이 갖고 있는 땅을 아일랜드인 두 사람이 더블린에서 12세기에 그것이 누구의 땅인지 다투는 것 같은 꼴이라고 비꼬았다. 볼테르는 그 땅을 지금 소유하고 있고, 문서도 가지고 있는 자신에게 물어보아야 하지 않느냐고 하였다.

볼테르는 대체로 복희 이전에 14명의 황제가 있었다는 중국의 역사를 믿고 있는 것 같다. 그것은 중국의 인구가 대단히 많다는 사실을 통해서도 어느 정도 증명이 될 수 있다고 그는 생각했다. 인구가 그렇게 많아지려면 상당한 시간이 걸리기 때문이다.

그래서 그는 일부 신학자들이 터무니없이 빠른 속도로 인구가 증가했다고 주장하는 것을 강하게 비판하였다. 인구는 그렇게 갑자기 불어날 수 없다는 게 그의 견해다. 때때로 인구가 증가하지 않고 오히려 줄어들기도 한다. 그리고 통일된 국가와 법, 황제들, 철기의 사용, 수많은 발명품도 중국 역사의 고대성을 증명한다고 믿었다.

그러면서 볼테르는 중국인과 인도인들이 그들의 땅에서 조용히 그리고 평화롭게 살도록 내버려 두라고 충고하기도 한다. 여기서 우리는 다시 볼테르의 뛰어남과 선견지명을 볼 수 있다. 이후 유럽인이 중국과 세계 도처에서 얼마나 많은 침략 전쟁과 식민지 쟁탈 전쟁을 벌였는지를 보면 볼테르의 걱정이 기우가 아니었다.

그는 다시 중국의 장점들을 언급하였다. 먼저 중국의 국가 조직이 세계에서 가장 우수하다고 칭찬하였다. 그 이유로 중국의 헌정 체제는 형식에서만 전제주의고 실제로는 자애로운 가부장적 권력에 토대를 두었음을 들었다. 이 체제에서 황제는 아버지, 행정관리는 형제 그리고 인민은 어린아이다.

 중국은 지방관이 임기를 마치고 떠날 때 백성의 칭찬을 받지 못하면 벌을 받는 유일한 나라다. 그리고 중국 외 다른 모든 나라에서는 범죄에 대한 처벌만 있지만 중국은 잘한 일에 대해 상을 주는 나라다. 다른 나라들은 정복한 나라의 사람들에게 자신들의 법을 적용하지만 중국은 정복한 나라의 사람들에게 그 나라의 법을 적용한다.

 물론 중국에도 문지가 없는 것은 아니다. 불교를 믿는 사람들은 유럽인만큼이나 교활해서 외국인에게 바가지를 씌우기도 한다. 그리고 그들은 과학에서 200년 전의 유럽과 마찬가지여서 여러 편견을 가지고 있고 부적을 믿고 점성술을 믿고 있다.291) 볼테르는 불교에 대해 다른 선교사들과 마찬가지로 편견을 가지고 있었다.

 볼테르가 보았을 때 당시에 중국의 과학은 유럽보다 상당히 뒤떨어져 있었다.292) 그래서 중국인은 서양의 온도계를 보고 놀라고, 초석으로 물을 얼리는 방법이나 토리첼리(Torricelli)의 실험 그리고 구에리크(Otto Guericke)의 공기펌프 등을 신기하게 여겼다. 의학에서도 중국이 유럽보다 나은 것이 없다고 평가하였다. 아마 선교사들의 보고에 이러한 내용들이 들어 있었던 모양이다.

 이러한 모든 약점에도 불구하고 4,000년 전 유럽에 문자도 없었을 때 중국인은 오늘날 유럽인이 자랑하는 모든 생활필수품을 알고 있었다는 사실은 바뀌지 않는다고 볼테르는 중국을 치켜세웠다.

 마지막 부분에서 볼테르는 중국 종교에 대한 찬사를 덧붙였다. 그에 따르면 지식인들의 종교인 유학에는 미신이 없으며 어리석은 전설도 없고, 이성과 본성을 해치는 독단도 없다.
  이어서 그는 "그리고 40세기 동안 가장 단순한 예배가 그들에게 가장 좋은 종교였다. 고대의 중국인이 바로 유럽인이 말하는 아담의 셋째 아들인 셋(Seth)이고, 카인의 장남인 에녹이고, 노아(Noah) 같은 사람들이다. 중국인이 유일신과 세계에서 가장 훌륭한 사람들에게 예배하는 것에 만족할 때, 유럽인은 도리어 토마스 아퀴나스파와 보나벤뚜라파, 캘빈파와 루터파, 얀센파와 몰리나파로 갈라져서 다투고 있다"293)고 하면서 기독교의 불관용을 비판하고 중국인이 무신론자가 아니라는 점을 강조했다.

  볼테르의 중국과 유교에 대한 관심과 애정은 남달랐던 것 같다. 그의 이러한 마음은 여러 저술 속에 그대로 나타나 있다. 예컨대 『중국고아』에서 볼테르는 무력으로 중국을 점령한 이민족들이 결국은 그 문화에 동화되고마는 역사적인 교훈을 보여주려고 하였다. 그 문화의 중심에는 역시 공자와 유교가 자리하고 있다.
  그의 『풍습론』은 일종의 세계사라고 할 수 있다. 이 책에서는 시대별로 나누어 중국을 상세하게 설명하고 있어서 볼테르의 중국에 대한 지식을 잘 알 수 있다. 그리고 중국의 군사력, 법률, 풍속, 과학 그리고 종교 등 광범한 분야를 다루고 있는데, 선교와 관련된 최근의 정보도 들어 있다.
  특히 공자를 자세하게 설명해서 그의 공자에 대한 존경을 잘 보여주고 있다. 공자의 가르침 가운데 "내가 하기 싫은 일을 남에게 행하지 말라"는 구절을 인용하고 있어 볼테르가 공자의 학설을 상당히 잘 이해하고 있었음을 알 수 있다.

『관용론』에서 볼테르가 강조한 것은 종교적인 관용인데, 여기서도 유럽인은 중국에서 배울 점이 많다고 하였다. 또 중국에서는 서양과 달리 다양한 종교를 모두 포용하여 자유롭게 종교 활동을 하도록 보장해주고 있다고 하였다. 볼테르는 중국에서 기독교 선교사들이 추방된 이유에 대해서도 중국의 입장에서 생각함으로써 객관성을 잃지 않았다. 선교 활동을 인정해주는 것만 하더라도 엄청난 관용을 베푼 처사인데, 전통적인 전례를 무시하고 기독교의 입장만을 주장한 선교사들에 대해 그는 동의할 수 없었다.

끝으로 『철학사전』에서도 볼테르는 중국의 유구한 역사와 유교에 대한 설명이 대부분을 차지하고 있다. 그 가운데 눈에 띄는 부분은 볼프에 관한 설명이다. 볼프는 공자를 찬양하고 그의 가르침이 자신의 것과 같다고 주장했다가 반대파 교수들에게 무신론자라는 모함을 받아 대학에서 추방되는 아픔을 겪기도 했다. 볼테르는 평생 동안 망명 생활과 감옥 생활 그리고 떠돌이 생활을 많이 했기 때문에 다른 사람보다 볼프를 더 잘 이해할 수 있었는지도 모른다.

10장
케네와 중국

케네와 중국

케네(François Quesnay, 1694~1774)는 원래 외과 의사였는데 백과전서파 학자들과 교류하면서 만년에 경제학에 관심을 가지게 되었다. 그는 1756년에 출판된 『백과전서』 6권에 「명증론」(明證論)과 「농부론」이라는 정치경제학에 관한 논문을 발표하였고, 1757년에 나온 7권에는 「곡물론」이라는 논군을 발표하였다.294)

그는 루이 14세 시절 재무대신을 지낸 콜베르(Jean-Baptiste Colbert, 1619~1683)가 추진했던 중상주의(重商主義) 경제정책에 대항하여 중농주의(重農主義)를 제창하였다. 콜베르의 중상주의는 결과적으로 여러 가지 부작용을 초래하였고 프랑스의 농업에도 심각한 피해를 입혔기 때문에295) 케네를 선두로 한 중농주의자들이 나섰다.

케네는 농업이 자연의 이법(理法)에 입각한 산업이고, 농업만이 유일하게 새로운 가치를 창출할 수 있다고 믿었다. 그의 이러한 믿음은 농업을 장려해야 국가가 경제적으로 부흥할 수 있다는 중농주의 경제사상으로 발전했다. 케네는 자신의 이론이 옳다는 사실을 보여주기 위해 중농주의 정책으로 성공한 중국을 이상적인 모델로 제시하였다. 중국은 고대부터 농업을 가장 중요한 산업으로 생각하여 정책적으로 농업을 장려하였고, 결과적으로 부강한 나라를 만드는 데 성공하였기 때문이다.

당시 유럽의 지식인들은 중국에 관심을 많이 가지고 있었고, 이들의 지적 욕구를 충족시켜줄 수 있는 서적도 이미 상당수 나와 있었다. 그 가운데 특히 1735년에 출판된 뒤 알드의 『중화제국전지』, 실루엣(Étienne de Silhouette, 1709~1767)의 『중국의 천칭(天秤)』, 마르시(François Marie de Marsy, 1710~1763)의 『중국현대사』 등이 케네에게 영향을 주었다. 이러한 자료들을 활용하여 케네는 만년에 『중국의 전제주의』라는 중국의 역사, 경제, 정치, 문화를 다루고 있는 저서를 출판하였다. 이 책에서 케네는 중국의 정치와 제도 그리고 경제와 교육에 대해 칭찬을 아끼지 않았다. 또 그가 주장하는 경제이론과 정치이론이 중국에서는 이미 잘 시행되고 있다는 사실을 강조하였다. 특히 이 책에는 그의 완성된 정치 이론이 들어 있기 때문에 그의 사상을 연구하는 데 필수적인 자료라 할 수 있다.

케네는 중국인의 종교에 관해서도 긍정적으로 해석하여 신에 대한 믿음이 옛날부터 존재했다고 보았다. 그는 중국인이 고대부터 천(天) 혹은 상제라는 초월자를 믿었기 때문에 무신론자가 아니고 유물론자도 아니라고 했다.[296] 그리고 중국의 황제는 상제의 권력을 대신하기 때문에 절대적 권력을 가지고 있지만 그것을 함부로 사용할 수는 없고, 황제는 자연법에 복종해야 하고 자의적으로 정치하지는 못했다. 케네는 중국의 정치를 부정적으로 평가한 몽테스키외(Montesquieu, 1689~1755)를 오히려 비판하고 중국의 전제주의를 자연법에 입각한 합리적인 정치 방법이라고 옹호하였다.297)

황제는 또 농업을 장려하기 위하여 선농단(先農壇)에 가서 제사 지내고 직접 밭을 가는 의식을 행하기도 한다. 중국에서 황제가 직접 밭을 가는 의식을 행한 것은 그만큼 농업을 중요하게 생각한다는 사실을 보여준다. 케네는 중국의 황제처럼 프랑스의 왕도 농업을 중요하게 생각하고 장려하기를 바랐다. 실제로 그의 건의에 따라 프랑스에서도 왕세자가 이러한 의식을 행한 적이 있었다.298)

케네의 경제이론

당시 프랑스의 어두운 경제를 부흥시키기 위한 대책으로 케네가 제시한 산업이 바로 농업이었다. 그래서 그의 경제이론을 중농주의(Physiocracy)라고 부르고 있다. Physiocracy라는 명칭은 원래 그를 따랐던 뒤퐁이 1767년에서 1768년 사이에 케네의 저술을 모아 출판한 책 제목인 『Physiocratie』(중농주의)에서 유래하였다.

불어 피지오크라씨(Physiocratie)는 그리스어로 자연의 지배(Physis Kratos)라는 의미를 가지고 있다. 이 말은 자연에는 불변하는 절대적 법칙이 있어서 모든 것은 그것의 지배를 받기 때문에 누구도 그것을 거역할 수 없다는 사상을 표현한다. 그런데 이 말을 경제학자 아담 스미스(Adam Smith, 1723~1790)가 『국부론』에서 Agricultural System(중농주의)으로 번역하였기 때문에 그 후로 케네의 학설을 중농주의라고 부르게 되었다. 스미스의 번역은 문자 그대로 번역한 것은 아니지만 케네의 학설을 잘 보여주는 장점이 있다.

케네의 중농주의는 루이 14세의 재무대신이었던 콜베르에 의해 시행된 중상주의 정책을 비판하고 대안으로 나온 이론이다. 콜베르의 중상주의는 수출 경쟁력을 키우기 위해 곡물의 수출을 금지하고 곡물 가격 인상을 철저히 막았다. 프랑스의 농업은 콜베르주의의 희생양이 되어버렸다고 할 수 있다. 그래서 케네는 곡물의 수출과 자유거래를 보장해야 한다고 역설하였다. 그렇게 하면 곡물 가격이 상승하여 농민들의 생활이 윤택해지고 농업자본도 축적될 수 있다고 보았다.

당시 프랑스에서는 수공업의 진흥에 치중했는데, 특히 사치품인 견직물 생산을 위해 포도나무 재배를 금지하고 뽕나무 재배를 장려하고 있었다.299) 케네는 농업을 발전시키기 위한 여러 방안을 제시하였다. 예를 들면 그는 「농부론」에서 농사지을 때 소보다 말이 더 효과적이기 때문에 말을 사용하자고 제안하였다. 그러면서 농민들이 말을 사용하지 못하는 이유가 너무 영세한 데 있으므로 점차 소농경영에서 대농경영으로 바꿔야 한다고 주장하였다.

케네의 이러한 이론은 단순히 머릿속에서만 나온 게 아니라 이미 모델이 있었다. 당시 프랑스 북부지방에는 말을 사용하여 농사짓는 대농경영이 이루어지고 있었다. 케네는 이것을 보고 그러한 농업 경영 방식이 프랑스 전역으로 확대되어야 한다고 생각하였다. 실제로 그곳의 농업에서는 생산에 투하된 비용을 초과하는 잉여생산들이 발생하고 있었다.300) 이렇게 되면 농민들의 생산 의욕이 높아져 더 많은 생산으로 연결될 수 있을 것이다. 그는 곡물의 자유교역이 보장되고 말을 사용하는 영농이 이루어질 경우 프랑스의 곡물 생산은 현재 생산의 3배를 넘을 수 있다고 예상하였다.

당시 프랑스 농업 발전을 방해하는 중요한 요소는 바로 구체제에서 시작된 조세체계였다. 중상주의 정책에서는 수출용 상공업을 보호 육성하기 위해 인두세(人頭稅) 같은 직접세를 감면하고, 간접세를 늘여 국내 산업자본의 조세 부담을 줄여주었다. 대신에 인두세나 20분의 1세 같은 직접세는 인구의 9할을 차지하는 농민들에게 부과하였다.

따이유(taille)라고 불리는 직접세는 오직 일반 평민의 물품과 노동력에만 부과되었다. 귀족이나 승려계급은 이 세금을 낼 필요가 없었다.301) 다음으로는 가벨(gabelle)이라는 소금에 부과되는 간접세가 있는데 8세 이상의 모든 국민은 일정량의 소금을 의무적으로 구입해야 했다. 이때 50%의 세금이 부과되기도 했다. 또 중간에서 세금을 먼저 내주고 나중에 농민들에게 더 많은 곡물을 빼앗아 가는 청부인까지 생겨나 농민의 부담은 극에 달하였다.

꼬르베(corvée)는 농민들이 국가에 제공하는 노동봉사다. 이 제도는 1737년에 시행이 전국적으로 확대되었고, 1758년경에는 한 해 동안의 의무노역이 화폐 가치로 약 120만 리브르(livre)에 달하는 것으로 추산되었다.302) 농사짓는 능민들이 그만큼 많은 시간을 빼앗기게 되므로 부담이 늘어나게 된다. 농민들의 부담은 여기서 끝나지 않는다. 그들은 지방에서 거두어들이는 각종 세금도 내야 하고 교구(敎區)에는 십일조도 바쳐야 한다.

　농민들이 이러한 과도한 세금 부담으로 가난에 허덕였기 때문에 케네는 조세제도의 개혁을 주장하였다. 세금 부담이 줄어들면 농민들은 자본을 축적할 수 있고, 그 자본을 농업에 재투자하여 생산량을 늘릴 수 있게 된다. 케네가 대안으로 제시한 조세제도는 토지 소유자에게 직접 세금을 부과하는 방식이다.

　나중에 그는 『경제표』에서 농업만이 유일하게 새로운 부를 창출한다는 이론을 주장하였다. 다시 말해 농업만이 증가된 가치의 회수(回收)를 순생산(produit net)의 형태로 실현할 수 있다는 것이다. 그리고 순생산만이 진정한 수입의 원천이므로 그것만이 유일하게 과세의 대상이 되어야 한다고 하였다. 결론적으로 케네는 단일세를 토지에 부과해야 하며 순생산의 3분의 1을 초과하면 안 된다는 조세제도를 제안하였다.

　케네가 1758년에 발표한 『경제표』에는 그의 중농주의 경제이론이 압축되어 있다. 『경제표』에서는 국가의 인구를 경제적 기능에 따라 3계급으로 나누었다. 첫째는 농업이나 어업 및 광업에 종사하는 생산적 계급(classe productive)이고, 둘째는 군주와 승려, 귀족 등이 중심이 되는 지주계급(classe des propriétaires)이고, 셋째는 상업이나 제조업 그리고 전문직에 종사하는 비생산적 계급(classe stérile)이다.

　세 계급 가운데 새로운 가치를 만들어낼 수 있는 계급은 농업에 종사하는 사람들뿐이고, 상업이나 공업은 기존의 물질을 단순히 이전하거나 결합하는 일이기 때문에 새로운 가치를 창출하지 못한다. 따라서 농업만 생산적이고, 이에 종사하는 생산적 계급이

지주나 비생산적 계급의 생활 물품은 물론 그들이 생산에 사용하는 원료 등도 모두 공급한다.

이러한 케네의 경제이론에서 몇 가지 결론이 나오게 된다. 첫째로 농업이 잉여를 산출하는 유일한 산업이므로 국가의 번영은 농업에 의존한다. 그러므로 농업에 재투자하는 것은 생산적 자본 지출이므로 가장 바람직한 지출이다. 둘째로 생산적 자본 지출을 방해하는 사치와 허영을 막아야 한다. 셋째로 마찬가지 이유로 조세제도를 정비하고 징세비용의 낭비도 없애야 한다. 넷째로 농산물의 안정된 가격을 보장하는 자유로운 유통과 외국 수출을 허가해야 한다.303)

중농주의의 어원이 말해주듯이 케네의 경제이론은 당시에 새롭게 부각되었던 자연법사상에 기초를 두고 있다. 우주와 자연에 일정한 질서와 법칙이 존재한다는 생각이 이 사상의 출발점이다. 케네에 의하면 자연계가 자연의 이법(理法)에 의해 지배되고 있는 것과 마찬가지로 인간 사회 역시 자연의 이법에 근거하고 있다.

그는 인간 사회의 질서를 자연적 질서와 인위적 질서로 구분하였다. 자연적 질서는 신이 인간의 행복을 위하여 제정하였고 신같이 영구불변하며 인류 사회의 흥망성쇠와는 상관이 없다. 이 질서는 근본적으로 존재하고 사람들의 예지를 통하여 인식될 수 있다. 인위적 질서는 일시적이며 항구성이 없고 시대의 흐름에 따라 변화한다. 그리고 그 효용성은 절대적이지 않고 상대적이며 자연적 질서의 원칙과 합치하는 경우에만 의미를 지닐 수 있다.304)

케네는 이러한 자연적 질서에서 생존권, 재산권, 자유권이라는 인간의 세 가지 권리가 나온다고 보았다.305) 개인들은 재산권이 없으면 생존할 수 없기 때문에 재산에 대한 소유권은 필수적이다. 그리고 재산권에는 개인이 가지고 있는 재산을 자유롭게 처분할 수 있는 권리가 보장되어야 한다. 그는 경제 활동의 자유를 정부가 보장해야 한다고 주장하였다.

케네에 의하면 모든 사람은 경제 활동의 자유를 가지고, 또 재산을 소유할 권리를 가진다. 이러한 자유와 권리를 보장하고 국민의 안전을 책임지는 것이 국가의 궁극적인 기능이다. 케네는 국가가 개인의 자유를 방해하지 않아야 한다고 주장했지만 실제로 제시한 바람직한 국가의 형태는 전제주의였다. 그리고 가장 이상적인 국가 형태는 불법적이고 자의적인 전제주의가 아니라 합법적인 전제주의다. 이 합법적인 전제주의의 군주는 자연법을 잘 아는 관료들의 보좌를 받으며 자연법의 실정법화(實定法化)를 위해 최선을 다하는 통치자여야 한다.

그는 이러한 계몽전제주의의 모델을 중국에서 찾았다. 케네는 1767년에 『중국의 전제주의』라는 책을 출판하였는데 여기에 그의 국가이론이 잘 나타나 있다. 그는 이 책에서 중국에서는 이미 고대부터 농업을 장려하는 황제가 합법적인 전제주의를 시행하였다고 소개하였다. 그 결과 엄청난 인구를 유지할 수 있는 경제적인 능력을 갖추게 되었고, 국가도 부강했다고 설명하였다.

『중국의 전제주의』

케네가 어떤 경로를 통해 중국을 알게 되었고 어떤 자료들을 읽었는지에 대해서는 자세하게 알려져 있지 않다. 이와 관련하여 라이히바인은 케네가 자신의 독창성을 강조하기 위해 자신이 참고한 책들을 의도적으로 밝히지 않은 게 아닌가 하는 의문을 제기하였다.306) 그러면서 그는 케네가 당시에 나와 있던 중국에 관한 거의 모든 책을 읽었을 것이라고 추정하였다. 우리는 이것을 케네의 저서 『중국의 전제주의』를 통해 더 구체적으로 확인할 수 있다.

또 케네는 오랫동안 중국에 관한 모든 정보가 모이는 베르사이유 궁전에서 생활하였기 때문에 자연스럽게 중국을 다른 사람들보다 많이 알게 되었을 가능성이 높다. 그는 1749년부터 루이 15세의 정부(情婦)였던 퐁파두르(Pompadour) 후작 부인의 주치의로 근무하였다. 루이 15세의 사랑을 한 몸에 받았던 퐁파두르 부인은 당시 프랑스의 정치를 좌지우지할 수 있는 권력을 가지고 있었다.

그녀는 예술과 취미를 위해 돈을 물쓰듯 했다고 한다. 그녀는 가구, 도자기, 그릇, 의상, 보석, 그림, 책 등 같은 수집품을 모았다. 이러한 수집품 가운데 중국에서 수입해온 다양한 물건이 있었음은 두말할 필요도 없다. 그리고 그녀의 주변에는 학자와 예술가가 많이 모여들었고, 그들은 케네에게도 영향을 미쳤다.

예를 들면 볼테르는 기독교를 비판하고 중국의 유교를 이성적이고 합리적인 종교라고 칭찬한 프랑스의 대표적인 계몽주의 철학자다. 그는 1755년에 중국 원대의 희곡 『조씨고아』를 각색한 『중국고아』를 발표하였고, 그해 8월에는 프랑세즈 극장에서 연극이 상연되기도 했다. 볼테르는 루이 15세와 가까운 사이였고, 퐁파두르 후작 부인과 친하게 지냈기 때문에 케네에게도 영향을 주었을 것이다. 그녀의 초상화에 볼테르의 저서 『앙리아드』가 들어 있다는 사실만 보더라도 퐁파두르가 볼테르의 책을 좋아했음을 알 수 있다.

매버릭은 그의 책에서 당시 케네에게 직접 혹은 간접으로 영향을 주었을 많은 자료를 열거하고 있다. 거론된 책은 많지만 그 가운데 뒤 알드의 『중화제국전지』, 실루엣의 『중국의 천칭』, 마르시의 『중국 현대사』 등이 중요하다. 매버릭은 특히 뒤 알드의 책이 케네에게 영향을 많이 주었다고 확신하였다.

뒤 알드의 책은 1735년 파리에서 출판되었는데, 여기에는 중국에서 활동하였던 예수회 선교사들의 각종 보고서, 편지, 번역물, 그림, 지도 등 수많은 자료가 포함되어 있다. 이 책은 케네에게 두 가지 경로를 통해 영향을 주었는데, 하나는 직접적으로 중국에 대한 일반적인 지식을 알게 해주었고, 다른 하나는 그가 많이 참고한 쉬르지(Rousselot de Surgy)의 책을 통해 이루어졌다.

실루엣의 책은 1764년에 나왔고, 책 내용은 르 콩트가 쓴 책을 많이 참고하였다. 그리고 마르시는 1755년에서 1778년까지 중국, 일본, 인도, 페르시아, 터키, 투르크, 러시아 등 여러 나라에 대한 역사를 썼다. 그는 『중국 현대사』에서 중국의 정부에 관해 설명하였다.307)

케네는 이러한 자료들을 통해 중국에 대한 지식을 축적한 다음 1767년에 마침내 자신이 직접 한 권의 책을 쓰게 되었다. 그는 책 제목을 『중국의 전제주의』라고 붙였다. 이미 설명한 바와 같이 케네는 자신이 생각한 경제제도를 가장 완벽하게 실행할 수 있는 정부의 형태는 전제주의라고 생각했고, 그것을 잘 실천하고 있는 중국에서 그 모델을 찾았다.308) 이 책은 케네가 오랫동안 구상한 경제와 정치에 대한 이론의 결론에 해당한다고 평가할 수 있다.

그는 『중국의 전제주의』를 쓰면서 중국을 설명하는 부분에서는 다른 사람들의 책에 있는 내용을 많이 인용하였다. 특히 쉬르지의 책 『재미있고 신기한 잡문』에서 많은 부분을 그대로 옮겼다.309) 사실 쉬르지도 뒤 알드의 저서를 많이 참고해서 자신의 책을 썼다. 쉬르지는 1764년에 10권으로 된 『재미있고 신기한 잡문』을 출판하였고, 나중에 스위스에서 12권으로 다시 출판하였다. 케네는 스위스에서 출판된 책을 주로 참고하였다. 『중국의 전제주의』는 모두 8장으로 구성되어 있는데 7장까지는 주로 쉬르지의 책을 참고해서 내용을 정리하였다. 그리고 8장은 독창적인 부분으로 케네의 국가와 정부에 관한 독창적인 이론이 들어 있다.

케네는 책의 머리말에서 전제주의라는 개념을 자세하게 설명하였다.310) 전제주의란 용어가 중국 정부에 적용되었는데 그것은 제국의 군주가 독점적으로 절대적인 권력을 가지기 때문이다. Despot이란 단어는 전제군주를 의미한다. 즉 법에 의해 절대권력을 행사하는 통치자를 가리킬 수 있고, 또 기본적인 법의 보호를 받지 못하는 정부를 가진 국가에서 좋은 쪽이나 나쁜 쪽으로 독단적인 권력을 행사하는 통치자를 가리킬 수도 있다.

그래서 합법적인 전제군주와 불법적인 전제군주가 있다. 첫번째의 경우 전제군주란 명칭은 모든 왕에게 주어지는 군주라는 칭호와 다르지 않다. 이것은 독점적인 절대권력을 가진 사람과 그들이 우두머리로 있는 정부의 헌법에 의해 제한되거나 변형된 권력을 가진 사람을 가리키는 말로서 두 가지를 모두 의미한다. 황제의 경우도 동일하다. 독단적인 전제주의에서 전제군주는 항상 폭군이나 독단적인 통치자를 가리키는 경멸적인 칭호로 생각되었다. 케네는 중국의 황제가 전제군주임에 틀림없지만 두 가지 종류의 전제군주 가운데 합법적인 군주라고 확신하였다. 그리고 그의 책은 그것을 보여주기 위해 중국에 대한 보고서를 모은 것이라고 말했다.

제1장은 서론으로 중국에 대한 서양의 이해, 중국제국의 기원, 제국의 영토와 번영, 시민 계급, 군사력 등의 주제를 다루었다. 여기서 케네는 중국의 풍요로움을 소개했지만 널리 퍼져 있는 가난 문제도 지적하였다. 그는 보시(布施)가 가난을 완화시킬 수 있는 면이 있다고 생각하지만 나라의 가난을 제거할 수는 없다고 냉정하게 결론 내렸다. 보시는 결국 임금으로 가야 할 돈에서 공제한 것이므로 한쪽을 구제하면 다른 쪽이 가난하게 되어버린다. 케네는 중국 농부들의 만족에 대해서도 설명하였는데, 사람들은 계속 일할 수 있다고 확신하면 어디서나 만족한다고 덧붙였다.

제2장에서는 중국의 기본법을 다루고 있는데, 구체적으로 자연법(自然法), 오경(五經), 사서(四書), 중국의 학문, 교육, 학자의 연구, 재산권, 농업, 상업 등에 관해 설명하였다. 제1절에서는 자연법을 설명하였는데, 여기서 다루고 있는 주된 내용은 중국의 종교다.311) 중국의 종교에서 가장 중요한 관심 대상은 신(神)이고, 그들은 만물의 원리로서 군주나 황제를 의미하는 상제 혹은 천이라는 이름으로 숭배한다. 중국인의 설명에 의하면 천 혹은 상제는 신으로 하늘에 살고 있다.

중국인은 하늘을 조물주의 가장 완벽한 작품으로 생각한다. 하늘의 모습은 항상 사람들의 존경을 이끌어내는데, 주의깊은 아름다움과 자연 질서의 숭고함을 보여준다. 그리고 그 하늘에 창조자의 불변하는 법칙이 가장 명백하게 나타난다. 그러나 이 법칙들이 단순히 우주의 한 부분에만 존재한다고 생각해서는 안 된다. 왜냐하면 그것들은 우주 모든 부분의 일반적인 법칙이기 때문이다. 천(天)이라는 말은 물질적인 하늘을 의미하기도 하는데 그것을 사용하는 곳에 따라 뜻이 달라진다.

중국인은 가족의 하늘을 아버지라 하고, 지방 정부의 하늘을 총독이라 하고, 제국의 하늘을 황제라고 말한다. 그들은 최고의 신 밑에 있는 도시나 강 그리고 산에 거주하는 귀신들에 대해서는 더 작게 숭배한다.

제2장의 8절에서 케네는 한 해에 몇 번씩 수확하는 중국의 농업을 설명하였다. 그리고 농민이 중국에서 높은 계급이라는 사실도 언급하였다. 여기에는 또 황제가 봄에 밭을 가는 의식에 대한 설명이 보인다. 훌륭한 농부에 대한 포상과 각 마을에서 흙으로 만든 소가 등장하는 봄의 축제에 관한 이야기도 나온다.

제9절에서는 중국에서 상업은 농업에 의존하고 있고 중요한 사회경제적인 역할을 담당한다고 본다는 점을 언급했다. 중국은 자급자족하는 경제그 외국 무역은 근소하다. 케네는 유럽에 널리 성행하던 중상주의 정책에 반대하였고, 한 국가에서 소비되는 모든 물품은 나라 안에서 나와야 한다고 주장하였다. 다시 말해 그것은 국가 내에서 생산이 된 것이든지 혹은 그것들과 교환한 물품이어야 한다.

제4장에서는 조세제도를 설명하였다. 중국의 조세제도는 잘 정리되어 있어 심지어 사찰도 예외가 아니다. 세금을 연체하는

사람들에게 재산을 몰수하는 일은 없지만 가끔 거지들이 그 집에 몰려와 진을 칠 수 있다. 농부들은 봄의 파종기와 가을의 추수기에 정부를 위해 일하는 부역을 강요당하지 않는다. 황제는 자주 가뭄과 홍수로 피해 입은 지역의 세금을 줄여준다.

제7장은 중국 정치제도의 결점이라는 제목으로 몽테스키외의 중국 비판을 케네가 다시 비판하는 내용이 먼저 나온다. 케네는 몽테스키외가 한 말들을 인용하여 하나하나 반박하였다. 예를 들면 몽테스키외는 "그러므로 중국에서 나쁜 정부는 곧 처벌받는다. 거기서는 갑자기 혼란이 일어난다. 거대한 인민이 굶주리기 때문이다"312)라고 말했다. 케네는 이 말에 대해 이렇게 반박했다.

> 많은 인구는 좋은 정부에서만 축적될 수 있다. 왜냐하면 나쁜 정부는 부(富)와 인구를 흩어버리기 때문이다. 엄청난 인구에 조금만 주의를 기울이게 되면 중국 정부를 덮고 싶어 하는 구름을 충분히 흩어버릴 수 있다. 그와 같이 많은 인구의 욕구들은 나쁜 정부조차 관심을 불러일으킨다고 말하는 몽테스키외의 추론은 모순이다. 많은 인구와 나쁜 정부는 이 세계의 어느 나라에서도 양립할 수가 없다.313)

케네는 몽테스키외의 『법의 정신』 제8편 21장에 나오는 몽테스키외의 말을 반박하였다. 거기서 몽테스키외는 "중국의 풍토는 인구 증가를 크게 촉진하게끔 되어 있다. 여성의 다산성은 전

세계에 유(類)가 없을 정도다. 더할 나위 없는 가혹한 학정도 인구 증가의 진행을 조금도 저지하지 못한다"314)고 앞에서 주장하였는데 뒤에 가면 나쁜 정부에서는 많은 인구가 먹을 식량이 부족해서 폭동이 일어날 수밖에 없다고 말해 논리적인 일관성을 잃었다.

같은 곳에서 몽테스키외는 "또 중국의 군주는 우리나라의 군주처럼 정치를 잘못하면 내세에서 행복하지 못할 거라고 느끼지 않는다"315)고 하여 중국 황제는 내세에 대한 믿음이 전혀 없는 것처럼 말했다. 이 주장에 관해 케네는 "만약 몽테스키외가 중국 황제보다 종교를 더 잘 알았다면, 그는 중국의 황제들이 가지고 있던 내세에 대한 믿음과 자연법의 이론을 틀림없이 알아보았을 것이다. 그는 중국 황제들이 훌륭한 태도로 신앙심을 표현한 많은 사례와 국가의 필요에 의해 신의 섭리를 기도한 일들을 모르는 게 아니다"316)고 논박하였다.

제7장의 5절에서 케네는 부(富)와 인구의 관계에 관해 중요한 논의를 전개하였다. 인구는 항상 부를 고갈시키는 경향이 있는데, 부의 불평등을 비난할 것이 아니라 비정상적인 조세가 비난을 받아야 한다. 마찬가지로 돈의 흐름을 부족하게 하는 경향이 있는 독점(獨占)에 의한 사람들의 착취가 비난받아야 한다. 이것은 오늘날 우리가 디플레이션이라고 부르는 불행한 결과를 초래할 수 있다. 여기서 케네는 고용과 부의 순환에 대해 논의하였다. 그는 만약에 중국이 주변에 있는 섬들을 식민지로 만들었다면 인구의 과잉에 대한 건전한 해결책을 마련할 수 있었을 거라고 조언하였다.

제8장에서 케네는 자신의 정치적인 견해를 분명하게 밝혔다.

그가 이 책을 출판한 후 얼마 되지 않아 세상을 떠났기 때문에 평생 동안 생각한 자신의 정치철학이 여기에 압축되어 있다고 해도 과언이 아니다. 11절에서 14절까지 케네는 다양한 국가의 형태, 예를 들면 수렵 국가, 어업 국가, 농업 국가를 설명하였는데, 약탈국가를 제외한다면 농업이 모든 국가의 기본이라고 주장하였다.

농업이 없으면 그 사회는 불완전할 수밖에 없다. 유일하게 불변하는 자연법의 질서에 직접 복종하는 일반적이면서 불변하는 정부를 가진 농업 국가만이 확고하고 영원한 제국을 건설할 수 있다. 이런 제국의 토대를 형성하는 산업이 바로 농업이고, 그것이 정부의 형태를 규정하고 확고하게 만든다. 왜냐하면 농업이 사람들의 욕구를 충족시킬 수 있는 재화의 근원이기 때문이다. 또 농업의 성공과 실패가 필연적으로 정부의 형태에 달려 있기 때문이다.

제19절에는 실정법에 대한 케네의 견해가 자세하게 나온다. 사회의 기본적인 구성과 정부의 자연적인 형태는 분배적 정의에 입각한 실정법의 제정(制定) 이전에 확립되었다. 이 명문화된 법률은 국가의 근본적인 질서를 구성하는 자연법 자체를 제외하고 어떠한 기초나 원리도 가질 수 없다. 그래서 국민의 자연적인 권리를 상세하게 규정하는 실정법은 창조주에 의해 제정된 원초적인 법에 의해 형성되고 통제된다. 이러한 실정법들은 근본적인 법에 엄격하게 복종하고 일치하는 한도 내에서 국가에 도입되어야 한다. 실정법들은 그래서 멋대로 제정되어서는 안 된다. 왕이든 국가든 입법자는 실정법 안에 내재하는 정의의 정도를 넘어서서 자신의 권한으로 그것을 만들 수 없다. 결론적으로 실정법은 사회

의 원초적인 자연법에 근본적으로 종속한다.

제20절에서 케네는 농업 국가에서 국가의 수입원은 농업밖에 없다고 주장하였다.317) 여기서 그는 국가의 유일한 수입원이고 지주들의 수입인 순생산물에 대해 논의하였다. 또한 케네는 당시의 과도한 세금 문제를 해결하기 위하여 조세제도의 개혁도 주장하였다. 그는 프랑스의 지주들에게 온전한 직접세의 부담을 떠맡으라고 호소하였다. 케네는 그렇게 하는 게 실제로 그들에게 부담이 줄어든다며 그들을 안심시켰다. 예컨대 인두세를 거두게 되면 농지를 관리하고 농사짓는 경비가 상승하여 농업을 망치게 된다고 말했다. 그리고 이러한 잡다한 세금을 거두는 데 들어가는 비용도 절약할 수 있다고 하였다.

중국의 영향

라이히바인은 1923년에 출판된 그의 저서『중국과 유럽』에서 케네가 중국의 영향을 상당히 많이 받았다고 주장하였다. 그는 케네가 중국의 영향을 받았다는 사실을 증명하기 위하여 여러 가지 증거를 제시하기도 하였다. 라이히바인은 케네가 경제와 정치에 대한 논문들을 나이가 상당히 들어서 쓰기 시작했는데, 그런 논문들을 쓰기 전에 당시 유럽에 나와 있던 중국에 관한 책들을 이미 다 읽었을 것이라고 추정하였다.

나아가 케네는 자신의 경제와 정치에 관한 이론을 여러 논문으로 쓰기 전에 이미 다 구상했을 것이라고 말하기도 하였다. 그 근거로 라이히바인은 케네가 처음에 쓴 논문들의 내용과 마지막에 남긴 저서 『중국의 전제주의』에 나오는 내용이 완전하게 일관성을 유지한다는 사실을 들었다. 그리고 그 내용과 체계는 바로 중국에서 빌려왔다고 단정하였다.

또 라이히바인은 케네와 그의 제자들이 그리스보다 중국을 더 좋아했다는 사실도 언급하였다. 그래서 케네가 그리스철학보다 중국철학을 더 신뢰했다는 견해다. 이것을 보여주는 근거로 라이히바인은 케네가 『논어』에 나온 내용에 관해 "그것들은 모두 좋은 정부와 덕 그리고 좋은 행위를 다루고 있다. 이 책은 원칙들과 도덕적인 금언들로 가득 차 있는데, 그것들은 그리스의 일곱 현인의 말을 능가한다"318)고 말한 점을 들었다.

케네의 제자들도 그를 중국과 연결시키는 것을 싫어하지는 않았던 것 같다. 그의 제자들은 케네를 유럽의 공자라고 칭송하였기 때문이다. 케네의 제자 미라보(Mirabeau)는 다음과 같은 추도사를 남겼다.

공자의 모든 가르침은 무지와 정욕으로 인하여 흐려진 인간의 본성을 하늘에서 받은 최초의 광휘와 아름다움으로 회복하는 데 그 목적이 있다. 그래서 그는 사람들에게 신께 복종하고 그를 경외하고, 이웃을 자신 같이 사랑하고, 본능을 극복하여 정욕을 행위의 기준으로 삼지 말고 이성에 복종하라고 가르쳤다. 그리고 이성과 상충되는 것은 행하지도 말고 생각하지도 말고 말하지도 말라고 했다. 이 종교도덕의 빛나는 왕관에 무엇을 덧붙이는 일은 불가능한 것 같다. 그러나 남아 있는 가장 중요한 일은 이것을 세상에 널리 실현하는 것이다. 이것이 바로 우리 선생님의 일이었다. 그의 예리한 귀는 우리 모두의 어머니인 자연의 입에서 나오는 '순생산물'의 비밀을 들었다.319)

미라보가 처음으로 케네를 만난 때는 1757년으로 그의 나이 42세였다. 그는 1756년에 『인간의 친구』라는 제목의 경제학에 대한 책을 출판하여 하루아침에 유명인사가 되었고, 케네가 먼저 연락을 하여 두 사람이 만났는데, 그 후에 케네의 제자가 되었다. 그는 케네의 『경제표』에 관해서도 극찬을 아끼지 않았는데 그의 찬사가 아담 스미스의 『국부론』에 인용되었을 정도로 유명하다.

미라보에 따르면 인류의 역사가 시작된 후로 세 가지 위대한 발명이 인류의 정치사회를 안정시키는 지주 역할을 하였다. 첫째는 문자의 발명이다. 그 하나만으로 인류는 말의 왜곡이 없이 정확히 자신의 법률, 계약, 조약과 그리고 발견된 진리들을 전달할 수 있는 권능이 부여되었다. 둘째는 화폐의 발명이다. 화폐는 문명사회 안의 모든 관계를 결속한다. 셋째는 바로 케네의 『경제표』다. 이것은 앞의 두 위대한 발명, 문자와 화폐의 종합이고, 동시에 그 발명들을 보완함으로써 완벽한 이상을 실현하고 있다고 미라보는 칭송했다.

이렇게 미라보가 높이 평가한『경제표』이 대해 라이히바인은 케네의 제자 보도(Baudeau)의 말을 인용하면서 중국과의 관계를 암시하였다. 보도는 "복희의 64괘를 설명하기 위해 4개의 선이 필요한 것과 마찬가지로, 『경제표』에는 4개의 선이 있다. 그런데 이것들 속에 담고 있는 기본적인 진리들을 밝히기 위해서는 실제로 여러 권의 책이 필요하다"320)고 말했다. 보도는 『경제표』에 나오는 4개의 선과 『주역』에 나오는 괘들 사이에 어떤 유사성을 발견했던 것이다. 케네도 간단한 그림이나 기호를 사용하여 복잡한 경제 흐름을 설명하려고 했으니, 64괘에 이 세상의 모든 일을 압축하려고 했던 복희와 비슷한 생각을 가지고 있었다고 볼 수 있다.

라이히바인은 또 케네가 중국의 교육제도를 높이 평가했다는 사실을 언급하였다. 그는 케네의 『중국의 전제주의』가 고대 중국의 정치와 경제이론이 관계가 있다는 사실을 교육에 대한 사상의 공통점을 통해 밝히려고 시도하였다. 특히 덕(德)은 가르치고 배울 수 있다는 사상이 바로 그것이라고 주장하였다. 이와 관련하여 라이히바인은 "자연법의 준수가 덕이 될 수 있는데, 공자의 견해에 따르면 자연법의 공부가 관리들의 가장 중요한 의무다. 중국에서 이 의무는 이런 자연법을 사람들에게 교육하는 두 번째 의무에 의해 보충된다고 케네는 믿었다"321)고 설명하였다.

선교사들이 전한 바에 의하면 중국의 교육제도는 모범적이다. 이러한 교육제도를 케네는 자신이 주장한 자연법사상과 연결하여 의미를 부여한 것이다. 자연법은 모든 사회제도의 기초를 이루는 것이기 때문에 모든 사람에게 잘 교육시킬 필요가 있는데 중국에서는 그것이 잘 실현되고 있다는 견해다.

끝으로 라이히바인은 케네가 중국의 조세제도를 높이 평가했다는 사실을 거론하였다. 그는 케네가 『중국의 전제주의』에서 말한 내용을 인용하면서 케네의 조세제도에 대한 이론이 중국의 제도와 관련이 있다고 설명하였다. "중국제국의 백성이 내는 세금의 총액은 비옥도에 따라 등급이 정해진 땅을 소유하고 있는 면적에 의해 결정된다. 최근에는 지주들만 세금을 내고, 경작인들은 세금을 내지 않는다."322)

일찍이 맹자는 등(滕)나라의 문공(文公)에게 나라 다스리는 방법을 설명하면서 조세제도에 관해 자신의 이론을 피력하였다. 맹자는 교외의 전야(田野)는 9분의 1을 세금으로 내고 성중(城中)의 땅에 대해서는 10분의 1을 세금으로 내는 제도를 건의하였다. 그리고 정전제(井田制)에 대해서도 설명을 하였다.323) 이 제도는 900무(畝)를 8가구가 각각 100무씩 경작하고 가운데 있는 100무는 공동으로 경작하여 세금으로 내는 제도다. 이 경우도 9분의 1을 세금으로 나라에 바치는 제도라고 하겠다.

라이히바인을 이어 허드슨(Hudson)은 1931년에 출판된 『유럽과 중국』이라는 책에서 중국의 무위사상(無爲思想)이 케네에게 영향을 끼쳤다는 견해를 밝혔고, 그의 자연법사상도 유럽의 전통에다 중국의 영향이 더해져 나왔다는 절충적인 견해를 내놓았다. 그와 관련하여 허드슨은 "케네에 의하면 통치자의 계몽은 '자연적 질서'의 법칙을 인정하고 그것에 순응하는 법률을 만드는 데 있다. 법률을 개혁했으면 왕은 법이 통치하도록 하고 자신은 아무것도 하지 말아야 한다. 이것이 중국의 이상적인 군주가 정치하는 방법인 '무위'다"324)라고 설명했다.

이러한 케네의 생각을 잘 나타내는 일화가 전해지고 있다. 어느 날 왕세자가 케네에게 국왕 업무의 어려움을 불평하며, 자신은 국왕의 소임을 다하면서 살 수 있는 운명이 아닌 것 같다고 한탄하였다. "제게는 왕의 일이 그렇게 어려운 것 같아 보이지 않습니다"라고 케네는 대답하였다. "그러면 그대가 만일 왕이 된다면 어떻게 하겠소?" "아무것도 하지 않겠습니다." "그러면 도대체 누가 나라를 통치한다는 말씀이요?"라는 왕세자의 반문에 케네의 답변은 간명했다. "바로 법입니다."325)

법이 모든 것을 다할 수 있다는 사상은 노자의 무위사상과 상당히 다르다. 이것은 오히려 법가인 한비자의 이론과 일치한다. 사실 한비자도 노자의 학설을 계승했기 때문에 케네의 이론을 노자의 무위사상과 연결시키는 일이 완전히 잘못되었다고 말할 수는 없다.

그런데 노자의 무위사상은 프랑스의 레세페르(laisse-faire)와 상당히 가까운 면이 있다. 이 말은 자유방임(自由放任)으로 번역되는데 간섭하지 않고 놓아둠을 의미한다. 케네는 중농주의를 주장하면서 자유무역을 옹호했기 때문에 이러한 레세페르의 전통을 잇고 있다고 볼 수 있다. 그는 곡물의 자유로운 교역, 그것의 법적인 인정, 수출의 장려는 격심한 국내 곡물가격의 변동을 감소시킬 수 있다고 믿었다. 그리고 곡물가격의 안정은 농업의 이윤과 농민의 번영을 보장할 수 있다고 확신하였다.

허드슨 다음으로 케네가 중국의 영향을 많이 받았다고 주장한 학자는 주겸지(朱謙之)다. 그는 1940년에 『중국사상이 서구 문화에 끼친 영향』이라는 제목의 책을 출판하였는데, 케네를 설명하면서 대체로 라이히바인의 견해를 따랐다. 주겸지도 케네의 조세제도에 대한 이론은 중국의 제도를 모방했다고 단언하였다. 그는 옹켄(Onken)의 말을 인용하면서 케네가 중국의 『주례』(周禮)를 잘 알고 있었기 때문에 그 경전의 영향을 받았다고 주장하였다.326)

나아가 주겸지는, 특히 케네의 자연법사상이 중국의 영향을 받은 결과물이라고 확신하였다. 이와 관련하여 그는 "그러나 중농학파는 희랍의 영향을 받은 것이 아니다. 케네와 보도가 희랍 문화가 중국만 같지 못하다고 주장했던 점에 조금만 주의를 기울인다면 곧 그 사실을 알 수 있다. 그러므로 자연법 관념은 의심할 것도 없이 중국에서 온 것이라고 하겠다"327)고 주장했다.

실제로 케네는 『중국의 전제주의』에서 자연법에 관해서도 상세하게 설명하였다. 예를 들면 제8장 1절에서 국가의 헌법을 설명하면서 그가 「자연법」이라는 논문에서 이미 발표한 자연법의 정의를 다시 소개하였다. 그뿐만 아니라 이 장의 첫머리에서 "이제까지 우리는 대제국 중국의 정치적이면서 윤리적인 기본법이 자연법에 대한 지식에 기초하고 있음을 보았다"328)고 하였다.

그리고 제5장에서 황제의 절대적인 권력을 설명하면서 "그러나 만일 영국의 역사가들이 황제에게 독단적이고 국가의 법을 초월하는 권력이 있다고 생각한다면, 그들은 중국 정부의 정체(政體)가 자연법에 기초하고 있다는 사실을 간과하였다"329)고 지적하였다. 케네는 자연법이 군주로 하여금 악을 행하지 못하게 하고 확실하게 선을 행하게 만들어준다고 생각하였다. 다시 말해 중국의 법과 제도는 모두 자연법에 근거하고 있기 때문에 절대적인 권력을 가진 황제도 임의로 권력을 행사하지 않고 국민에게 가장 유리하게 정치를 한다는 설명이다.

케네가 말한 자연법은 실제로 중국의 천리나 도와 상당히 비슷한 점이 있다. 그리고 중국에서는 자연법이 옛날부터 잘 실현되었다고 믿었던 것도 분명하다. 하지만 케네의 자연법사상이 중국쪽 영향만으로 형성된 것은 아니고 유럽의 전통도 당연히 계승하고 있을 것이다. 당시 이미 영국의 홉스(Hobbes)와 로크(Locke) 같은 철학자들이 자연법에 관해 아주 체계적인 이론을 발표하였다. 케네는 이러한 유럽의 자연법사상을 수용하면서 그것이 가장 잘 실현된 나라가 중국이라 보고 그 이론에 대한 확신을 얻었을 것이다.

　매버릭도 케네의 자연법과 유사한 개념인 자연적 질서(ordre naturel)에 관한 사상은 유럽의 전통뿐만 아니라 중국에서도 영향을 받았다고 주장하였다. 그는 1946년에 출판된 『유럽의 모델 중국』이라는 저서에서, 케네의 저서 『중국의 전제주의』를 처음으로 영어로 번역하였고, 케네와 중국의 관계를 자세하게 설명해주었다. 그는 자연적 질서 개념은 유럽에서 이미 에피쿠로스 시대부터 존재했기 때문에 중국의 영향을 받았다고 주장할 수 없다는 사람들의 주장을 반박하였다.

　매버릭에 따르면 자연적 질서에 대한 사상은 유럽에서 17세기와 18세기에 새로운 추진력을 얻게 되었다. 그는 그 원인으로 신교도의 종교개혁(宗敎改革), 이신론(理神論)과 불가지론(不可知論)의 영향, 중국에서 들어온 공자의 합리주의적인 철학 등을 꼽았다. 하지만 케네는 다른 사상가들과 다른 새로운 것을 주장하였다. 중세의 사상가들은 자연적 질서와 문명이 완전히 대립되는 것으로 생각하였다. 이것은 로크, 루소(Rousseau) 그리고 소로(Thoreau)의 경우도 마찬가지다. 그들은 황금시대의 단순함과 때묻지 않은 천진난만한 원시인을 종종 감상적으로 그리워했다.

하지만 케네는 문명화된 상태의 바탕에는 자연적 질서가 자리잡고 있다고 생각하였다. 즉 "현대 사회에도 거기에 맞는 자연적인 형태와 틀이 있다. 장애가 되는 사람들의 법이 제거되면 자연적 질서는 저절로 드러난다. 건전한 실정법에 의해 자연적 질서는 촉진되고 실현될 수 있다"330)고 그는 믿었다. 매버릭의 해석을 보면 케네가 생각한 자연적 질서는 공자보다 노자사상과 가깝다는 느낌이 든다.

또 클라크(Clarke)는 1997년에 출판된 그의 저서 『동양의 계몽주의』에서 푸아브르(Poivre)가 케네의 중농주의에 결정적으로 영향을 끼쳤다고 설명하였다. 이와 관련하여 그는 "중국의 사례가 케네에게 미친 영향은 이에 그치지 않는다. 케네가 표방한 중농주의 사상의 가장 직접적인 영감의 원천은 1740년과 1756년 사이 중국 전역을 여행하고 돌아온 푸아브르에게서 나왔다. 푸아브르는 중국이 자연의 이치에 가장 가까운 활동양식, 즉 농업에 토대를 두었기 때문에 세상에서 가장 행복하고 최고로 조직화된 나라라고 장밋빛으로 묘사했다"331)고 주장하였다.

그는 또한 중국의 무위사상은 프랑스어 레세페르로 번역되는데 이것이 케네를 고취시켰고, 나아가서는 아담 스미스를 통하여 경제사상으로 흘러 들어갔다는 견해를 밝혔다. 그의 주장은 허드슨의 주장과 크게 다르지 않다. 무위사상과 프랑스의 레세페르의 연관성을 연구한 결과물은 최근에도 나와서 주목을 끈다.332)

실제로 케네가 중국의 무위사상을 알았을 가능성은 있다. 케네가 읽어보았다고 짐작되는 책에서 실루엣은 중국의 전설적인 임금

순(舜)의 정치를 칭송하면서 다음과 같이 설명하였다. "성인은 자신의 덕이나 힘을 바로 드러내지 않고 토지 같이 성과로써 능력을 보인다. 그의 처신은 조용하고 정직하며, 움직임은 별과 같이 일관되고 평온하다. 성인은 아무것도 하지 않는 것 같지만 실제로 많은 일을 한다. 그는 무위로써 활동한다."333)

순임금에 대한 실루엣의 설명은 『논어』「위령공」에 나오는 공자의 말과 내용이 같다. 거기서 공자는 "아무것도 하지 않으면서[無爲] 천하를 잘 다스린 분은 순임금이다. 어찌 하였겠는가? 자신을 공손히 하고 바르게 남쪽을 향해 앉아 계셨을 따름이었다"334)고 순임금을 칭송하였다. 『논어』에서 무위라는 말이 보이는 곳은 그곳이 유일하다. 실루엣은 이것을 직접 읽었거나 아니면 다른 책을 보고 순임금을 설명하였을 것이다. 남쪽을 향해 앉아 있었다는 말은 임금으로서 나라를 다스렸다는 의미다.

이상에서 중농주의를 주장한 프랑스 계몽주의 사상가 케네와 중국의 관계를 살펴보았다. 케네는 다른 학자들과 달리 특히 중국 경제와 정치 분야에 많은 관심을 가지고 있었다. 이것은 그가 프랑스의 시급한 경제와 정치적인 문제를 해결하려는 강한 의지를 가지고 있었기 때문일 것이다. 그는 중국을 이상적인 모델로 생각하였고, 프랑스가 중국을 배워야 한다고 생각하였다.

처음에 중국을 유럽에 알려준 사람들은 주로 중국에 나가서 선교 활동을 했던 선교사들이다. 그들의 관심은 대체로 중국인의 종교적인 전통이나 성향에 있었다. 예를 들면 중국인이 신 관념을 가지고 있는지 혹은 그렇지 않은지 같은 문제가 가장 중요한 현안이었다. 경제와 정치적인 문제는 부차적인 관심사였다. 중국 고전에 대한 연구도 사실은 중국인의 신 관념을 알아보려는 의도에서 시작되었을 것이다.

그 후 유럽의 선교사나 학자들은 이러한 초창기의 중국학 연구에서 벗어나 점차 중국의 다른 장점을 찾기 시작하였고, 실제로 그것들을 찾았다. 예컨대 라이프니츠는 중국 도덕의 탁월성과 『주역』의 64괘에 주목하였고, 볼프는 공자의 실천철학과 교육제도를 높이 평가하였다. 볼테르도 유교의 합리성과 관용의 정신을 배워야 할 장점으로 꼽았다.

케네는 중국의 경제적인 방면에서 장점을 발견하였고, 그것이 자신의 이론과 일치한다고 생각하였다. 그 장점이란 다른 게 아니라 바로 농업을 숭상하고 장려한 중국의 전통이다. 또 정치 방면에 있어서 그는 중국의 전제주의를 이상적인 정치체제로 믿었다. 그에 따르면 중국의 전제주의는 군주가 자연법에 입각한 법에 따라서 나라를 다스리고 자신의 독단에 의존해 정치를 하지 않는다.

케네의 중국에 대한 우호적인 발언과 그의 이론에서 발견되는 유사성 때문에 오래 전부터 중국의 영향에 대한 논의가 있었다. 라이히바인, 허드슨 그리고 주겸지 등을 선두로 해서 현재까지도 그 논의는 계속되고 있다. 그들은 여러 증거를 제시하면서 주장을 입증하려고 노력하였다. 라이히바인은 케네가 전체적으로 중국의 영향을 받았다고 주장하였고, 허드슨은 특히 무위사상과 자연적 질서의 개념이 중국의 영향을 받았다고 생각하였다. 그리고 주겸지는 케네의 자연법사상이 중국에서 나왔다고 단정하였다.

케네와 중국의 관계를 자세하게 연구하여 저서까지 남긴 매버릭은 케네의 자연법사상과 자연적 질서의 개념은 유럽의 전통과 중국의 영향이 결합하여 형성되었다고 주장하였다. 클라크는 특별히 무위사상과 프랑스의 레세페르의 유사성에 주목하고 중국의 영향이 있었다고 추정하였다. 이러한 학자들의 견해를 종합해 보면 케네는 중농주의 경제이론뿐만 아니라 다방면에서 중국의 영향을 많이 받았다는 사실을 잘 알 수 있다. 케네의 제자들이 그를 유럽의 공자라고 추앙한 데는 다 그럴 만한 이유가 있었다.

11장
괴테와 중국철학

괴테와 중국철학

　괴테(J. W. Goethe, 1749~1832)는 독일을 대표하는 세계적인 문학가일 뿐만 아니라 과학자였고 철학자이기도 했다. 그런데 우리에게 잘 알려진 사실은 아니지만 그는 중국의 문학에 관심이 있어 아주 열심히 중국 문학 작품들을 읽었다. 그의 제자 에커만(Eckermann)이 중국 소설에 대해 질문하자, 괴테는 "중국인은 이 정도의 소설을 몇 천이나 가지고 있지. 더군다나 우리 조상이 아직 숲 속에 살고 있던 그 옛날부터 말이네"335)라고 말해 중국의 역사와 문학에 대한 자신의 생각을 압축해서 표현하였다.
　괴테가 중국에 관심을 가지게 된 계기는 대체로 당시 유럽 사회의 혼란이나 개인적인 사정과 관련이 있는 것 같다.336) 1804년 프랑스 황제가 된 나폴레옹은 1805년에 오스트리아의 수도 빈을 함락하고 오스트리아, 러시아 연합군과 전투를 시작하여 유럽이 전쟁터로 변했다. 또 1806년에는 프로이센과 러시아 두 나라를 상대로 전쟁을 하였고, 프로이센의 베를린을 점령하였다. 1813년 10월에는 괴테가 살던 바이마르(Weimar)에서 멀지 않은 라이프치히에서 프랑스와 연합군 사이에 전투가 벌어졌고, 여기서 프랑스가 패배하였다. 그 결과 괴테가 아주 존경했던 나폴레옹은 1814년에 엘바섬으로 추방되었다.

그리고 개인적으로 괴테와 젊어서부터 친하게 지냈던 헤르더가 1803년에 세상을 떠났고, 1805년에는 쉴러(Schiller)마저 세상을 떠났다. 쉴러가 병으로 죽었을 때 괴테는 "나는 나 자신을 잃은 것 같은 생각이 든다. 이제 나는 한 친구를 잃었고 그와 함께 내 존재의 반을 상실했다"337)고 말할 정도로 상심이 컸다. 라이히바인은 쉴러가 세상을 떠난 이후 중국에 대한 괴테의 생각이 변하게 되었다고 하였다. 말하자면 그때까지는 중국의 겉모습만 보았다면 이후로 중국의 문화와 사상을 보게 되었다는 설명이다.

1813년 11월 친구 크네벨(Knebel)에게 보낸 편지에서, 괴테는 중국과 관련된 모든 것을 철저히 공부하고 있다고 말했다. 그리고 그는 지금과 같이 어려운 경우에 중국이라는 나라에 도망갈 수 있도록 도피처로 따로 빼놓았다는 말도 하였다.338) 이러한 말들을 통해 당시 그의 개인적인 어려움과 중국에 대한 동경을 우리는 짐작할 수 있다. 당시 괴테가 읽은 중요한 책으로는 『중국의 여섯 고전』, 『중국제국전지』(中國帝國全誌), 『안손경(Anson卿)의 세계일주』, 『호구전』(好逑傳), 『노생아』(老生兒), 『화전기』(花箋記), 『백미신영』(百美新詠) 등이 있고, 몇 편의 중국 시를 번역하였고, 「중국·독일의 사계절과 사시(四時)」(Chinesisch-deutsche Jahres-und Tageszeiten)라는 연작시(連作詩)도 지었다.

그런데 괴테와 중국의 관계는 그의 중국에 대한 관심과 애정에서 끝나지 않는다. 흥미롭게도 괴테의 철학과 중국철학, 특히 신유학

사이에 몇 가지 유사한 이론이 보인다. 예컨대 범신론, 양극성(兩極性)의 원리, 부분과 전체에 대한 이론 등에서 그런 점이 나타나고 있다. 그래서 괴테의 철학은 전체적으로 서양의 전통적인 철학보다 동양철학과 더 가깝다는 느낌을 준다. 괴테의 철학에서 우리는 동양철학과 서양철학이 대화할 수 있는 또 하나의 출발점을 발견할 수 있지 않을까? 이를 위해 일차적으로 두 철학 사이에 보이는 철학적 사유의 유사성을 찾아보려고 한다.

중국에 대한 관심

괴테는 시대적 상황과 개인적 관심에 의해 중국의 예술 공예품이나 중국을 소개한 문헌들을 비교적 일찍부터 접하게 되었다. 당시 유럽에서는 중국의 도자기, 칠기(漆器), 견직물, 그림, 정원 예술, 실내 장식, 가구, 차, 다기(茶器) 등을 수입하였고, 중국 고전이나 문학 작품들을 번역해서 읽는 일도 크게 유행하였다. 라이히바인에 따르면 괴테는 1770년경에 노엘이 번역한 『중국의 여섯 고전』이라는 책을 읽었고, 1773년에는 운처(Unzer)의 시에 대한 비평을 하기도 하였다.339)

1781년 괴테는 1735년 파리에서 뒤 알드 신부가 출판한 『중국제국전지』를 읽었다. 이 책은 모두 4권으로 되어 있고, 중국의 역사, 지리, 연대기, 정치에 관한 내용이 들어 있다. 그뿐만 아니라 여기에는 『조씨고아』, 『금고기관』(今古奇觀) 등 단편 소설 4편과 『시경』에 있는 시(詩) 10여 편이 실려 있다. 중국 문학에 관심을 가졌던 괴테는 당연히 그 안에 들어 있던 원대(元代)의 대표적인 희곡 『조씨고아』도 읽었을 것이다.

이 작품은 예수회의 프레마르 신부가 번역하였고, 나중에 뒤알드가 자신의 책에 실었다. 『조씨고아』는 유럽의 문학계에 많은 영향을 끼쳤다. 볼테르는 이 작품을 보고 희곡 『중국고아』(中國孤兒)를 썼으며 파리에서 상연하였고 많은 인기를 얻었다. 괴테와 중국의 관계를 일찍이 연구한 비더만(Biedermann)은 괴테의 미완성 희곡 『엘페노르』(Elpenor)가 『조씨고아』의 영향을 받았다고 주장하였다.340)

1813년 괴테는 자신의 일기에서, 칼스바트(Karlsbad)에서 돌아온 이후 중국제국에 대해 진지하게 공부하고 있다고 하였다. 그리고 1813년 11월 10일 친구 크네벨에게 보낸 편지에서도 이 사실을 언급하고 있다.341) 라이히바인에 따르면 괴테는 이 무렵 마르코 폴로(Polo)의 『동방견문록』을 읽었고, 코넬리우스 포우(Pauw)의 『이집트인과 중국인에 대한 철학적 논문』 그리고 마티누스 마티니(Martini)의 『중국지도첩』 등을 보았다.

1815년 그림(W. Grimm)은 그의 형에게 보낸 편지에서 "괴테가 『호구전』을 읽고 설명했다"342)고 말했다. 이 소설을 영국에서는 페리(T. Perry)가 1761년에 영어로 번역하여 『애정 깊은 남녀』(The Affectionate Pair)라는 제목으로 런던에서 출판하였고, 독어 번역본은 1766년에 무르(Murr)가 라이프치히에서 출판하였다. 1796년 쉴러가 괴테에게 보낸 편지에 의하면 당시 괴테는 이 책을 이미 알고 있었다. 1827년 괴테는 에커만과 대화에서 이 소설에 나타난 중국인의 윤리의식에 대해 칭찬을 아끼지 않았

다.343)

또『노생아』라는 원나라 때의 잡극도 괴테와 관련이 있다. 이 작품은 영국의 데이비스(J. F. Davis)가 1817년『노년기의 상속인』이라는 제목으로 번역하여 런던에서 출판하였다. 내용은 재산이 많은 유종선(劉從善)이라는 늙은 상인의 집안 이야기가 주를 이룬다. 괴테는 이 책을 같은 해 9월 4일에 읽고 그네벨에게 보내주었다. 그러면서 처음에 읽었을 때는 별로 매력이 없었는데 자세히 보니 훌륭한 작품임을 느끼게 되었다고 평가하였다.344)

괴테는 중국의 문학 작품을 읽었을 뿐만 아니라 번역을 하기도 하였다. 1826년경 괴테가 청나라의 안희원(顔希源)이 지은『백미신영』에 나오는 시 4편 번역한 것으로 봐서『화전기』를 읽은 게 분명하다. 영국의 톰스(Peter P. Thoms)가 영어로 번역한 이 책에는『백미신영』이『전기』(Biography)라는 제목으로 번역되어 함께 실려 있기 때문이다.『백미신영』은 원래 역대 중국의 유명한 미인 102명의 화보와 간단한 인물 소개로 구성되어 있는 책인데, 톰스의 번역본에는 미인에 대한 설명만 실려 있다.345)

『화전기』는 중국 명나라 때 나왔는데 작가는 알려져 있지 않으며 운문체로 된 연애 소설이다. 톰스는 1824년에『화전기』를『중국인의 구혼시』(Chinese Courtship in Verse)라는 제목으로 번역하여 런던에서 출판하였다. 특별히 그는 중국어 원문을 위에 놓고 밑에는 번역문을 실었다. 1827년 1월 31일 괴테는 에커만과 대화에서 중국 소설을 자세히 설명하였다.346)

라이히바인은 괴테가 설명한 그런 장면은『화전기』에만 나온다고 주장하였다. 그리고 괴테가 중국 작품을 이렇게 자세하게 언급한 적은 없다고 하면서 이 작품이 「중국・독일의 사계절과 사시」라는 작품에 영향을 주었을 것이라고 추정하였다. 이런 주장을 처음으로 한 사람은 비더만이다. 이 두 작품에 동일하게 등장하는 안개 낀 분위기, 자연적인 감정의 섬세함, 밝은 달, 즐거운 기분 등의 내용을 근거로 제시하였다.347)

실제로 괴테가 1827년 봄에 쓴 「중국・독일의 사계절과 사시」라는 14수로 된 연작시(連作詩)는 그동안 중국과 중국 문학을 공부한 결실이라 할 수 있다. 이 작품은 1830년도의 『베를린 문예연감』(Berliner Musenalmanach)에 최초로 발표되었다. 이 연작시는 괴테가 77세 때 바이마르의 일름(Ilm) 강가에 있는 정원이 딸린 그의 집에 머물면서 지은 작품이다. 1776년 4월에 바이마르의 칼 아우구스트공(公)이 괴테를 바이마르에 머물게 하려고 이 정원을 선사했는데 괴테는 노후에 자주 이곳에 와서 휴식을 취했다고 한다.

이 시는 괴테 자신이 중국 고관의 입장이 되어 복잡한 정무에서 벗어나 아름다운 강가의 정자에서 동료들과 흥겹게 술을 마시고 시를 지으며 하루를 즐기는 풍경을 그렸다. 제목이 말하듯이 이 작품은 사계절과 하루의 사시(四時)를 동시에 표현하려고 하였다. 다시 말해 봄은 아침, 여름은 낮, 가을은 저녁, 겨울은 밤에 해당한다. 하지만 이 연작시에 겨울을 내용으로 하는 부분은 나오지 않는다.348)

범신론

1) 괴테: 신은 살아 있는 자연이다

스피노자는 범신론을 대표하는 서양의 철학자다. 그에 따르면 신은 무한하기 때문에 자신 바깥에 또 다른 존재를 허용하지 않는다. 그래서 신이 있고 동시에 창조물인 자연이 함께 존재할 수 없다. 그렇다면 신과 창조물인 자연은 하나가 되어야 한다. 여기서 나오는 개념이 바로 능산적 자연과 소산적 자연이다.

능산적 자연은 창조자로서 신을 말하고 소산적 자연은 창조물로서 자연을 의미한다. 그런데 스피노자는 이 두 가지 존재가 하나라고 주장하였다. 그리고 그 하나가 바로 자연이다. 신은 자연의 모습으로 우리에게 나타난다. 자연을 창조한 신을 자연 밖에서 찾는 것은 무의미하다. 이러한 스피노자의 신은 유대교나 기독교에서 생각하는 신과 완전히 다르다.

스피노자의 범신론을 이어받은 괴테의 신과 자연에 대한 생각도 그와 유사하다. 물론 괴테는 신이나 실체를 스피노자와 같이 체계적으로 설명한 적은 없다. 그러나 그의 작품들 속에 흩어져 있는 말을 종합해 보면 우리는 그의 신관(神觀)이나 자연관을 분명하게 알 수 있다. 예컨대 그는 프로에미온349)이라는 시에서 "어떤 신이 단지 밖에서만 밀어/ 우주가 신의 손가락 둘레를 돌게 하겠는가?/ 그는 안에서 움직이는 걸 좋아하니/ 세계는 신 안에 있고, 그는 세계 안에 있다/ 그래서 신 안에서 살아서 움직이는 모든 것은/ 그의 힘과 정신을 찾지 않는다"350)고 하였다.

여기서 괴테는 세계를 만들어 그것을 계속해서 관리하는 전통적 기독교의 신을 부정하고 세계 안에서 모든 것이 제대로 돌아가도록 만드는 신을 생각하였다. 신이 세계 안에 있다고 하지만 사실은 신이 곧 세계의 모습을 하고 있다. 이것은 사람이 몸과 마음을 가지고 있는 것이나 마찬가지라고 할 수 있다. 우리의 마음이 명령하면 몸이 행동하듯 신의 의지에 따라 자연은 움직이게 된다. 자연과 떨어져 존재하는 신은 없다.

이미 세계 혹은 자연이 신이기 때문에 밖에서 신의 힘이나 정신을 찾을 필요가 없다. 자연은 밖에서 누구의 도움이 없어도 살아서 움직이고 생각할 수도 있다. 그러므로 세계는 물질과 정신의 합일체로서 이미 운동의 원인인 정신까지도 스스로 갖추고 있다. 자연은 물질일 뿐이고 계속적으로 외부에 있는 신의 손길을 필요로 한다는 전통적인 기독교의 세계관과 완전히 다르다. 괴테가 생각하는 자연은 신의 명령을 따르는 수동적인 자연이 아니라 신의 능력과 속성을 가진 능동적인 존재다.

이러한 자연의 활동은 다른 게 아니라 바로 생성과 변화다. 자연은 가만히 정지해 있지 않고 계속해서 만물을 만들어내고 그것을 다시 다른 것으로 만들어간다. 이것을 괴테는 「자연」이라는 글에서 "자연은 계속해서 새로운 형태를 창조한다. 현재 있는 것은 과거에는 없었으며, 과거에 있었던 것은 두 번 다시 존재하지 않는다. 모든 것은 새롭지만 언제나 과거와 같은 모습이다"[351]라고 표현하였다.

자연은 동일한 모습으로 고정된 존재가 아니라 물이 흘러가는 것처럼 항상 변하고 움직인다. 구름은 생겨났다 사라지고 또 계속 모양이 변한다. 이처럼 자연은 가만히 있지 않고 움직이고 변한다. 이러한 자연의 변화 전체가 신의 모습일 것이다. 자연의 이러한 모습에서 괴테는 생명을 보았다. 자연은 생명을 가지고 있는 생명체라는 것이 괴테의 생각이다.

실제로 그는 1827년 4월 11일 에커만과 대화에서 "나는 대기에 둘러싸인 지구를 마치 끊임없이 숨을 들이쉬고 내뱉고 있는 거대한 생물처럼 생각하고 있지"352)라고 하면서 지구라는 거대한 생명체가 호흡을 하듯이 날씨를 조절하고 있다고 자세하게 설명했다. 숨을 들이쉬면 구름이 생기고 비가 오고, 내쉬게 되면 수증기를 흩어버려 맑아진다. 지구는 날숨과 들숨을 통해 적당한 상태를 유지할 수 있다고 하였다.

괴테는 자연의 창조는 한 번으로 끝나지 않고 지금도 계속되고 있다고 보았다. 이것을 괴테는 "자연 속에는 영원한 생명과 영원한 변화와 영원한 움직임이 있다. 그렇지만 자연은 급격하게 움직이지는 않는다. 자연은 지속적으로 변화하고 그 속에는 한 순간의 정지도 없다"353)고 설명하였다.

자연은 쉬지 않고 역동적인 모습으로 만물을 창조함으로써 자신의 모습을 바꾸고 있다. 그러나 그것은 자리를 떠나거나 옮겨가지 않는다. 자연은 항상 자기 자리를 지키고 있으면서도 다양하게 자신의 모습을 변화시킨다. 이러한 운동과 변화가 바로 자연의 본질이기 때문에 괴테는 '자연은 정지를 모른다'고 표현했다.

괴테는 자연의 생기발랄한 모습에서 사랑을 보았다. 그에게 자연은 이성과 의지뿐만 아니라 관용과 사랑도 가진 존재다. 그는 기독교의 가장 중요한 가르침인 사랑을 자연에까지 확대하였다.

그래서 괴테는 "자연의 왕관은 사랑이다. 오직 사랑을 통해서만 그녀에게 다가갈 수 있다. 그녀는 만물을 멀리 떼어놓아서, 모든 것은 서로 얽히려고 애쓴다. 만물이 서로 끌어당기도록 자연은 만물을 갈라놓았다. 그녀는 사랑의 잔을 몇 모금 마시게 함으로써 삶의 수고를 보상해준다"354)고 노래하였다.

자연의 무한한 덕목 가운데 최고의 위치를 차지하는 것이 바로 사랑이다. 자연의 창조 활동은 사랑의 표현이고 사랑을 실현하는 과정이라 할 수 있다. 그리고 만물 하나하나는 사랑을 실천함으로써 자연의 목적을 이루고 있다. 이와 함께 괴테는 모든 생명체의 수고를 보상해주는 것이 또한 사랑이라고 말한다. 삶에는 늘 수고로움이 따라온다. 이러한 인생의 고통을 어느 정도 덜어주는 게 사랑이다.

2) 이정(二程): 천(天)은 리(理)다

역사적으로 중국에서도 신에 대한 다양한 견해가 존재하였다. 아주 옛날부터 중국인은 초월적인 인격신을 천(天)이나 상제(上帝)라는 이름으로 숭배하였다. 그러나 공자 시대에 오게 되면 이러한 인격신에 대한 믿음이 이전보다 상당히 약해진다. 그래서 공자는 천에 대해 항상 조심스럽게 말하였다.

그리고 도가를 대표하는 노자(老子)나 장자(莊子)의 경우 천이나 상제보다 도(道)라는 말을 주로 사용하였다. 그들은 도가 상제 같은 인격신이 아님을 강조하였다. 노자와 장자는 인격신을 부정하고 자연의 원리로서 도가 존재할 뿐이라고 가르쳤다. 도는 자연의 근원이라고 할 수 있지만 의지를 가지고 만물을 창조한 것은 아니다. 게다가 도는 자연을 관리하는 역할도 담당하지 않는다.

송대의 신유학자들은 기존 이론들을 종합하여 독특한 천에 대한 이론을 만들어냈다. 그들은 유가의 전통적인 천관(天觀)을 그대로 계승하지 않고 더 합리적인 이론으로 개량하였다. 우리는 대표적인 예를 이정(二程)의 천관에서 잘 볼 수 있다. 이정은 천을 리(理)로 분명하게 정의하였다.355) 리는 원래 자연에 내재하는 법칙이나 원리를 의미하는 개념이다. 이정은 이러한 리를 천과 동일한 개념으로 격상시켰다.

이러한 이정의 사상을 서원화는 범신론으로 분류하였다.356) 서원화는 이정의 철학이 범신론임을 상세하게 논증하였다. 그에 따르면 이정은 자연계의 운동, 변화에는 규율이 있다고 생각하였다. 그리고 자연의 무한성을 인정하여 그것의 바깥에 상제가 존재할 수 없다고 보았다. 또 자연의 자기 운동을 인정함으로써 상제의 주재작용을 부정하였다.357)

무한한 자연은 스스로 움직일 수 있는 활동력을 보유하고 있고, 그것의 변화와 운동에는 일정한 법칙이 존재하는데 그것이 바로 리(理)다. 상제가 자연의 변화와 운동을 주재하는 것이 아니라 법칙에 의해 스스로 움직인다. 자연은 내재하는 원인에 의해 운동하고, 또 내재하는 필연성에 의해 변화한다. 이정은 이러한 세계관을 '하늘이란 리다'라는 말로 표현하였다.

주희도 이와 같은 이정의 견해를 수용하여 천을 리로 해석하였다. 그는 『논어』에 있는 "하늘에 죄를 지으면 빌 곳도 없게 된다"358)는 문장의 주(註)에서 "하늘은 곧 리다"라고 분명하게 말했다. 그러나 주희의 철학이 범신론에 속하는지에 대해서는 논란의 여지가 많다. 서원화는 주희의 철학을 객관유심주의(客觀唯心主意)로 정의하였지만 "리학가(理學家)는 기본적으로 범신론자"359)라고 하여 범신론임을 인정하였다.

서원화는 엥겔스(F. Engels)가 쉘링(Schelling, 1775~1854)과 헤겔을 범신론자로 분류했다는 사실을 인용하여 주희의 철학이 범신론임을 간접적으로 밝혔다. 주희가 리를 강조하였기 때문에 언뜻 보면 자연과 떨어져서 리가 존재하는 것으로 오해할 수 있다. 그러나 주희의 철학에서 자연과 분리된 리는 생각할 수 없다.

주희는 자연을 리(理)와 기(氣)라는 두 가지 개념으로 모두 설명하였다. 그래서 많은 사람이 그의 철학을 리기이원론(理氣二元論)으로 보기도 하였다. 하지만 주희의 철학에서 리와 기는 동등한 존재가 아니라는 사실을 알아야 한다. 리는 불변하는 존재로 실체에 해당하지만 기는 끊임없이 생성되고 소멸하는 무상(無常)한 존재다. 말하자면 리는 본체고, 기는 현상에 해당한다. 그러나 본체와 현상은 분리되지 않는다.

이러한 주희의 철학은 실제로 스피노자의 범신론과 닮은 점이 많다. 그래서 최해숙은 "주희의 철학은 스피노자의 그것과 마찬가지로 내재적 자연관에 기초하고 있다"360)고 주장하면서, "자연에 내재하는 원인으로서의 하늘, 태극, 신 또는 능산적 자연은 작용 또는 결과라고 할 수 있는 천지만물, 모든 존재자 또는 소산적 자연에 내재하며, 또한 후자는 전자에 내재한다"361)고 설명하였다.

그리고 최해숙은 김하태와 같이 리를 사유로 보고 기를 연장으로 생각하였다. 스피노자가 신의 무한한 속성 가운데 사유와 연장

두 가지만 인간이 인식할 수 있다고 했는데, 리와 기를 그 같은 속성들로 보았다. 그러나 주희의 철학 체계에서 리는 사유보다 스피노자의 능산적 자연에 더 가까운 개념이다.362) 주희는 정신과 물질을 모두 기의 작용으로 보기 때문이다.

그래서 주희가 생각한 자연은 단순한 물질 덩어리가 아니고 생명력을 가지고 있는 생명체다. 기가 실체가 아니라고 해서 가치가 없거나 생명력이 없다는 말은 아니다. 기는 정신과 물질을 아우르는 존재이기 때문에 살아 있는 힘이라 할 수 있다.

이러한 기는 고정되어 가만히 있지 않고 쉬지 않고 생겨났다가 다시 사라지기를 계속한다. 그래서 자연에는 새로운 생명체들이 끊임없이 생겨나고 그것들은 시간이 지나가면 사라진다. 자연은 변화와 운동의 원인이 자기 안에 있는 존재로, 쉬지 않고 변화하는 생명체다. 자연의 변화는 다른 게 아니라 새로운 생명체들이 생겨나고 사라지는 현상이라 할 수 있다.

중국인은 고대부터 자연의 위대한 점은 만물을 만들어내는 데 있다고 생각하였다. 그래서 『주역』에서는 "천지의 큰 덕을 일러 생(生)이라고 한다"363)고 말했고, "낳고 낳는 것을 역(易)이라고 한다"364)고 말하기도 했다. 『주역』은 자연의 본성이 만물을 계속해서 생산하는 것임을 잘 밝히고 있다.

송대의 신유학자들도 『주역』의 이러한 기본 사상을 충실하게 계승하였다. 주돈이는 "하늘은 양(陽)으로써 만물을 낳고, 음(陰)으로써 만물을 이룬다. 낳는 것은 인(仁)이고 이루는 것은 의(義)다"365)라고 설명하였다. 그는 공자의 인을 하늘과 땅이 만물을 생산하는 활동에 적용하였다.

주희도 이러한 생각을 "하늘과 땅은 만물을 생산하는 것을 마음으로 삼았다. 그래서 생겨난 만물은 각기 하늘과 땅이 만물을 생산하는 마음을 얻어 마음으로 삼으니, 사람이 모두 남의 불행을 참지 못하는 마음을 가지고 있다"366)고 밝혔다.

자연의 마음은 만물을 생산하는 창조 활동에 나타난다. 만물을 만들어내고 싶은 것이 바로 자연의 마음이라는 설명이다. 만물이 지속적으로 생겨나고 성장하고 변화하는 모습을 보면 거기서 자연의 마음을 볼 수 있다는 게 신유학자들의 생각이다.

자연은 만물을 만들려는 욕구를 가지고 있어 잠시도 쉬지 않고 만물을 생산한다. 주희는 자연의 이러한 마음을 인(仁)으로 보았다. 그래서 자연의 마음을 타고난 사람은 어진 마음, 즉 남의 불행을 그냥 넘기지 못하는 마음을 가지고 있다고 설명했다.

양극성(兩極性)의 원리

1) 괴테: 양극성은 자연의 추진력이다

괴테는 자연 밖에 신이 있는 것이 아니라 자연 자체가 바로 신이라는 범신론을 주장하였다. 그리고 자연은 살아 있는 존재로 창조를 계속한다. 자연의 창조는 자신의 모습을 바꾸는 형태로 나타나게 된다. 괴테는 철학자들이 많이 사용하는 정신이나 물질이라는 개념보다 활동이나 행동이라는 말로 자연을 설명하였다. 그는 자연의 가장 큰 특성을 살아서 활동하는 생명력에서 찾았다. 자연은 살아서 움직이는 거대한 생명체라고 할 수 있다.

이렇게 역동적인 자연은 양극성이라는 커다란 원리에 입각하여 움직인다고 괴테는 주장했다. 서로 대립하는 사물이 있기 때문에 새로운 것이 창조된다는 이론이다. 서로 대립하는 것들의 관계를 중시하는 그의 이론은 객관적인 과학의 가능성을 부정하는 기반이 된다.367) 이러한 그의 견해는 주관과 객관, 몸과 마음을 분리하는 방법이 세계에 대한 일방적이고 불완전한 견해일 뿐이라는 그의 주장과 밀접하게 연결되어 있다.

그래서 괴테는 데카르트가 그의 저서에서 세계를 색깔도 없고 죽은 물질들의 운동으로 묘사한 것에 반대하였다. 왜냐하면 데카르트가 세계의 참된 모습을 묘사하는 데 실패했기 때문이다. 실제의 세계는 활기에 넘치고 색채와 생명이 가득하다. 그것들은 우리의 몸과 마음으로 직접 부딪쳐야만 경험할 수 있다. 뉴턴은 자연을 부분으로 나누고 분해해야만 이해할 수 있다고 주장했지만 괴테는 다양한 부분이 어떻게 함께 작용하는지를 보는 것이 필요하다고 강조했다.368)

괴테의 자연철학에서는 주관과 객관의 관계가 주요한 역할을 하지만 양극성을 나타내는 관계들은 이 밖에도 상당히 많다. 그는 빛과 어둠, 몸과 마음, 두 가지의 마음, 정신과 물질, 신과 세계, 사유와 연장, 이상과 현실, 이성과 감성, 환상과 오성, 존재와 욕망, 두 가지의 몸, 오른쪽과 왼쪽, 들숨과 날숨, 자석에서 N극과 S극 등을 예로 들었다.369) 괴테가 제시한 양극성의 종류가 상당히 다양하다는 사실을 알 수 있다.

괴테는 우리가 일반적으로 알고 있는 양극성에 만족하지 않고 두 가지의 마음, 두 가지의 몸도 양극성의 예로 들고 있다. 그런데 기존의 생각과는 달리 괴테는 양극성 가운데 어느 한쪽을 높이고 다른 한쪽을 낮추어 보지 않았다. 이성적인 것과 비이성적인 것을 동등하게 생각하고 객관과 주관을 동등하게 본 태도가 기존의 철학자들과의 차이다. 괴테가 들숨과 날숨을 양극성의 예로 든 것을 보면 그것을 잘 알 수 있다.

인간의 두 가지 마음을 잘 묘사한 작품이 바로 그의 유명한 작품 『파우스트』다. 거기에는 공부하는 즐거움에 푹 빠진 제자 바그너에게 파우스트가 "아, 내 가슴에는 두 개의 영혼이 깃들어 있다. 그 하나가 다른 하나에서 떨어지려고 한다. 하나는 격렬한 애욕을 도구로 하여 현세에 매달리고 있다. 또 하나는 억지로 티끌을 피하여 높은 영들의 세계에 오르려 한다"370)고 한탄하는 장면이 나온다.

육체적인 욕망을 추구하려는 마음과 더 높은 이상을 추구하려는 마음이 파우스트 내면에서 갈등을 일으키고 있음을 알 수 있다. 괴테는 파우스트를 통해 인간의 이러한 두 가지 자아를 잘 묘사하고 있다. 이러한 두 가지 마음은 서로 갈라지려 하고 충돌을 하지만, 그러한 갈등과 충돌을 통해 인간은 더 높은 차원으로 성장할 수 있다. 그래서 괴테는 파우스트가 마지막에 구원을 받아 천국으로 올라가게 되는 것으로 이야기를 마무리하였을 것이다.

정신적으로도 양극성이 작용하지만 우리의 몸도 양극성의 원리에 따라 움직인다. 우리의 심장은 이완과 수축을 반복함으로써 생명을 유지할 수 있다. 마찬가지로 우리는 들숨과 날숨을 통해 살아간다. 이러한 양극성은 개인적 차원에서만 일어나는 현상이 아니라 우주적 차원에서도 일어난다. 신과 세계, 빛과 어둠, 정신과 물질 등의 양극성이 바로 그것이다. 그래서 괴테는 양극성과 상승(上昇)의 원리를 자연에 추진력을 제공하는 두 개의 수레바퀴라고 불렀다.371)

괴테는 30대 초반에 「자연」이라는 경구적(警句的)인 논문을 썼고, 1828년에 이것을 다시 보게 되는데, 부족하다고 생각되는 점에 대해 보충 설명을 하였다. 「자연」의 내용은 자연의 생명과 활동에 초점을 맞추고 있었다. 이러한 활동이 어떻게 발생하는지에 관해서는 설명하지 못했다.

이와 관련하여 괴테는 자연에 추진력을 제공하는 두 개의 수레바퀴를 양극성과 상승이라고 설명하였다. 괴테는 전통적인 개념인 정신과 물질보다 그것을 하나로 아우르고 있는 자연이라는 말을 주로 사용하였다. 그러나 굳이 물질과 정신으로 나눈다면 양극성은 물질에 속하고 상승은 정신에 속한다고 설명하였다. 그러나 물질에도 상승은 있고 정신에도 양극성이 있다는 점을 강조한다.

괴테는 여기서 양극성의 예로 밀어냄과 끌어당김을 들었다. 밀어냄은 분리를 의미하고 끌어당김은 결합을 말한다. 이 세상의 모든 존재는 늘 분리하려 하고 분리된 것은 다시 결합하려 한다. 이렇게 모였다가 흩어지는 운동이 계속됨으로써 세계 전체의 활동과 변화도 가능하다는 것이 괴테의 이론이다. 분리에서 새로운 결합이 일어날 때 상승도 일어날 수 있다.

자연에 존재하는 모든 것은 분리된 모습을 하고 있거나 결합된 모습을 하고 있다. 하지만 그것은 현실태일 뿐이고 그것들은 언젠가는 다시 결합하거나 분리된다. 결합된 것들은 언제나 분리의 가능성을 가지고 있고, 분리된 것들은 다시 결합할 가능성을 가지고 있다. 괴테는 그렇게 결합하고 다시 분리되는 자연의 모습에서 생명을 보았다.

 살아 있는 생명체는 잠시도 정지하지 않고 활동한다. 이런 활동을 우리 몸에서 가장 잘 보여주는 것이 바로 심장의 운동과 호흡이다. 이것들은 분리와 결합이라는 운동과는 조금 다른 모습을 가지고 있지만 양극성을 보인다는 점에서 괴테는 같은 차원으로 보았다. 심장의 수축과 이완, 들숨과 날숨은 양극성을 가장 잘 보여주는 본보기라 할 수 있다.372) 수축과 이완 두 가지는 똑같이 중요하다. 어느 한쪽만 존재한다면 아무런 의미를 가질 수 없다. 두 가지 상반되는 것의 반복적인 활동이 생명을 가능하게 할 수 있기 때문이다.

 괴테가 말한 상승은 이러한 양극성의 또 다른 표현이라고 할 수 있다. 결합에서 분리로 가거나 분리에서 결합으로 진행하는 과정이 바로 상승이다. 결합과 분리는 단순한 반복이 아니라 이미 또 다른 결합과 분리이기 때문이다. 우리의 들숨과 날숨도 마찬가지로 항상 새로운 날숨과 들숨을 쉬며 살아간다. 이것이 바로 우리의 생명이고 삶이라 할 수 있다. 이것은 심장의 경우도 똑같다. 자연의 활동과 생명현상 자체가 이미 상승을 보여주고 있다.

 양극성과 상승의 원리는 괴테가 1810년에 발표한 『색채론』에 특히 잘 나타나 있다. 괴테는 색채의 생성에는 빛과 어둠이 기본적으로 필요하다고 생각하였다.373) 빛에서 먼저 황색이 생겨나고, 어둠에서 청색이 생겨난다. 황색과 청색이 혼합되어 완벽하게 균형을 유지하면 녹색이 된다. 괴테는 황색을 플러스(+)로 청색을 마이너스(-)로 표기하여 그 반대되는 성질을 보여주는 표를 만들

기도 하였다.374)

　황색과 녹색은 순도를 높이거나 짙게 하면 그것들은 점차 붉은 색을 띠게 된다. 가장 순도가 높고 순수한 적색은 주홍색과 청적색의 양끝을 결합함으로써 생겨날 수 있다. 괴테는 황색과 녹색이 적색으로 변하는 과정을 상승이라 불렀다. 이렇게 세 가지의 기본적인 색채가 생겨나면 이것들을 변형하여 나머지 모든 색채를 만들어낼 수 있다.

2) 중국의 음양사상

　고대부터 중국에서도 양극성의 원리가 중요한 역할을 하였는데, 대표적인 것이 바로 음양사상(陰陽思想)이다. 음양사상이라면 우리는 바로 『주역』을 생각하게 된다. 하지만 『주역』은 원래 점치기 위한 책이었을 뿐이고 음양사상은 들어 있지 않았다. 『주역』과 음양사상은 각기 독립적으로 발전하다가 전국시대 말기에 와서 하나의 체계로 통합되었다. 『주역』에서 음양사상이 들어 있는 곳은 「십익」(十翼)으로 알려진 「역전」(易傳)이다.

　「십익」에는 음양의 관념이 분명하게 등장하고 그것으로 모든 것을 설명하려는 의도가 잘 나타나 있다. 연결된 부호(━)와 끊어진 부호(╸╸)에 불과했던 두 가지 효(爻)에 음과 양이라는 의미가 부여됨으로써 『주역』의 팔괘와 64괘는 새롭고 심오한 해석이 가능하게 되었다. 『주역』과 결합한 음양사상은 이후 중국사상의 발전에 지대한 영향을 끼쳤고, 동양인의 생활에도 중요한 역할을 하게 된다.

　『주역』에 음양사상이 들어가면서 64괘에 대한 해석도 매우 철학적인 방향으로 발전하게 되었다. 음양사상의 핵심은 하늘을 양으로 땅을 음으로 생각하고, 수컷을 양으로 암컷을 음으로 보는 데 있다.375) 대부분의 생물에는 수컷과 암컷이 있고, 이것들은 교합을 통해 후손을 생산한다는 사실을 고대인들도 잘 알고 있었다. 고대인들은 나아가 하늘과 땅도 생물들과 마찬가지로 교합을 통해 만물을 생산한다고 생각하게 되었다.

실제로 『주역』 「계사전」(繫辭傳)에서 "천지 음양의 기운이 뒤섞여 만물이 고루 화육되고 남녀의 정기가 합하여 만물이 화생한다"376)고 하였다. 옛날 사람들은 하늘은 양이고 땅은 음이며, 남자는 양이고 여자는 음이다. 남자와 여자가 만나서 자식을 낳듯 하늘과 땅이 만나서 만물을 생산한다고 생각하였다.

『주역』에서 하늘을 건괘(乾卦)로 나타내고, 땅은 곤괘(坤卦)로 나타내었다. 건은 강건하고 곤은 유순하다. 건은 베풀고 곤은 받아들이고, 건은 만물이 창시되는 바탕이고 곤은 만물이 생육되는 바탕이다. 이러한 음양의 원리는 근본적으로 서로 대립하는 관계이면서 서로 필요로 하는 관계이기도 하다. 이것들의 상호작용으로 만물이 생산되고 모든 변화가 일어나게 된다.

「십익」 가운데 가장 중요한 작품은 역시 「계사전」이라고 할 수 있는데, 이것은 후에 신유학의 발전에 큰 역할을 하게 된다. 신유학의 발전에 크게 기여한 주돈이는 『태극도설』을 지어 "무극(無極)이면서 태극(太極)이다. 태극은 운동하여 양을 낳고 운동이 극에 달하면 고요함에 이르고 고요함으로써 음을 낳는다"377)고 하였다. 이것은 사실 「계사전」에 나오는 "역(易)에 태극이 있으니, 이것이 양의(兩儀)를 낳고, 양의가 사상(四象)을 낳고, 사상이 팔괘(八卦)를 낳는다"378)를 다시 풀어서 설명한 것이다.

정이는「계사전」의 내용을 재해석함으로써 신유학의 토대를 마련하였다. 그는 "한번 음이 되고 한번 양이 되는 것을 도(道)라고 한다"379)는「계사전」의 말을 새롭게 해석하여 "도는 음양이 아니고, 한번 음이 되고 한번 양이 되는 까닭이 도다380)"라고 설명하였다. 정이는 음양이 기에 해당하고, 음양의 운동 원인을 도로 보았다. 또 그는 도를 형이상자(形而上者)로, 기를 형이하자(形而下者)로 정의하였다. 이렇게 하여 정이는 신유학의 이론적인 토대를 마련하였다.

이러한 선배 학자들의 이론을 종합하여 주희는 신유학의 체계를 완성하였다. 주희는 태극을 리(理)로 정의하고, 이것을 만물의 근원이라 하였다.『주역』의 음양사상은 주희의 철학에서도 여전히 큰 역할을 담당하고 있다. 그는 기와 음양을 같은 의미로 사용하고 있는데, 그것의 근거로 항상 리를 말하고 있다. 그러면서도『주역』에 있는 세계관은 그대로 이어받아 이 세계에는 상호 대대(對待)하고 작용(作用)하는 두 가지 힘이 존재한다고 믿었다.『주역』과 마찬가지로 주희는 이 대립하는 힘을 표현하기 위해 음양 이외에도 강유(剛柔), 동정(動靜), 소식(消息), 굴신(屈伸), 왕래(往來), 진퇴(進退), 흡벽(翕闢) 등의 단어를 사용하였다.381)

주희는 이 세상의 모든 운동과 변화를 간단한 음양 운동으로 다 설명할 수 있다고 믿었다. 움직임은 양이고 고요함은 음이다. 이 세상의 모든 것은 움직였다가 한계에 도달하면 다시 멈추게 되고, 그것이 한계에 이르면 다시 움직이게 된다. 이렇게 해서 움직임과 고요함의 순환은 끝없이 계속된다는 것이『주역』의 사상이고 주희의 세계관이다. 이러한 기본적인 운동과 변화는 다양하게 나타날 수 있다. 어떤 것은 굽혔다가 펴고, 어떤 것은 갔다가 오며, 또 어떤 것은 닫혔다가 열리는 모양으로 나타난다.

그리고 이 두 가지 힘은 서로 대립 혹은 반대가 되지만 잠시도 상대가 없어서는 안 된다. 움직임이 있으면 고요함이 따르고, 고요함이 있다면 움직임이 필요하다. 이러한 사상은 관념적으로 생각한 게 아니라 현실세계를 관찰하고 경험한 결과에서 나온 것이 분명하다. 낮이 있으니 밤도 있고, 여름이 있으니 겨울도 있다. 해가 지면 달이 뜨고, 달이 지면 해가 뜬다. 추위가 가면 더위가 오고, 더위가 가면 추위가 오게 된다. 낮만 계속되지 않고 밤만 계속되는 일도 없다. 주희는 이러한 음양 운동을 유행(流行)하는 것과 정위(定位)하는 것 두 가지로 나누어 더 구체적으로 설명하였다.[382]

주희는 유행하는 것의 예로 추위와 더위의 왕래를 들었다. 더위는 양이고 추위는 음인데 1년 사계절의 변화를 보면 봄부터 양이 점점 자라나기 시작해서 여름에 가장 왕성해진다. 그러다 가을이 되면 양의 기운은 점차 약해지고 음이 점점 자라나서 겨울에는 음이 가장 왕성해지고 양은 가장 약하게 된다. 이 경우 여름과 겨울은 대립하지만 같은 시간에 이루어지는 일이 아니다. 결국 음과 양이 시간을 두고 강하게 되었다가 다시 약해지기를 반복할 뿐이다.

다른 곳에서 주희는 '한번 움직이고 한번 고요한 것이 서로 뿌리가 된다'에 대해 설명하기를 "한번 움직이고 한번 고요한 것은 끝없이 순환한다. 비유하면 숨을 쉴 때 늘 내쉬었다가 들이마셨다 하는 것과 같다. 내쉬고 나면 들이마시고 들이마시고 나면 내쉬게 되는데, 이치가 본래 이와 같다"383)고 하였다. 여기서 끝없이 순환한다는 점이 중요하다. 들숨과 날숨은 그치지 않고 계속되는데 이것이 음양의 유행을 잘 보여준다.

또 하나는 바로 정위의 관계다. 이것은 이 세상의 모든 것이 서로 대립 혹은 반대되는 관계에 놓여 있음을 말한다. 예를 들면 위가 있으면 아래가 있고 동쪽이 있으면 서쪽이 있게 된다. 이것의 대표로 『주역』에서는 하늘과 땅을 예로 들었고, 남자와 여자도 그런 관계다. 주희는 이것을 대대(待對)라고 표현했는데, 음양사상을 설명하는 중요한 개념이 되었다. 『주역』에서는 이러한 관계를 음양강유(陰陽剛柔)라는 말로 표현하였다. 이런 관계에 있는 것들 사이에 상호 작용이나 감응(感應)이 일어나 풍성하게 만물을 생산하게 된다. 마찬가지로 다양한 변화도 발생한다.

부분과 전체

1) 괴테: 하나가 전체다

괴테에 따르면 자연은 항상 움직이면서 창조 활동을 계속한다. 이러한 창조 활동은 전체적으로 진행되지만 부분적으로도 진행된다. 예컨대 자연은 수많은 동물과 식물을 만들어내고 있는데, 개별적인 동물이나 식물 안에서도 부분적인 창조는 지속적으로 이루어지고 있다.

살아 있는 모든 존재는 순수하게 하나로 되어 있지 않고 다시 수많은 작은 생명체로 구성되어 있다.384) 그 생명체들은 물론 크게는 전체와 연결되어 있겠지만 어디까지나 독립된 존재다. 부분을 이루고 있는 작은 생명체들은 쉬지 않고 갈라졌다가 다시 합치는 과정을 통해 무한한 창조 활동을 만들어낸다. 말하자면 부분적인 창조가 결국 전체적인 활동과 변화를 가져온다.

괴테의 이러한 사상은 라이프니츠를 생각나게 한다. 라이프니츠는 그의 『모나드론』에서 "물질의 부분 부분은 초목으로 가득 찬 정원으로, 그리고 물고기로 가득 찬 연못으로 이해될 수 있다"385)고 말했다. 라이프니츠가 이 세계가 생명체로 가득 차 있다는 점을 강조했다면 괴테는 자연의 창조 활동에 주목하였다. 그 창조 활동은 자연의 미세한 부분에서부터 일어나고 이것은 다시 더 큰 생명체의 창조 활동의 결과로 나타나게 된다.

나아가 괴테는 라이프니츠와 비슷하게 부분은 전체와 연결되어 있기 때문에 전체를 반영한다고 생각하였다. 그래서 전체를 알고 싶으면 부분을 자세히 보라고 권고하였다. 괴테는 1807년 리머(Riemer)와 대화에서 "하나는 언제나 전체를 위해 존재하며, 전체도 하나를 위해 존재한다네. 왜냐하면 그 하나가 바로 전체이기 때문일세"386)라고 말했고, 1826년 에커만과 대화에서는 "그렇다네, 자연의 위대함은 너무도 단순하다는 데에, 그리고 아주 거대한 현상들은 작은 것 속에서도 언제나 반복한다는 데 있는 걸세"387)라고 말하기도 했다.

스피노자는 자연의 무한함을 보고 그것이 바로 신의 모습이라고 확신하였다. 그러면 우리는 신을 알기 위해서 혹은 자연을 알기 위해 거대한 우주 전체를 관찰하고 연구해야만 하는가? 괴테는 반드시 그렇지는 않고고 주장한다. 왜냐하면 전체의 일은 항상 작은 부분에서도 동일하게 일어나기 때문이다. 하나하나의 개별자들이 전체를 반영하고 그 안에서는 자연 전체에서 일어나는 일이 반복된다.

괴테는 다시 이것을 「신, 마음과 세계」라는 운문 형식의 잠언(箴言)에서 "무한한 것 속으로 걸어 들어가려는 사람은, 다만 유한한 것 속에서 모든 방향으로 가야 한다. 전체를 만나는 즐거움을 누리려면, 가장 작은 것에서 전체를 보아야 한다"388)고 노래하였다. 무한한 존재는 자연이고 신이기도 하다. 그러한 존재를 알고 싶으면 유한한 존재들 잘 살펴보고 연구하면 된다는 말이다. 마찬가지로 신을 만나는 즐거움을 누리기 위해 먼저 해야 할 일은 우리 주변에 있는 작은 사물이나 생명체를 잘 관찰하고 이해하고 사랑할 필요가 있다.

부분은 전체를 위해서 존재하는 불완전한 부속품이 아니다. 부분은 전체를 반영하는 완전한 존재라는 것이 괴테의 생각이다. 그래서 그는 「에피려마」(Epirrhema)에서 "자연을 바라볼 때는/ 늘 하나를 모든 것인 듯 눈여겨보아야 합니다/ 안에는 아무것도 없고, 밖에도 아무것도 없습니다/ 안인 것, 그것이 밖이니까"389)라고 말했다. 자연을 바라볼 때 항상 하나에 나타나는 전체를 볼 수 있어야 한다.

자연에 접근하는 괴테의 방법은 확실히 뉴턴과 다르다. 뉴턴은 전체를 부분으로 분해해서 하나하나를 알게 되면 자연히 전체를 알 수 있다는 입장이다. 하지만 괴테는 전체와 부분이 상호 밀접하게 연결되어 있기 때문에 부분을 따로 떼어놓으면 이미 참된 모습을 잃게 된다고 보았다.

  그래서 괴테는 "개별 생명체에서 우리가 부분이라고 부르는 것들은 전체에서 분리될 수 없기 때문에, 그것들은 전체 속에서 또는 전체와 함께해야만 이해될 수 있다"390)고 말했을 것이다. 괴테는 이러한 자연을 이해하는 방법으로 사유보다 직관(Anschauung)을 강조하였다.391)

2) 정이와 주희의 리일분수설(理一分殊說)

  괴테의 세계에 대한 위와 같은 관점은 서양철학에서만 발견되는 것이 아니다. 우리는 그러한 생각들을 중국의 철학이나 인도의 철학 그리고 불교사상에서도 찾을 수 있다. 중국에서는 이미 고대부터 인간을 소우주로 보고 우주의 원리가 곧 인간의 원리라고 생각했다. 그리고 우주의 원리와 합일하는 상태가 또한 인간의 이상이기도 했다. 예를 들면 동중서는 사람의 인체를 우주와 비교하고 인체가 우주의 모습을 닮았다고 주장하였다.392) 동중서는 구체적으로 인간이 소우주임을 보여주고자 하였다.

  이런 사상은 관념론의 색채가 강한 불교사상에서 더 세련된 형태를 보인다. 『화엄경』에는 만물과 세계의 관계에 대한 심오한 사상이 들어 있다. 그것은 라이프니츠나 괴테에서 보이는 대우주와 소우주의 관계에 대한 이론과 유사하다. 『화엄경』에서는 우주와 개별자들의 관계를 인드라망(網)의 비유로 설명하였다.393)

  인드라(Indra)는 하늘에 살고 있는 신인데, 불교에서는 제석천(帝釋天)이라고도 부른다. 이 신이 살고 있는 궁전에 보석 구슬로 만들어진 그물이 걸려 있는데, 그 구슬 하나하나에는 우주의 삼라

만상이 비치고 있다. 그뿐만 아니라 수많은 구슬은 서로가 서로에게 비친다. 이렇게 서로가 서로에게 무한하게 비치는 모습을 『화엄경』에서는 중중무진(重重無盡)이라고 표현하였다. 이 비유는 『화엄경』의 「화장세계품」(華藏世界品)을 비롯해 여러 곳에 등장한다.

이 세상의 모든 것은 홀로 떨어져 독립적으로 존재하지 않는다. 서로서로 연결되어 거대한 전체를 이루고 있다. 그리고 개별적인 존재 각각은 우주 전체를 반영하고 있기 때문에 작은 우주라고 할 수 있다. 그래서 존재하는 모든 것은 나와 관계를 맺고 있고 소중하지 않은 것은 하나도 없다. 사물 하나하나는 얼른 보기에 엄청나게 차이가 나는 것 같지만 자세히 보면 사물 간에 아무런 차이가 없다. 불교에서는 이것을 사사무애법계(事事無碍法界)라고 하였다.

이러한 중국의 고대 사상과 불교사상은 송나라의 신유학자들에게 영향을 주었다. 특히 정이의 리일분수설은 그 내용이 불교사상과 유사한데 이것은 주희에게 계승되었다. 정이는 이와 관련하여 "천하의 뜻은 만 가지로 다르나 리는 하나다. 군자는 리에 밝으므로 천하의 뜻에 통할 수 있다"[394]고 설명하였다. 개별적인 사물이나 사람들은 비록 서로 다르지만 모두 하나의 리로 통일된다는 이론이다.

정이의 사상은 주희에 와서 더욱 세련된 형태로 발전하였다.[395] 주희는 만물의 근원인 하나의 태극이 개별적인 존재에도 각각 온전하게 갖추어져 있다고 주장하였다. 주희는 "천지에 있어서 말한다면 태극은 천지의 가운데 있고, 만물에 있어서 말한다면 만물 가운데 각각 태극이 있다"[396]고 설명하였다. 또 다른 곳에서

"대개 합해서 말하면 만물 전체가 하나의 태극이고, 나누어 말하면 하나의 사물이 각기 하나의 태극을 갖추고 있다"397)고 말하기도 하였다.

만물의 근원으로서 태극은 만물의 이치를 모두 갖추고 있는 존재다. 이것은 모든 관념을 가진 서양의 신과 비슷하다. 만물의 근원인 태극에서 생겨난 모든 사물은 현실화한 이치뿐만 아니라 모든 가능성의 이치까지도 포함한 태극을 가지고 있다. 주희는 월영만천의 비유로 이 이론을 설명하였다.398)

이 비유 역시 불교에서도 쓰고 있는 것인데, 주희는 보편의 태극과 개별적인 태극의 관계를 이 비유로써 설명하였다. 주희는 태극을 리와 같은 개념으로 사용하였다. 보편의 태극을 하늘에 하나밖에 없는 달이라 보고, 개별적인 태극을 호수와 강에 비친 달에 비유하였다. 하늘에 있는 달은 하나지만 지상에 있는 모든 강과 호수에 비친 달은 무수히 많다. 주희의 이 비유는 하늘에 있는 달만 진짜고 물에 비친 달은 모두 그림자에 불과할 뿐이라는 사실을 말하려는 게 아니다.

하늘에 하나뿐인 달이 동시에 무수히 많은 강과 호수에도 나타날 수 있다는 사실을 보여주려는 것이다. 만물의 근원인 태극은 거기서 생겨난 모든 사물 속에도 온전하게 들어 있다는 이론을 이러한 비유로 설명하였다. 그것은 같은 부모에게서 태어난 자식들이 부모의 유전자를 모두 공유하고 있는 것과 비슷하다고 할 수 있다.

그러나 태극이 만물의 근원이지만 거기서 유출된 만물과 별개로 존재하지는 않는다. 만물의 근원이지만 만물과 떨어져 따로 존재하는 것이 아니다. 다시 말해 기독교의 신 같은 존재가 아니다.

태극은 마치 하나의 씨앗 같다고 하는 편이 이해하기 좋다. 콩에서 싹이 나올 때 콩과 싹이 분리되지 않는 것이나 마찬가지다.

그래서 주희는 "태극이 별도로 하나의 사물이 되는 것은 아니다. 음양에 나아가서는 음양에 있고, 오행에 나아가서는 오행에 있고, 만물에 나아가서는 만물에도 있다. 다만 하나의 리일 뿐이지만, 지극한 것으로 말미암아 태극이라고 이름했을 뿐이다"[399]라고 설명하였다.

개별적인 사물이 각각 보편의 태극을 가지고 있다는 말은 개별적인 사물이 소우주로서 대우주와 동일한 원리나 법칙을 가지고 있음을 의미한다. 이렇게 되면 세계의 모든 존재자는 제각기 하나의 소우주고, 전체로서 대우주는 이러한 소우주들의 거대한 연합체가 된다.

주희의 이론에서 만물은 리만 놓고 본다면 모두 동일하다. 개별적인 사물이 차이가 나는 것은 바로 기 때문이다. 기에는 맑고 탁함, 어둠과 밝음, 순수함과 잡다함, 빠름과 느림 등의 차이가 있고, 그로 말미암아 사물 사이에 다양한 차이가 생기게 된다. 예컨대 사람이라면 누구나 동일한 사람의 리를 가지고 있지만, 그를 이루고 있는 기에는 상이함이 있고 그것으로 말미암아 사람이 서로 다르게 된다. 이 이론은 여기서 끝나지 않고 세상의 모든 사물이 동일한 리를 가지고 있다고 주장한다.

이러한 이론을 통해 주희가 주장하고자 했던 바는 무엇일까? 장재가 기일원론을 가지고 우주의 모든 존재자가 모두 동일한 기로 이루어졌기 때문에 동일하다고 주장했다면, 주희는 그보다 더 나아가 개별자들이 가지고 있는 원리도 사실은 모두 동일하다고 말하였다.

  그리고 이렇게 계속해서 동일성을 강조하는 이유는, 일반적으로 사람들은 인간과 인간, 인간과 다른 사물, 인간과 자연이 완전히 분리되었고 또 완전히 서로 다른 존재라고 생각하고 있는데 사실은 그렇지 않다는 것이다. 모든 것은 하나의 태극에서 생겨났기 때문에 하나고, 이 하나를 이루는 각각의 개별자는 하나의 원리를 고스란히 간직한 작은 하나다. 그래서 우주의 모든 부분은 단순한 부분이 아니라 완전성을 가진 작은 전체인 셈이다.

  지금까지 괴테의 중국에 대한 관심과 공부를 알아보고, 그의 철학에서 어떤 부분이 중국철학과 유사한지 살펴보았다. 이 장에서는 범신론, 양극성의 원리, 부분과 전체 등의 주제를 중심으로 두 철학을 비교하였는데 실제로 비슷한 이론들을 확인할 수 있었다. 괴테의 철학은 여러 면에서 서양의 철학적인 전통보다 오히려 동양쪽에 더 가까운 것 같아서 친밀감이 느껴진다.

  괴테가 범신론자라는 사실은 잘 알려져 있다. 그는 자연 밖에서 자연을 창조하고 관리하는 신을 인정하지 않고 자연이 바로 신이라고 생각하였다. 괴테는 자연의 가장 중요한 특성으로 활동성을 강조하였다. 즉 자연은 스스로 활동할 수 있는 능력을 갖추고 있고, 그것은 창조 활동으로 나타난다는 것이다. 따라서 자연은 수많은 생명체를 만들어내는 거대한 생명체라는 것이다.

  중국의 신유학자들도 자연을 초월하여 주재하는 천이나 상제를 부정하고 자연의 법칙이나 원리인 리가 자연에 내재한다고 주장하였다. 자연은 내재하는 원리에 따라 필연적으로 움직일 뿐이고 이것을 조정하고 관리하는 전통적인 의미의 신은 존재하지 않는다. 자연은 물질 덩어리가 아니라 살아 있으며 만물을 계속 만들어낸다. 자연은 만물을 만들어내려는 마음을 가지고 있는데, 이러한 마음이 사람에게는 측은지심(惻隱之心)으로 나타난다는 것이다.

괴테는 자연 활동이 양극성과 상승의 원리에 의해 추진력을 얻는다고 설명하였다. 이 세상의 모든 존재는 늘 분리하려고 하고 분리된 것은 다시 결합하려는 본성을 가지고 있다. 이렇게 모였다가 흩어지는 운동이 계속됨으로써 세계 전체의 활동과 변화도 가능하다고 괴테는 생각했다.

중국철학에는 음양사상이 있어서 세계의 모든 현상을 음양의 대립과 조화로써 설명한다. 해가 있으면 달이 있고, 불이 있으면 물이 있다. 음과 양은 서로 대립하면서도 상대를 필요로 하는 관계다. 음과 양은 서로 끌어당기고 양과 양이나 음과 음은 서로 밀쳐낸다. 이러한 음양의 작용으로 만물은 생겨나고 모든 변화가 발생한다는 것이다.

부분과 전체의 관계에 있어서 괴테는 부분의 합이 전체라고 생각하지 않았다. 생명체인 자연에서 부분은 전체를 구성하는 부속품 같은 불완전한 존재가 아니다. 괴테는 부분을 전체의 일부가 아닌 완전한 또 하나의 전체로 이해하였다. 부분은 전체를 반영하는 온전한 존재라는 것이 그의 생각이다.

정이와 주희의 리일분수설은 부분과 전체 혹은 일(一)과 다(多)의 관계에 대한 이른이다. 이 이론은 주희의 월영만천의 비유에 잘 나타나 있다. 하늘에 있는 달은 하나지만 이 세상의 수많은 강과 호수에 두루 나타날 수 있다. 이와 같이 개별적인 사물 하나하나는 세계 전체의 관념 혹은 원리인 태극 또는 일리(一理)를 각각 갖추고 있다는 이론이다. 그래서 만물은 하나하나가 모두 전체와 같은 완전한 존재라는 것이다.

  현재 괴테와 중국 문학의 관계에 대한 연구는 어느 정도 이루어지고 있지만, 그의 철학을 중국철학과 비교하는 연구는 거의 이루어지지 않았다. 괴테의 철학과 중국철학 사이에 상당한 유사성이 있기 때문에 그것을 잘 밝히게 되면 우리가 괴테와 다른 독일 철학자들의 철학을 이해하는 데도 도움이 될 수 있을 것이다.

12장
헤겔과 중국철학

헤겔과 중국철학

　헤겔(G. W. F. Hegel, 1770~1831)이 그의 『철학사』에서 소개하는 중국철학은 한다디로 초라하기 짝이 없다. 중국에는 발전이 없다는 헤겔의 선입견이 작용한 결과인 것 같다. 중국에서는 고대의 수준이 현재까지 연속되고 있다고 그는 생각하였다. 이런 생각을 가지고 있었기 때문에 헤겔은 중국철학의 발전에 대해 별로 관심이 없었던 것 같다. 자신이 생각한 도식을 채우기 위해 중국철학을 활용하였을 뿐이다.

　중국철학을 소개하면서 헤겔이 다루고 있는 내용은 『논어』, 『역경』, 『서경』, 『도덕경』(道德經) 등을 중심으로 짧게 설명한 것이 전부다. 먼저 공자의 학문에 대해서는, "공자가 그의 제자들과 나눈 대화들이 남아 있다. 거기에는 일반적인 도덕이 들어 있다. 그런 내용은 어디서나 어떤 민족에게나 있고 더 좋은 것도 있다. 탁월한 것은 전혀 없다. 공자는 실천적인 철학자다. 그에게서 사변철학을 찾을 수 없고, 다만 유용하고 윤리적인 좋은 교훈들을 볼 수 있을 뿐이다. 거기서 우리는 특별한 것을 전혀 찾을 수 없다"400)고 낮게 평가하였다.

　계속해서 그는 키케로(Cicero)의 도덕적 설교집인 『의무에 관하여』가 우리에게 더 좋은 것을 가르쳐주고, 공자의 모든 작품보다 더 좋다고 비교하기도 하였다. 그리고 결론적으로 헤겔은 "공자의 원전을 보고, 만약 그것들이 번역되지 않았더라면 공자의 명성에 더 좋았을 것이라는 판단을 우리는 내릴 수 있다"401)고 혹평하였다.

　헤겔의 다음 주제는 『역경』이다. 『역경』에 대해서는 더 자세하게 설명하였다. 그는 복희와 「하도」(河圖)를 알고 있었고, 음양과 사상(四象) 그리고 팔괘에 관해서도 설명하였다. 특히 팔괘 가운데 건(乾)괘를 설명하면서 그것이 하늘을 의미한다는 점을 언급하였고, 선교사들 사이에 그리스도교의 신을 천(天)으로 불러야 하는지를 두고 큰 논쟁이 벌어졌다는 보충 설명도 추가하였다.402)

　『서경』에 대해서는 『역사철학강의』에서 조금 자세하게 다루고 있지만 『철학사』에서는 오행(五行)이 나온다는 사실만 간략하게 언급하였다. 도교와 노자에 관해서는 더 자세하게 소개하였다. 여기서 그는 도(道)가 그리스어 로고스(Logos)와 가장 잘 어울린다고 말한 프랑스의 동양학자 아벨 레뮈자(Abel-Rémusat)의 말을 인용하였다. 또 헤겔은 『도덕경』과 기독교를 연결해 보려고 노력한 선교사들의 재미있는 해석도 첨가하였다.

　『도덕경』 제14장에는 이(夷), 희(希), 미(微)라는 글자가 나오는데, 이것은 도가 보이지 않고, 들리지 않고, 잡히지도 않는 존재임을 설명하기 위한 표현이다. 그런데 헤겔은 아벨 레뮈자의 해석을 수용하여 그 글자들이 JHVH(야훼)나 아프리카의 왕 Juba, 혹은

Jovis를 생각나게 한다고 하였다. 야훼는 유대인들이 말하는 신의 이름이다. 유대인들은 이 이름을 거룩하게 여겨 함부로 말하지 못하게 하였기 때문에 글자로만 남아 있다고 한다.

이러한 『도덕경』의 해석은 중국의 모든 고대인이 『성경』에 나오는 신을 이미 알고 있었다는 증거가 아닌가 하고 상상한 선교사들의 견해를 보여준다. 실제로 중국에 파견된 몇몇 선교사는 중국의 역사와 기독교에서 말한 역사에서 관련성을 찾으려고 노력하였다. 라이프니츠와 친분이 있었던 부베도 요임금과 『성경』에 나오는 노아가 같은 인물이라고 주장하기도 했다.403)

결론에 가서 헤겔은 도에 대해 "또한 이 I-hi-wei나 I-H-W는 절대적인 근원과 무를 의미한다. 절대자, 궁극적인 것, 근원적인 것, 최초의 것 또는 만물의 근원이 바로 무, 공허, 완전히 무규정적인 것, 추상적 보편이다. 그것은 도 혹은 이성으로 불린다404)"고 설명하였다. 중국철학에 대한 헤겔의 설명은 여기서 끝나고 만다. 중국에서 발전한 불교에 대한 기록도 없고, 신유학에 관해서도 전혀 언급하지 않았다.

헤겔은 중국철학을 낮게 평가하고 고대 철학만 설명하고 말았지만 의외로 그의 철학과 중국철학 사이에 중요한 유사점 몇 가지가 눈에 띈다. 예컨대 그의 이념(Idee)은 신유학의 리(理)와 유사하여 그의 철학과 주희의 철학은 전체적으로 많이 닮았다. 헤겔이 이념을 절대자라 말한 것과 주희가 리를 하늘이라 말한 것 사이에 유사성이 보인다. 그뿐만 아니라 헤겔의 유기체론적인 자연관은 중국의 자연관과 비슷하고, 변증법은 『주역』의 음양사상과 기본적인 생각이 일치한다.

이념(Idee)과 리(理)

1) 헤겔: 이념(Idee)은 절대자다

헤겔은 그의 『철학백과사전』에서 "절대자는 이념(Idee)이라고 하는 절대자에 대한 정의는 그 자체가 곧 절대적이다. 절대자에 대한 종래의 모든 정의는 이 정의에 기원을 갖는다"405)고 하여 절대자가 바로 이념임을 분명히 했다. 헤겔은 절대자 대신 이념이라는 개념을 사용하여 세계와 인간의 모든 것을 설명하였다.

하지만 헤겔이 말한 이념은 일반적으로 우리가 이해하는 기독교의 신과 확연히 다르다. 기독교의 신은 세계를 창조하였고, 만물을 만든 초월자로서 피조물과는 본질적으로 다른 존재다. 하지만 헤겔이 말하는 이념은 세계를 초월해서 존재하는 절대자도 아니고 세계를 창조하고 관리하는 존재도 아니다. 헤겔의 이념은 자신이 스스로 세계와 만물로 나타난다. 헤겔은 이것을 이념의 외화(外化)라고 하였다.

헤겔은 이 내용을 그의 자연철학으로 들어가는 서론에서 자신의 독창적인 용어로 설명하였다. 자연철학에 대한 그의 사상은 『철학백과사전』에 잘 나타나 있는데, 거기서 "자연은 타자존재(Anderssein)의 형식으로 있는 이념으로 나타난다"406)고 자연을 정의하였다. 타자존재란 바로 자연을 가리키는 헤겔식의 표현이다. 타재(他在) 혹은 타재태(他在態)로 번역하기도 한다.

헤겔은 이념을 자아 혹은 주체로 생각하고 자연을 타자존재라고 보았다. 이것은 그가 실체를 주체라고 주장한 점과 관련이 있다.407) 다른 말로 표현하면 이념은 우주적인 나인 셈이다. 우주적인 나는 절대자나 신이라고 할 수도 있다. 자연은 이 우주적인 나와는 다른 존재로 나타나지만 그것도 사실은 나의 다른 모습일 뿐이다.

그런데 이념이 자연으로 외화한 후 여전히 원래의 이념이 자연과 별개로 존재한다고 생각해서는 안 된다. 다시 말해 이념의 일부는 외화하고 일부는 이념으로 그대로 남아 있는 것이 아니다. 만약 그렇게 주장했다면 헤겔의 학설이 기독교의 교리와 크게 다르지 않다. 헤겔에 따르면 이념은 이제 스스로 자연으로 외화했기 때문에 자연이 바로 이념이다.

자연이 이념 같은 존재라면 자연의 위상은 상당히 높아야 한다. 이것은 자연을 신이라고 말하는 것과 같기 때문이다. 하지만 헤겔은 그것을 용납하지 않는다. 헤겔은 『철학백과사전』 § 248의 주해(註解)에서 특정한 모습을 취하고 있는 자연의 사물을 신성화해서는 안 된다고 하였다. 마찬가지로 태양이나 달 그리고 동물이나 식물도 신의 작품으로 생각하거나 내세우지 말라고 충고하였다.408)

말하자면 자연을 신성시하는 종교의 형태를 경계한 것이다. 자연이 내적으로는 신성한 존재지만 아직 깨어나지 못한 상태이기 때문이다. 헤겔은 자연을 자신의 개념에 일치하지 못하는 존재라 설명하고, 해소되지 않은 모순(矛盾)이라고 규정하였다. 또한 자연은 부정적인 것이고 이념이 제 자신에게서 떨어져 나간 것(Abfall)으로 보았다.409) 무기력한 존재라 말하기도 했다.410)

그러면서 헤겔은 "정신의 어떤 표상도, 최악의 상상도, 우연하기 짝이 없는 기분의 유희도, 어떤 단어도, 이것 모두 그 어떤 개별적인 자연 대상보다 더 뛰어난 신의 존재에 대한 인식의 근거가 될 것이다"411)라고 하여 자연물보다 정신의 산물이 더 위대하다는 점을 강조하였다. 자연은 이념의 한 모습이지만 인간보다 저급한 단계의 존재임을 헤겔은 분명히 했다.

『철학백과사전』§ 247의 보충에서는 "자연은 신의 아들이다. 그러나 아들로서가 아니라, 타자존재에 붙들려 있는 것으로서의 아들이다. 신적 이념은 사랑의 외부에 잠시 억류되어 있다. 자연은 제멋대로 일 뿐인 소외된 정신이며, 자기 자신을 억누르지도 붙잡지도 못하는 술에 취한 신이다. 자연에서 개념의 통일은 은폐되어 있다"412)고 자연의 위상을 낮게 보았다.

그래서 자연은 본질적으로는 이념과 다를 바 없지만 실제로 자연은 여전히 저급한 수준으로 우연적인 존재들의 집합이고 필연적인 법칙의 지배를 받는다. 그래서 헤겔은 "자연의 개념 규정이 서로에 대해 무관심한 존재와 개별화라는 외관을 갖게 되는 것은 이 외면성 때문이다. 그러므로 개념은 내면성으로 존재한다. 따라서 자연이 그 현존에 있어서 나타내는 것은 자유가 아니라 필연성과 우연성이다"413)라고 하였다.

헤겔에 따르면 이러한 자연에는 여러 단계가 존재한다. 말하자면 수준의 차이에 따른 층차가 있다. "자연은 이 많은 단계로 이루어진 하나의 체계로 보아야 한다. 하나의 단계는 다른 단계에서 필연적으로 산출된다."414) 헤겔은 그의 자연철학에서 자연의 체계를 역학(Mechanik), 물리학(Physik), 유기학(Organik) 3단계로 나누었다.

역학의 출발점은 공간인데 이것은 가장 기초적인 단계고 마지막 단계는 동물 유기체다. 공간은 완전히 추상적이고 직접적인 외면성이고, 동물 유기체는 주체성을 가진 존재로 정신과 가장 가까운 위치에 있다. 이러한 자연의 단계를 헤겔은 이념의 자기전개 과정으로 파악하였다.

헤겔철학에서 자연은 정신으로 가기 위한 예비 과정이라 할 수 있다. 그래서 헤겔은 "정신이야말로 자연의 진리이자 궁극 목적이고 이념의 참된 현실성이다"415)라고 단정하였다. 헤겔은 이것을 자연철학의 마지막 부분에서 시적으로 표현하였다. "자연의 목표는 제 자신을 죽이는 것이고, 직접적인 것·감각적인 것이라는 자신의 외피를 부수는 것이고, 이러한 외면성에서 다시 젊어져 정신으로 나타나기 위해 불사조로서 자신을 불사르는 것이다."416)

헤겔의 이념은 정신에 이르러 비로소 자신의 모습을 제대로 인식하게 된다. 지금까지의 모든 과정은 이념이 자신의 정체를 알게 되는 과정이라 할 수 있다. 정신은 이념이 자기 자신에게 있음(Beisichsein)이고, 자신에게로 다시 돌아가는 이념이다. 정신에 와서 마침내 이념은 자신에게 다시 돌아가게 된다.

여기서 정신이란 결국 인간의 정신을 의미한다. 자연은 자신의 정체를 알지 못하는 존재다. 인간의 정신을 통해 자연은 자신의 정체를 알게 된다. 정신은 자연을 보고 거기서 자신을 발견하게 된다는 것이 헤겔의 생각이다. 결국 이념이 정신을 통해 자신의 모습을 볼 수 있게 된 것이다. 이때 자연과 정신은 하나의 이념으로 일체가 된다. 헤겔철학은 서양식 만물일체사상이라 할 수 있다.

2) 리(理)는 하늘이다

『주역』「계사전」에 "역(易)에 태극이 있으니, 이것이 양의(兩儀)를 낳고, 양의가 사상(四象)을 낳고, 사상이 팔괘(八卦)를 낳았다"417)는 문구가 나온다. 여기서 양의는 음양을 말한다. 「계사전」의 이 설명은 『주역』에 나오는 64괘의 유래를 알려준다. 64괘는 모두 음양을 기본으로 하고 있는데, 「계사전」은 음양의 근원을 태극이라고 설명하였다. 이후 태극에 대한 여러 학자의 다양한 견해가 나왔다. 예컨대 유흠(劉歆)은 태극을 원기(元氣)로 보았고, 마융(馬融)은 북극성이라고 주장하였다.418)

그런데 송나라의 주돈이는 「태극도」(太極圖)를 만들고, 『태극도설』을 지어서 태극이 만물의 근원임을 분명히 밝혔다. 거기서 그는 "무극(無極)이면서 태극(太極)이다. 태극은 움직여서 양을 낳고 운동이 최고에 도달하면 고요해지고 고요해져서 음을 낳는다. 고요함이 최고에 도달하면 다시 움직인다. 한번 움직이고 한번 고요해지니 서로 각각의 근원이 되며, 음으로 갈리고 양으로 갈리어 양의가 수립된다"419)고 설명하였다.

주희의 새로운 철학은 여기에 나오는 태극을 리(理)로 정의하면서 전개된다. 그는 "태극은 단지 하나의 리 자(字)일 뿐이다"420)라고 하였고, "태극은 천지만물의 리일 뿐이다"421)라고 말하기도 하였다. 원래 주돈이가 말한 태극은 음과 양이 통일을 이룬 혼돈 상태의 원기(元氣)로 주희가 생각한 감각으로 파악할 수 없는 정신적인 존재와는 다르다. 완전히 비질료적이면서 정신적인 존재를 생각한 유학자가 바로 정이와 주희다. 사실 주희는 자신의 견해에 따라 주돈이의 『태극도설』을 해석하였다.

주희가 만물의 근원인 태극과 리가 동일한 것이라고 주장한 배경에는 천(天)을 리로 본 그의 하늘에 대한 새로운 사상이 놓여 있다. 중국에서는 전통적으로 천을 신이나 절대자로 생각하였다. 고대에는 천을 상제와 동일시하였고 인격신으로 숭배하였다. 하늘은 절대적인 권한을 가지고 자연과 인간을 만들어 관리하고 상과 벌로써 인간세상을 다스린다고 믿었다. 기독교에서 믿는 신과 거의 같은 성격의 인격신이다.

그런데 송대에 이르러 신유학자들은 천이나 상제라는 말 대신 리라는 개념을 주로 사용하였다. 예컨대 주희는 『논어』에 있는 "하늘에 죄를 지으면 빌 곳도 없게 된다"422)는 문장의 주에서 "하늘은 곧 리다"423)라고 분명하게 말했다. 하늘은 인격신이지만 리는 인격성은 없으면서 세계를 움직이는 정신적인 원리라고 할 수 있다. 세계를 움직이는 거대한 자연의 법칙이 존재한다고 생각하였는데, 그것은 만물의 근원이기도 하다. 만물의 근원이면서 만물의 운동과 변화의 법칙이기도 한 존재 그것이 바로 리다.

이러한 리에 대해서는 이미 정호와 정이도 말했다. 정호는 "내 학문은 전수받은 것도 있지만 천리(天理) 두 글자는 내 스스로 제시했다"424)고 말했다. 정이는 "음양을 떠나서 도는 존재하지 않는다. 음양의 까닭이 도고, 음양 자체가 기다"425)라고 말하고, 또 "세계의 사물은 모두 리를 통해서 이해할 수 있다. 사물이 있으면 반드시 리가 있으니, 하나의 사물에는 반드시 하나의 리가 있다"426)고 설명하기도 하였다.

이러한 정호와 정이의 학설을 주희가 계승하여 더욱 발전시켰고, 리와 기라는 두 가지 개념으로 세계와 인간을 모두 설명하려고 노력하였다. 주희가 천 대신 리라는 개념을 사용하면서 절대자나 초월자에 대한 관점에 큰 변화가 일어났다. 그것은 바로 기존의 초월적인 절대자가 세계와 일체를 이룬 절대자로 변한 것이다. 리는 세계를 초월하여 존재하면서 세계를 주재하는 존재가 아니라 세계와 일체를 이루고 있는 존재다. 주희는 주돈이의 『태극도설』에 나오는 사상을 잘 계승하였다.

거기에는 "오행은 하나의 음양이고, 음양은 하나의 태극이고, 태극은 본래 무극이다"427)라는 설명이 있다. 『태극도설』의 앞부분에서 태극이 음양을 낳는다고 말했지만 따로 태극이 존재하면서 음양을 계속해서 생산하는 것이 아니라 음양이 곧 태극과 동일하다는 말이다. 그래서 태극이 음양을 낳는다고 했지만 사실은 태극이 스스로 변해서 음이 되기도 하고 양이 되기도 한다는 것이다. 음양이 생기면 태극은 따로 존재할 필요가 없다.

주희도 이 부분에 대한 주석에서 "태극이 음양을 낳으며, 리가 기를 낳는다. 음양이 이미 생기게 되면 태극이 그 가운데 있게 되고, 리도 다시 기 속에 있게 된다"428)고 설명하였다. 태극이 음양을 낳는다는 말은 리가 기를 낳는다는 말과 같다. 그에 따르면 태극이 음양을 낳은 다음 따로 태극으로 존재하는 것이 아니라 음양이 존재할 뿐이다. 다시 말해 리가 기를 낳는다고 말하지만 기가 생기고 난 후에 따로 리가 존재하는 것이 아니다.

이러한 태극과 음양의 관계를 설명하는 일은 쉽지 않다. 주희는 "동정(動靜)은 태극이 아니고, 동정하는 까닭이 태극이다. 그러므로 동정 밖에 따로 태극이 있는 것은 아니라 할 수 있으나, 동정이 곧 태극의 도라고 해서는 안 된다"429)고 동정과 태극을 혼동하지 말라고 경계하였다. 즈희는 음양 가운데서 실현되는 태극의 이법을 소이(所以)라는 달로 간단하게 표현하였다. 그러나 이 말은 많은 의미를 포함하고 있는 것 같다.

태극과 음양의 관계는 주희의 철학에서 리와 기의 관계로 나타난다. 그 둘은 합쳐져 일체를 이루지만 그것은 엄연히 다른 성격의 존재들이기도 하다. 그래서 주희는 말하기를 "이른바 리와 기는 확실히 두 가지 존재다. 다만 사물을 가지고 보면 두 가지 존재가 섞여 서로 나눌 수 없이 각기 한 장소에 있다. 하지만 그 두 가지 존재가 각기 하나의 존재임을 방해하지는 않는다"430)고 하였다. 말하자면 둘이면서 하나고 하나이면서 둘이라는 이론이다.

여기서 우리는 만물의 근원으로서 리와 개별적인 사물의 리를 구분해서 생각해야 한다. 주희는 한편으로 리가 만물의 근원이라고 말하고, 다시 개별적인 사물을 설명할 때는 리와 기의 합이라고 주장하였다. 그렇다면 만물의 근원인 리와 개별적 사물 속의 리는 어떤 관계인가? 이것을 주희는 리일분수(理一分殊)라는 이론으로 설명하였다.431) 리는 원래 하나지만 무수한 사물 속에 동시에 존재할 수도 있다는 것이다.

기는 만물을 형성하는 재료인데 형체가 있어서 감각으로 파악이 가능하고, 그것은 스스로 활동할 수 있는 능력을 가지고 있다. 그것은 사람의 마음을 이루는 재료가 되기도 한다. 주희에 따르면 사람의 마음도 기로 이루어져 있고 생각하는 능력도 기의 특성이다. 거기에 비해 리는 형체가 없어서 감각으로 파악되지 않고 활동할 수도 없고 생각하는 능력도 가지지 못했다.432)

이것을 주희는 "리는 깨끗하고 텅 빈 세계로서 몸체도 자취도 없어서 조작할 수 없지만, 기는 배양하고 뭉쳐서 사물을 생성한다. 그러나 기가 존재하면 리는 곧 그 안에 존재한다"433)고 설명하였다. 여기서 주희는 리가 기 속에 존재한다고 했지만 실제로 기의 모든 활동과 작용이 바로 리의 현현(顯現)이라 할 수 있다. 리는 기를 통해 실현되기 때문에 활동 능력과 사유 능력이 없다고 말한 것이다.

유기체 철학

1) 헤겔: 이념은 생명이다

데카르트는 세계를 정신과 물체라는 두 가지 실체로 파악하고 자연을 정신이나 생명이 없는 물질 덩어리로 보아 필연적인 자연의 법칙에 따라 기계적으로 움직일 뿐이라는 이론을 내놓았다. 뉴턴 같은 과학자는 이렇게 기계적으로 움직이는 자연의 변화를 수학적으로 계산할 수 있다고 믿었고 실제로 커다란 성과를 거두기도 하였다.

하지만 이러한 생각을 따르지 않는 학자들도 있었다. 예컨대 헤겔과 같은 시대를 산 괴테는 자연을 기계로 파악하는 사상을 비판하고, 자연을 거대한 유기체로 생각해야 한다고 주장하였다. 괴테는 제자 에커만과의 대화에서 "나는 대기에 둘러싸인 지구를 마치 끊임없이 숨을 들이쉬고 내뱉고 있는 거대한 생물처럼 생각하고 있지"434)라고 하면서 지구라는 거대한 생명체가 호흡을 하듯이 날씨를 조절하고 있다고 주장하였다.

헤겔에게 많은 영향을 끼친 쉘링도 자연은 살아 있는 유기체라고 믿었다. 쉘링은 자연은 눈에 보이는 정신이요, 정신은 눈에 보이지 않는 자연이고, 본질에 있어서 언제나 하나요 같은 것이라고 주장하였다.435) 그런데 하나이면서 같은 것은 다른 게 아니라 바로 절대자 혹은 신이다. 그래서 자연은 절대자가 스스로 자신을 밖으로 드러낸 것이다. 이것이 쉘링의 동일철학(同一哲學, identity philosophy)이다.

헤겔도 이들의 견해와 같이 자연을 유기체로 보았다. 그의 이러한 사상은 그의 신관(神觀)에 잘 나타난다. 그는 자연의 다른 이름인 신을 살아서 활동하는 존재로 이해하였다. 그는 "신은 주체성이자 활동성이고 무한한 활동력(Aktuosität)이다. 그 안에서 타자는 단지 순간적일 뿐이고 원래 자체적으로 이념의 통일 속에 머물러 있다. 타자 자신이 이념의 이러한 총체성이기 때문이다"436)라고 말했다. 무한한 활동력이 바로 신의 본질이라 할 수 있다.

헤겔은 이것을 더 자세하게 설명하였다. "추상물로서 신은 참된 신이 아니다. 신은 오로지 자신의 타자인 세계를 세우는 살아 있는 과정으로서만 참된 신이다. 이 타자를 신적인 형태에서 파악하면 자신의 아들이다. 신은 타자와 통일 속에서, 즉 정신 안에서 비로소 주관이다"437)라고 하였다. 신은 조용히 있지 않고 자신을 자연으로 스스로 드러내고, 또 그 속에서 진정한 자신의 모습을 발견하는 전체 과정이라 할 수 있다.

헤겔의 철학 체계에서는 절대자나 신이라는 말 대신 이념이라는 개념이 주로 사용된다. 그렇지만 유기체적인 생각은 곳곳에서 잘 나타난다. 신이 직접 자연의 모습으로 나타난다고 하면 범신론자나 무신론자라는 비난을 받을 수 있기 때문에 이념이라는 말을 사용했을 것이다. 이념의 본질은 정신이고 자연은 그것의 변형된 모습이라고 하면서 자연을 기계로 생각할 수는 없다. 정신은 자유로운 존재이기 때문이다.

실제로 헤겔은 『논리학』에서 이념을 설명하면서 이념의 직접적인 형태는 생명(Leben)이라고438) 단정하였다. 다른 곳에서 그는 "결국 자기 내적으로 규정된 진리란 그 스스로가 발전하려는 충동을 지닌다. 오직 생동한 것 그리고 정신적인 것만이 자기 내면에서 꿈틀거리면서 발전한다. 이와 같이 이념은 - 본래 구체적이고 자기 발전적인 - 유기적 체계이며, 겹겹이 쌓여 있는 모든 단계와 계기를 내포하는 하나의 총체다"439)라고 주장하였다.

헤겔은 절대자, 이념, 정신, 진리, 실체는 고정불변의 존재가 아니고 항상 생동하는 존재라는 사실을 강조한다. 이것을 헤겔은 "게다가 살아 있는 실체는 실제로 주체인 존재다"440)라고 표현했다. 실체를 주체로 파악해야 한다는 말도 결국 살아 있음을 강조한 것이라 하겠다. 살아 있는 존재만이 주체가 될 수 있다. 죽으면 바로 객체가 되어버리고 만다. 그리고 살아 있는 존재는 가만히 정지해 있지 않고 끊임없이 활동한다.

헤겔은 이 활동을 좀 더 구체적으로 이렇게 설명한다. "이 말을 바꾸어 보면 살아 있는 실체란 오직 그가 자기 자신을 정립하는 운동이거나 또는 바로 자기 자신을 통한 자기의 타자화를 가능케 하는 매개를 의미하는 한에서만 참으로 구체적일 수 있다는 것이다."441)

헤겔이 말한 실체의 활동은 이념이 자연으로 나타났다가 다시 자신의 참모습을 확인하는 정신으로 돌아오는 전체 과정이다. 그래서 헤겔은 이 과정을 "진리란 곧 자기 자신의 생성이며 또한 스스로가 다다르게 될 종말을 다름 아닌 자신의 목적으로 전제하면서 동시에 이를 시원으로 삼을 뿐만 아니라 더 나아가 그것은 구체적 전개를 거치고 난 종말에 가서야 비로소 현실적일 수 있는 원과 같은 것이다"442)라고 요약하였다. 이념이 자신에서 출발해서 자연을 거쳐 다시 정신으로 되돌아오는 과정을 헤겔은 원운동과 같다고 하였다. 헤겔이 말한 이 원운동은 세계사 전체라고 할 수 있다.

세계사는 이렇게 한번의 원운동을 이루지만 자연을 구성하는 생명체들은 무한한 원운동을 하는 존재로 볼 수 있다. 예컨대 식물의 씨앗은 싹이 터서 뿌리와 잎 그리고 줄기로 무성하게 자란 다음 꽃이 피고 열매를 맺게 된다. 식물의 열매는 마지막 결과라고 할 수 있다. 씨앗은 결국 다시 씨앗으로 되돌아오기 위해 그렇게 험난한 전체 과정을 겪게 되는 것이다.

이것을 헤겔은 "최고의 자기발현 결과, 즉 예정된 종착점은 열매로 맺힌 것이지만, 이는 다시금 씨앗으로 이어져 최초의 상태로 복귀한다. 이렇게 씨앗은 그 자체를 발현시키면서 동시에 자신에게로 복귀하려고 한다. 즉 씨앗 속에 담겨 있던 것이 일단 밖으로 펼쳐져 나온 다음, 다시금 이것은 스스로를 움터 나오게 했던 단일한 원점으로 되돌아가는 것이다"443)라고 설명하였다.

헤겔은 식물의 일생과 이념의 역사는 그 과정과 모습이 일치한다고 보았다. 헤겔은 식물의 일생을 보고서 자기의 철학을 체계화했다는 생각이 들기도 한다. 실제의 세계사에서는 식물의 씨앗에 해당하는 것이 이념이나 정신이 될 것이다. 자연은 이념의 다른 모습이고 그것은 생생하게 살아 있는 존재다. 헤겔의 철학에서 그것은 또한 신의 활동이기도 하다. 자연은 다양한 모습으로 변하지만 이념은 그것을 관통하여 영원히 존재한다.

2) 천지(天地)의 마음은 생(生)이다

방동미(方東美)는 중국인의 자연관에 대해 "우주는 모든 것을 포함하는 광대한 생명의 기운이고, 보편적으로 가득 찬 생명의 활력이라서 잠시도 창조와 발육을 멈추지 않고 어느 곳이든 흘러 움직이며 관통하지 않는 데가 없다"444)고 설명하였다. 우주는 생명력으로 가득 차 있는 거대한 생명체라는 생각이다. 그는 고대부터 중국인이 생각한 세계나 우주에 대한 특징적인 사상을 잘 요약해서 보여주고 있다.

니담은 동중서의 음양사상을 소개하면서 "그의 생각에 따르면 우주 그 자체는 거대한 유기체다. 거기서 한번은 이쪽 성분이 또 한번은 저쪽 성분이 주도한다. 그것은 자연이고 창조된 것이 아니다. 그 부분들은 모두 완전하게 자유로운 상호적 봉사로서 협력한다. 큰 것은 큰 대로 작은 것은 작은 대로 각각 응분의 역할을 수행하고 있고 다른 것들 앞에 있는 것도 뒤에 있는 것도 아니다"445)라고 말했다.

실제로 중국인은 고대부터 세계를 거대한 생명체로 생각했던 것 같다. 하늘을 남성적인 존재로 땅을 여성적인 존재로 여겼고, 그 사이에 있는 모든 생명체는 하늘과 땅의 자손들로 간주하였다.

남자와 여자가 만나서 가정을 이루고 자식을 생산하듯 우주 자연 역시 그러하다고 믿었다. 그래서 동중서는 우주와 인간이 닮은 꼴이라는 사실을 적극 강조하였다.446)

인간이 우주의 닮은 꼴이라는 주장을 달리 말하면 우주도 인간과 마찬가지로 생각하고 행동한다는 것이다. 그래서 동중서는 하늘을 인격신으로 믿었고, 하늘이 인간의 일에 간섭한다고 생각하였다. 사람이 생각하고 느끼듯이 하늘도 생각하고 느낀다. 하늘은 인간의 선행을 좋아하고 악행을 미워하여 상과 벌로써 직접 다스리기도 한다. 동중서의 견해에 따르면 자연은 단순한 생명체 정도가 아니고 거대한 인간과 같다.

이러한 세계관은 이미 『주역』에도 잘 나타나 있다. 『주역』의 복괘「단전」에는 "복(復)에 하늘과 땅의 마음을 볼 것인져"447)라는 문구가 있다. 복괘에는 하늘과 땅의 마음이 나타나 있으니 그것을 잘 보라는 말이다. 사람에게 마음이 있듯이 하늘과 땅에도 마음이 있다고 고대인들은 믿었던 것이다. 여기서 말하는 천지의 마음이란 구체적으로 어떤 마음일까?

복괘(䷗)는 11월의 괘고 절기로는 해가 가장 짧은 동지(冬至)에 해당한다. 그런데 복괘의 여섯 효(爻)를 보면 위 다섯 효는 모두 음(陰)이고 가장 아래에 있는 효는 양(陽)이다. 이것은 해가 가장 짧은 절기가 동지지만 이때 이미 양기가 생기고 있으니 머잖아 만물이 소생하는 봄이 온다는 것을 의미한다. 이 괘에서 천지의 마음을 보라는 말은 만물의 소생이 바로 천지의 마음이라는 뜻이다.

하늘과 땅은 사람과 같이 생각하지만 그 중에서도 가장 중요한 생각은 만물을 생산하려는 것이다. 만물을 생산하려는 의지를 가진 자연은 끊임없이 만물을 생산함으로써 생명을 이어가게 된다. 활동을 멈춘다면 자연의 생명 자체가 끝나고 말 것이다. 그래서 『주역』「계사전」에서는 "천지의 큰 덕을 일러 생(生)이라고 한다"448)고 했고, 또 "낳고 낳는 것을 역(易)이라 한다"449)고 했다. 생명체의 가장 큰 특징은 새로운 생명체를 생산하는 일이고, 그것을 통해서 생명체는 영원한 생명을 유지하게 된다.

고대 중국의 이러한 세계관을 송대의 신유학자들도 큰 변화 없이 이어갔다. 장재는 불교의 관념론을 비판하고 세계는 기로 이루어져 있다는 실재론을 주장하였다. 그도 세계를 동중서와 마찬가지로 거대한 인격체로 생각하였다. 그래서 말하기를 "하늘은 아버지고 땅은 어머니다. 나의 작은 이 몸은 혼연히 그 가운데 살고 있다. 그러므로 하늘과 땅에 가득 찬 기가 내 몸을 이루고 하늘과 땅의 주재가 나의 본성을 이룬다. 만민은 내 동포요 만물은 내 동반자다"450)라고 하였다.

신유학을 집대성한 주희는 리와 기라는 두 가지 개념으로 인간과 세계를 모두 해명하는 방대한 철학 체계를 구성하였는데, 그도 전통적인 중국의 유기체적인 세계관은 그대로 수용하였다. 그는 세계 밖에서 세계를 주재하는 초월적인 존재를 부정하고, 세계가 스스로 활동하고 변화한다는 범신론을 주장하였다. 그의 세계관에 따르면 세계 전체가 살아 있는 거대한 절대자 혹은 신이라 할 수 있다. 이러한 절대자는 우리에게 생명체의 모습으로 나타난다. 그래서 자연은 절대자이며 생명체이기도 하다.

이 생명체는 끊임없는 생산을 본성으로 하고 있다. 그래서 주희는 "하늘과 땅은 만물을 생산하는 것을 마음으로 삼았다. 그래서 생겨난 만물은 각기 하늘과 땅이 만물을 생산하는 마음을 얻어서 마음으로 삼으니, 사람이 모두 남의 불행을 참지 못하는 마음을 가지고 있다"451)고 했다. 하늘과 땅이 만물을 생산하려는 마음을 가지고 있는데, 그것은 다른 게 아니라 바로 인(仁)이다. 주희는 하늘과 땅이 만물을 생산하려는 마음을 어질다고 보았다.

주희는 더 구체적으로 사물의 생성을 이렇게 설명하였다. "하늘과 땅은 사물을 낳는 것을 마음으로 삼는다. 비유해서 말한다면 시루로 밥을 찌는 것과 같다. 기가 아래에서 위로 올라갔다가 다시 내려온다. 오로지 안에서만 왔다갔다 하면 밥이 된다. 하늘과 땅은 많은 기를 포함하고 있고, 밖으로 나갈 곳은 없다. 한번 왔다갔다 할 때마다 사물을 낳는다."452)

이러한 자연의 생산은 인위적인 일이 아니라 아주 자연스러운 일이고, 또 끝없이 영원히 계속된다. "하늘은 땅을 감싸고 특별히 하는 일이 없으면서 단지 사물을 만들어낼 뿐이다. 옛날부터 지금까지 낳고 낳아 다함이 없다."453) 생명체의 가장 큰 특성은 자신과 똑같은 생명체를 낳아 영원히 생명을 유지하는 것이다. 하늘은 남성을 의미하고 땅은 여성을 의미한다. 남녀가 가정을 이루고 자식을 생산하듯이 하늘과 땅은 끊임없이 만물을 생산한다. 여기에 끝이 있을 수 없다.

주희는 자연의 생산을 보고 그것을 자연의 마음으로 이해하였다. 그렇게 생산하려는 마음은 도덕적으로 선일 수밖에 없다. 그리고 그것은 최고의 덕인 인에 해당된다고 보았다. 이 인은 주희의 철학 체계에서 리와 같다. 이것을 그는 생생지리(生生之理)라는 말로 표현하였다.454) 사물을 낳는 일은 자연 전체의 커다란 덕이기도 하지만 개별적인 생명체의 가장 큰 덕이기도 하다. 개별적인 생명체가 후손을 생산하지 못한다면 그 생명체는 바로 종말을 맞고 만다. 생명을 이어주는 것이 인이요, 생명체를 보호하는 것이 인이요, 생명체를 사랑하는 것이 인이다.

하늘과 땅의 마음은 바로 세계의 본체에 해당하는 리의 다른 이름일 뿐이다. 현상세계는 리의 목적을 실현하는 과정이기 때문에 무상한 생명체들의 발생과 소멸은 계속되지만 리는 그 전 과정을 관통하여 이어지고 있다. 개별자들의 삶에는 시작과 끝이 있지만 리는 끝이 없어 영원하다. 리의 영원성은 개별적인 사물의 유한한 삶을 통해 실현된다고 할 수 있다.

현실세계는 리와 기로 이루어져 있는데 재료에 해당하는 것이 바로 기다. 주희의 철학에 의하면 기는 사실 리의 다른 모습일 뿐이다. 그래서 기를 단순히 물질적인 재료라고만 생각해서는 곤란하다. 기에 속하는 것은 물질적인 재료뿐만 아니라 인간의 마음도 있다. 기는 살아 있는 에너지고, 생각할 수 있는 능력도 가지고 있는 유기체적인 재료라고 하는 편이 더 좋을 것 같다.

변증법과 음양사상

1) 헤겔: 이념은 변증법이다

앞에서 이미 보았듯이 헤겔이 생각한 이념은 절대자로 살아서 활동하는 정신이다. 이 정신의 운동을 보면 일정한 법칙이 있다.

이념의 운동은 정(正)의 단계, 반(反)의 단계 그리고 합(合)의 단계로 진행된다. 이념의 전체 역사를 보면 이념이 자체로 있는 상태가 정의 단계고, 이념이 자연으로 드러나는 상태는 반의 단계이고, 다시 자연에서 정신으로 나타나는 상태는 합의 단계라고 볼 수 있다.

그래서 헤겔의 학문 체계는 크게 논리학, 자연철학, 정신철학 세 가지로 나눈다. 논리학에서는 이념 자체를 다루고, 자연철학에서는 이념의 타자존재인 자연을 다루고, 정신철학에서는 자기 자신에게로 되돌아가는 이념, 즉 정신을 다룬다. 논리학 역시 존재의 논리학, 본질의 논리학, 개념의 논리학으로 이루어져 있다. 자연철학도 역학(力學), 물리학, 유기물리학(有機物理學)으로 구성된다. 그리고 정신철학은 주관적인 정신, 객관적인 정신, 절대적인 정신 세 가지로 구성되어 있다.

헤겔은 모든 것을 변증법의 공식에 맞추어 설명하였지만 변증법을 자세하게 설명하지는 않았다. 아마 변증법은 이미 다 알려져 있다고 생각한 것 같다. 헤겔이 "이념은 그 자체가 변증법이다"455) 라고 말한 것으로 봐서 세계가 변증법적으로 발전한다고 생각한 것임에 틀림없다. 우리가 일반적으로 이해하는 헤겔의 변증법이란 모든 사물은 자체가 가진 모순으로 말미암아 그것을 해소하는 다음 단계로 발전해 나간다는 논리요 세계관이다.

현실세계에서 헤겔의 변증법적인 발전을 잘 보여주는 예는 식물의 일생이다. 헤겔은 『정신현상학』에서 이것을 이렇게 설명하였다. "꽃봉오리는 꽃이 피면 사라진다. 그 꽃봉오리는 꽃에 의해 부정되었다고 말할 수 있다. 마찬가지로 꽃은 열매를 통해 식물의 거짓된 현존재임이 밝혀지고, 그 열매는 식물의 진리로서 꽃봉오리를 대신하게 된다."456)

꽃의 일생에 있어서 꽃봉오리와 꽃 그리고 열매는 반드시 필요한 존재고 과정이다. 하지만 헤겔은 이것을 꽃봉오리는 꽃에 의해 부정되고 꽃은 열매에 의해 부정되는 것으로 해석하였다. 꽃봉오리는 자체가 가지고 있는 모순으로 말미암아 꽃으로 발전하고, 꽃 역시 모순으로 말미암아 열매로 발전한다고 설명할 수 있다. 헤겔의 변증법에서 핵심적인 개념이 바로 모순이다.

헤겔은 모순을 두려워하지 않은 철학자였다. 오히려 그는 모순을 적극적으로 자신의 철학에서 활용하였다. 헤겔은 "모든 사물은 그 자체에 있어서 모순적이다"457)라고 확신하였다. 그는 모순을 동일성과 마찬가지로 사물의 본질적이고 내재적인 규정이라고 생각했고, 그것을 부정한 기존의 논리학이나 상식을 편견이라고 비판하였다. 동일성보다는 모순이 오히려 더 본질적이고 심오한 규정이라고 보았다.

이와 관련하여 헤겔은 "모순은 온갖 운동과 활력의 근원인 까닭에 그 어떤 것이든지 오직 모든 것은 자체 내에 모순을 잉태하는 한에서만 스스로 운동하며 동시에 충동과 활동성을 지니기도 하는 것이다"458)라고 그 이유를 밝혔다. 그는 활동의 근원을 사물에 내재하는 모순으로 생각하였다. 헤겔의 이러한 생각은 운동의 원인을 외부에서 찾고 있는 데카르트의 사상을 따르는 철학자들의 이론과 완전히 다르다.

그는 생명을 가지고 있다는 것도 자체 내에 모순을 가지고 있음을 의미한다고 보았다. 그래서 그는 말하기를 "따라서 어떤 것이든 그것이 스스로 생명을 지니기 위해서는 오직 모순을 자체 내에 포함해야 할 뿐만 아니라 더욱이 이 모순을 자체 내에 부둥켜안은 상태에서 끝까지 이를 견디어낼 수 있는 힘을 지녀야만 하는 것이다"459)라고 하였다. 헤겔은 운동과 마찬가지로 생명에 있어서도 모순이 본질적인 요소라고 보았다.

모순을 강조한 헤겔은 헤라클레이토스의 철학을 높이 평가하였다. 헤라클레이토스가 진리를 대립물의 통일로 생각했기 때문이다. 예컨대 헤라클레이토스는 절대자를 존재(存在)와 무(無)의 통일이라고 주장하였다.460) 그런데 우리는 생성(das Werden)에서 존재와 무의 통일을 가장 잘 볼 수 있다. 그래서 헤라클레이토스는 일체의 것은 생성이고, 생성이 원리라고 말하였다.461)

헤겔은 자신이 헤라클레이토스의 철학을 계승했다고 주장하였다. 그는 "헤라클레이토스의 명제 가운데 내가 『논리학』에서 받아들이지 않은 것은 없다"462)고 고백하기도 하였다. 실제로 헤겔은 『논리학』에서 가장 먼저 존재를 설명하고 다음으로 무를 설명했고 이 둘을 종합하는 생성을 그 뒤에 배치하였다. 존재를 정(正)의 단계로, 무를 반(反)의 단계로, 그리고 그 둘을 종합하는 합(合)의 단계가 바로 생성이라고 보았다.

먼저 그는 순수존재를 "결국 이것은 오직 공허한 사유임을 나타내는 것뿐이다. 이렇게 볼 때 실로 무규정적인 직접적인 것으로서 존재는 무로서 결코 이것은 무 이상도, 그리고 그 이하도 아닌 것이다"463)라고 규정하였다. 마찬가지로 순수한 무를 "이럼으로써 무는 순수존재와 다를 바 없는 바로 그와 동일한 규정이며 혹은 오히려 몰규정성이라고도 하겠으니, 이제 무는 순수존재와 다를 바 없는 것이 된다"464)고 주장하였다.

　존재와 무를 지양하는 것은 바로 생성이다. 생성에서 이 두 가지가 종합된다는 것이 헤겔의 생각이다. 이것을 헤겔은 "순수한 존재와 순수한 무는 동일하다. 진리는 존재도 무도 아니고, 오히려 존재가 무로, 무가 존재로 - 이행하는 것이 아니고 - 오히려 이행된 상태에 있는 것이다"465)라고 설명하였다. 존재가 무로 가는 것은 소멸이고, 무가 존재로 가는 것은 생성이다. 소멸이나 생성은 모두 변화다. 존재와 무는 고정되어 있지 않고 끊임없는 변화가 있을 뿐이다. 헤겔은 이것을 생성이라고 표현하였다.

　여기서 존재와 무가 공존한다는 헤겔의 주장은 논리학의 기본 원칙인 모순율을 부정하기 때문에 오류라고 반박할 수 있다.466) 하지만 헤겔이 말하고자 한 의도를 고려하면 기존의 논리에 집착할 필요가 없다는 생각이 들기도 한다. 헤겔이 원한 것은 변화하는 세계를 설명할 수 있는 논리다. 변화를 대표하는 생성에서는 존재와 무가 통일되어야만 한다. 거기에는 있던 것이 사라지고 없던 것이 새로 나타나기 때문이다.

　이것을 헤겔은 "생성에는 단지 발생뿐만 아니라 소멸도 따를 수밖에 없으므로, 이 양자는 각기 단독으로 있는 것이 아니라 동일하게 생성 속에 담겨 있다"467)고 설명하였다. 변화하는 모든 것은 한편으로는 존재하면서 또 한편으로는 존재하지 않는다. 헤라클레이토스는 "우리는 같은 물결 속에 두 번 다시 발을 들여놓을 수 없다"468)고 하였다. 강물은 끊임없이 흘러가기 때문에 방금 우리가 본 강물은 이미 흘러가버리고 없다. 그러면서 이미 새로운 물이 우리 앞에 나타나 있다.

헤겔은 이 부분에서 동양적인 격언도 인용하고 있다. "존재하는 모든 것은 그의 탄생과 함께 이미 그 속에 자기 소멸의 씨앗을 잉태하고 있으며, 또한 반대로 죽음이야말로 오히려 새로운 삶에의 문호가 된다."469) 우리 몸은 대략 60조 개 세포로 이루어져 있고, 그것들의 수명은 그렇게 길지 않다. 하루에 1조 개 세포가 죽고 새로운 세포가 그만큼 다시 생긴다. 그러니 매 순간마다 수많은 세포가 죽고 새로운 세포들이 생겨난다. 우리 몸도 흐르는 강물과 같이 끊임없이 사라지고 또 새롭게 생겨나고 있다.

2) 음양 변증법

풍우란은 『중국철학사신편』(中國哲學史新編)에서 「역전」에 들어 있는 변증법사상을 상당히 자세하게 설명하였다. 물론 헤겔의 변증법 같은 완전한 형태는 아니지만 기본적인 사상은 상당히 일치하는 것 같다. 풍우란은 "「역전」의 저자는 점치는 방법을 깨우치면서 자연현상과 사회현상을 관찰하여 사물 변화의 규칙을 발견하였고 비교적 풍부한 변증법사상을 얻게 되었다"470)고 주장하였다.

풍우란이 언급한 『주역』의 「역전」은 10편의 글로 구성되어 있는데, 「단전」상·하, 「상전」(象傳)상·하, 「문언전」(文言傳), 「계사전」상·하, 「설괘전」(說卦傳), 「서괘전」(序卦傳), 「잡괘전」(雜卦傳) 등이 그것이다. 이것들은 공자의 작품이라고 일반적으로 알려져 있으나 학자들은 전국시대에 여러 사람에 의해 이루어진 것으로 보고 있다.471)

「역전」에는 심오한 철학적인 내용이 들어 있어서 단순히 점치는 책이었던 『주역』을 철학적인 경전의 반열에 오르게 하였다. 「역전」에는 우리가 잘 아는 음양사상이 들어 있다. 『주역』과 음양사상은 각기 독립적으로 발전하다가 전국시대 말기에 와서 하나의 체계로 통합되었다. 『주역』과 결합한 음양사상은 이후 중국사상의 발전에 지대한 영향을 끼쳤고, 일반인의 생활에도 중요한 역할을 하였다.

음양사상은 세계와 인간을 음과 양이라는 두 가지 개념으로 설명하였다. 「역전」은 대립하는 음과 양의 상호 작용으로 이 세상의 모든 현상이 발생한다고 설명한다. 이 세상의 모든 존재는 음이 아니면 양에 해당하고, 이것들은 쉬지 않고 서로 영향을 주고받는다. 「역전」의 이러한 사상은 변증법의 기본적인 생각과 일치한다. 「역전」에 나타나 있는 변증법적인 세계관을 몇 가지로 요약하면 다음과 같다.

첫째로 세계는 고정되어 있지 않고 끊임없이 변화한다는 생각이다. 역(易)이라는 글자 자체가 이미 바뀐다는 의미를 가지고 있다. 『설문해자』(說文解字)는 역(易) 자(字)가 도마뱀을 상형(象形)한 문자라고 설명했고, 당시 비서(秘書)에서는 일(日)과 월(月)이 합쳐진 글자로 본다고 하였다.472) 도마뱀은 주변의 환경에 맞추어 자신을 변형하는 재주를 가진 동물이다. 마찬가지로 해와 달도 끊임없이 변화하여 지구상에 영향을 끼치는 존재다. 해와 달은 시간과 계절에 따라 다양하게 변화하고 그와 더불어 다양한 생명체가 생겨나기도 한다.

변하는 것은 해와 달에 국한되지 않는다. 존재하는 모든 것은 움직이고 변화한다. 하늘과 땅을 관찰해 보면 하늘도 변하고 땅 위의 모든 것도 가만히 있지 않고 항상 움직인다. 이것을 「계사전」

에서는 "하늘에서는 상(象)을 이루고 땅에서는 형(形)을 이루니 변화가 나타난다"473)고 설명하였다. 고대인들도 하늘에 있는 모든 것과 땅 위에 있는 모든 것이 변화한다는 사실을 잘 알고 있었다.

둘째로 「역전」은 세계의 변화와 움직임의 근원에는 대립하는 것이 있고, 그것들의 상호 작용으로 말미암아 사물의 변화가 발생한다고 생각하였다. "해가 지면 달이 뜨고 달이 지면 해가 뜨니 해와 달이 서로 바꾸어 밝음이 생기고, 추위가 가면 더위가 오고 더위가 가면 추위가 오니 추위와 더위가 서로 교체하여 1년이 이루어진다. 가는 것은 굽히는 것이요, 오는 것은 펴는 것이니 굽히고 펴는 것이 서로 감응하여 이익이 생긴다."474)

「역전」은 대립을 오히려 이로운 것으로 여긴다. 반대되는 것 사이에서 감응과 교감이 일어날 수 있기 때문이다. 남녀의 관계를 생각하면 바로 이해가 가능하다. 남녀가 만나야 자식을 낳고 양기와 음기가 만나야 만물을 생산할 수 있다. 이것을 함괘(咸卦)의 「단전」에서는 "천지가 서로 감응하여 만물이 화생(化生)한다"475)고 표현하였다. 만물이 생산되는 것은 하늘만 있어도 안 되고 땅만 있어도 안 된다.

셋째로 「역전」의 저자는 모든 사물은 내부에 반대되는 것을 포함하고 있다는 사실을 알았다. 예컨대 사상(四象) 가운데 소양(☱, 少陽)은 전체적으로는 음에 속하지만 그 안에 이미 양이 자라고 있는 모습이다. 마찬가지로 소음(☳, 少陰)은 양에 속하지만 그 안에 이미 음이 자리하고 있는 모습이다. 음 속에도 양이 있고 양 속에도 음이 있는데, 그것이 점차 자라나 결국 전체의 모습이 변하게 된다.

이와 관련하여 주희는 "한 가지 사물을 보면 거기에 또한 음과 양이 있다. 예컨대 사람을 보면 남자는 양이고 여자는 음이다. 그런데 사람의 몸을 보면 모두 혈기(血氣)를 가지고 있는데 혈은 음이고 기는 양이다. 밤과 낮을 보면 낮은 양이고 밤은 음이다. 하지만 낮도 오시(午時) 이후는 음이고, 밤도 자시(子時) 이후는 양이니 음양은 각기 다시 음양을 낳는 모양이다"476)라고 구체적으로 설명하였다.

　남자는 양이라고 할 수 있지만 남자 안에도 이미 음이 들어 있다. 여자도 마찬가지라고 할 수 있다. 모든 사물은 이렇게 처음부터 자신의 내부에 반대되고 대립하는 요소를 가지고 있다는 것이 「역전」의 사상이다. 강한 것 내부에도 부드러운 것이 있고, 부드러운 것 내부에도 강한 것이 존재한다. 거대한 자연 자체가 이미 음양으로 구성되어 있다면 그 속에 존재하는 모든 사물도 마찬가지로 음양으로 만들어져 있는 것은 당연한 일이다.

　끝으로 「역전」에는 사물의 발전이 최고에 도달하면 반전한다는 사상이 들어 있다. 모든 일에는 흥망성쇠가 있고 그것은 자연현상의 관찰을 통해 우리는 잘 알 수 있다. 예컨대 달을 보면 초승달은 점점 자라서 상현달을 거쳐 보름달로 최고에 이르렀다가 다시 점차 줄어들게 된다. 그래서 하현달이 되고 다음은 그믐달이 되었다가 사라지게 된다. 그러나 달은 다시 나타나 동일한 변화가 계속된다. 달의 모양을 보면 최고의 순간이 오면 이때부터 내리막길을 가게 되고, 최저의 순간을 지나면 다시 오르막길이 있다는 교훈을 얻게 된다.

　「역전」의 이 사상은 노자의 "되돌아가는 것이 도의 움직임이다"477)라는 생각과 비슷하고 오르막이 있으면 내리막이 있다는 속담의 뜻과 상통한다. 서괘전에서는 괘의 순서를 설명하면서 "진(震)이란 움직임이다. 사물은 끝까지 움직일 수 없어 머물게 된다. 그러므로 이것을 받는데 간(艮)으로 한다. 간은 머무름이다. 사물은 끝까지 머무를 수 없다. 그러므로 이것을 받는데 점(漸)으로 한다. 점이란 나아감이다. 나아가면 반드시 돌아온다. 그러므로 이것을 받는데 귀매(歸妹)로 한다"478)라고 하여 사물이 최고에 도달하면 되돌아온다는 사상을 잘 보여주고 있다.

풍우란은 그의 책에서 "「역전」의 작자는 사물 변화의 근원이 그 자신에 존재하는 내부의 모순이라는 추측을 하게 되었다"479)고 잘 지적하였다. 그가 말한 모순은 다른 게 아니라 바로 음과 양의 대립이다. 고대부터 중국에서는 물질의 자발적인 운동을 생각했는데, 그 원동력이 물질 내부에 있는 음양의 대립이라고 믿었다. 이러한 세계관이 「역전」에 잘 나타나 있고 그것은 후대까지 영향을 미쳤다.

라이프니츠와 볼프 그리고 괴테 같은 독일 철학자들은 모두 중국의 역사와 문화를 높이 평가하고 거기서 좋은 점을 발견하려고 애를 많이 썼다. 그들은 또 중국에서 동양과 서양이 만날 수 있는 공통점을 찾아보려고 노력하였다. 그런데 헤겔은 이상하게 중국을 고대의 정신이 성장을 멈추고 있고 그런 상태가 영원히 계속되는 그런 나라로 낮추어 보았다. 그래서 지금까지 그의 철학을 중국과 연결해 보려는 시도조차 할 수 없도록 만들어버린 게 사실이다.

하지만 헤겔의 철학은 의외로 중국철학과 만날 수 있는 공통점을 다른 어느 철학보다 많이 가지고 있다. 앞에서 소개한 바와 같이 우선 세 가지 유사점을 중심으로 헤겔철학과 중국철학의 연관성을 알아보았다. 특히 헤겔철학과 주희철학 사이에 비슷한 이론이 보여 관심을 불러일으킨다.

먼저 헤겔철학에서 가장 중요한 개념인 이념(Idee)은 주희의 리와 아주 유사하다. 헤겔의 이념은 기독교의 신 같은 개념이고, 주희의 리는 중국에서 고대부터 믿어온 천(天) 같은 개념이다. 그런데 이념과 리는 모두 정신적인 세계의 근원이고, 그것은 스스로 변하여 자연으로 나타나게 된다. 헤겔은 이것을 이념의 외화라고 말하였고, 주희는 태극이 동정(動靜)을 통하여 스스로 음과 양이 된다는 식으로 설명하였다.

헤겔이 절대자의 모습이라고 생각한 자연이 기계적으로 움직이는 죽은 물질 덩어리가 아닌 것은 당연하다. 자연은 절대자요, 살아 있는 생명체요, 잠자고 있는 정신이다. 이러한 사상도 전통적인 기독교에서 말한 자연관과는 상당히 거리가 있다. 그래서 헤겔의 자연관은 중국철학에서 오래 전부터 생각했던 자연에 대한 생각과 더 가깝다. 물질이 살아 있다는 중국의 물활론적인 자연관이 헤겔의 자연관과 더 잘 맞는다. 중국인이 생각한 자연은 거대한 인격체로, 만물을 낳고 낳는 생산 활동으로 항상 바쁜 그런 존재다.

헤겔에 따르면 이념은 변증법적으로 활동한다. 그래서 자연은 물론이고 인간 사회도 변증법적으로 발전한다. 헤겔은 변증법적인 발전의 원동력을 그 내부에 존재하는 모순으로 생각하였다. 헤겔이 말한 모순은 결국 반대되는 힘이 서로 맞서는 상태를 의미한다.

중국의 음양사상에서도 사물 속에 들어 있는 대립하는 음양의 기운이 만물의 변화와 발전을 추동한다고 생각한다.

　이와 같은 유사점들이 있기 때문에 헤겔의 철학을 예컨대 주희의 철학으로 해석하면 더 잘 이해가 되는 부분이 있다. 마찬가지로 주희철학에서 이해가 잘 안 되는 부분을 헤겔철학으로 해석하면 더 이해가 잘 되기도 한다. 여기서 우리는 동서철학의 대화가 필요하다는 사실을 다시 한번 생각하게 된다.

13장
헤겔과 불교

헤겔과 불교

헤겔은 1818년 베를린대학에 정교수로 취임하였고 이후 13년 동안 줄곧 이 대학에서 강의하였으며, 독일을 대표하는 철학자로 명성을 떨쳤다. 헤겔은 베를린대학에서 1821년부터 종교철학 강의를 시작하였고, 1822년부터는 역사철학 강의도 시작하였다. 먼저 1822년 역사철학 강의에서 헤겔은 불교를 인도에 대한 부록으로 다루었다. 그리고 1824년 종교철학 강의에서도 불교를 다루기 시작했는데 이후 강의마다 내용은 조금씩 달라지지만 중요한 것은 그대로 유지된다.

세계의 역사와 종교를 다루면서 헤겔은 동양을 시작하는 곳으로 서양을 끝나는 곳으로 생각하였다. 그래서 동양의 종교, 즉 중국 종교, 인도 종교, 불교 등을 미성숙한 단계로 간주하고 그리스도교에서 완성되는 것으로 파악하였다. 아마 헤겔의 마음속에는 먼저 이러한 큰 그림이 있었고, 뒤에 구체적인 종교들을 여기에 배치하는 작업을 수행한 것 같다.

헤겔은 중국 종교, 인도 종교, 불교 등의 종교를 자연종교라는 범주로 분류하였는데, 이들 종교에는 아직 보편적인 정신에 대한 관념이 없다. 헤겔에 따르면 이 단계에는 정신의 형식이 아직 직접성에 머물러 있다. 따라서 신은 직접적인 형식에 있어서 대상으로 되고, 아직도 사상의 형식에 있어서 대상으로는 되지 않는다.480) 중국의 천(天)이나 불교의 무(無)나 공(空)이 바로 그러한 직접적인 형식의 대상이다.

불교에 관해 헤겔이 다루는 주제는 무(無), 불(佛), 참선(參禪), 윤회(輪廻), 열반(涅槃), 달라이 라마 등이다. 헤겔에 의하면 불교에서는 무를 절대자나 신으로 믿는다. 모든 것은 무에서 발생하여 다시 무로 돌아간다. 인간이 이러한 무에 몰입하거나 침잠하여 모든 활동을 멈추고 생각을 멈추는 것을 불교에서는 가장 바람직한 행동으로 본다. 그리하여 절대자, 신과 하나가 되면 인간은 신과 구별할 수 없고 영원히 신과 동일해지니 더는 윤회를 거듭하지 않아도 된다.

자료의 한계와 불충분한 기존 연구에도 불구하고 불교에 대한 헤겔의 해석은 나름대로 의미를 가진다. 그런데 더욱 흥미로운 사실은 그의 철학이 전체적인 내용에 있어 불교의 이론과 많이 닮았다는 데 있다. 특히 불교의 법신불(法身佛)사상은 헤겔의 철학에서 중심이 되는 이념(Idee)에 대한 이론과 상당히 유사하다. 헤겔은 세계를 절대자 혹은 이념의 자기전개로 보아서 자연을 이념의 드러남으로 파악하였다. 이념의 외화가 바로 우리가 살고 있는 세계고 자연이라는 주장이다.

이러한 헤겔의 철학은 화엄종에서 세계를 비로자나불(毘盧遮那佛)의 현현이라고 말하는 것과 비슷하다. 불교에서 비로자나불을 법신불이라고 하는데, 불교의 진리인 법(法) 자체를 진정한 부처라고 간주한 것이다. 그리고 비로자나불은 햇빛과 같이 온 우주에 두루 편재(遍在)하는 부처라는 의미를 가지고 있다. 광명이 어둠을 밝히듯이 비로자나불은 스스로 우주에 두루 자신을 전개하여 만물로 나타남으로써 만물이 존재하게 만든다.

헤겔의 철학에서 이념은 자연으로 자신을 전개하지만 결국 그 궁극적인 목적은 자신이 정신임을 아는 데 있다. 다시 말해 이념이 자신의 본질인 정신으로 다시 돌아가는 과정이 바로 세계와 인간의 역사다. 이것은 식물이 씨앗에서 시작하여 싹을 틔우고 성장하여 꽃을 피워 가침내 다시 열매를 맺게 되는 과정과 유사하다.

화엄종에서 이 세계는 모두 비로자나불의 드러남이고 나타남이지만 진리를 깨닫는 사람이 있고 깨닫지 못하는 사람이 있다. 이것을 깨닫는 일은 쉬운 일이 아니기 때문에 노력과 공덕을 많이 쌓아야 한다. 깨달은 사람이 바로 부처고 그 깨달음을 이루는 것을 열반 혹은 해탈(解脫)이라고 한다. 불교에서는 깨달아서 된 부처를 보신불(報身佛)이라고 부른다. 그러나 이 보신불도 사실은 법신불인 비로자나불이 스스로 깨달음을 얻어서 이루게 되는 부처라고 볼 수 있다.[481]

『종교철학강의』에서 헤겔은 불교를 종교가 시작되는 단계에 있는 낮은 수준으로 평가하였다.[482] 그러나 헤겔은 불교에도 여러 가지의 다양한 이론이 경쟁하였고 엄청난 철학의 발전이 있었다는 사실은 보지 못했다. 특히 화엄종과 밀교(密敎)에 이르게 되면 헤겔의 철학과 동일한 내용의 교리가 전개되고 있다. 여기서는 헤겔의 불교관을 먼저 살펴보고 다음으로 그의 철학에서 불교,

특히 화엄종의 철학과 비슷한 점을 찾아볼 것이다.

헤겔의 불교관

 헤겔은 베를린대학에서 1821년, 1824년, 1827년, 1831년 모두 네 차례에 걸쳐 종교철학을 강의하였다.483) 1821년 강의에서 헤겔은 종교를 크게 유한적 종교와 완전 종교로 나누고, 유한적 종교 안에 직접적 종교, 숭고함의 종교와 아름다움의 종교, 합목적성의 종교 등이 있는 것으로 분류하였다. 완전한 종교는 계시종교라고도 부르는데 그리스도교를 가리킨다.

 1821년 종교철학 강의에서는 아직 불교를 구체적으로 언급하지 않았다. 1824년 강의부터 본격적으로 불교를 설명하고 있다. 여기서 불교는 헤겔이 크게 분류한 직접적 종교 혹은 자연종교에 속한다. 자연종교 안에서 다시 마술적 종교, 환상의 종교, 선(善)의 종교, 이집트의 종교 등 몇 가지 종류가 있는데, 불교는 마술적 종교에 속하는 '자기내적존재'(Insichsein)의 종교로 분류되었다.484)

 1827년의 강의에서 헤겔은 자연종교를 마술적 종교, 자기내적존재의 종교, 힌두교, 과도기의 종교 등으로 나누어 더는 불교를 마술적 종교에 넣지 않은 점이 변화이다. 1831년 강의에서 헤겔은 다시 종교의 분류 방법을 조금 바꾸게 된다. 불교는 자연종교에 속하지만 그 가운데서도 직접적인 종교(die unmittelbare Religion) 다음 단계에 해당하는 '의식의 자체 분열'(die Entzweiung des

Bewußtsein in sich)의 종교에 넣고 중국 종교와 환상종교 다음에 배치하였다.485) 여기서도 불교를 자기내적존재의 종교로 규정한 것은 변함이 없다. 환상종교는 힌두교를 말한다. 여기서 헤겔은 불교를 힌두교보다 높은 차원의 종교로 평가하였다.

헤겔의 의하면 자연종교는 종교에 있어서 가장 낮은 단계에 속하는데, 아프리카의 종교, 중국의 종교, 인도의 종교, 불교 등이 여기에 속한다. 자연종교에서는 아직 신을 정신으로 이해하지 못하고 자연력이나 실체로 인식하고 있다. 아프리카의 종교는 마법으로 자연을 지배하려 한다고 마법종교로 분류하였다. 아시아의 종교는 신을 실체로 파악했기 때문에 실체종교라고 보았다. 예컨대 중국에서는 하늘을 신으로 여겼고, 인도에서는 추상적인 실체인 브라만을 숭배한다. 불교에서는 실체를 무(無)로 생각하거나 살아 있는 달라이 라마로 믿는다.

아시아의 종교를 실체종교로 분류했다는 내용은 코플스턴(Frederick Copleston, 1907~1994)의 『서양철학사』에도 나오지만 실제로 헤겔의 1831년도 종교철학 강의에서는 의식의 자체분열의 종교로 규정하여 차이가 보인다. 코플스턴은 자연종교(die Naturreligion)를 설명하면서 "첫째, 직접종교 곧 주술이다. 둘째, 실체의 종교이며 이 표제 아래 헤겔은 중국의 종교, 힌두교, 불교를 차례로 고찰하고 있다"486)고 말했다. 셋째로 오는 종교는 페르시아의 종교와 시리아의 종교 및 이집트의 종교다. 그러나 헤겔이 아시아의 종교를 다루면서 실체를 중심으로 보았기 때문에 그렇게 설명했다고 이해해야 할 것 같다.

자기내적존재의 종교가 무슨 의미를 지니는지에 대해서는 헤겔의 1824년 강의에 잘 나타난다. 그는 "이론적인 상태로 변화를 거친 사람들은 우리 안에 내재하고 있는 존재가 있다는 것 그리고 그 존재는 진정으로 본질적 그 무엇이라는 것을 안다"487)고 설명하였다. 불교에서 사람들은 자기 내면에 영혼이 있다는 것, 그 영혼은 불멸이라는 사실을 안다고 헤겔은 말한다. 그것은 이론적인 존재라 할 수도 있고, 고정적이고 영속적인 실체라 부를 수도 있다.

헤겔은 또 자기내적존재의 본성을 사고(思考)라고 보았다. 헤겔은 이와 같은 불교의 단계를 종교의 출발점으로 보았다. 왜냐하면 이러한 종교에서 유한자가 자유에 대한 결단을 보여주는 최초의 단계이기 때문이다. 다시 말하면 인간 안에 신성(神性)이 최초로 나타나는 단계다. 그래서 헤겔이 말한 자기내적존재는 무한자라 할 수도 있고, 실체라 부를 수도 있고 절대자라 보아도 좋다. 하지만 이 단계에서 영원한 존재, 영원한 주관성의 형태는 여전히 직접적인 것이다. 왜냐하면 그들의 사고는 정신의 자유와 정신의 표상에 도달하지 못했기 때문이다.488)

1931년 강의에서 헤겔은 불교를 힌두교보다 수준이 높다고 보았는데, 그 이유를 "일반적인 토대는 인도 종교에 고유한 그런 것과 동일하다. 하지만 불교는 인도 종교의 특성인 거칠고 무제약적인 분열과 자연적인 산만을 화해시켰다. 또한 그것을 불교 안에서 내적인 연관으로 바꾸고 불안정한 흥분도 가라앉혔다는 데 필연적인 진보가 있다"489)고 밝혔다.

헤겔은 불교가 힌두교보다 안정적이고 통일되어 있다고 평가하였다. 더 구체적으로 헤겔은 불교에 대해 세 가지 특징을 지적하였다. 첫째로 "불교의 절대적 토대는 자기내적존재의 고요함이다."490) 고요함이라는 말을 한 이유는 자기내적존재 안에서 모든 차이는 없어지고, 정신의 자연적인 모든 규정과 모든 개별적인 힘은 사라져버리기 때문이다. 참된 존재는 자기내적존재고 나머지는 모두 허상이고 그림자일 뿐이다.

둘째로 불교에 의하면 "무(無)가 최종자고 최상자다. 오직 무만이 진실한 독립자고, 모든 다른 실물과 개별자들은 그렇지 못하다. 무에서 모든 것이 나오고, 무로 모든 것이 돌아간다."491) 여기에 오면 우리는 자기내적존재가 바로 무라는 사실을 알게 된다. 무는 만물의 근원이고 끝이기도 하다. 다양한 사람과 사물은 모두 이 무에서 나왔다. 헤겔에 따르면 불교에서는 무를 실체로 그리고 절대자로 보고, 모든 것은 그것의 파생물에 불과하다고 간주한다.

셋째로 불교에서 "신은 일반적으로 무로, 본질로 파악되지만 직접적인 인간인 불(佛)이나 부처, 달라이 라마로 알려지기도 한다."492) 헤겔은 불교의 달라이 라마에 대해 비교적 자세히 설명하고 있다. 헤겔은 티베트와 몽고에서 크게 영향력을 가졌던 라마교에 대해 관심이 많았던 것 같다. 그는 살아 있는 달라이 라마를 신으로 숭배하는 종교적인 현상을 이해하려고 노력하였다.

헤겔이 불교에서 무를 절대자나 만물의 근원으로 보았다고 설명한 것은 논란의 여지가 있다. 헤겔이 불교의 공(空)을 오해해서 그것을 무로 보았다고 비판할 수 있다.493) 하지만 만물의 근원을 무로 보았다는 헤겔의 설명을 보면 거기에 해당하는 개념은 공보다는 법(法)에 더 가깝다. 실제로 화엄종의 법신불사상에서는 만물을 모두 법의 드러남으로 보고 있다. 만물의 근원인 법은 상대적인 세계를 초월하는 절대적인 존재이기 때문에 무나 공으로 표현할

수도 있다.494)

　이러한 헤겔의 해석은 중국에서 활동했던 예수회 선교사들의 영향이라고 볼 수 있다.495) 그런데 그 근원을 따라가 보면 결국 우리는 노장사상(老莊思想)을 만나게 된다. 원래 중국에서 무(無)를 만물의 근원으로 본 철학자는 노자와 장자인데, 위진(魏晋)시대의 현학자(玄學者)들이 노장의 철학을 더욱 발전시켰다. 대표적으로 우리는 왕필(王弼, 226~249)을 예로 들 수 있다. 노장사상을 계승한 왕필은 무를 만물의 근원으로 보고 현상세계의 근원으로 생각하였다. 그래서 유보다는 무를 높이 생각하였다. 말하자면 무(無)는 본체고 유(有)는 허무한 현상일 뿐이라고 주장하였다.

　중국에 처음 들어온 불교를 중국인에게 소개하는 일은 쉽지 않았다. 중국 사람들에게 생소한 개념을 이해시키는 일은 엄청 어려웠다. 그래서 불교 승려들은 불교의 중요한 개념들을 노장사상이나 현학(玄學)의 개념으로 번역하고 설명하였다. 이것을 사람들은 격의불교(格義佛敎)라고 부른다. 당시에 승려들은 불교의 공(空)을 노자와 장자가 말한 무와 같은 것으로 보았다.

　격의불교는 중국에 나가 있던 선교사들에게도 영향을 주었다. 실제로 마테오 리치도 불교의 공과 노장사상의 무를 같은 의미로 이해하였다. 예컨대 리치는 『천주실의』에서 불교와 도교를 비판하면서 "그렇다면 저 '공'이니 '무'니 하는 것 역시 어떻게 그 '공'과 '무'로써 만물을 있게[有] 하고 <내용을> 채울[實] 수 있겠습니까?"496)라고 반문하였다. 여기서 리치는 공이나 무를 일상적인 의미로 해석하여 비거나 없다는 뜻으로 단순하게 이해하고 있다.

　선교사들의 이러한 이해는 이후 유럽의 철학자들이 불교를 이해하는 데 하나의 기준이 되었다. 헤겔의 불교에 대한 해석 또한 이러한 전통을 그대로 따르고 있음을 알 수 있다. 특히 헤겔의 불교 해석을 보면 왕필의 철학을 불교로 오해하고 있다는 느낌을 받게 된다. 물론 헤겔이 왕필의 철학을 알았던 것은 아니고 앞선 학자들의 해석을 따르다 보니 그런 결과가 나오게 된 것이다.

헤겔에 따르면 불교에서 내면으로의 해탈은 두 가지 방식의 길이 있다.497) 그 중의 하나는 부정적인 길이고, 다른 하나는 긍정적인 길이다. 헤겔은 부정적인 길에 대해 "자기내적존재의 고요함이 모든 특수한 것의 절멸, 즉 무라면 이런 절멸의 상태는 사람에게 최상의 것이고, 또 그의 사명은 이러한 무, 영원한 고요, 무 전체에, 즉 모든 규정이 사라지고 의지도 없고 지성도 없는 실체에 몰두하는 것이다"498)라고 설명하였다.

헤겔은 불교의 명상이나 참선이 마음에 일어나는 생각을 모두 없애고 육체의 활동을 완전히 중지하려는 노력으로 이해했다. 명상이나 참선이 어느 정도 정적(靜的)인 성격을 가진 수행은 맞지만 모두 그런 것은 아니다. 참선은 깨달음을 얻으려는 적극적인 활동이지 모든 것을 절멸하려는 목적을 가진 노력은 아니다. 무명(無明)에서 벗어나 참다운 진리를 깨달으면 해탈에 이르게 된다는 것이 불교의 가르침이다.

하지만 헤겔은 불교에서 하는 수행을 부정적인 길이라 불렀고, 절멸(絶滅)의 방법으로 해석하였다. 절대자나 실체가 바로 무이기 때문에 인간이 그것과 하나가 되는 길이 최상의 방법이라는 생각이다. 이에 관해 헤겔은 "그때는 덕, 악덕, 화해, 불사(不死)는 문제가 안 된다. 인간의 신성은 그가 이 절멸 속에서, 이 침묵 속에서

신, 무, 절대자와 하나가 되는 것이다"499)고 하였다. 이것을 이루기 위해 가장 좋은 방법은 육체의 모든 활동과 마음의 모든 움직임을 중지하는 것이다. 이 단계에 이르게 되면 계급도 없고, 더 이상 변화도 없으며 두려워하는 사후의 방황도 없다. 그는 신과 같기 때문이다.

불교에서는 이러한 상태를 열반이라고 한다. 열반에 대해 헤겔은 "만약 사람이 외적인 것을 거부하지 않고 자기 자신을 거부하여 무와 하나가 되어, 모든 의식과 모든 욕정을 벗어나는 소극적인 방식으로 마음을 억제하면 불교도들이 니르바나라고 부르는 상태로 올라가게 된다"500)고 설명하였다. 그렇게 되면 그 사람은 어려움이 없고, 더 이상 체중도 없고, 질병도 없고, 나이도 먹지 않아 죽음도 없다. 그는 신 자체로 보이고 부처가 된다.

헤겔이 설명하는 긍정적인 길이란 실체를 현실에 존재하는 사람으로 보는 경우다. 보이지 않는 무를 신이라고 하는 것이 아니라 볼 수 있는 사람을 신으로 생각한다 해서 긍정적인 길이라고 말한 모양이다. 달라이 라마를 숭배하는 일에 대해 헤겔은 "정신의 형식은 아직도 직접성에 머물러 있다. 따라서 신은 직접적인 형식에 있어서 대상으로 되고, 아직도 사상의 형식에 있어서 대상으로는 되지 않는다. 그리고 이 직접적인 형식은 여기서는 인간적인 자태를 취한다"501)고 설명하였다.

살아 있는 사람을 신으로 숭배하는 라마교에 대해 헤겔은 자신의 해석을 상세하게 첨부하였다. 헤겔에 의하면 "숭배되는 것은 바로 주관의 개별성이 아니라 주관 안에 있는 보편자이고, 이 보편자가 티베트인, 인도인 아니 아시아인 일반에 있어서는 일체를 관통하고, 널리 침투되어 있는 것으로 볼 수 있다. 거기서 이 정신의 실체적 통일이 라마 안에 체현된다. 라마는 정신이 자기를 계시한 형태, 즉 자태에 지나지 않는다."502)

여기서 헤겔이 다루고 있는 종교는 불교 가운데서도 몽고와 티베트 지역에 널리 퍼져 있는 라마교다. 라마교는 불교의 일파인 밀교에서 다시 변형된 종교인데 티베트의 토속 신앙과 합쳐져 새로운 모양으로 진화하였다. 라마교는 원나라 때 국교가 되기도 한 종교다. 라마라는 개인을 숭배한다고 하여 라마교라 부르지만 정작 티베트인들은 자신들의 종교를 그렇게 부르지 않는다.

티베트인들의 달라이 라마 숭배는 겐둔그룹(1391~1475)이 초대 법왕(法王)이 되면서 시작되었다. 달라이는 몽고어로 바다를 의미하고 라마는 최고의 스승을 의미한다. 그래서 달라이 라마는 바다와 같이 넓고 큰 지혜를 가진 스승이라는 말이다. 티베트 사람들은 달라이 라마를 관음보살의 화신으로 생각하고 있고, 자신들이 사는 곳을 관음보살의 정토(淨土)라고 여긴다.

달라이 라마에 대한 헤겔의 생각은 우호적이다. 그래서 헤겔은 "누구보다도 달라이 라마가 완전하고 만족스러운 자기내적존재의 현현이다. 그의 주된 특성은 그를 통찰과 완전히 고상한 본질과 연결해주는 평온과 온순함이다. 국민은 그를 숭배한다. 그들은 그가 순수한 숙고 속에서 살고 절대적인 영원함이 그에게 현존한다고 긍정적으로 생각한다"503)고 말했다. 헤겔은 달라이 라마가 국민을 위해 자선을 많이 베풀고 있다는 사실을 강조하기도 했다.

헤겔의 이념

헤겔은 『종교철학강의』의 서론 부분에서 "신이야말로 만유(萬有)의 출발점이고 종착점이다. 만유는 신에게서 시작하고 신으로 돌아간다. 신은 철학의 유일무이한 대상이다. 철학은 신에 대한 연구에 몰두하며 신 안에서 만유를 인식하고, 모든 특수자를 그로부터 끌어내는 것처럼 만유를 그에게로 귀속시킨다"504)고 믿음이 독실한 신학자처럼 말하였다.

실제로 헤겔의 철학은 신에서 시작해서 신으로 끝난다고 해도 틀리지 않는다. 앞의 인용문을 보면 헤겔이 말하는 신과 기독교에서 말하는 신이 별로 다르지 않은 것 같다. 그러나 실제로 그가 생각한 신과 기독교에서 일반적으로 말하는 신은 완전히 다르다. 헤겔의 신은 창조자도 아니고 세계와 다른 초월적인 인격체도 아니다. 헤겔은 아예 창조자와 피조물을 나누지 않았다. 그래서 『성경』에 나오는 신과 헤겔의 신은 완전히 다르다.

헤겔이 생각하는 신 혹은 절대자는 존재하는 모든 것이라고 말할 수 있다. 존재하는 모든 것이라면 이 우주와 생명체 그리고 인간도 그 안에 들어간다. 한마디로 무한한 신 안에 포함되지 않는 것은 없다. 이 모든 것은 신이 창조한 것이 아니라 신의 드러난 모습일 뿐이다. 이것을 헤겔은 이념의 외화라고 표현하였다. 다른 곳에서 헤겔은 "자연은 타자존재의 형식으로 있는 이념으로 나타난다"505)고 자연을 정의하였다.

언뜻 보면 이것은 스피노자의 범신론과 비슷한 것 같지만 헤겔은 스피노자의 실체 개념을 비판하였다. 헤겔어 의하면 스피노자의 실체는 정신성을 결여하고 있는 완고한 실체성에 머무르면서 스스로를 적극적으로 전개하고 표출하는 역동성을 지니지 못한 것이다.506) 헤겔은 스스로를 전개하고 표출하는 역동성을 지닌 실체를 주체라고 불렀다. 스피노자에게 실체는 바로 신이고 절대자다. 헤겔은 여기다가 다시 주체라는 개념을 추가하였다.

헤겔이 생각한 절대자는 정지된 상태로 존재하지 않고 자신을 적극적으로 표현하고 다시 그렇게 표현한 것이 결국 자기 자신임을 인식할 수 있는 정신을 본질로 하는 살아 있는 주체다. 절대자에게 자신과 외화된 자연은 동일한 존재고 이것을 아는 것은 바로 정신이다. 그래서 헤겔의 철학에서 절대자, 이념, 실체, 주체, 정신 등은 사실 다 같은 의미다. 이것을 헤겔은 이렇게 설명하였다.

> 이렇게 볼 때 결국 생동한 실체란 진실한 의미에서 오직 주체일 수밖에 없는 존재다. 이 말을 바꾸어 보면 생동한 실체란 오직 그가 자기 자신을 정립(定立: Sichselbstsetzen)하는 운동이거나 또는 바로 자기 자신을 통한 자기의 타자화(他者化: Sichanderswerden)를 가능케 하는 매개를 의미하는 한에서만 참으로 구체적일 수 있다는 것이다.507)

여기서 헤겔은 생동하는 실체라는 개념을 사용하였다. 생동하는 실체는 진리이기도 하고 절대자이기도 하며 이념이라고 불러도 좋다. 중요한 것은 생동하는 실체를 주체라고 말한 점이다. 헤겔의 철학에서 살아 있다는 것과 주체라는 말은 같은 의미를 지닌다. 주체는 무엇보다도 먼저 다른 것들과 자신을 구별할 수 있어야 한다. 다시 말해 자신을 긍정하고 다른 것들을 부정해야만 자신이 존재할 수 있다. 그래서 헤겔은 부정을 중요하게 생각했다.

주체는 타자를 부정함으로써 자신을 정립하지만 부정은 그것으로 끝나지 않는다. 주체는 다시금 자신을 부정함으로써 자기를 타자화한다. 자신을 알기 위해서는 자신을 대상으로 만들 필요가 있기 때문이다. 이것은 우리가 자신의 마음을 들여다 볼 때 관찰하는 자기와 관찰되는 자기로 분리되는 것과 같다. 이것을 헤겔은 자기를 부정하는 것으로, 자신을 타자화하는 것으로 표현하였다.

그런데 헤겔은 절대자의 타자화를 자연으로 보았다는 데 큰 의미가 있다. 절대자의 관점에서 자신을 반성할 때 나타나는 것은 바로 자연의 모습이다. 우리가 자기를 반성할 때 반성하는 자기와 반성의 대상이 되는 자기가 하나이듯 절대자의 경우도 이 두 가지는 하나다. 자연은 살아 있는 절대자의 모습을 생생하게 잘 보여주고 있다. 자연은 살아 있을 뿐만 아니라 계속 발전하는 존재이기도 하다.

자연의 발전하는 모습을 절대자의 자기 인식 능력이 점차 발전하는 것으로 헤겔은 설명하였다. 자연은 여러 단계를 거쳐 마침내 인간에 이르게 된다. 자연은 스스로를 아는 능력을 가지고 있지 못하다. 하지만 인간의 정신을 통해서 자연은 스스로를 알게 되고 볼 수 있다. 헤겔은 이것을 자연이 자신을 다시 부정하고 정신으로 넘어간다고 설명하였다. 이제 자연은 스스로를 부정하고 정신으로 태어나게 된다. 정신은 바로 절대자의 본래 모습이기도 하다.

이것을 헤겔은 "정신의 발전은 본래적인 자기 상태를 벗어나서 자기를 전개, 개진하면서, 동시에 자기에게로 귀환하는 것이다"508)라고 표현하였다.

헤겔의 철학에서 절대자를 이념이라고 불렀다. 이념은 활동하는 생명체고 성장하는 생명체이기도 하다. 헤겔은 신을 처음부터 완벽하고 완성된 존재로 보지 않고 어린아이와 같이 성장하고 이성의 능력을 키워가는 존재로 보고 있다. 최초의 이념은 신이지만 자신을 인식하지 못하는 존재라고 할 수 있다.

그래서 헤겔은 자연을 타자화한 이념이라고 했지만 전통적인 자연관을 그대로 받아들여 수준을 낮추어 보았다. 헤겔은 자연을 자신의 개념에 일치하지 못하는 존재라고 설명하고, 해소되지 않은 모순이라고 규정하였다. 또한 자연은 부정적인 것이고 이념이 제 자신에게서 떨어져 나간 것[Abfall]이며,509) 무기력한 존재다.510)

물질의 세계인 자연을 정신보다 낮게 보는 것은 다른 철학자들과 크게 다르지 않다. 다른 점은 자연을 죽은 물질로 취급한 것이 아니라 살아 있는 존재로 그리고 그 속에 이념을 소유하고 있는 존재로 생각했다는 것이다. 그래서 헤겔은 "자연은 신의 아들이다. 그러나 아들로서가 아니라, 타자존재에 붙들려 있는 것으로서의 아들이다. 신적 이념은 사랑의 외부에 잠시 억류되어 있다. 자연은 제멋대로일 뿐인 소외된 정신이며, 자기 자신을 억누르지도 붙잡지도 못하는 술에 취한 신이다. 자연에서 개념의 통일은 은폐되어 있다"511)고 표현하였다.

자연이 술에 취한 신이라고 표현한 것은 적절한 비유라 하겠다.

술에 취하게 되면 원래 정신이 멀쩡했던 사람도 자신이 누구인지 제대로 알지 못한다. 말하자면 술에 취하면 사람 구실을 제대로 못하게 된다. 신 혹은 이념이 술에 취해 정신을 차리지 못하고 있는 상태가 바로 자연이다. 자연이 정신을 차리게 되면 자기가 누구인지 분명하게 알게 될 것이다.

자연이 정신을 차리는 것은 인간의 정신이 있기 때문에 가능한 일이다. 인간의 정신은 이념의 본래 모습이기도 하다. 이것은 밖으로 나갔던 정신이 제자리로 돌아온 것이라 할 수 있다. 정신의 능력은 대상화된 자신을 자기 자신으로 아는 능력이기도 하다. 다시 말해 대상화된 의식이 결국 자기 자신의 의식이라는 사실을 깨닫게 되는 것은 이성적인 정신이 있기에 가능하다.

정신은 자연의 최종 목적이기도 하고 이념의 본질이기도 하다. 이것을 헤겔은 "자연 속에 있는 진정한 기적은 정신의 현상이다. 정신의 진정한 현상은 근본적으로 인간의 정신이고 자연의 이성에 대한 인간의 의식이다"[512]라고 설명하였다. 또 "정신이야말로 자연의 진리이자 궁극 목적이고 이념의 참된 현실성이다"[513]라고 확신하였다.

이념의 진정한 모습은 정신에 이르러서 나타날 수 있다. 자연은 잠자는 정신이나 술에 취한 이념이라고 표현하였다. 인간에 비유하면 자연은 이념의 육체에 해당한다고 하겠다. 인간의 진정한 모습이 육체에 존재하는 것이 아니듯이 이념의 진정한 모습을 자연에서 찾을 수는 없다. 역시 정신에 이르러서 이념의 참모습이 나타난다고 헤겔은 주장하였다. 헤겔은 이것을 다시 식물의 성장에 비유하여 설명하였다.

이렇게 씨앗은 그 자체를 발현시키면서 동시에 자신에게로 복귀하려고 한다. 즉 씨앗 속에 담겨 있던 것이 일단 밖으로 펼쳐져 나온 다음에, 다시금 이것은 스스로를 움터 나오게 했던 단일한 원점으로 되돌아가는 것이다. 자연적인 사물의 경우, 이렇게 출발점이 되었던 주체와 종결부를 이루는 실재하는 것(열매·씨앗)은 별도의 두 개체다. 그리하여 때 이중화된다거나 중복된다는 것은 두 개의 개체로 분열된 듯한 가상적 결과일 뿐, 내용상으로는 동일한 것이다.514)

참나무의 경우 최초의 씨앗은 성장하여 튼튼한 줄기와 많은 가지 그리고 무성한 잎을 가진 나무로 성장하고 마침내 다시 열매로 돌아가게 된다. 처음의 열매와 다음에 열리는 열매는 다른 개체이기는 하지만 본질적인 것은 같다. 헤겔은 이것을 변증법적으로 설명한다. 최초의 열매가 정(正)이고 참나무는 반(反)이며 다음에 열리는 열매는 합(合)이 된다.

이것을 이념과 자연의 관계에 적용해 보면, 이념은 최초의 열매와 같고 자연은 그 열매에서 성장한 참나무와 같다. 무성한 참나무는 마침내 예정된 종착점인 도토리 열매를 맺게 되는데, 이념의 경우에는 정신으로 돌아가게 된다고 헤겔은 설명한다. 그런데 헤겔은 정신의 경우와 도토리는 차이가 있다고 말한다. 도토리는 처음의 열매와 그것에서 다시 성장해서 열린 열매는 서로 다른 두 개체지만 정신의 경우는 원래의 정신과 끝의 정신이 같다는 점이 다르다.

정신의 경우에는 인식하는 주체와 대상화된 타자가 같다. 이것은 우리가 거울을 보았을 때 거울 속에 비친 나와 거울을 보는 내가 일치하는 것이나 마찬가지다. 정신은 자신을 대상화하고 그것을 바라볼 수 있는 능력이고 나아가 그것이 바로 자기 자신임을 아는 능력이라 할 수 있다. 여기서 헤겔이 말하는 정신은 개별적인 인간의 정신이 아니라 바로 절대자를 염두에 두고 있다고 보면 된다. 절대자는 순수정신이기 때문에 인식의 대상은 자기 자신밖에 없다. 여기서 헤겔은 아리스토텔레스의 순수형상 혹은 순수정신 같은 절대자를 생각하고 있다. 헤겔의 설명은 이렇다.

정신이 자기를 지켜나가면서 또한 자기 자신에게 복귀하는 것이야말로 정신이 다다르고자 하는 최고의 절대적 목표라고 할 수 있다. 정신이 원하는 것은 오직 이것 이외의 다른 어떤 것도 아니다. 천상과 지상에서 벌어지는 – 영원히 생성되는 – 모든 것, 즉 신의 생명이나 시간적으로 유한한 현세에서 벌어지는 일체의 현상은, 오직 정신이 자기를 인식하고 자기 자신을 대상화하여 다시 자기를 발견하고 자각하는 가운데 자기와 스스로 합일되도록 하는 노력의 결과일 뿐이다. 정신은 일단 이중화되거나 소외되는 것이긴 하지만, 이는 자기 자신을 발견하고 또 자기 자신에게로 되돌아오기 위한 것이다.515)

정신의 이러한 능력을 헤겔은 자유로 규정하였다. 이 과정에는 어떤 타자와도 관계하지 않고 또 의존하지 않기 때문에 자유라는 것이다. 헤겔은 정신의 본질을 자유라고 정의하였다. 이것은 다시 인간이 본질적으로 자유로운 존재라는 생각이다. 그래서 헤겔은 "정신은 자기 자신에게 되돌아옴으로써 자유로운 상태에 도달한다. 오직 이때에야 비로소 진정한 소유(wahrhaftes Eigentum)와, 그리고 참다운 자기 확신이 모습을 드러낸다. 사유가 아닌 다른 무엇에 의해서도 정신은 이러한 자유에 다다르지 못한다"516)고 확신하였다.

헤겔에 따르면 인간은 누구나 이성적이다. 이 이성적인 면을 형식적인 면에서 본다면 인간은 자유로운 존재고, 이것은 인간의 본성이기도 하다.517) 그런데 인간이 자유롭다는 사실은 누구나 다 같이 인식하고 있는 것은 아니다. 어떤 사람은 더 많이 알고 어떤 사람은 그것을 잘 모르고 있다. 여기에는 동양의 민족과 서양의 민족 사이에도 많은 차이가 있다.

예컨대 동양인은 아직도 정신 또는 인간 자체가 그 자체로서 자유라는 것을 알지 못한다. 그들은 단지 한 사람이 자유라고 하는 것을 알고 있었을 뿐이다. 그리스인과 로마인은 다 같이 약간의 사람만이 자유롭다는 것을 알고 있었을 뿐이다. 게르만계의 제(諸) 국민에 이르러 비로소 모든 사람이 자유롭다는 사실을 알게 되었다. 헤겔에 따르면 자유가 인간의 가장 고유한 본성을 이루는 것이라는 의식은 최초에는 종교 안에서 나타났다.518)

불교의 법신불사상

불교의 창시자는 기원전 563년 북인도 히말라야 기슭에 있는 카필라국에서 왕자로 태어난 고타마 싯다르타다. 그는 왕자의 지위를 버리고 출가하여 모든 번뇌를 끊고 참 진리를 깨달아 마침내 부처가 되었다. 불교에서 부처는 깨달음을 얻은 사람을 의미하는데 한자로는 불타(佛陀), 불(佛), 불타(佛馱), 부타(浮陀), 부도(浮屠), 부두(浮頭) 등 다양하게 쓴다. 그리고 부처라는 이름은 고유명사가 아니고 깨달은 사람을 가리키는 일반명사라는 점에 주목할 필요가 있다.

실제로 불교에서는 깨달으면 누구나 부처가 될 수 있다고 가르친다. 석가모니만 부처가 될 수 있는 게 아니라 부처가 될 수 있는 가능성은 누구에게나 열려 있다. 그래서 등장하는 것이 바로 과거의 부처와 미래의 부처다. 과거의 부처에 대한 것으로 과거에 이미 7명의 부처가 있었다는 이야기가 대표적이다. 또 미래의 부처에 대한 것은 미륵불사상이 있다. 현재 도솔천에 있는 미륵보살이 먼 미래에 이 세상에 와서 사람들을 구제할 것이라는 믿음이 그것이다.

과거의 부처와 미래의 부처를 생각한 사람들은 이제 현재도 다른 세계에 여러 명의 부처가 있다고 믿게 되었다. 그것이 바로 현재타방불(現在他方佛)사상이다. 서방극락정토(西方極樂淨土)의 아미타불(阿彌陀佛)이 대표적인 다른 세계에 현재 존재하는 부처다. 아미타불은 무량수불(無量壽佛)이라고 부르기도 하는데 영주 부석사에서 주불(主佛)로 모시고 있다.

또 다른 타방불로는 동방묘희국(東方妙喜國)의 아촉불(阿閦佛)이 있다. 아촉이란 산스크리트어 악소바야(Aksobhaya)의 음역인데 흔들리지 않음과 성내지 않음을 의미한다. 그래서 아촉불은 부동불(不動佛), 무동불(無動佛), 무노불(無怒佛)이라고 부르기도 한다. 아촉불은 무진에(無瞋恚)의 서원(誓願)을 세우고 수행정진한 다음에 성불하여 현재 동방 아비라국(阿毘羅國)에서 설법하고 있다고 한다.[519]

과거의 부처와 미래의 부처 거기다 다른 세계에 존재하는 부처를 생각하게 되면 이제 부처는 시간적으로 영원히 존재하고 공간적으로 무한하게 존재한다는 결론에 이를 수 있다. 그래서 삼세제불(三世諸佛)이나 시방제불(十方諸佛)의 사상이 나오게 된다. 이와 함께 등장하는 영원하고 보편적인 부처가 바로 법신불이다. 법신(法身)은 부처가 깨달은 진리, 즉 법(法) 그 자체를 가리킨다. 그것을 인격화한 부처가 바로 법신불이다.[520]

법신에 대한 생각은 이미 초기 불교 경전에도 나타나고 있다. 예를 들어 『증일아함경』(增一阿含經)에 "여래는 법을 공양한다. 그러므로 법을 공양하는 자는 곧 나를 공양하는 것이 될 것이고, 또 이미 법을 본 자가 있다면 곧 나를 본 것이다. 이미 법이 있는 곳에 내가 있다"[521]는 설법(說法)이 나온다. 같은 경전 다른 곳에는 "나 석가모니불은 수명이 한량없다. 왜냐하면 비록 육신은 소멸되어도 법신은 없어지지 않기 때문이다"[522]라는 말도 보인다.

법신불사상은 대승불교에 이르러 더욱 발전하게 된다. 예컨대 반야바라밀다(般若波羅蜜多) 계통의 경전에서는 부처의 지혜를 가리키는 반야바라밀(般若波羅蜜)을 법신으로 간주하였다.『대반야바라밀다경』(大般若波羅蜜多經)에서는 "제법(諸法)이 비록 생하되 진여(眞如)는 부동이고 진여가 제법을 생하되 진여 자체는 불생(不生)이니, 그것은 마치 허공 같이 청정불변으로 이를 이름하여 법신이라 한다"523)고 정의하였다.

　진여와 법신은 결국 같은 개념이다. 모든 것은 법신에서 생겨나지만 그것은 부동이고 감각으로 파악할 수 없어서 허공과 같다고 표현하였다. 말하자면 상대적인 세계를 초월한 절대적인 존재임을 말한다. 부처가 되는 깨달음의 근원도 바로 이 참 진리라고 할 수 있다. 반야경계의 경전에서는 눈에 보이는 부처보다 눈으로 볼 수 없는 법신의 중요성을 강조하고 있는 것이 공통점이라고 할 수 있다.

　그래서『소품반야경』(小品般若經)에서는 "모든 부처님과 여래는 눈에 보이는 색신(色身)이 아니다. 모든 부처님과 여래는 모두 법신이기 때문이다. 선남자여, 모든 법의 참된 모습은 가지도 않고 오지도 않는 것이고, 모든 부처님과 여래도 이와 같다"524)고 설명하고 있다.

　우리는『화엄경』에서 더 완성된 법신불사상을 잘 볼 수 있다.『화엄경』에는 영원하고 무한한 보편불(普遍佛)로서 중중무진한 시방세계(十方世界) 전체 그대로가 바로 청정법신(淸淨法身) 비로자나불이 아님이 없다고 보는 이른바 시방편만불(十方遍滿佛) 사상이 전개되고 있다.525)

　『화엄경』에서 주불은 비로자나불인데 이 부처는 법신불이고 육체를 가진 부처가 아니다. 여기서 비로자나라는 말은 산스크리트어 바이로차나(Vairocana)를 한자로 음역한 단어다. 바이로차나는 태양 혹은 광명을 의미하고 우주의 근원이나 신을 뜻하는 말이기도 하다.

『화엄경』은 본래의 이름이 『대방광불화엄경』(大方廣佛華嚴經)인데 주요 내용은 부처가 어떤 존재인가를 설명하는 불타관, 부처가 자신을 걸친 세계 또는 부처가 깨달은 세계의 모습을 설명하는 법계관, 부처가 되는 보살(菩薩)의 길을 설명하는 보살관 등이 있다.526) 한역된 경전에는 불타발타라(Buddhabhadra, 359~429)가 번역한 『육십화엄경』(六十華嚴經)과 실차난타(實叉難陀)가 번역한 『팔십화엄경』(八十華嚴經)이 있다.

『화엄경』은 다른 경전과 달리 부처가 직접 설법한 내용이 아니라 그 주변에 있던 여러 신과 보살들이 부처님을 찬양하는 말로 이루어져 있다. 제1장 「세간정안품」(世間淨眼品)은 이렇게 시작한다. "이와 같이 나는 들었다. 어느 때 부처님은 마가다국의 적멸도량(寂滅道場)에 계시었다. 부처님께서 처음으로 깨달음을 이루셨을 때, 대지는 청정해지고 갖가지 보화와 꽃으로 장식되었고 아름다운 향기가 넘쳐흘렀다. 또 화환은 부처님의 주위를 둘러싸고 있었고, 그 위에 금, 은, 유리, 수정, 산호, 마노 등 진귀한 보석이 뿌려졌다. 그리고 수많은 나무는 잎과 가지에서 빛을 발하면서 빛나고 있었다."527)

석가모니 부처가 처음 깨달음을 이루었을 때 그것을 축하하는 분위기를 이렇게 묘사하고 있다. 그러면서 부처님의 무한한 능력을 여러 신과 보살들이 찬탄하는 내용이 이어져 나오고 있다. 그 내용을 보게 되면 석가모니는 깨달음을 이루면서 법신과 일체가 됨으로써 비로자나불이 되었다. 비로자나불은 시간과 공간을 초월하여 모든 곳에 편만(遍滿)한 무한한 존재다. 마찬가지로 그 공덕 역시 태양의 빛 같이 무궁무진하다.

계속되는 『화엄경』의 내용을 보면 그 모든 것은 바로 비로자나불이 해인삼매(海印三昧)에 들어 있을 때 펼쳐지는 세계라고 할 수 있다. 다시 말해 비로자나불이 깨달아서 경험하는 세계는 사실 자신이 전개하는 세계이기도 하다. 이 세계를 『화엄경』에서는 연화장세계해(蓮華藏世界海)라고 불렀다.

연화장세계해는 비로자나불이 보여준 불국토(佛國土)고 이상세계(理想世界)라 할 수 있다. 갖가지 꽃과 보석들로 장식되어 있고, 향수의 바다라고 묘사하였듯이 온갖 향수의 그윽한 향기가 가득한 곳이기도 하다. 그리고 상서로운 기운이 감돌고 신묘한 음악이 연주되는 세계다. 여기에는 수많은 부처와 보살들이 중생을 가르치고 무한한 공덕을 베풀고 있다.

연화장세계해는 비로자나불이 해인삼매에 들어 스스로 전개한 불국토이기 때문에 연화장세계해와 비로자나불은 동일하다. 그래서 『화엄경』의 「십지품」(十地品)에서는 "여래신(如來身)이 스스로 불국토를 이루고, 그 불국토는 또 여래신을 이룬다"[528]고 하였다. 이러한 연화장세계해는 현실세계와 따로 존재하는 세계가 아니라 그것은 현실세계를 포함한 세계 전체이기도 하다. 다시 말해 비로자나불이 바로 불국토고 또 현실세계이기도 하다. 무한 능력을 가진 비로자나불은 모든 것을 포괄하는 존재이기 때문이다.

비로자나불이 모든 것을 포괄하는 존재라는 사실을 『화엄경』에서는 더 구체적으로 해경십불(解境十佛)로 설명하였다. 이 경전의 「십지품」에는 보살이 부처가 되는 과정을 10단계로 나누어 설명하고 있다. 그런데 제8지(第8地)의 보살은 마음의 움직임이 없다는 의미인 부동지(不動地)의 단계에 있다.

제8지의 보살이 서속제(世俗諦)의 지(知)에 의해 중생들이 원하는 바에 응하여 스스로 마음대로 몸을 나타내는 모습이 바로 해경십불이다. 해경(解境)이란 해오(解悟)의 경계(境界)에 도달하였다는 의미다. 따라서 해경십불이란 제8지의 보살이 알 수 있는 10가지 부처라는 의미와 스스로 나타낼 수 있는 10가지 몸이라는 의미를 동시에 가진다.

이 보살의 능력을 경전에서 "불자여, 이 보살의 모든 몸이란 분별을 멀리 떠나 평등한 데 머물며, 이 보살이 중생신(衆生身), 국토신(國土身), 업보신(業報身), 성문신(聲聞身), 독각신(獨覺身), 보살신(菩薩身) 여래신(如來身), 지신(智身), 법신(法身), 허공신(虛空身)을 안다. 이 보살이 중생들의 마음으로 좋아함을 알고는 중생신으로 자기의 몸을 짓기도 하고, 국토신, 업보신 혹은 허공신을 짓기도 하고 또한 중생들의 좋아함을 알고는 국토신으로 자기 몸을 짓기도 하고 중생신, 업보신 혹은 허공신을 짓고 ……"529) 라고 설한다.

해경십불은 삼세간(三世間)으로 나누어 볼 수 있다. 중생신, 업보신은 중생세간(衆生世間)이고, 국토신, 업보신, 허공신은 기세간(器世間)이고, 성문신, 독각신, 보살신, 여래신, 지신, 법신은 지정각세간(智正覺世間)이 된다. 그런데『화엄경』에서는 10개의 신은 각각 나머지 9신을 두루 갖추고 있다고 설명한다. 비로자나불

이 바로 중중무진한 융삼세간(融三世間)의 십신구족불(十身具足佛)이라고 할 수 있다.530)

결국 이 세계는 비로자나불이 중생들의 뜻을 알고 거기에 맞추어 자신을 드러낸 결과일 뿐이다. 이 세상의 모든 존재는 바로 비로자나불의 현현이다. 여기에는 모든 생명체, 땅과 공간도 있고, 차원이 높은 정신적인 존재들도 마찬가지로 비로자나불의 나타남이다. 태양이 온 세상을 밝게 비추듯 비로자나불은 자신을 드러내어 광대한 우주와 만물이 되니 이 세상에 비로자나불이 아닌 것은 하나도 없다.

이러한 비로자나불사상을 더욱 발전시킨 것이 바로 밀교의 대일여래(大日如來)사상이다. 밀교는 티베트에서 가장 흥성하였고, 현재 역시 지배적인 종교다. 한국과 일본에서는 진언종(眞言宗)으로 불리고 있다. 밀교에서는 불교의 다른 종파들의 가르침을 모두 현교(顯敎)라고 하여 차별화하고 있다. 밀교의 근본 경전은 『대일경』(大日經)과 『금강정경』(金剛頂經)인데 마하-바이로차나(Maha-vairocana)를 대일이라고 번역한 인물은 삼장(三藏, 637~735)이다.531) 그 이름을 보면 비로자나라는 명칭에 크다는 형용사를 첨가하였을 뿐이다.

그래서 이름이 말해주듯 대일여래는 비로자나불과 비슷한 성격을 가진 부처라고 할 수 있지만 그 능력이 더 확대되었다. 비로자나불은 법신불이기 때문에 인격성을 가지지 않은 부처라고 한다면 대일여래는 인격성까지 구비한 전지전능한 부처라고 할 수 있다. 그래서 삼장은 대일여래가 무량한 지혜, 무한한 자비 활동, 영원불멸 등의 세 가지 능력을 가지고 있다고 설명하였다.532)

현교에서는 법신을 우주의 진리인 이법으로 보아 무색(無色), 무형(無形), 무활동(無活動), 무공용(無功用), 무설법(無說法) 등으로 여기지만, 밀교에서는 대일여래가 형체도 있고 활동도 하고 나아가 항상 설법도 하고 있다고 주장한다. 우리가 경험하는 주변의 모든 생명체와 사물 하나하나가 여래의 설법이 아닌 것이 없다고 말한다. 그래서 이통현(李通玄, 635~730)은 "일체의 산하와 수목이 모두 능히 불보살의 몸을 나투며(불교에서 쓰는 말로 무엇으로 나타난다는 의미) 법을 설한다"533)고 말했다.

하지만 어리석은 중생들은 그것을 듣지 못하고 보지도 못한다. "비유하자면 해가 떠도 소경은 볼 수 없고, 천둥이 쳐도 벙어리는 들을 수 없는 것과 같다."534) 이와 비슷한 말은 『화엄경』의 「보왕여래성기품」(寶王如來性起品)에도 나온다. "여래의 지혜는 미치지 않는 곳이 없다. 왜냐하면 중생으로서 본래 여래의 지혜를 구족하지 않은 사람이 없기 때문이다. 다만 중생이 전도되어 여래의 지혜를 알지 못하고 있다. 따라서 착각에서 벗어나면 일체의 지혜, 걸림 없는 지혜가 나온다."535)

비슷한 내용이지만 밀교의 가르침은 중생만 여래의 지혜를 갖춘 것이 아니라 현상계의 모든 사물이 진리의 나타남이라는 사실을 강조한다. 하나하나의 사물이 모두 대일여래의 모습이고 진리고 대일여래의 설법이라는 것이다. 따라서 밀교는 현실세계가 바로 대일여래라는 지극히 낙관적인 사상을 가지고 있다고 말할 수 있다.

또 밀교에서는 부처가 되기 위한 수행에 대해서도 현교와는 다른 주장을 펼치고 있다. 불교에서는 누구나 부처가 될 수 있다고 하고 부처가 되고자 하지만 그것을 실제로 이루는 데에는 많은 수행과 공덕이 필요하다. 그래서 현교에서는 일반적으로 말하는 것이 보통 삼겁성불(三劫成佛)과 삼기성불(三祇成佛)이다. 부처가 되려면 3겁이나 3아승기(三阿僧祇)의 긴 시간 동안 노력해야만 한다는 것이다. 그렇다면 결국 현생에서 부처가 되는 것은 불가능한 일이라 할 수 있다. 하지만 밀교에서는 바로 현재 우리의 몸으로 부처가 될 수 있다고 주장한다. 그것이 바로 즉신성불(卽身成佛)이다.

밀교에서는 현실세계 전체가 대일여래이기 때문에 이미 항상 공덕을 쌓고 무한한 시간 동안 자비 활동을 펼치고 있다고 본다. 그래서 우리가 해야 할 일은 깨달아서 그것을 체험하기만 하면 된다. 이것을 위해 밀교에서는 삼밀(三密)의 수행법을 제시하였다. 이것은 몸으로 불보살의 행위인 수인(手印)을 맺고, 입으로는 진리를 상징하는 진언(眞言)을 외우고, 마음으로는 언제나 삼매(三昧)에 들어 대일여래의 덕성을 생각하는 수행법이다.

이 장에서는 먼저 헤겔의 불교관을 검토하고 다음으로 그의 이념에 대한 철학과 불교의 법신불사상을 살펴보았다. 헤겔은 불교를 자연종교로 분류하여 아직 미성숙한 단계에 있는 종교로 평가하였다. 그는 불교에 여러 종파가 있었고, 다양한 교리가 있었다는 사실을 알지 못했다. 특히 화엄종의 법신불사상에는 헤겔철학에 있는 이론들과 유사한 것이 많아서 관심을 불러일으킨다.

헤겔은 불교를 설명하면서 무에 대해 상세하게 다루었지만 더 중요한 법(法)에 대해서는 언급하지 않았다. 깨달음의 대상인 법은 시간적으로 볼 때 석가가 부처가 되기 전부터 존재한 진리다. 석가모니를 부처로 숭배하던 사람들은 나중에 이 진리도 하나의 부처로 숭배하게 되었다. 이것을 불교에서는 법신불이라고 부른다. 화엄종의 비로자나불이나 밀교의 대일여래가 대표적인 법신불이다.

헤겔은 절대자인 이념이 진리라는 사실을 강조하였다. 그래서 그는 "그러므로 이념이야말로 진리며 오직 이것만이 진리다"[536]라고 하였다. 헤겔은 이념을 진리라고 정의하였는데, 그것은 이념의 전개 과정 전체를 포괄하는 정의이기도 하다. 다시 말해 헤겔은 이념의 활동 전체를 진리라고 생각한 것이다. 이것은 화엄종에서 현실세계를 비로자나불의 현현으로 보아 일체를 법이라고 말하는 것과 같다. 현실세계가 바로 비로자나불이니 진리의 드러남 아닌 것은 없다.

세계를 비로자나불의 현현으로 생각한 불교에서는 자연 전체를 서로서로 연결된 거대한 생명체들의 집단으로 보았다. 화엄종에서 많이 쓰는 중중무진, 법계연기(法界緣起)란 말도 사실 생명체의 모습을 묘사한 표현이라 할 수 있다. 또 『화엄경』에는 "하나의 털구멍 속에 수없이 많은 국토와 바다가 있고, 그 각각에는 모두 여래가 보살들과 함께 앉아 계신다"[537]는 말도 있다. 이러한 표현도 세계 전체에 생명이 가득하다는 생각을 잘 보여준다.

헤겔도 괴테나 셸링의 사상을 이어 자연을 살아 있는 존재로 생각하였다. 그는 『논리학』에서 이념을 설명하면서 이념의 직접적인 형태는 생명(Leben)이라고538) 규정하였다. 이념은 자연으로 자신을 전개한다고 하였는데, 이것은 결국 자연을 거대한 유기체로 본 것이다. 그래서 헤겔은 "신은 주체성이자 활동성이고 무한한 활동력이다"539)라고 정의하였다. 절대자의 드러난 모습인 자연이 죽은 물질 덩어리가 아닌 것은 말할 필요도 없다. 자연은 살아 있는 생명체고 잠자고 있는 정신이라는 것이 헤겔의 생각이다.

『화엄경』에서 비로자나불은 그 이름이 말하듯이 광명으로 우주에 편재하지만 모양도 없고 색깔도 없고 소리도 없다고 설명한다. 감각으로 파악할 수 없다는 것은 물질이 아니라는 의미다. 우리의 현실세계는 감각으로 인식할 수 없는 이러한 비로자나불에 근원을 두고 있다. 이러한 설명은 결국 비로자나불이 정신적인 존재임을 말하고 있다. 이것은 "삼계(三界)가 허망하여 이 모두가 다만 일심(一心)에서 비롯되었다"540)는 『화엄경』의 문구에서 확인된다.

우리는 헤겔의 철학을 절대적 관념론이라 부른다. 이 세계를 절대자의 드러남 혹은 절대자의 관념이라고 생각하기 때문이다. 헤겔은 이념이 자연으로 자신을 외화한다고 했지만 사실 자연이 정신의 산물이라는 주장이다. 정신인 절대자는 자기 자신을 사유하는데, 그 사유 안에 자연도 존재하게 된다. 말하자면 자연은 절대자의 사유 속에 있는 자신의 모습이라 할 수 있다.

이러한 몇 가지 유사성을 보게 되면 헤겔철학이 얼마나 화엄종의 법신불사상과 비슷한지 알 수 있다. 헤겔의 철학은 기독교의 교리를 바탕으로 출발하지만 결과는 그것에서 멀리 벗어나 있다. 그의 철학은 서양철학과 기독교의 개념들을 사용하여 화엄종의 법신불사상을 설명하고 있다는 느낌을 준다. 어쩌면 불교는 우리가 모르는 사이에 이미 서양에서 뿌리를 내렸는지도 모른다.

찾아보기(사항)

『4진법』 93
64괘방원도 101, 107, 108, 110, 111, 162, 165

가

가능태 22, 194, 223, 229
각혼(覺魂) 31
격물론(格物論) 26~28
격의불교 408
경건주의 239~241, 245
경교(景敎) 279
『경제표』 308, 321, 322
경천(敬天) 263, 283
계몽주의 269, 311, 328
「계사전」(繫辭傳) 352, 353, 374, 384, 391, 392
계시(啓示) 146, 155, 254, 255, 261, 281, 411
계시종교 246, 265, 404
계탁(計度) 229, 230
고아(Goa) 20, 53, 54, 60, 95, 243
『공자와 그의 교의론』 40
관성(慣性) 178, 179
『관용론』 287, 288, 291, 299
광동(廣東) 52, 53, 56, 151, 160
『국부론』 305, 321
『국어』 224

『금강정경』 426
『금고기관』(今古奇觀) 335
『금사자장』 199, 201
『기독교의 중국 선교』 211, 213
기일원론 182, 210, 217, 361

나

나폴리 51
네르친스크조약 151
『노년기의 상속인』 337
『노생아』 334, 337
논리학 19, 387, 388, 390
『논리학』 380, 389, 429
『논어』 53, 54, 58, 66, 80, 137, 192, 224, 225, 242, 243, 282, 292, 320, 328, 343, 367, 375
놀라(Nola) 52
능동성 178
능산적 자연 222, 223, 229, 233, 339, 344, 345
니르바나 410

다

「단전」(彖傳) 190, 383, 391, 393
달라이 라마 402, 405, 407, 410, 411
『대반야바라밀다경』 422

『대방광불화엄경』 423
대우주 176, 200, 203, 358, 361
『대일경』 426
대일여래 426~429
대진경교유행비 279
『대학』 52~54, 58, 137, 242, 243, 247, 248, 256~258, 284
『대학과 중용』 118, 174
『도덕경』 367~369
도덕률 257, 282
도미니크회 262, 286, 288~290
동력인 22
『동방견문록』 336
『동양의 계몽주의』 327
동역학 177
『동역학 시범』 177, 179, 180

【라】
라마교 407, 410, 411
『라이프니츠와 유교』 67
『라이프니츠와 중국 선교』 67
레세페르 324, 327, 330
리기이원론 228, 344
리스본 19, 20, 54, 243
리일분수설(理一分殊說) 358

【마】
마드리드 49, 57
마카오 23, 52, 213, 289, 290, 294

만물일체 74, 215, 373
『맹자』 58, 193, 225, 242
모나드 120, 124~126, 131, 176, 179, 180, 185~187, 193~196, 202, 203
『모나드론』 120, 123, 125, 176, 180, 185~187, 202, 356
모순 75, 83, 85, 138, 316, 371, 387~389, 395, 396, 415
목적인 22
무량수불 420
무신론자 40, 56, 57, 66, 80, 82, 83, 87, 91, 112, 135, 169, 208, 226, 230, 240, 261, 262, 264, 280~283, 294, 295, 298, 299, 304, 380
무위사상 323, 324, 327, 329, 330
물아일체 215

【바】
바이마르 333, 338
백(魄) 65, 82
『백과전서』 303
『백미신영』(百美新詠) 334, 337
범신론 45, 88, 122, 169, 192, 202, 220, 224, 225, 227, 231, 232, 335, 339, 343, 344, 346, 362, 384, 412
범신론자 344, 362, 380
범유기체론 189
범주론 20, 26

법신불 88, 402, 403, 407, 420~422, 426, 428~430
『법의 정신』 316
『베를린 문예연감』 338
『변신론』 63, 135
변증법 118, 127~129, 140, 369, 386~388, 391, 392, 396, 417
보시(布施) 314
보신불 403
보편어 133
불관용 269, 271, 287, 288, 291, 298
불국토 424
불타(佛陀) 420
브뤼셀 54
비로자나불 402, 403, 422, 424, 426, 429, 430

[사]

사사무애(事事無礙) 182
사산법(四算法) 92
사상(四象) 352, 368, 374, 393
사서(四書) 51~54, 57, 314
『사서집주』 54, 243
사원소(四元素) 18, 33, 217
사원소설 32
삼묘족(三苗族) 29
삼밀(三密) 428
삼위일체 103, 109, 154, 155, 157, 158, 166
상승(上昇) 349~351, 363
상제(上帝) 17, 18, 24, 25, 40, 43~45, 56, 68, 76, 77, 79~86, 158, 161, 192, 196, 197, 215~218, 262, 263, 282, 283, 304, 314, 342, 343, 362, 375
색은주의 154
색은주의자 154, 161
『색채론』 350
생생지리(生生之理) 385
생존권 309
생혼(生魂) 31
『서경』 66, 71, 83, 224, 367, 368
선진유학(先秦儒學) 237
설문해자 181, 392
『성경』 154, 161, 166, 369, 412
『성리대전』 66
소산적 자연 222, 223, 229, 233, 339, 344
소우주 176, 191, 193, 200, 203, 358, 361
소주(韶州) 39
『소품반야경』 422
『소학』 58, 242, 247, 249, 257
속성 18, 21, 25~29, 31, 177, 192, 194, 217, 220, 222, 223, 228, 229, 263, 264, 291, 340, 344, 345
『송고승전』 199

순생산 308
순수질료 22
순수형상 22, 64, 418
스콜라철학 138, 178, 179
스토아철학 189
『시경』 66, 82, 86, 224, 335
시암(Siam) 147, 211
『신(神)의 존재와 본질에 대한 기독교 철학자와 중국 철학자의 대화』 41
『신화엄경』 199
실체 18, 20, 21, 25~29, 31, 40, 43, 64, 67~70, 73, 76, 78, 79, 84, 86, 122, 124, 127, 177, 179, 180, 183, 185, 186, 189, 192, 193, 195, 209, 217, 218, 220~222, 225, 228, 231, 339, 344, 345, 370, 378, 380, 381, 405, 407, 409, 410, 413
「십익」(十翼) 351, 352
십현문 198, 199
『쌍두의 수학』 93

아

아미타불 420
아우구스티누스회 262
아촉불 421
『안손경(Anson卿)의 세계일주』 334
알바진 요새 149

『앙리아드』 311
『애정 깊은 남녀』 336
양극성 335, 346~351, 362, 363
양의(兩儀) 352, 374
「에피레마」(Epirrhema) 357
엔텔레키 70, 179, 180, 187
『엘페노르』(Elpenor) 336
『역경』 54, 62, 64~66, 91, 92, 98~102, 105, 106, 113, 114, 128, 129, 136, 138, 145, 146, 155, 156, 159, 161~166, 170, 174, 243, 367, 368
『역사와 비판 사전』 208
역사철학 368, 401
「역전」(易傳) 351, 391~395
연작시(連作詩) 334, 338
연화장세계해 424
열반(涅槃) 402, 403, 410
영혼불멸 35, 51, 55, 56, 65, 82, 86, 136
영혼설 31
예나(Jena)대학 93, 238
예정조화설 118, 130, 131, 137, 174
오경(五經) 314
오벨리스크 167
오스만 276, 287
완전함 23, 76, 109, 129, 166, 248, 249, 255, 256
외화(外化) 370, 371, 396, 402, 412, 413, 430

요드 158
욕구 180, 195, 304, 316, 318, 346
『원곡선』(元曲選) 273
원기(元氣) 181, 182, 374
월영만천(月暎萬川) 196, 203, 360, 363
『유교가 독일정치사상에 끼친 영향』(儒敎の獨逸政治思想に及ぼせる影響) 107, 108
유기체 43, 71, 119~123, 140, 185~187, 189, 192, 193, 202, 203, 230, 373, 378, 379, 382, 386, 430
유기체 철학 118~122, 124, 140, 175, 176, 184~186, 378
『유럽과 중국』 323
『유럽의 모델 중국』 326
『육십화엄경』 423
『윤리학』 220
윤회 402
윤회설 130
은(殷)나라 258
음양사상 129, 351~353, 355, 363, 369, 382, 385, 392, 397
의뢰자 21, 26
『의무에 관하여』 368
『이교도 철학의 역사』 211
이념 369~375, 378~382, 386, 387, 396, 402, 403, 412, 413, 415~417, 428~430

이데아 20
이진법 62, 64~66, 91~95, 97, 100~102, 106~113, 128, 129, 136, 138, 145, 146, 159, 162~165, 167, 170
『이집트인과 중국인에 대한 철학적 논문』 336
『인간의 친구』 321
인두세(人頭稅) 307, 319
인드라망 124, 203, 358
『일본왕국』 211, 213
잉여 309

자

자기내적존재 404~407, 409, 411
자립자 21
자연법 105, 291, 292, 304, 305, 310, 314, 317~319, 322, 325, 326, 329
자연신학 77, 139, 174, 255
자연종교 246, 254, 261, 263~265, 401, 404, 405, 428
자연철학 19, 179, 347, 370, 372, 373, 387
자유권 309
자유방임 324
『자치통감』 66
『재미있고 신기한 잡문』 313
재산권 309, 310, 314

『전기』(Biography) 337
전례(典禮) 44, 56, 58, 242, 263, 264, 283, 299
전례논쟁 40, 160, 261, 262, 282
전제정치 270
절멸(絶滅) 409
정기(精氣) 182, 352
정립(定立) 380, 413, 414
정신철학 387
『정신현상학』 387
정의(情意) 229
정전제(井田制) 323
제일실체 20, 21
제일질료 42, 64, 68, 69, 71, 74, 75, 83, 179
『조씨고아』 271, 273~275, 277~279, 311, 335, 336
조작(造作) 229, 230, 279, 378
종교철학 401, 404, 405
『종교철학강의』 403, 412
『좌전』 224
『주역』 25, 55, 150, 190, 193, 244, 322, 329, 345, 351~353, 355, 369, 374, 383, 384, 391, 392
주(周)나라 258
『중국고아』 271, 273~275, 277, 278, 298, 311, 336
『중국과 유럽』 118, 174, 319
『중국과 인도의 수학과 물리학』 239
『중국도해』 132
「중국·독일의 사계절과 사시(四時)」 334, 338
『중국사상이 서구 문화에 끼친 영향』 174, 324
『중국 선교론』 137
『중국의 과학과 문명』 118, 174, 184
『중국의 선교』 56
『중국의 여섯 고전』 58, 239, 241, 242, 334, 335
『중국의 전제주의』 304, 310~313, 320, 322, 325, 326
『중국의 지혜』 53
『중국의 천칭』 312
『중국의 철인 공자』 53, 209, 243
『중국인의 구혼시』 337
「중국인의 실천철학에 대한 연설」 239, 245, 250, 264, 295
『중국인의 자연신학론』 50, 63, 112, 118, 129~131, 135~140, 167, 168, 173, 202
『중국지도첩』 336
『중국철학』 58, 241, 242
『중국철학사』 224
『중국철학사신편』 391
『중국철학에 대한 편지』 50, 63, 135

『중국 종교론』 40, 137
『중국 황제전』 61, 98, 146~148, 152, 159, 160
『중국 현대사』 304, 312
중농주의 303, 306, 308, 309, 324, 327, 328
중상주의 303, 306, 307, 315
『중용』 53, 54, 58, 63, 137, 247, 243
『중화제국전지』(中華帝國全志) 273, 304, 312
즉신성불(卽身成佛) 428
『증일아함경』 421
지각(知覺) 31, 70, 180, 194, 195, 217, 255, 256
지선(至善) 248, 256
직관 358
질료 18, 21, 22, 30, 65, 78, 168, 192, 196, 197, 225, 226, 229
질료인 22, 65

차

참선 402, 409
천관(天觀) 224, 343
천인동류(天人同類) 191
천인합일 218
천주(天主) 17, 23, 25, 76, 77, 155, 218, 263, 283
『천주실의』 17, 20, 23, 24, 32, 34, 215, 217, 408
천지지심(天地之心) 190
『철학백과사전』 370~372
『철학사』 367, 368
『철학사전』 293, 299
『철학서간』 271
『최신 중국 소식』 50, 60, 61, 96, 98, 132, 134, 145, 150, 152, 159, 160, 173
『춘추좌전』 36
측은지심 363

카

캐벌리스트 211
코임브라(Coimbra)대학 19
코친(Cochin) 20
키니네 152

타

타자존재 370, 372, 387, 412, 415
타자화(他者化) 380, 413~415
타타르 150, 152, 274
태교(胎敎) 249, 266
『태극도설』 25, 197, 352, 374, 376
태일(太一) 158
태허(太虛) 68, 182, 183, 210
태화(太和) 131
『티마이오스』 121

[파]

파리외방선교회 41, 161, 283
『파우스트』 348
팔괘 100, 102, 108, 109, 111, 128, 165, 351, 353, 368, 374
『팔십화엄경』 423
편재(遍在) 403, 430
『풍속론』 279, 281, 284, 294
프란체스코회 262, 290
프랑더스 149
프랙탈(fractal) 176, 186, 188
프로에미온 339

[하]

하(夏)나라 258
하노버(Hannover) 50, 159, 211
「하도」(河圖) 368
『학안』(學案) 239
할레(Halle)대학 238~241, 245, 295
해인삼매 424
현실태 22, 223, 349
현학자 408
현현(顯現) 378, 402, 411, 426, 429
형상 20~22, 55, 65, 69, 74, 78, 124, 179, 198
형상인 22
『호구전』 334, 336
혼(魂) 35, 65, 82

『화엄경』 124, 126, 198, 358, 359, 422~425, 427, 429, 430
『화전기』 334, 337
『효경』 58, 242
후한(後漢) 181
흠천감 95
힘(Kraft) 175, 177

찾아보기(인 명)

가

강희제 60~62, 96, 98, 104, 145, 147~152, 159, 160, 283, 289
겐둔그룹 411
고라이 긴조 107
골 133
골레 154
공손저구(公孫杵臼) 272
괴테 333~342, 346~351, 355~358, 362~364, 378, 395, 429
그리말디 59, 60, 95, 96, 133, 134, 150~152, 159
기군상 271
김용정 106, 107
김하태 344

나

나만보 289
나바레테 40
나폴레옹 333, 334
내들러 212
네피어 92
노아 154, 155, 298, 369
노엘 58, 239, 241~244, 247, 249, 256, 257, 259 261, 263, 265, 335
노자(老子) 25, 182, 324, 342, 368, 394, 408

뉴턴 127, 178, 347, 357, 378
니담 118~120, 122~125, 131, 132, 140, 141, 174~176, 184~187, 189, 202, 203, 382

다

데모크리토스 181
데카르트 120, 123, 130, 177~180, 183, 185, 194, 201, 202, 220, 221, 225, 230, 347, 378, 388
도안가(屠岸賈) 272, 273
동중서 191, 358, 382~384
뒤 알드 273, 304, 312, 313, 335, 336
디낭 69

라

라이프니츠 42~45, 49, 50, 57~69, 71~88, 91~98, 100~102, 104~114, 117~141, 145, 146, 150~152, 155, 156, 158~170, 173~180, 185~190, 193~196, 201~203, 207, 237~239, 261, 264, 329, 356, 358, 369, 395
라이히바인 118, 174, 311, 319~324, 329, 334~337
라흐 238

랑에 239, 295
로스몽 118, 131~141, 175
로체 119
로크 326
롱고바르디 39, 40, 42, 43, 50, 51, 56, 57, 63~68, 70~78, 80~85, 87, 88, 135~139, 169, 214, 261
루돌프 아우구스트 94, 95
루소 326
루이 14세 54, 61, 98, 147, 148, 243, 303, 306
루지에리 51, 52
르 고비앙 161
르몽 42, 50, 63, 67, 117, 135
르 콩트 147, 151, 132
리마두 284
리머 356
리온느 41

ⓜ

마융 374
말브랑슈 41, 42, 63
매버릭 207, 208, 211~214, 232, 233, 312, 326, 327, 330
먼젤로 52, 67, 176
메그로 161
멘도자 49
멘첼 59
모라우 289

모랄레스 262
몽테스키외 305, 316, 317
뮐러 59, 112, 161
미라보 320. 321

ⓑ

바렌 207, 211~214, 232
바이겔 93
반고(盤古) 29
방동미 382
법장(法藏) 198, 199, 201, 203
베네딕토 14세 263
베르니에 211
베르비스트 60, 96, 135, 149, 151, 152, 159
베르주 105
베이컨 92
벨 208~210
보도(Baudeau) 321, 322, 325
보세스 163
보타 105, 162
복희(伏羲) 64, 65, 91, 98, 99, 101~103, 106, 108, 109, 111~113, 136, 146, 155~157, 159, 161, 163~167, 250, 251, 293, 295, 296, 322, 368
볼테르 269~275, 277~282, 284, 286~299, 311, 312, 329, 336
부베 61, 62, 91~93, 97~113, 129, 138, 143, 145~148, 150, 152~170,

369
뷔리니 210, 211
브루노 126, 127
비뇽 105, 111, 162
비더만 336, 338
비스델루 104, 147, 152
빌헬름 1세 240
빠라낭 294

사

사마광 66
살레르노 52
삼장(三藏) 426
생트 마리 50, 51, 56, 57, 63, 64, 66, 67, 72, 74, 76~78, 82~88, 135~139, 169
서원화 224, 226, 343, 344
석가모니 420, 421, 423, 429
성 콘라드 87
세메도 49
셰즈 105
소공(昭公) 36
소로(Thoreau) 326
소아레스 60, 159
소옹(邵雍) 101
순(舜) 250, 258, 328
순치제 148
쉘링 119, 344, 379, 429
쉴러 334, 336

슐렌버그 93, 164
스피노자 122, 169, 201, 202, 207, 208, 210~214, 220~223, 227~233, 339, 344, 345, 356, 412, 413
시세(Cicé) 40
신농(神農) 250, 251
실베스테르 2세 112

아

아담 146, 155, 298
아담 스디스 305, 321, 327
아리스토텔레스 19~23, 26, 30~32, 65, 179, 418
아벨 레뒤자 368
아폴론 99, 156
안희원 337
알브레흐트 238
압달라 바이다베우스 112
양공(襄公) 36
에녹(Enoch) 99, 146, 155, 156, 166, 298
에커만 333, 336, 337, 341, 356, 378
에픽테투스 284
엠페도클레스 32
엥겔스 344
오리겐 83
옹정제(雍正帝) 280, 281, 288~290, 294

옹켄 325
왕충 181, 182
왕필 408, 409
요(堯) 83, 154, 250, 369
요순(堯舜) 57
웹(John Webb) 133
유청지 257
유흠 374
이다메 275~278
이통현 427
인드라 358
인토르체타 53

⟨자⟩
장거정(張居正) 54, 55, 243, 244
장자 342, 408
장재 131, 182~184, 210, 361, 384
장진숙 273
장 칼라스 285~287
정영(程嬰) 272, 273, 277
정이(程頤) 81, 176, 183, 224~226, 353, 358, 359, 363, 374, 375
정호(程顥) 183, 375
제논 121
젤비용 60, 147, 150, 152
조로아스터 99, 156
조삭(趙朔) 272, 277
조순(趙盾) 272
주겸지 174, 324, 325, 329, 330

주돈이(周敦頤, 濂溪) 25, 28, 197, 226, 345, 352, 374, 376
주희 18, 27~29, 31, 35, 36, 45, 54, 55, 69, 70, 80, 81, 88, 124~127, 168, 174, 175, 183, 185, 192, 193, 196, 197, 200~203, 210, 224~233, 243, 244, 257, 258, 343~346, 353~355, 358~361, 363, 369, 374~378, 384~386, 394, 396, 397
지엄 199
징기스칸 273, 275~278

⟨차⟩
쳄프리너 118, 127~131, 140, 238
최해숙 344
측천무후 199

⟨카⟩
캐러무엘 93
케네 303~306, 308~330
코스타 53
코플스턴 405
콜베르 303, 306
쿠플레 54, 58, 129, 137, 209, 241~244, 251, 259, 261~263, 265
쿡(Cook) 131~141, 175
크네벨 334, 336, 337
클라크 327, 330
키르허 132, 167

키케로 368

타
토마스 60, 152
토마스 아퀴나스 19, 20
투르농 160
트리고 211, 213, 214
티마이오스 121

파
페레이라 150, 152
폰타네 147
퐁파두르 311, 312
푸아브르(Poivre) 327
푸케 154
풍우란 224, 391, 395
프레마르 154, 273, 336
프리드리히 2세 241
플라톤 20, 83, 121
필립 2세 52

하
한궐(韓厥) 272
해리엇 92
허드슨 323, 324, 327, 329, 445
허신(許愼) 181
헤겔 119, 344, 367~373 378~382, 386~391, 395~397, 401~419, 428~430

헤라클레이토스 389, 390
헤르더 119, 334
헤르메스 트리메기투스 99, 156
호프만 93, 164
홉스 326
화이트헤드 119
황제(黃帝) 250
휴즈 118, 174

미주

1) Aristotle, 『Categories』 5 참조.
2) 같은 곳 참조.
3) 마테오 리치, 『천주실의』, 송영배 외 역, 서울, 서울대학교출판부, 1999, p. 45 참조
4) 같은 책, pp. 81~82.
5) 같은 책, p. 84.
6) 같은 책, pp. 85~86.
7) 같은 책, pp. 87~88.
8) 같은 책, p. 89.
9) 같은 책, pp. 88~89.
10) Copleston, F., A History of Philosophy vol. 1, Westerminster, The Newman Press, 1960, p. 317 참조.
11) 마테오 리치, 『천주실의』, 송영배 외 역, 서울, 서울대학교출판부, 1999, p. 91.
12) 같은 책, p. 93.
13) Copleston, F., A History of Philosophy vol. 1, Westerminster, The Newman Press, 1960, p. 328 참조.
14) 같은 책, p. 326 참조.
15) 마테오 리치, 『천주실의』, 송영배 외 역, 서울, 서울대학교출판부, 1999, p. 128.
16) 같은 책, p. 188.
17) 같은 책, pp. 245~249.
18) 같은 책, p. 169.
19) 같은 책, p. 170.
20) 같은 책, p. 187.
21) 같은 책, p. 185.
22) Mungello, D. E., Malebranche and Chinese Philosophy, in: Journal of the History of Ideas 41(1980), p. 555.
23) 주겸지, 『중국이 만든 유럽의 근대』, 전홍석 옮김, 청계, 서울, 2003, p. 250 참조.
24) Leibniz, G.W., Zwei Briefe über das binäre Zahlensystem und die chinesische Philosophie, übers. v. Renate Loosen u. Franz Vonessen, Stuttgart 1968, § 15, p. 59 참조.
25) 같은 책, § 16a, p. 60.

26) 같은 책, § 20, p. 65.
27) Mungello, David E., Curious Land: Jesuit Accommodation and the Origin of Sinology, stuttgart, 1985, p. 250.
28) Knud Lundbaek, The first Translation from a confucian Classic in Europe, in: China Mission Studies(1550~1800)Bulletin 1, Iowa, 1979, p. 4.
29) Mungello, David E., Curious Land: Jesuit Accommodation and the Origin of Sinology, stuttgart, 1985, pp. 249~250.
30) 같은 책, pp. 256~257.
31) 같은 책, pp. 267~268.
32) 같은 책, pp. 266~267.
33) Mungello, D. E., Leibniz and Confucianism (The Search for Accord), (Honolulu: The University Press of Hawaii, 1977), p. 30.
34) 같은 책, pp. 26~29.
35) Franke, Otto, Leibniz und China, in: Zeitschrift der Deutschen Morgenländischen Gesellschaft 82(1928), p. 160.
36) Leibniz, G. W., Das Neueste von China(1697): Novissima Sinica, hrsg. u. übers. v. H. G. Nesselrath u. H. Reinbothe, Köln, 1979, pp. 83~86.
37) 같은 책, p. 19.
38) 같은 책, pp. 49~50.
39) Mungello, D. E.(1977), p. 69.
40) 같은 곳.
41) 같은 책, p. 73.
42) 같은 책, p. 72.
43) 같은 책, p. 73.
44) Leibniz, G. W.; Discourse on the Natural Theology of the Chinese, trans. by Rosemont, Henry Jr. and Cook, Daniel J., Hawaii, 1977, pp. 60~61, 이후의 주(註)에서는 Discourse로 줄여서 씀.
45) Discourse, p. 61.
46) Discourse, p. 67.
47) Discourse, p. 71.
48) Discourse, p. 79.
49) Discourse, pp. 79~80.
50) Discourse, p. 86.
51) Discourse, p. 87.

52) Discourse, p. 96.
53) Discourse, p. 98.
54) Discourse, p. 106.
55) Discourse, pp. 119~120.
56) Discourse, pp. 127~129.
57) Discourse, p. 129.
58) Discourse, p. 141.
59) discourse, pp. 143~144.
60) Discourse, p. 149.
61) Discourse, p. 149.
62) Discourse, pp. 152~153.
63) Discourse, pp. 153~154.
64) Hans J. Zacher, Die Hauptschriften zur Dyadik von G.W. Leibniz, Frankfurt am Main, 1973, p. 21 참조.
65) Leibniz, G.W., Zwei Briefe über das binäre Zahlensystem und die Chinesische Philosophie, übers. v. Renate Loosen u. Franz Vonessen, Stuttgart 1968, pp. 19~23.
66) 같은 책, p. 19.
67) 같은 책, p. 20.
68) Leibniz, G. W., Das Neueste von China(1697): Novissima Sinica, hrsg. u. übers. v. H. G. Nesselrath u. H. Reinbothe, Köln, 1979, pp. 83~86.
69) Leibniz, G. W., Das Neueste von China(1697): Novissima Sinica, hrsg. u. übers. v. H. G. Nesselrath u. H. Reinbothe, Köln, 1979, p. 9.
70) Mungello, D. E., Leibniz and Confucianism: The Search for Accord, (Honolulu: The University Press of Hawaii, 1977), p. 42.
71) Hans J. Zacher, Die Hauptschriften zur Dyadik von G.W. Leibniz, Frankfurt am Main, 1973, p. 110 참조.
72) 같은 곳.
73) 같은 책, p. 60 참조.
74) Hans J. Zacher, Die Hauptschriften zur Dyadik von G.W. Leibniz, Frankfurt am Main, 1973, p. 116 참조.
75) Hans J. Zacher, Die Hauptschriften zur Dyadik von G.W. Leibniz, Frankfurt am Main, 1973, pp. 276~277. 金鎔貞, 「라이프니츠의 普遍記號法思想과 易의 論理」『주역의 현대적 조명』, 한국주역학회, 범양사, 1992, pp. 300~301. E. J. Aiton and Eikoh Shimao, 'Gorai

Kinzō's Study of Leibniz and I ching Hexagrams', in: Annals of Science, 38(1981), p. 86.
76) 五來欣造, 『儒教の獨逸政治思想に及ぼせる影響』, 東京, 1929, p. 444 참조.
77) E. J. Aiton and Eikoh Shimao, 'Gorai Kinzō's Study of Leibniz and I ching Hexagrams', in: Annals of Science, 38(1981), pp. 75~76 참조.
78) Hans J. Zacher, Die Hauptschriften zur Dyadik von G.W. Leibniz, Frankfurt am Main, 1973, p. 285. E. J. Aiton and Eikoh Shimao, 'Gorai Kinzō's Study of Leibniz and I ching Hexagrams', in: Annals of Science, 38(1981), p. 89.
79) Hans J. Zacher, Die Hauptschriften zur Dyadik von G. W. Leibniz, Frankfurt am Main, 1973, p. 277 참조.
80) Adolf Reichwein, China und Europa, Berlin, 1923, p. 88.
81) E. R. Hughes, The Great Learning and The Mean in Action, New York: Dutton, 1943, p. 20.
82) Joseph Needham, Science and Civilisation in China, Vol. 2, Cambridge, 1954, p. 281.
83) 같은 책, p. 291.
84) Joseph Needham, Science and Civilisation in China, Vol. 2, Cambridge, 1954, pp. 498~499.
85) Platon, Dialoge(Timaios und Kritias), übers. v. Otto Apelt, Leipzig, 1922, p. 49.
86) G. W. Leibniz, Zwei Briefe über das binäre Zahlensystem und die chinesische Philosophie, übers. u. hrsg. v. Renate Loosen u. Franz Vonessen, Stuttgart, 1968, p. 72.
87) 같은 책, pp. 72~73.
88) G. W. Leibniz, Vernunftprinzipien der Natur und der Gnade, Monadologie, übers. u. hrsg. v. Artur Buchenau u. Herbert Herring, Hamburg, 1982, p. 57, Monadologie § 64.
89) Garma C.C. Chang, 『화엄철학』, 이찬수 역, 서울, 경서원, 1990, p. 251.
90) Joseph Needham, Science and Civilisation in China, Vol. 2, Cambridge, 1954, p. 499.
91) G. W. Leibniz, Vernunftprinzipien der Natur und der Gnade, Monadologie, übers. u. hrsg. v. Artur Buchenau u. Herbert Herring, Hamburg, 1982, p. 57, Monadologie § 65.
92) Jochen Kirhoff, Giordano Bruno, Hamburg, 1980, p. 71.

93) Zempliner, Artur; "Leibniz und die chinesische Philosophie", in: Studia Leibnitiana Suppl. 5(1971), p. 25 참조.
94) 같은 곳.
95) Siemens Aktiengesellschaft(hrsg.), Herrn von Leibniz' Rechnung mit Null und Eins, Berlin 1966, p. 51.
96) John Ho, Quellenuntersuchung zur Chinakenntnis bei Leibniz und Wolff, Hongkong, 1963(Diss.), p. 27.
97) Artur Zempliner, "Leibniz und die chinesische Philosophie", in: Studia Leibnitiana Suppl. 5(1971), p. 26 참조.
98) 같은 글, p. 28 참조.
99) Daniel J. Cook and H. Rosemont Jr.; "The pre-established Harmony between Leibniz and Chinese Thought", in: Journal of the History of Ideas 42(1981), p. 256 참조.
100) Daniel J. Cook and H. Rosemont Jr., "The pre-established Harmony between Leibniz and Chinese Thought", in: Journal of the History of Ideas 42(1981), p. 256 참조.
101) 같은 글, p. 257 참조.
102) G. W. Leibniz, Das Neueste von China(1697): Novissima Sinica, hrsg. u. übers. v. H. G. Nesselrath u. H. Reinbothe, Köln, 1979, pp. 83~86.
103) Daniel J. Cook and H. Rosemont Jr., "The pre-established Harmony between Leibniz and Chinese Thought", in: Journal of the History of Ideas 42(1981), p. 258 참조.
104) 라이프니츠, 『라이프니츠가 만난 중국』, 이동희 편역, 서울, 이학사, 2003, p. 44.
105) Daniel J. Cook and H. Rosemont Jr., "The pre-established Harmony between Leibniz and Chinese Thought", in: Journal of the History of Ideas 42(1981), p. 258 참조.
106) 같은 책, p. 73.
107) Daniel J. Cook and H. Rosemont Jr., "The pre-established Harmony between Leibniz and Chinese Thought", in: Journal of the History of Ideas 42(1981), p. 260 참조.
108) Daniel J. Cook and H. Rosemont Jr., "The pre-established Harmony between Leibniz and Chinese Thought", in: Journal of the History of Ideas 42(1981), p. 260 참조.
109) 같은 글, p. 262.
110) 같은 글, p. 263 참조.
111) 같은 글, p. 264.

112) Collani, Claudia von, P. Joachim Bouvet S. J. ; Sein Leben und sein Werk, Nettetal, 1985, p. 24 참조.
113) Herren, J. J., Father Bouvet's Picture of Emperor K'ang Hsi (with appendices), in: Asia Major 7(1931/32), pp. 558~559.
114) 같은 곳.
115) 라이프니츠, 『라이프니츠가 만난 중국』, 이동희 편역, 서울, 이학사, 2003, p. 43.
116) Leibniz, G. W., Das Neueste von China(1697): Novissima Sinica, hrsg. u. übers. v. H. G. Nesselrath u. H. Reinbothe, Köln, 1979, pp. 83~86.
117) Herren, J. J., Father Bouvet's Picture of Emperor K'ang Hsi (with appendices), in: Asia Major 7(1931/32), pp. 563~564 참조.
118) Collani, Claudia von, P. Joachim Bouvet S.J. ; Sein Leben und sein Werk, Nettetal, 1985, p. 117 참조.
119) Bouvet, Joachim, Eine wissenschaftliche Akademie für China: Briefe des Chinamissionars Joachim Bouvet S.J. an Gottfried Wilhelm Leibniz und Jean-Paul Bignon über die Erforschung der chinesischen Kultur, Sprache und Geschichte, hrsg u. kommentiert von Claudia von Collani, Stuttgart, 1989. p. 18 참조.
120) Mungello, D. E. Leibniz and Confucianism: The Search for Accord, (Honolulu: The University Press of Hawaii, 1977), p. 46.
121) 같은 곳.
122) Collani, Claudia von, P. Joachim Bouvet S.J. ; Sein Leben und sein Werk, Nettetal, 1985, pp. 143~144 참조.
123) Mungello, D. E., Leibniz and Confucianism: The Search for Accord, (Honolulu: The University Press of Hawaii, 1977), p. 56.
124) Leibniz, G. W., Das Neueste von China(1697): Novissima Sinica, hrsg. u. übers. v. H. G. Nesselrath u. H. Reinbothe, Köln, 1979, pp. 6~7.
125) Bouvet, Joachim, Eine wissenschaftliche Akademie für China: Briefe des Chinamissionars Joachim Bouvet S.J. an Gottfried Wilhelm Leibniz und Jean-Paul Bignon über die Erforschung der chinesischen Kultur, Sprache und Geschichte, hrsg u. kommentiert von Claudia von Collani, Stuttgart, 1989. p. 15 참조.
126) Collani, Claudia von, P. Joachim Bouvet S.J. ; Sein Leben und sein Werk, Nettetal, 1985, p. 32 참조.
127) Mungello, D. E. Leibniz and Confucianism: The Search for Accord, (Honolulu: The University Press of Hawaii, 1977), p. 42.

128) 같은 책, pp. 276~277.
129) Zacher, Hans J., Die Hauptschriften zur Dyadik von G.W. Leibniz, Frankfurt am Main, 1973, p. 10.
130) 같은 책, p. 285.
131) 라이프니츠, 『라이프니츠가 만난 중국』, 이동희 편역, 서울, 이학사, 2003, pp. 159~160.
132) Leibniz, G. W., Das Neueste von China(1697): Novissima Sinica, hrsg. u. übers. v. H. G. Nesselrath u. H. Reinbothe, Köln, 1979, p. 9.
133) 같은 책, pp. 9~11 참조.
134) 같은 책, p. 19.
135) Reichwein, Adolf, China und Europa, Berlin, 1923, p. 88.
136) Hughes, E. R., The Great Learning and The Mean in Action, New York: Dutton, 1943, p. 20.
137) 주겸지, 『중국이 만든 유럽의 근대』, 전홍석 역, 청계, 서울, 2003, p. 280.
138) Needham, Joseph, Science and Civilisation in China, Vol. 2, Cambridge 1956, p. 291.
139) Cook, Daniel J. and Rosemont, H. Jr., "The pre-established Harmony between Leibniz and Chinese Thought", Journal of the History of Ideas 42, 1981 참조.
140) Mungello, David E., Leibniz and Confucianism: The Search for Accord, Honolulu, 1977, p. 15 참조.
141) 박상환, 「유기체 사유에 대한 비교철학적 고찰」, 『대동문화연구』제29집(1994), p. 106 참조. 이정우, 『접힘과 펼쳐짐』, 거름, 서울, 2000, p. 89 참조.
142) 라이프니츠 빌헬름, 『형이상학논고』, 윤선구 옮김, 아카넷, 서울, 2012, p. 169 참조.
143) 같은 책, pp. 140~141 참조.
144) 같은 책, p. 163.
145) 같은 책, p. 142 참조.
146) 같은 책, p. 225 참조.
147) 같은 책, pp. 172~176 참조.
148) 같은 책, p. 173 참조.
149) 같은 책, p. 175 참조.
150) 이정우, 『접힘과 펼쳐짐』, 거름, 서울, 2000, p. 90.
151) 라이프니츠 빌헬름, 『형이상학논고』, 윤선구 옮김, 아카넷, 서울,

2012, p. 357 참조.
152) Leibniz, G. W., Philosophische Schriften, Bd. 1, hrsg. u. übers. v. H. H. Holz, Darmstadt 1985, p. 445.
153) 같은 책, p. 447.
154) 같은 곳.
155) Needham, J., Science and Civilisation in China, Vol. 2, Cambridge, 1956, p. 474 참조.
156) 張立文 외, 『氣의 철학』상, 김교빈 외 옮김, 예문지, 서울, 1992, p. 170 참조.
157) 같은 곳 참조.
158) 張載, 『正蒙』: "氣之聚散於太虛, 猶冰凝釋於水, 知太虛卽氣則無無"
159) 張立文 외, 『氣의 철학』하, 김교빈 외 옮김, 예문지, 서울, 1992, p. 26 참조.
160) 李甦平, 「朱熹와 退溪의 理에 대한 比較」, 『퇴계학보』제63・64호, 퇴계학연구원, 1989, p. 6 참조.
161) Needham, J., Science and Civilisation in China, Vol. 2, Cambridge, 1956, p. 498.
162) Leibniz, G. W., Philosophische Schriften, Bd. 1, hrsg. u. übers. v. H. H. Holz, Darmstadt, 1985, p. 415.
163) Needham, J., Science and Civilisation in China, Vol. 2, Cambridge, 1956, p. 499.
164) Leibniz, G. W., Philosophische Schriften, Bd. 1, hrsg. u. übers. v. H. H. Holz, Darmstadt, 1985, p. 465.
165) 윤선구, 「라이프니츠에서 물체적 실체의 문제(1)」『철학연구』제88집, p. 143 참조.
166) Leibniz, G. W., Philosophische Schriften, Bd. 1, hrsg. u. übers. v. H. H. Holz, Darmstadt, 1985, p. 469.
167) 같은 곳.
168) 윤선구, 「라이프니츠에서 물체적 실체의 문제(1)」『철학연구』제88집, p. 143 참조.
169) Leibniz, G. W., Philosophische Schriften, Bd. 1, hrsg. u. übers. v. H. H. Holz, Darmstadt 1985, p. 471.
170) Mercer, Christia, Leibniz's Metaphysics: Its Origins and Development, Cambridge, 2001, p. 276 참조.
171) Leibniz, G. W., Zwei Briefe über das binäre Zahlensystem und die chinesische Philosophie, übers. u. hrsg. v. R. Loosen u. F. Vonessen, Stuttgart, 1968, pp. 72~73.

172) 『周易』: "復見其天地之心乎."
173) 『周易』「繫辭下傳」1章: "天地之大德曰生."
174) 『周易』「繫辭上傳」5章: "生生之謂易."
175) 『春秋繁露』「人副天數」: "天以終歲之數成人之身, 故小節三百六十六, 副日數也. 大節十二分, 副月數也. 內有五臟, 副五行數也. 外有四肢, 副四時數也. 乍視乍瞑, 副晝夜也. 乍剛乍柔, 副冬夏也. 乍哀乍樂, 副陰陽也."
176) 『春秋繁露』「王道通三」 참조.
177) 『論語』「八佾」13: "獲罪於天, 無所禱也."
178) 『朱子語類』卷36: "固生生而不息, 氣亦流逛而不息."
179) 『孟子』「公孫丑上」6章, 註: "天地, 以生物爲心, 而所生之物, 因各得夫天地生物之心, 以爲心, 所以人皆有不忍人之心也."
180) Leibniz, G. W., Philosophische Schriften, Bd. 1, hrsg. u. übers. v. H. H. Holz, Darmstadt 1985, p. 441.
181) 같은 책, p. 443.
182) 같은 책, p. 445 참조.
183) 같은 책, p. 449 참조.
184) 같은 곳.
185) 같은 책, p. 465.
186) 같은 곳.
187) Garma, C. C. Chang, 『화엄철학』, 이찬수 역, 경서원, 1990, p. 251.
188) 馮友蘭, 『중국철학사』하, 박성규 역, 까치글방, 서울, 1999, p. 344.
189) 『朱子語類』卷94: "本只是一太極, 而萬物各有稟受, 又自各全具一太極爾, 如月在天, 只一而已; 及散在江湖, 則隨處而見, 不可謂月已分也."
190) Needham, J., Science and Civilisation in China, Vol. 2, Cambridge, The University Press, p. 498.
191) Leibniz, G. W., Philosophische Schriften, Bd. 1, hrsg. u. übers. v. H. H. Holz, Darmstadt 1985, p. 471.
192) Leibniz, G. W., Zwei Briefe über das binäre Zahlensystem und die chinesische Philosophie, übers. u. hrsg. v. Renate Loosen u. Franz Vonessen, Stuttgart, 1968, p. 72 참조.
193) Pierre Bayle, Historical and Critical Dictionary, trans. by R. H. Popkin, Hackett Publishing Company, Indianapolis, 1991, pp. 290~291.
194) 같은 책, p. 291.
195) Lewis A. Maverick, "A possible Chinese source of Spinoza's doctrine" in: Revue de litterature comparée, 19(1939), p. 417 참조.

196) 같은 글, p. 418.
197) Steven Nadler, Spinoza: A Life, Cambridge University Press, Cambridge, 1999, p. 100 참조.
198) Lewis A. Maverick, "A possible Chinese source of Spinoza's doctrine" in: Revue de litterature comparée, 19(1939), p. 419 참조.
199) Steven Nadler, Spinoza: A Life, Cambridge University Press, Cambridge, 1999, p. 106.
200) Lewis A. Maverick, "A possible Chinese source of Spinoza's doctrine" in: Revue de litterature comparée, 19(1939), pp. 419~420.
201) Lewis A. Maverick, "A possible Chinese source of Spinoza's doctrine" in: Revue de litterature comparée, 19(1939), pp. 421~422.
202) 마테오 리치, 『천주실의』, 송영배 외 역, 서울대학교출판부, 서울, 1999, p. 96~97 참조.
203) Lewis A. Maverick, "A possible Chinese source of Spinoza's doctrine" in: Revue de litterature comparée, 19(1939), p. 422.
204) 스피노자, 『에티카』, 강영계 역, 서광사, 서울, 1990, pp. 13~14.
205) 같은 책, p. 14.
206) 같은 책, p. 36 참조.
207) 같은 책, p. 302 참조.
208) 같은 책, pp. 47~48.
209) 馮友蘭, 『中國哲學史』上冊, 商務印書館, 上海, 1934, p. 55 참조.
210) 『二程全書』, 권11 참조.
211) 徐遠和, 『程·朱 철학의 뿌리를 찾아서』, 손흥철 역, 동과서, 서울, 2000, p. 157.
212) 『論語』「八佾」13: "獲罪於天, 無所禱也."
213) 『孟子』「梁惠王章句下」: "以大事小者, 樂天者也. 以小事大者, 畏天者也. 樂天者, 保天下, 畏天者, 保其國."
214) 徐遠和, 『程·朱 철학의 뿌리를 찾아서』, 손흥철 역, 동과서, 서울, 2000, pp. 452~454 참조.
215) 朱熹, 『朱子語類』卷一, 「理氣上」: "在天地言, 則天地之中有太極, 在萬物言, 則萬物各有太極."
216) 『性理大全』「太極圖說解」: "蓋合而言之, 則萬物之統體, 一太極也. 分而言之, 一物各具一太極也."
217) 朱熹, 『朱子語類』卷九十四, 「周子之書」: "太極非是別爲一物, 卽陰陽而所在陰陽, 卽五行而在五行, 卽萬物而在萬物, 只是一箇理而已. 因其極至,故名曰太極."
218) 朱熹, 『朱子語類』卷一, 「理氣上」: "合天地萬物而言, 只是一箇理, 及在人, 則又各自有一箇理."
219) 최해숙, 「주희와 스피노자의 내자관」, 『東西哲學硏究』제23집 참조.
220) 김하태, 『東西哲學의 만남』, 종로서적, 서울, 1990, p. 176 참조. 최해숙, 「주희와 스피노자의 내재관」, 『東西哲學硏究』제23집, p, 385 참조.
221) 스피노자, 『에티카』, 강영계 역, 서광사, 서울, 1990, p. 36 참조.
222) 朱熹, 『朱子語類』卷一, 「理氣上」: "理卻無情意, 無計度, 無造作."
223) 한자경, 「스피노자의 자연 개념」, 『인간과 자연』, 서광사, 서울, 1995, p. 101 참조.
224) Lai, Yuen-Ting, "The Linking of Spinoza to Chinese Thought by Bayle and Malebranche" in: Spinoza: Critical assessments, vol 4, ed. by Genevieve Lloyd, Routledge, New York, 2001, p. 33 참조.
225) Donald F. Lach The Sinophilism of Christian Wolff(1679~1754), in: Journal of the History of Ideas 14(1953), pp. 561~574.
226) Artur Zempliner, Die chinesische Philosophie und J. Ch. Wolff, in: Deutsche Zeitschrift für Philosophie 10(1962), pp. 758~778.
227) Chritian Wolff, Rede über die praktische Philosophie der Chinesen, übers. u. hrsg. v. M. Albrecht, Hamburg 1985.
228) Donald F. Lach(1953), p. 565.
229) Donald F. Lach(1953), p. 565 참조.
230) Donald F. Lach(1953), p. 571.
231) Artur Zempliner(1962), p. 762 참조.
232) Chritian Wolff(1985), p. 43.
233) Christian Wolff(1985), p. 211.
234) D. E. Mungello(1985), pp. 256~257 참조.
235) D. E. Mungello(1985), p. 267.
236) Christian Wolff(1985), p. 13.
237) Christian Wolff(1985), p. 25.
238) Christian Wolff(1985), p. 31.
239) Christian Wolff(1985), p. 31.
240) Christian Wolff(1985), p. 33.
241) Christian Wolff(1985), p. 55.
242) Christian Wolff(1985), p. 13.

243) Christian Wolff(1985), p. 15.
244) Christian Wolff(1985), p. 87.
245) Christian Wolff(1985), p. 17.
246) Christian Wolff(1985), pp. 99~101.
247) Christian Wolff(1985), pp. 17~19.
248) Christian Wolff(1985), p. 27.
249) Christian Wolff(1985), p. 31.
250) Christian Wolff(1985), p. 33.
251) Christian Wolff(1985), p. 53.
252) Christian Wolff, Gesammelte Werke, Neu hrsg. u. bearbeitet von Jean École, Hans Werner Arndt, Charles A. Corr, Joseph E. Hofmann, Winfried Lenders, Marcel Thomann, Hildesheim, 1962, Abt. I, Bd. 4, p. 6, § 3.
253) 같은 책, p. 11f., § 12.
254) 『禮記』「王制篇」 참조.
255) 『大學』「大學章句序」: "王宮國都, 以及閭巷, 莫不有學. 人生八歲, 則自王公以下, 至於庶人之子弟, 皆入小學."
256) Christian Wolff(1985), pp. 37~39.
257) Christian Wolff(1985), p. 201.
258) Christian Wolff(1985), p. 41.
259) 마테오 리치, 『천주실의』, 송영배 외 역, 서울, 서울대학교 출판부, 1999, pp. 99~103 참조.
260) Christian Wolff(1985), p. 27.
261) Christian Wolff(1985), p. 147.
262) Christian Wolff(1985), p. 147.
263) Christian Wolff(1985), p. 149.
264) Christian Wolff(1985), p. 156.
265) Voltaire, *The Works of Voltaire*. A Contemporary Version. A Critique and Biography by John Morley, notes by Tobias Smollett, trans. William F. Fleming (New York: E.R. DuMont, 1901). In 21 vols. Vol. VIII The Dramatic Works Part 1 (Mérope, Olympia, The Orphan of China, Brutus) and Part II (Mahomet, Amelia, Oedipus, Marianne, Socrates). Chapter: THE ORPHAN OF CHINA. Accessed from http://oll.libertyfund.org/title/2187/201388.
266) 같은 곳.
267) 伏爾泰(Voltaire), 『風俗論』上冊, 梁守鏘 譯, 商務印書館, 北京, 2003, p. 258 참조.

268) 伏爾泰(Voltaire), 『風俗論』下冊, 梁守鏘 譯, 商務印書館, 北京, 2003, pp. 515~516.
269) 伏爾泰(Voltaire), 『風俗論』上冊, 梁守鏘 譯, 商務印書館, 北京, 2003, p. 88.
270) 같은 곳 참조.
271) 같은 책, p. 89.
272) 같은 곳.
273) 伏爾泰(Voltaire), 『風俗論』上冊, 梁守鏘 譯, 商務印書館, 北京, 2003, pp. 252~253 참조.
274) 사실 공자는 두 가지를 다 말했다.
275) 같은 곳.
276) Rowbotham, A. H., "Voltaire, Sinophile", PMLA, vol. 47(1932), p. 1057 참조.
277) 볼테르, 『관용론』, 송기형·임미경 옮김, 한길사, 서울, 2004, p. 25.
278) 이동렬, 「이성과 관용 정신: 볼테르의 <관용론>고찰」, 『인문논총』 제52집(2004), p. 196 참조.
279) 같은 글, p. 197 참조.
280) 볼테르, 『관용론』, 송기형·임미경 옮김, 한길사, 서울, 2004, p. 60.
281) 같은 책, p. 61.
282) 같은 책, p. 62.
283) 구웨이민, "청츠 대천주교 정책의 변천", 『교회사 연구』제18집(2002), pp. 67~68 참조.
284) 같은 글, pp. 69~70 참조.
285) 볼테르, 『관용론』, 송기형·임미경 옮김, 한길사, 서울, 2004, p. 63.
286) 같은 책, pp. 75~76.
287) Voltaire, Philosophical Dictionary, http://etext.library.adelaide.edu.au 참조.
288) 같은 곳 참조.
289) Voltaire, Philosophical Dictionary, edited and trans. by Th. Besterman, Penguin Books, London, 2004, p. 112 참조.
290) 같은 책, pp. 112~113.
291) 같은 곳.
292) 같은 책, p. 115 참조.

293) 같은 곳 참조.
294) Higgs, Henry, The Physiocrats, New York, The Macmillan Company, 1897, p. 27.
295) Higgs, Henry, 1897, p. 5.
296) Maverick, Lewis A., China A Model For Europe, San Antonio, Paul Anderson Company, 1946, p. 178.
297) Maverick, Lewis A., 1946, p. 247.
298) Maverick, Lewis A., 1946, p. 125.
299) 히그스, H.,『프랑소와 케네와 중농주의자』, 김기태 역, 서울, 비봉출판사, 1994, p. 32.
300) 金鴻植,「『經濟表』의 世界와 重農學派의 政策論」,『경제연구』Vol. 10, No1(1994), p. 36 참조.
301) 히그스, H., 1994, p. 7.
302) 히그스, H., 1994, p. 8.
303) 히그스, H., 1994, pp. 47~48.
304) Kellner, G., Zur Geschichte des Physiekratismus, Göttingen, 1847, p. 40.
305) Hasbach, Wilhelm, Die Allgemeinen Philosophischen Grundlagen der von Francois Quesnay und Adam Smith, Leipzig, 1890, p. 64.
306) Reichwein, Adolf, China and Europe, trans. J. C. Powell, London, Kegan Paul, 1925, p. 103.
307) Maverick, Lewis A., 1946, p. 36.
308) Reichwein, Adolf, 1925, p. 108.
309) Maverick, Lewis A., 1946, p. 127 참조.
310) Maverick, Lewis A., 1946, p. 141.
311) Maverick, Lewis A., 1946, p. 178.
312) 몽테스키외,『법의 정신』, 이명성 역, 서울, 홍신문화사, 2007, p. 134.
313) Maverick, Lewis A., 1946, p. 244.
314) 몽테스키외,『법의 정신』, 이명성 역, 서울, 홍신문화사, 2007, p. 133.
315) 몽테스키외,『법의 정신』, 이명성 역, 서울, 홍신문화사, 2007, p. 133.
316) Maverick, Lewis A., 1946, p. 245.
317) Maverick, Lewis A., 1946, p. 290.
318) Reichwein, Adolf, 1925, p. 105.

319) Reichwein, Adolf, 1925, p. 104.
320) Reichwein, Adolf, 1925, p. 109.
321) Reichwein, Adolf, 1925, p. 107.
322) Reichwein, Adolf, 1925, pp. 108~109.
323) 『孟子』, 洪寅杓譯, 서울, 서울대학교출판부, 1993, p. 176.
324) Hudson, G. F., Europe and China, Boston, Beacon Press, 1961, p. 322.
325) 히그스, H., 1994, pp. 48~49.
326) 朱謙之 『중국이 만든 유럽의 근대』, 전홍석 역, 서울, 청계, 2003, p. 357.
327) 朱謙之, 2003, p. 356.
328) Maverick, Lewis A., 1946, p. 264.
329) Maverick, Lewis A., 1946, p. 225.
330) Maverick, Lewis A., 1946, p. 131.
331) 클라크, J. J., 『동양은 어떻게 서양을 계몽했는가』, 장세룡 역, 서울, 우물이있는집, 2004, p. 80.
332) Gerlach, Hans Christian, Wu-Wei in Europe. A Study of Euroasian Economic Thought, Department of Economic History, London School of Economics, 2005.
333) Maverick, Lewis A., 1946, p. 29.
334) 『論語』「衛靈公」: "無爲而治者, 其舜也與. 夫何爲哉? 恭己正南面而已矣."
335) 요한 페터 에커만, 『괴테와의 대화』1, 장희창 옮김, 민음사, 서울, 2011, p. 323.
336) 진상범, 「괴테의 동양문학 수용과 세계문학적 의미 I」, 『괴테연구』 vol. 5, 한국괴테학회, 1993, p. 223 참조.
337) Norbert Oellers, Friedrich Schiller, Erste Auflage, Insel Verlag, Frankfurt am Main, 1996, p. 10.
338) Goethe und Knebel, Briefwechsel zwischen Goethe und Knebel(1774~1832), Leipzig, 1851, p. 105.
339) Adolf Reichwein, China und Europpa, Oesterheld, Berlin, 1923, p. 140.
340) Adolf Reichwein, p. 143.
341) Goethe und Knebel, Briefwechsel zwischen Goethe und Knebel(1774~1832), Leipzig, 1851, p. 105.
342) Adolf Reichwein, p. 150.
343) 요한 페터 에커만, 『괴테와의 대화』, 박영구 옮김, 푸른숲, 서울,

2000, pp. 254~255.
344) Adolf Reichwein, p. 150.
345) P. P. Thoms, Chinese Courtship in Verse, London, 1824, pp. 249~280.
346) 요한 페터 에커만, 『괴테와의 대화』1, 장희창 옮김, 민음사, 서울, 2011, p. 321.
347) Adolf Reichwein, p. 154.
348) 진상범, 「괴테의 동양문학 수용과 세계문학적 의미 I」, 『괴테 연구』 vol. 5, 한국괴테학회, 1993, p. 241.
349) 괴테, 『괴테 시 전집』, 전영애 옮김, 민음사, 서울, 2009, p. 646.
350) http://www.wissen-im-netz.info/literatur/goethe/gedichte/22.htm
351) 괴테, 『자연과학론』, 권오상 옮김, 민음사, 서울, 2010, p. 361.
352) 요한 페터 에커만, 『괴테와의 대화』1, 장희창 옮김, 민음사, 서울, 2011, p. 344.
353) 괴테, 『자연과학론』, 권오상 옮김, 민음사, 서울, 2010, p. 362.
354) http://www.wissen-im-netz.info/literatur/goethe/aufsatz/03.htm
355) 『二程全書』, 卷11: "天者理也" 참조.
356) 徐遠和, 『이정의 신유학』, 손흥철 역, 동과서, 고양, 2011, p. 166.
357) 같은 책, pp. 168~171 참조.
358) 『論語』「八佾」13: "獲罪於天, 無所禱也."
359) 徐遠和, 『이정의 신유학』, 손흥철 역, 동과서, 고양, 2011, p. 178.
360) 최해숙, 「주희와 스피노자의 내재관」, 『동양철학연구』제23집, 동양철학연구회, 2000, p. 384.
361) 같은 글, p. 385.
362) 안종수, 「스피노자와 儒學」, 『철학논총』제44집, 새한철학회, 2006, p. 186 참조.
363) 『周易』「繫辭下傳」1장: "天地之大德曰生."
364) 『周易』「繫辭上傳」5장: "生生之謂易."
365) 『通書』順化 第11장: "天以陽生萬物, 以陰成萬物. 生仁也, 成義也."
366) 『孟子』「公孫丑上」6장, 註: "天地, 以生物爲心, 而所生之物, 因各得夫天地生物之心, 以爲心, 所以人皆有不忍人之心也."
367) Astrida Orle Tantillo, The Will to Create: Goethe's Philosophy of Nature, University of Pittsburgh Press, Pittsburgh, 2002, p. 13.
368) Astrida Orle Tantillo, p. 14 참조.
369) Astrida Orle Tantillo, p. 18.

370) 괴테, 『파우스트』, 장남준 옮김, 하서출판사, 서울, 2011, p. 41.
371) 괴테, 『자연과학론』, 권오상 옮김, 민음사, 서울, 2010, pp. 366~367.
372) 괴테, 『색채론』, 장희창 옮김, 민음사, 서울, 2010, p. 240, § 739.
373) 괴테, 『색채론』, 장희창 옮김, 민음사, 서울, 2010, p. 43.
374) 괴테, 『색채론』, 장희창 옮김, 민음사, 서울, 2010, p. 228.
375) 풍우란, 『중국철학사』상, 박성규 역, 까치, 서울, 1999, p. 605 참조.
376) 『周易』「繫辭傳」: "天地絪縕, 萬物化醇, 男女構精, 萬物化生."
377) 『太極圖說』: "無極而太極, 太極動而生陽, 動極而靜, 靜而生陰"
378) 『周易』「繫辭傳」: "易有太極, 是生兩儀. 兩儀生四象, 四象生八卦"
379) 『周易』「繫辭傳」: "一陰一陽之謂道"
380) 『遺書』卷3: "道非陰陽也, 所以一陰一陽道也"
381) 『朱文公文集』卷76, 「金華潘公文集序」 참조.
382) 『朱子語類』卷65 참조.
383) 『朱子語類』卷94 "一動一靜, 循環無端. 無靜不成動, 無動不成靜. 譬如鼻息, 無時不噓, 無時不吸. 噓盡則生吸, 吸盡則生噓, 理自如此"
384) J. W. Goethe, Sämtliche Werke. Briefe, Tagebücher und Gespräche. 40Bde. Frankfurt am M. 1935ff. I, 24: p. 392.
385) G. W. Leibniz Vernunftprinzipien der Natur und der Gnade, Monadodlogie, übers. von A. Buchenau und hrsg. von H. Herbert, Hamburg, 1982, p. 59, § 67.
386) J. W. Goethe, Begegnungen und Gespräch, Hrsg. von R. Grumach, de Gruyter, Berlin, 1999, p. 236.
387) 요한 페터 에커만, 『괴테와의 대화』1, 장희창 옮김, 민음사, 서울, 2011, p. 266.
388) J. W. Goethe, Sprüche in Reimen, hrsg. von Max Hecker, Insel Verlag, Leipzig, 1908, p. 10.
389) 괴테, 『괴테 시 전집』, 전영애 옮김, 민음사, 서울, 2009, p. 648.
390) 괴테, 『자연과학론』, 권오상 옮김, 민음사, 서울, 2010, p. 310 참조.
391) 김연홍, 「괴테의 자연 개념」, 『독일문학』제81집, 한국독어독문학회, 2002, p. 34 참조.
392) 『春秋繁露』, 「人副天數」 참조.
393) Garma, C. C. Chang, 『화엄철학』, 이찬수 옮김, 경서원, 서울, 1990, p. 251.
394) 『伊川易傳』卷1: "天下之志萬殊, 理則一也. 君子明理, 故能通天下之志."
395) 황의동, 「율곡의 '리통기국'에 관한 연구」, 『철학논총』제56집, 새한철학회, 2009, p. 302 참조.

396) 『朱子語類』卷1: "在天地言, 則天地之中有太極, 在萬物言, 則萬物各有太極."
397) 『性理大全』「太極圖說解」: "蓋合而言之, 則萬物之統體, 一太極也. 分而言之, 一物各具一太極也."
398) 『朱子語類』卷94 참조.
399) 『朱子語類』卷94: "太極非是別爲一物, 卽陰陽而所在陰陽, 卽五行而在五行, 卽萬物而在萬物, 只是一箇理而已. 因其極至, 故名曰太極."
400) Hegel, G. W. F., Vorlesungen über die Geschichte der Philosophie I, Suhrkamp Verlag, Frankfurt am Main, 1986, p. 142.
401) 같은 책, p. 142~143.
402) 같은 책, p. 144.
403) Collani, Claudia von, P., Joachim Bouvet S.J. ; Sein Leben und sein Werk, Steyler Verlag, Nettetal, 1985, p. 117 참조.
404) Hegel, G. W. F., Vorlesungen über die Geschichte der Philosophie I, Suhrkamp Verlag, Frankfurt am Main, 1986, p. 147.
405) Hegel, G. W. F., Enzyklopädie der philosophischen Wissenschaften im Grundrisse II, Suhrkamp Verlag, Frankfurt am Main, 1986, pp. 367~368, § 213.
406) 헤겔, 『헤겔 자연철학』1, 박병기 옮김, 나남, 파주, 2008, p. 47, § 247.
407) Hegel, G. W. F., Phänomenologie des Geistes, Verlag von Felix Meiner, Hamburg, 1952, p. 20.
408) 헤겔, 『헤겔 자연철학』1, 박병기 옮김, 나남, 파주, 2008, p. 56, § 248, 주해 참조.
409) 같은 곳.
410) Hegel, G. W. F., Enzyklopädie der philosophischen Wissenschaften im Grundrisse II, Suhrkamp Verlag, Frankfurt am Main, 1986, p. 34, § 250.
411) 헤겔, 『헤겔 자연철학』1, 박병기 옮김, 나남, 파주, 2008, p. 58, § 248, 주해.
412) 같은 책, p. 51, § 247, 보충.
413) Hegel, G. W. F., Enzyklopädie der philosophischen Wissenschaften im Grundrisse II, Suhrkamp Verlag, Frankfurt am Main, 1986, p. 27, § 248.
414) Hegel, G. W. F., Enzyklopädie der philosophischen Wissenschaften im Grundrisse II, Suhrkamp Verlag, Frankfurt am Main, 1986, p. 31, § 249.
415) 헤겔, 『헤겔 자연철학』1, 박병기 옮김, 나남, 파주, 2008, p. 73,

§ 251.
416) Hegel, G. W. F., Enzyklopädie der philosophischen Wissenschaften im Grundrisse II, Suhrkamp Verlag, Frankfurt am Main, 1986, p. 538.
417) 『周易』「繫辭上傳」: "易有太極, 是生兩儀, 兩儀生四象, 四象生八卦."
418) 尹錫珉, "왕필역학의 太極과 그 淵源" 『대동문화연구』제62집(2008), 대동문화연구원, p. 155 참조.
419) 『性理大全』卷1, 「太極圖」: "無極而太極. 太極動而生陽, 動極而靜, 靜而生陰, 靜極而復動. 一動一靜, 互爲其根. 分陰分陽, 兩儀立焉."
420) 『朱子語類』卷一, 理氣上: "太極只是一箇理字."
421) 같은 곳: "太極只是天地萬物之理."
422) 『論語』「八佾」13: "獲罪於天, 無所禱也."
423) 같은 곳: "天卽理也."
424) 『上蔡語錄』卷上: "吾學雖有所受, 天理二字, 却是自家拈出來."
425) 『二程遺書』卷15: "離了陰陽更無道. 所以陰陽者是道也. 陰陽氣也."
426) 『二程遺書』卷15: "天下物皆可以理照, 有物必有則, 一物須有一理."
427) 『性理大全』卷1, 「太極圖」: "五行一陰陽也, 陰陽一太極也, 太極本無極也."
428) 『性理大全』卷1, 「太極圖」: "太極生陰陽, 理生氣也. 陰陽旣生, 太極在其中, 理復在氣之內也."
429) 『性理大全』卷1, 「太極圖」: "動靜非太極, 而所以動靜者, 乃太極也. 故謂非動靜外別有太極則可, 謂動靜便是太極之道則不可."
430) 『朱子大全』卷46 "所謂理與氣, 決是二物. 但在物上看, 則二物渾淪不可分開, 各在一處. 然不害二物之各爲一物也."
431) 『朱子語類』卷1 참조.
432) 『朱子語類』卷1 참조.
433) 『朱子語類』卷1: "若理則只是箇淨潔空闊底世界, 無形迹, 他却不會造作. 氣則能醞釀凝聚生物也. 但有此氣, 則理便在其中."
434) 에커만, 요한 페터, 『괴테와의 대화』1, 정희창 옮김, 민음사, 서울, 2011, p. 344.
435) 힐쉬베르거, 요한네스, 『서양철학사』하권, 강성위 옮김, 대구, 이문출판사, 1991, p. 548 참조.
436) 헤겔, 『자연철학』1, 박병기 옮김, 파주, 나남, 2008, pp. 51~52.
437) 같은 책, p. 45.
438) Hegel, G. W. F., Wissenschaft der Logik II, Frankfurt am Main, Suhrkamp Verlag, 1986, p. 470.
439) 헤겔, 『철학사』I, 임석진 역, 지식산업사, 서울, 1996, pp. 53~54.

440) Hegel, G. W. F., Phänomenologie des Geistes, Verlag von Felix Meiner, Hamburg, 1952, p. 20.
441) 헤겔,『정신현상학』I, 임석진 역, 분도출판사, 왜관, 1980, p. 72.
442) 같은 곳.
443) 헤겔,『철학사』I, 임석진 역, 지식산업사, 서울, 1996, p. 47.
444) 方東美, 中國人生哲學, 黎明文化事業公司, 臺北, 民國 77, p. 118.
445) Needham, Joseph, Science and Civilisation in China, Vol. 2, Cambridge University Press, Cambridge 1956, p. 288f.
446)『春秋繁露』「人副天數」참조.
447)『周易』: "復見其天地之心乎."
448)『周易』「繫辭傳下」: "天地之大德曰生."
449)『周易』「繫辭傳上」: "生生之謂易."
450)『西銘』: "乾稱父, 坤稱母. 予玆藐焉, 乃渾然中處. 故天地之塞吾其體, 天地之帥吾其性. 民吾同胞, 物吾與也."
451)『孟子』「公孫丑上」6장, 註: "天地以生物爲心, 而所生之物, 因各得夫天地生物之心, 以爲心, 所以人皆有不忍人之心也."
452)『朱子語類』卷53: "天地以生物為心. 譬如甑蒸飯, 氣從下面滾到上面, 又滾下, 只管在裏面滾, 便蒸得熟. 天地只是包許多氣在這裏無出處. 滾一番, 便生一番物."
453)『朱子語類』卷53: "天包著地, 別無所作為, 只是生物而已. 亘古亘今, 生生不窮."
454)『朱子語類』卷59, 孟子9 참조.
455) Hegel, G. W. F., Enzyklopädie der philosophischen Wissenschaften im Grundrisse I, Suhrkamp Verlag, Frankfurt am Main, 1986, p. 371, § 214.
456) Hegel, G. W. F., Phänomenologie des Geistes, Verlag von Felix Meiner, Hamburg, 1952, p. 10.
457) Hegel, G. W. F., Wissenschaft der Logik II, Suhrkamp Verlag, Frankfurt am Main, 1986, p. 74.
458) 헤겔,『대논리학』II, 임석진 역, 지학사, 서울, 1982, p. 103.
459) 같은 책, pp. 104~105.
460) Hegel, G. W. F., Vorlesungen über die Geschichte der Philosophie I, Suhrkamp Verlag, 1986, p. 324.
461) 같은 곳.
462) 같은 책, p. 320.
463) 헤겔,『대논리학』I, 임석진 역, 지학사, 서울, 1982, p. 75
464) 같은 책, p. 76.

465) 같은 책, pp. 76~77.
466) Popper, K. R., Conjectures and Refutations, Routledge and Kegan Paul, London, 1972, p. 319 참조.
467) Hegel, G. W. F., Vorlesungen über die Geschichte der Philosophie I, Suhrkamp Verlag, 1986, p. 324.
468) Guthrie, W. K. C., A History of Greek Philosophy I, Cambridge University Press, London, 1977, p. 450.
469) 헤겔, 『대논리학』I, 임석진 역, 지학사, 서울, 1982, p. 77.
470) 馮友蘭, 『中國哲學史新編』二, 人民出版社, 北京, 1992, pp. 344~345.
471) 양계초 외, 『음양오행설의 연구』, 김홍경 편역, 신지서원, 서울, 1993, p. 523 참조.
472) 許愼, 『說文解字』, 中華書局, 香港, 1993, p. 198.
473) 『周易』「繫辭傳上」1章: "在天成象, 在地成形, 變化見矣."
474) 『周易』「繫辭傳下」5章: "日往則月來, 月往則日來, 日月相推, 而明生焉. 寒往則暑來, 暑往則寒來, 寒暑相推, 而歲成焉. 往者屈也, 來者信也, 屈信相感, 而利生焉."
475) 『周易』: "天地感而萬物化生."
476) 『朱子語類』卷64 "一物上又自各有陰陽, 如人之男女, 陰陽也. 逐人身上, 又各有這血氣, 血陰而氣陽也. 如晝夜之間, 晝陽而夜陰也, 而晝自午后又屬陰, 夜陰自子后又屬陽, 便是陰陽各生陰陽之象."
477) 『道德經』40章: "反者道之動."
478) 『周易』「序卦傳」: "震者, 動也. 物不可以終動, 止之, 故受之以艮. 艮者, 止也. 物不可以終止, 故受之以漸. 漸者, 進也. 進必有所歸. 故受之以歸妹."
479) 馮友蘭, 『中國哲學史新編』二, 人民出版社, 北京, 1992, p. 347.
480) 헤겔, 『역사철학강의』I, 김종호 역, 삼성출판사, 서울, 1983, p. 270 참조.
481) 이찬훈, 「『화엄경』의 佛陀觀과 기독교의 神觀」, 『大同哲學』49집, 2009, p. 174 참조.
482) 김진, 「서구적 불교 이해의 문제: 라이프니츠와 헤겔을 중심으로」, 『철학논총』39집, 2005, p. 106 참조.
483) 헤겔, 『종교철학』, 최신한 옮김, 지식산업사, 서울, 1999, p. 3 참조.
484) Hegel, G.W.F., Lectures on the Philosophy of Religion II, ed. by P. C. Hodgson, University of California Press, Berkeley, 1995, p. vi, 목차 참조.
485) Hegel, G.W.F., Vorlesungen über die Philosophie der Religion I, Werke 16, Suhrkamp Verlag, Frankfurt am Main, 1986, pp. 302~305 참조.

486) 코플스턴, 프레드릭,『18·19세기 독일철학』, 표재명 옮김, 서광사, 서울, 2008, p. 397.
487) Hegel, G.W.F., Lectures on the Philosophy of Religion II, ed. by P. C. Hodgson, University of California Press, Berkeley, 1995, p. 309.
488) Hegel, G.W.F., Lectures on the Philosophy of Religion II, ed. by P. C. Hodgson, University of California Press, Berkeley, 1995, p. 310 참조.
489) Hegel, G.W.F., Vorlesungen über die Philosophie der Religion I, Werke 16, Suhrkamp Verlag, Frankfurt am Main, 1986, p. 374
490) Hegel, G.W.F., Vorlesungen über die Philosophie der Religion I, Werke 16, Suhrkamp Verlag, Frankfurt am Main, 1986, p. 376.
491) Hegel, G.W.F., Vorlesungen über die Philosophie der Religion I, Werke 16, Suhrkamp Verlag, Frankfurt am Main, 1986, p. 377.
492) Hegel, G.W.F., Vorlesungen über die Philosophie der Religion I, Werke 16, Suhrkamp Verlag, Frankfurt am Main, 1986, p. 377.
493) 이동희,「헤겔의 불교 이해」,『헤겔연구』7권, 한국헤겔학회, 1997, p. 127 참조.
494) 이찬훈,「『화엄경』의 佛陀觀과 기독교의 神觀」,『大同哲學』49집, 2009, p. 171 참조.
495) Offermanns, Jürgen, "Debates on Atheism, Quietism, and Sodomy: the Initial Reception of Buddhism in Europe", Journal of Global Buddhism 6(2005), p. 31 참조.
496) 마테오 리치,『천주실의』, 송영배 외 역, 서울대학교출판부, 서울, 1999, p. 77 참조.
497) 헤겔,『역사철학강의』1, 김종호 역, 삼성출판사, 서울, 1983, p. 268 참조.
498) Hegel, G.W.F., Vorlesungen über die Philosophie der Religion I, Werke 16, Suhrkamp Verlag, Frankfurt am Main, 1986, pp. 385~386.
499) Hegel, G.W.F., Vorlesungen über die Philosophie der Religion I, Werke 16, Suhrkamp Verlag, Frankfurt am Main, 1986, p. 386.
500) Hegel, G.W.F., Vorlesungen über die Philosophie der Religion I, Werke 16, Suhrkamp Verlag, Frankfurt am Main, 1986, p. 387.
501) 헤겔,『역사철학강의 1』, 김종호 역, 삼성출판사, 서울, 1983, p. 270.
502) 헤겔,『역사철학강의 1』, 김종호 역, 삼성출판사, 서울, 1983, p. 271.

503) Hegel, G.W.F., Vorlesungen über die Philosophie der Religion I, Werke 16, Suhrkamp Verlag, Frankfurt am Main, 1986, p. 385.
504) 헤겔, 『종교철학』, 최신한 옮김, 지식산업사, 서울, 1999, p. 12.
505) 헤겔, 『헤겔 자연철학』1, 박병기 옮김, 나남, 파주, 2008, p. 47, § 247.
506) 김현, 「헤겔의 스피노자 해석(I)」, 『범한철학』42, 2006, p. 167 참조.
507) 헤겔, 『정신현상학』I, 임석진 역, 지식산업사, 서울, 1988, p. 75.
508) 헤겔, 『철학사』I, 임석진 역, 지식산업사, 서울, 1996, p. 48.
509) 헤겔, 『헤겔 자연철학』1, 박병기 옮김, 나남, 파주, 2008, p. 56, § 248, 주해.
510) Hegel, G.W.F., Enzyklopädie der philosophischen Wissenschaften im Grundrisse II, Suhrkamp Verlag, Frankfurt am Main, 1986, p. 34, § 250.
511) 헤겔, 『헤겔 자연철학』1, 박병기 옮김, 나남, 파주, 2008, p. 51, § 247, 보충.
512) Hegel, G.W.F., Vorlesungen über die Philosophie der Religion II, Werke 17, Suhrkamp Verlag, Frankfurt am Main, 1986, p. 63.
513) 헤겔, 『헤겔 자연철학』1, 박병기 옮김, 나남, 파주, 2008, p. 73, § 251.
514) 헤겔, 『철학사』I, 임석진 역, 지식산업사, 서울 1996, p. 47.
515) 헤겔, 『철학사』I, 임석진 역, 지식산업사, 서울 1996, p. 48.
516) 헤겔, 『철학사』I, 임석진 역, 지식산업사, 서울 1996, p. 48.
517) 헤겔, 『철학사』I, 임석진 역, 지식산업사, 서울 1996, p. 46.
518) 헤겔, 『역사철학강의』1, 김종호 역, 삼성출판사, 서울, 1983, p. 89 참조.
519) 노권용, 『佛陀觀의 硏究』, 원광대학교 대학원 박사논문, 1987, p. 45 참조.
520) 노권용, 『佛陀觀의 硏究』, 원광대학교 대학원 박사논문, 1987, p. 18 참조.
521) 『增一阿含經』卷20, 大正藏 2, p. 652下.
522) 『增一阿含經』卷4, 大正藏 2, p. 787中.
523) 『大般若波羅蜜多經』卷569, 大正藏 7, p. 937 中~下.
524) 『小品般若經』卷10, 大正藏 8, p. 584中.
525) 노권용, 『佛陀觀의 硏究』, 원광대학교 대학원 박사논문, 1987, p. 81 참조.
526) 이찬훈, 「『화엄경』보살사상의 현대적 계승」, 『철학논총』70집,

2012, p. 82 참조.
527) 『大方廣佛華嚴經』「世間淨眼品」, 大正藏 9, p. 395上.
528) 『大方廣佛華嚴經』「十地品」, 大正藏 9, p. 573下.
529) 『大方廣佛華嚴經』「十地品」, 大正藏 9, p. 565上.
530) 노권용, 『佛陀觀의 硏究』, 원광대학교 대학원 박사논문, 1987, p. 81 참조.
531) 노권용, 『佛陀觀의 硏究』, 원광대학교 대학원 박사논문, 1987, p. 121 참조.
532) 노권용, 『佛陀觀의 硏究』, 원광대학교 대학원 박사논문, 1987, p. 121 참조.
533) 『新華嚴經論』卷6, 大正藏 36, p. 755上.
534) 『大智度論』卷9, 大正藏 25, p. 126中.
535) 『大方廣佛華嚴經』, 大正藏 9, p. 623下.
536) 헤겔, 『철학사』I, 임석진 역, 지식산업사, 서울 1996, p. 44.
537) 『大方廣佛華嚴經』卷6, 大正藏 10, p. 327上.
538) Hegel, G. W. F., Wissenschaft der Logik II, Suhrkamp Verlag, Frankfurt am Main, 1986, p. 470.
539) 헤겔, 『자연철학』1, 박병기 옮김, 파주, 나남, 2008, p. 51.
540) 『大方廣佛華嚴經』, 大正藏 9, 558下.